普通高等教育"十四五"规划教材
会计精品系列

基础会计

（第九版）

薛洪岩　王存峰 / 主编

立信会计出版社
LIXIN ACCOUNTING PUBLISHING HOUSE

图书在版编目(CIP)数据

基础会计 / 薛洪岩，王存峰主编. —9 版. —上海：
立信会计出版社，2024.6
ISBN 978-7-5429-7289-7

Ⅰ．①基… Ⅱ．①薛… ②王… Ⅲ．①会计学 Ⅳ．
①F230

中国国家版本馆 CIP 数据核字(2024)第 104474 号

策划编辑　余　榕
责任编辑　余　榕
美术编辑　吴博闻

基础会计(第九版)
JICHU KUAIJI

出版发行	立信会计出版社		
地　　址	上海市中山西路 2230 号	邮政编码	200235
电　　话	(021)64411389	传　　真	(021)64411325
网　　址	www.lixinaph.com	电子邮箱	lixinaph2019@126.com
网上书店	http://lixin.jd.com		http://lxkjcbs.tmall.com
经　　销	各地新华书店		
印　　刷	浙江天地海印刷有限公司		
开　　本	710 毫米×960 毫米	1/16	
印　　张	22.25		
字　　数	430 千字		
版　　次	2024 年 6 月第 9 版		
印　　次	2024 年 6 月第 1 次		
书　　号	ISBN 978-7-5429-7289-7/F		
定　　价	59.00 元		

如有印订差错，请与本社联系调换

第九版 前言

本书自 2005 年 8 月首次出版以来,承蒙广大读者的认可与厚爱,已经改版至第八版,累计印次达 25 次,累计印量达 7.5 万余册,曾荣获"中国大学出版社协会第二届优秀教材二等奖",并被评为天津商业大学精品教材。

2020 年 5 月教育部发布了《高等学校课程思政建设指导纲要》,2021 年 7 月国家教材委员会印发了《习近平新时代中国特色社会主义思想进课程教材指南》,2021 年 11 月财政部印发了《会计改革与发展"十四五"规划纲要》,这些都为教材的进一步完善指明了方向。大学本科阶段是青年学生树立正确的世界观、人生观、价值观的重要时期,如何将价值塑造、知识传授和能力培养三者融为一体,培养出符合国家战略发展需要的合格人才,是每一位高校教师高度关注和责无旁贷的使命。"基础会计"作为会计和管理类专业的学生接触到的第一门专业课程,对学生的后续课程学习起着奠基和引领作用。秉承"立德树人"的使命,提高会计人才培养质量的目标,本次修订除了保留原书遵循循序渐进、通俗易懂、点例结合、实物仿真、与时俱进的阐述会计基本理论、基本知识、基本操作技能的特点,更加突出了以下特征:

(1) 目标明确,逻辑严谨。本书在本书内容导航中即构建会计目标导向的章节内容逻辑框架图,使学生明晰每章内容在实现会计目标过程中所发挥的作用;同时,在各章首页,辅之以本章内容的思维导图,使学生进一步明确为完成本章学习所需掌握的知识、方法和技能,注重学生思维能力的培养。

(2) 专业知识与课程思政同向同行。本书针对"基础会计"课程重要的知识点,通过精心挑选和适当设计课程思政案例、会计名家名言、红色会计历史事件和相关法律法规等,将课程思政内容融入每一章,引导读者树立正确的价值观,客观地看待历史与现状,强化法规意识,诚实守信,真正做到专业性与思想性的统一。

(3) 多元呈现,丰富课程资源。本书利用现代化科学技术手段,将传统的纸质教材与电子资源结合,读者通过扫描二维码,即可查看习题答案、相关的法规政策、延伸阅读的资料等。这不仅丰富了教材内容,拓宽了读者视野,更有利于读者思考习惯的培养。

本次修订主要做了如下改动:

(1) 修改了第一章第二节中会计核算基本前提的表述,并补充了例子。

(2) 对第二章、第七章、第九章涉及会计要素的项目、影响利润计算的项目做了补充和修改,对有些需要到后续课程深入学习理解的项目做了提示。

(3) 第六章补充了会计账簿的实物图片。

(4) 修改了部分习题,将原来的综合练习题改为两套模拟试卷,并将综合练习题参考答案改为二维码形式,以供读者自我检测学习效果之用。

(5) 将原来的练习题参考答案改为二维码形式。

本次修订由天津商业大学薛洪岩、王存峰担任主编。具体的修订分工如下:前言、各章内容的修改和补充、各章新增的课程思政由薛洪岩执笔;各章新增的思维导图由王存峰执笔;王存峰提供了课程思政资料的支持与建议。

本次修订仍然是在立信会计出版社余榕编辑的督促和大力支持下完成的,衷心感谢余榕编辑的辛苦付出。教材内容的完善和质量的提高,最终还是离不开读者的支持,非常感谢广大读者以往提出的中肯建议,更希望广大读者继续对本书给予一如既往的支持和关注,并将质疑、批评和建议及时反馈给我们(xhy821@126.com),我们会认真吸收、接纳。读者如需要与本教材配套的 PPT 课件等教学资源的,可与出版社联系。

编　者

2024 年 5 月

前　言

承蒙广大读者的厚爱,我们于2003年编写的针对会计专业的《基础会计教程》一书,出版一年多就印刷了3次。因考虑到当前许多学校都按大类招生,《基础会计教程》涵盖的内容相对较窄,我们决定重新组织编写《基础会计》教材。这次编写的《基础会计》教材,不仅适用于会计专业的学生,也适用于经济类、管理类学生及渴望掌握会计基础知识的学习者。

《基础会计》的编写思路仍是根据初学者的实际情况及需要而设计,没有过多地阐述抽象的会计理论问题,而是以会计核算方法作为主要内容,即以凭证、账簿和财务报表为核心,对会计的基础理论、基本知识和基本操作技术进行了阐述,目的是使学习者对会计基本工作的全过程有个完整的理解,为进一步学习和掌握会计专业知识打好基础。同时,本书还对财务会计报告分析的内容及方法进行了简单的介绍,目的是使会计信息使用者不但了解会计信息的产生过程,而且能够掌握基本的分析方法,对会计信息进行初步的判断和评价,为决策提供支持。

《基础会计》在结构设计和体例安排上,遵循初学者认识问题的规律性,由浅入深,循序渐进;在语言表述方面,力争做到通俗易懂,言简意赅;在知识点的阐述中,尽量多地运用实例,实例的设计和选择主要以我国现实的经济环境为背景,以我国最新颁布的《企业会计制度》和相关法规、条例为依据。为便于学习者掌握课程内容,每章前都以"学习要求"的方式概括了本章应把握的知识点;为帮助学习者更好地理解和检测所学知识,每章后附有知识点非常明确的练习题及参考答案,书后还附有综合练习题及参考答案一套。

本书由薛洪岩副教授任主编,负责拟定编写大纲并对初稿进行修改、补充、总纂。参加本书编写的人员及具体分工如下：第一、第二、第三、第七、第九章由薛洪岩执笔；第四、第五、第六章由周丽丽执笔；第八章及综合练习题由齐永忠执笔；第十、第十一章由班景刚执笔。最后由全体编写人员共同商讨修改定稿。

在本书编写过程中，我们参考了大量的相关著作、教材，同时也吸纳了诸多会计同仁的良好建议，立信会计出版社余榕编辑更是给予了大力的支持，在此一并表示最诚挚的感谢。

虽然作者已经尽了自己的努力，但由于能力所限，本书仍难免存在错漏之处，恳请读者随时与我们联系（E-mail：xhy821@sina.com），期待您的批评指正，以便修订时补充提高。

编　者

2005年8月

本书内容导航

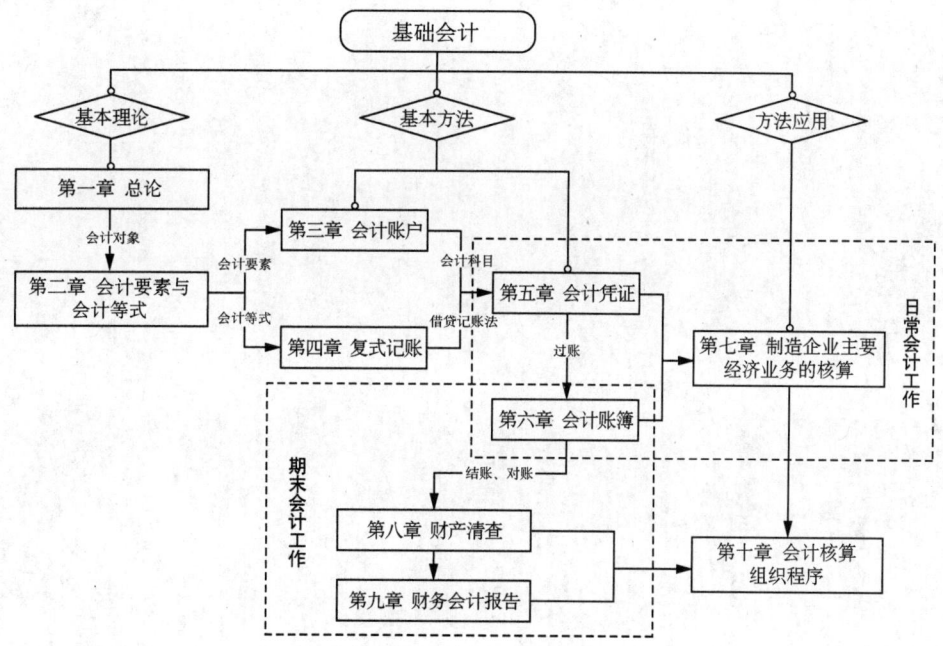

目 录

第一章 总论 ·· 1
　学习要求 ··· 1
　思维导图 ··· 1
　第一节　会计概述 ··· 2
　第二节　会计核算的基本前提 ··· 17
　第三节　会计基础与会计计量 ··· 19
　第四节　会计方法与会计循环 ··· 22
　课程思政 ··· 25
　复习思考题 ··· 26
　练习题 ··· 26

第二章　会计要素与会计等式 ·· 30
　学习要求 ··· 30
　思维导图 ··· 30
　第一节　会计要素 ··· 30
　第二节　会计等式 ··· 39
　第三节　经济业务与会计等式 ··· 42
　课程思政 ··· 48
　复习思考题 ··· 49
　练习题 ··· 50

第三章　会计账户 ··· 55
　学习要求 ··· 55
　思维导图 ··· 55
　第一节　会计账户的设置 ··· 55
　第二节　会计账户的结构 ··· 60
　第三节　会计账户的分类 ··· 62

课程思政	76
复习思考题	76
练习题	77

第四章 复式记账

学习要求	81
思维导图	81
第一节 复式记账原理	81
第二节 借贷记账法	83
课程思政	100
复习思考题	100
练习题	101

第五章 会计凭证

学习要求	106
思维导图	106
第一节 会计凭证概述	106
第二节 原始凭证	117
第三节 记账凭证	122
第四节 会计凭证的传递和装订	127
课程思政	130
复习思考题	130
练习题	130

第六章 会计账簿

学习要求	136
思维导图	136
第一节 会计账簿概述	137
第二节 会计账簿登记的要求和方法	144
第三节 对账和结账	159
第四节 账簿的更换与保管	163
课程思政	164
复习思考题	164
练习题	165

目 录

第七章 制造企业主要经济业务的核算 … 169
学习要求 … 169
思维导图 … 169
第一节 制造企业主要经济业务概述 … 170
第二节 资金筹集业务的核算 … 170
第三节 采购业务的核算 … 176
第四节 生产业务的核算 … 183
第五节 销售业务的核算 … 193
第六节 利润形成及分配业务的核算 … 199
课程思政 … 206
复习思考题 … 206
练习题 … 207

第八章 财产清查 … 214
学习要求 … 214
思维导图 … 214
第一节 财产清查概述 … 214
第二节 财产清查的内容和方法 … 219
第三节 财产清查结果的处理 … 224
课程思政 … 229
复习思考题 … 230
练习题 … 231

第九章 财务会计报告 … 236
学习要求 … 236
思维导图 … 236
第一节 财务会计报告概述 … 237
第二节 资产负债表 … 241
第三节 利润表 … 250
第四节 现金流量表 … 255
第五节 所有者权益变动表 … 258
第六节 财务会计报告的对外提供 … 261
第七节 财务会计报告分析 … 262
课程思政 … 269

· 3 ·

复习思考题 ·· 270
　练习题 ·· 271

第十章　会计核算组织程序 ··· 278
　学习要求 ·· 278
　思维导图 ·· 278
　第一节　会计核算组织程序概述 ······································· 279
　第二节　记账凭证核算组织程序 ······································· 280
　第三节　汇总记账凭证核算组织程序 ··································· 306
　第四节　科目汇总表核算组织程序 ····································· 312
　第五节　日记总账核算组织程序 ······································· 315
　第六节　多栏式日记账核算组织程序 ··································· 317
　课程思政 ·· 319
　复习思考题 ·· 319
　练习题 ·· 320

模拟试卷 ·· 326
　模拟试卷一 ·· 326
　模拟试卷二 ·· 331

附录 ·· 336
　附录1　企业和其他组织会计档案保管期限表 ···························· 336
　附录2　企业会计准则一览表 ·· 337

第一章 总　　论

学习要求

本章主要阐述会计的基本概念和基础理论。通过本章学习,学习者应理解会计的定义;明确会计的基本职能、对象、目标;认知会计信息质量要求和会计核算的基本前提;掌握会计记账的基础;了解会计的产生和发展;了解会计核算方法体系的构成及会计循环的步骤。

思维导图

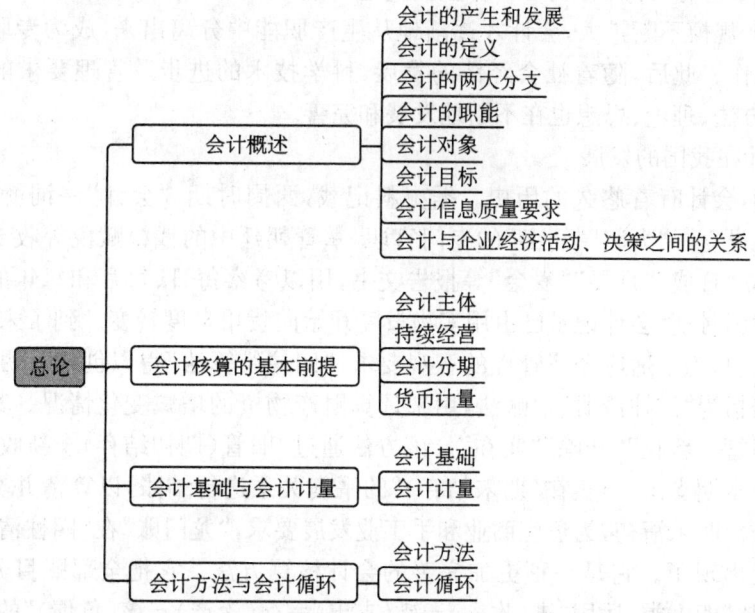

第一节 会计概述

一、会计的产生和发展

（一）会计的产生

在人类社会中，人的衣、食、住、行需要各种各样的物质资料；社会的发展，也需要各种各样的物质资料。为了满足需要，人们就必须进行物质资料的生产。人们在进行物质资料生产活动时，一方面要创造物质财富，取得一定的劳动成果；另一方面要发生一定的劳动耗费，包括人力、物力的耗费。不论在何种社会状态下，人们在进行生产活动时，总是希望以尽可能少的劳动耗费取得尽可能多的劳动成果，做到所得大于所费，以提高经济效益。为了达到这一目的，人们在社会生产中除了不断采用新技术、新工艺，还必须加强经营管理，对劳动耗费和劳动成果进行观察、记录、计算、分析、比较，借以掌握生产活动的过程和结果，促使人们的生产活动按照预期的目标进行。以记录、计算、分析、考核为主要工作内容的会计正是顺应此要求而产生的。由此可见，会计产生的基本动因是人类进行物质资料生产的实践和经济管理的客观需要。

（二）会计的发展

无论是在中国，还是在外国，会计都很早就存在了。但是最初的会计只是作为生产职能的附带部分，并没有成为一种独立的生产管理活动。当社会生产力发展到一定阶段，生产规模不断扩大，会计才逐渐地从生产职能中分离出来，成为专职人员从事的一种工作。此后，随着社会经济的发展、科学技术的进步及管理要求的不断提高，会计的方法、理论、思想也在不断地发展和完善。

1. 会计在我国的发展

在我国，会计有着悠久的历史。据史料记载，西周时期，"会计"一词就已出现。当时的朝廷设立了"大宰""司会"的专门官职，掌管朝廷中的钱粮赋税等收支和管理大权，并建立"日成""月要""岁会"等报告文书，用以考察每日、每月和每年的财政状况。春秋战国时期，会计记录已由用实物量度开始向货币量度转变。到了宋朝，封建经济发展较快，为了适应经济管理的客观要求，"四柱结算法"得以创建。明朝初年，该方法被概括为"四柱清册"记账法，用来计算财产物资的增减变化情况。其中，"四柱"是指"旧管""新收""开除""实在"。该方法通过"旧管（期初结存）+新收（本期收入）=开除（本期支出）+实在（期末结存）"的平衡关系进行结账，以算清并交代经管财物的责任。明末清初，为适应商业和手工业发展要求，"龙门账"在"四柱清册"记账法的基础上出现了。它是一种更加完善的会计核算方法。它把全部账目分为"进""缴""存""该"四大类，运用"进（收入）-缴（支出）=存（资产）-该（负债）"的公式，计算盈亏数额，并分别编制"进缴表"和"存该表"，两表计算结果如果完全吻合，称为"合龙门"。清代,在此基础上"天地合账"产生了。它将一切账项分为"来账"和"去账",在账簿上记录。账簿采用垂直书写,直行分上下两格,上格记收,称为"天";下格记付,称为"地";上下两格所记数额必须相等,称为"天地合"。"四柱清册""龙门账"和"天地合账"是我国劳动人民对会计发展的重大贡献,展示了中式簿记发展的历史轨迹。

中华人民共和国成立以前,我国的会计是中西式并存的;中华人民共和国成立以后,我国最初实行的是苏联的计划经济模式,为适应计划经济管理的需求,引进了苏联的会计核算模式和会计管理制度。1978年,中国共产党第十一届三中全会召开后,党的工作重心转移到经济建设上来,开始实行有计划的商品经济,逐步向社会主义市场经济过渡,此时会计的地位和作用在明显提高。为了规范会计工作,1985年,我国颁布了《中华人民共和国会计法》(以下简称《会计法》),我国的会计工作进入法制阶段。1992年,党的十四大提出发展社会主义市场经济,由此,我国由计划经济完全转向社会主义市场经济,为适应社会主义市场经济的需要,财政部颁布了《企业会计准则》和《企业财务通则》,并同时制定了13个行业会计制度,这些准则、通则和制度从1993年7月1日起施行。这是我国会计与国际会计接轨的一项重大改革措施,也是中国会计理论与实践发展的一个重要里程碑。

1992年至今,我国实行的社会主义市场经济在不断地发展和完善,为了保障会计工作更好地为社会主义市场经济服务,全国人民代表大会常务委员会于1993年、1999年和2017年三次修订《会计法》。从1997年起,我国财政部陆续颁布了一系列具体会计准则,对会计工作的具体操作规范作出了详细的规定。为了充分发挥会计在社会主义市场经济中的应有作用,保证财务会计报告的真实、完整,中华人民共和国国务院于2000年6月发布了《企业财务会计报告条例》,该条例于2001年1月1日开始实施。为了贯彻执行《会计法》和《企业财务会计报告条例》,财政部于2000年12月29日发布《企业会计制度》,该制度于2001年1月1日起暂在股份有限公司范围内执行。《企业会计制度》的发布,是我国会计核算制度的又一次重大改革。它对规范我国企业的会计核算行为,真实、完整地反映企业的财务状况、经营成果和现金流量,提高企业的会计信息质量具有深远的意义。随着改革的不断深入,尤其是我国加入世界贸易组织之后,世界经济一体化进程不断加快,为提升我国会计标准的国际化水平,拉近与国际会计规则的距离,财政部于2006年2月发布了由1项基本准则和38项具体准则组成的新的会计准则体系,要求上市公司从2007年1月1日起实施,同时鼓励其他企业执行。新的会计准则体系的发布,标志着我国企业财务会计进入了一个与国际会计惯例趋同的新时期。随着市场经济的发展,交易事项日趋复杂,为提高会计信息质量,2014—2019年,财政部新增了4项具体准则并修订了企业会计准则中的部分项目,至此,我国形成了由1项基本准则和42项具体准则构成的企业会计准则体系。

2. 会计在国外的发展

在国外,会计历史也很悠久。大约距今四千年以前,古巴比伦就开始在金属或瓦片上作商业交易的记录。在公元前三四千年,古埃及法老(国王)已设有专职的"录事",管理宫廷的赋税收入和各项军饷、官吏俸禄等各项支出。印度太古的共同体在农业上已有了"记账员"。到了中世纪封建时期,基督教会设专职官员管理赋税收入和各项开支,并设专门的账簿进行记录和报表制度。

13~15世纪,意大利沿地中海一带城市里,商品货币经济比较发达。为适应借贷资本和商业资本的需要,复式借贷记账法产生了。1494年,意大利数学家卢卡·帕乔利(Luca Pacioli)著的《算术、几何、比及比例概要》一书含有世界上最早对复式簿记的系统描述。这本书的出版标志着近代会计的开始。

18世纪60年代,在西欧开始的产业革命,使社会生产力大大提高,对经济管理工作的客观要求越来越高,而会计则显得更为重要。1890年,大陆式会计理论奠基人雪尔的《簿记理论》、1900年前后英国皮克斯利的《会计学》和狄克西的《高级会计学》等著作,都标志着会计理论有了很大的发展。18世纪末19世纪初,美国的生产组织和经营形式发生了重大变革,股份公司这种新的经济组织应运而生。股份公司的出现和发展,使资本所有权同经营权分离,对会计工作提出了更高的要求。会计所提供的信息要为各方的信息使用者负责,这就要求企业所提供的财务报表必须先经过执业会计师的检查,然后证明是否公允可靠,最后才能作为报表使用者决策的依据。这样就产生了审核经营者履行职责、维护股东集团和债权人利益的代理人——独立职业会计师,由其来进行查账和公证业务。这一时期,股东集团和债权人所关心的是企业财务状况和盈利及其分配情况,向股东集团、债权人及外部利害关系人提供各种财务报表成为企业会计的中心任务,从而形成了"财务会计"概念,并普遍运用。第二次世界大战后,资本主义国家生产社会化程度大大提高,股份公司兴旺发达,跨国公司发展迅速,现代西方会计职能、作用、范围日趋扩大。20世纪30年代以后,为了使会计核算工作规范化,增强会计信息的真实性和可比性,西方各国先后研究和制定了会计准则,进一步将会计理论和方法推上了一个新的水平。20世纪40年代,在新技术革命的推动下,现代市场经济迅速朝系统化、信息化与科学化方向发展。进入20世纪50年代,生产和管理科学迅猛发展,竞争更加激烈,随着电子技术、空间技术的发展,各学科之间互相渗透,系统论、控制论与信息论等新型基础理论学科应运而生,为会计与电子计算机的结合和管理会计的形成奠定了基础。传统的财务会计已不能满足企业生存和发展的需要。企业内部管理要求科学化,又要加强事前、事中的预测和决策分析及事后的考核和评价,以适应竞争日益激烈的市场。由此,以加强经营管理为核心职能的管理会计就诞生了,这也标志着现代会计的开端。财务会计和管理会计是现代会计的两大分支。20世纪90年代以来,现代经济开始朝着信息化、知识化、全球化方向发展。近些年,人工智能、大数据、云计算、区块链、物联网等技术越来越成熟,面临经济新环境和新技术,会计理论、方法、思想只有不断创新才能适应。

二、会计的定义

从上述会计产生与发展的历程可知,会计是基于人类生产实践和经济管理需要而产生的;会计的不断发展和完善,是社会生产力水平日益提高、社会经济日益复杂的结果;经济越发展,会计越重要。随着社会经济的发展,会计的内涵及外延都在不断地丰富和完善,因此,我们对会计的认识也应是变化的。对现代会计来说,我们可以作以下定义:会计是以货币作为主要计量单位,借助于专门的技术方法,对一定主体的经济活动进行确认、记录、计算、报告,旨在向有关方面提供会计信息,支持其判断和决策的一种经济服务行为过程。

会计过程如图1-1所示。

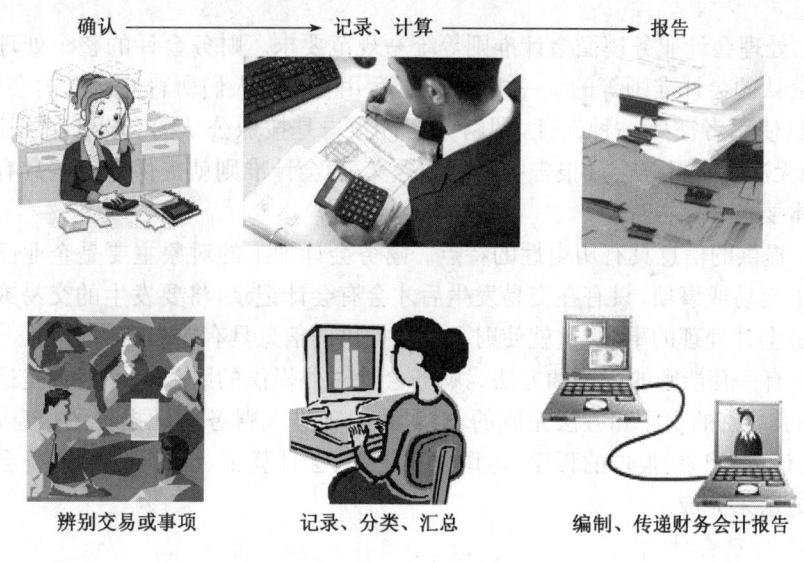

图1-1 会计过程

三、会计的两大分支

作为会计两大分支的财务会计和管理会计,两者相互配合、共同服务于市场经济条件下的现代企业,是现代企业会计的重要组成部分。但这两大会计分支各司其职,又具有各自的特点。

(一)财务会计

财务会计是按照会计准则等的规范要求,对企业已发生或已完成的交易或事项,运用财务会计的专门方法,通过确认、计量、记录和报告等基本程序进行加工汇总,编制通用财务会计报告,定期向外部会计信息使用者传递企业财务状况、经营成果和现金流量等方面信息,以帮助外部会计信息使用者合理决策的服务行为。

财务会计具有以下主要特征:

(1) 主要服务于企业外部的信息使用者。财务会计主要是面向不参与企业经营管理而对企业有资源投入的投资人、债权人和其他与企业有利益关系的外部信息使用者,提供投资决策、信贷决策和其他类似决策所需的会计信息。由此,财务会计又称对外报告会计。

(2) 定期编制总括性的通用财务会计报告。财务会计对外提供会计信息的实现方式是定期(如月、季、半年、年等会计期间)编制通用财务会计报告。通用财务会计报告包括资产负债表、利润表、现金流量表、所有者权益变动表及附注。财务会计提供的信息资料是总括性的资料,即把特定组织作为一个整体的财务状况、经营成果和现金流量的情况来报告,一般不就个别产品、个别部门、个别决策等局部性的问题进行报告。

(3) 处理会计业务遵循会计准则等统一规范要求。财务会计的整个处理过程必须遵循公认的会计准则等的统一规范要求,运用若干为人们所普遍接受的会计惯例。外部信息使用者需要一种保证,即财务会计报告是按照公认的会计准则编制的,否则,他们无法理解财务会计报告中数字的含义,而会计准则就提供了这些具有普遍意义的基本要求。

(4) 提供的信息具有历史性的特点。财务会计加工的对象主要是企业已发生或已完成的交易或事项,只有在交易发生后才会有会计记录,将要发生的交易或事项不属于财务会计处理的事项,这就使财务会计提供的信息具有历史性的特点。

(5) 有一套严密的程序和方法。财务会计对外提供的财务会计报告是通过一系列特定的、严密的程序和方法完成的,如对每一项进入财务会计报告的信息,都应按照确认、计量、记录、报告的程序,运用复式记账、会计凭证、会计账簿、财务会计报告等专门方法来完成。

(二) 管理会计

管理会计是指运用适当的技术和方法对企业经营管理和经济活动中产生的相关信息进行收集、分类、加工整理、分析、报告,为企业决策规划、计划预算、评价与控制等提供所需信息,以帮助企业管理当局制定具有一定经济目标的计划,并为实现这些目标作出合理决策的服务行为。

管理会计具有以下主要特征:

(1) 主要服务于企业内部管理者。管理会计主要是面向企业内部各个管理层提供管理活动中与成本控制、预算执行、绩效评价等有关的会计信息,以便企业管理当局提高企业的管理效率和效果,完善制度建设。由此,管理会计又称对内报告会计。

(2)适时提供特定需要报告。管理会计在提供信息时更强调及时性和决策有用性,根据管理当局的特定需要适时提供反映企业内部机构、部门等详细情况并与决策、评价及控制相关的信息报告。在规模较大的组织中,详细管理会计报告往往要求按月报送,针对某项活动的报告可能按周、按天甚至更短的时间。

(3)不受会计准则等统一规范约束。管理会计所提供的信息为企业经营管理和决策控制需要,不受对外报告会计准则的约束。会计处理具有很大的自由度和弹性。

(4)提供的信息具有反映现实和面向未来的特点。管理会计所提供的信息是以现实和未来为导向,大量使用预测、估计及计划未来事项等信息,信息多为估计价值。

(5)程序和方法灵活。管理会计的方法总体性质是分析性的,吸收了经济学、管理学和数学的研究成果,表现出方法的灵活多样。如对成本的计算,可根据管理的需要,选用完全成本法或变动成本法。

本书主要阐述财务会计的基本概念、基本要求、基本程序和基本方法。

四、会计的职能

会计职能是指会计在经济活动中所具有的功能,即会计做什么。会计的职能很多,并且随着经济的发展,其职能必将不断扩展,但会计界对会计职能达成的共识只有会计核算和会计监督两个职能。因此,我们说,会计核算和会计监督是会计的两项基本职能。所谓基本职能,是指只要进行会计工作,就应该发挥的功能。

(一)会计核算职能

会计核算是会计的首要职能,也是全部会计工作的基础。所谓会计核算,是指以货币为主要计量单位,对各组织的生产经营活动过程及结果进行连续、系统、准确地记录、计算、报告,为经济决策提供数量信息的行为。

1. 会计核算的程序

(1)会计确认。会计确认是指按照规定的标准和方法,辨认和确定经济信息是否作为会计信息正式记录并列入财务报表的过程。会计确认分为初次确认和再次确认两种。其中,初次确认是指对输入会计核算系统的原始经济信息的确认,实际上是经济数据能否转化为会计信息,并进入会计核算系统的筛选过程。初次确认的标准主要是发生的经济事项能否用货币计量,能够用货币计量的经济事项,可以进入会计系统;否则,将被排除在外。再次确认是指依据信息使用者的需要,确认账簿所记录的资料中哪些内容应列入财务会计报告,或是在财务会计报告中应揭示多少财务资料和何种财务资料的过程。

(2)会计计量。会计计量是指根据被计量对象的计量属性,选择运用一定的计量单位和计量基础,确定应记录项目数量的会计处理过程。

(3) 会计记录。会计记录是指将已确认和计量的会计信息以会计专业技术在会计特有的载体上登记下来的过程。其中,会计专业技术是指专门的记账方法。会计记录的形式包括序时记录和分类记录;会计记录的手段有手工记录和电子计算机记录;会计记录的载体一般有纸介质的会计凭证、会计账簿、财务会计报告和磁盘、光盘等。本书主要阐述手工记录的基本程序和方法。

(4) 会计报告。会计报告是指以会计记录为主要依据,采用表格和文字为主的形式,将会计数据传递给信息使用者,以便使用者进行决策的文件。

在实际工作中,会计确认、会计计量和会计记录是紧密结合、同步进行的。会计确认和会计计量是记录的前提,而会计记录是会计确认和会计计量的结果。会计报告是会计核算的最终环节,也是会计确认、会计计量、会计记录的结果和目的。

2. 会计核算的特点

(1) 会计核算主要是利用货币量度,综合反映各组织的经济活动过程和结果。经济活动过程和结果的数量反映,可以采用的量度通常有实物量度、货币量度和劳动量度三种。但是由于经济活动的复杂性,只有货币量度可以综合反映和比较不同类别的经济活动及其结果,在会计核算中,我们将货币作为主要计量单位。但会计核算并不绝对排除实物量度和劳动量度,而是将实物量度和劳动量度作为辅助量度。

(2) 会计核算具有完整性、连续性和系统性。会计核算的完整性是指对会计核算的所有内容都要进行计量、记录、报告,不能有任何遗漏;会计核算的连续性是指按经济业务发生的时间顺序进行不间断的计量、记录、报告;会计核算的系统性是指对会计核算内容要按科学的方法进行分类,进行系统的加工、整理、汇总,以便提供经济管理所必需的数据资料。

(二) 会计监督职能

会计监督是会计的另一项基本职能,是指依据国家颁布的法律、法规及经济运行的客观规律对会计核算的过程及结果进行审查和督促,以保证会计信息真实、完整、合法、有效的行为。

1. 会计监督的依据

会计监督的依据是合法性和合理性。其中,合法性是指依据国家颁布的法律、法规等为标准监督经济活动;合理性是指依据客观经济规律及经营管理等方面的要求进行监督。会计监督的核心就是要保证经济活动的合法性及防止损失和浪费。

2. 会计监督的特点

(1) 会计监督主要是通过价值指标进行的。会计监督的基础是会计核算资料,会计核算是以货币为主要计量单位,因此会计监督也必然通过价值指标来进行。例如,出差人员报销差旅费时,会计人员应依据有关的法律、法规,或企业的一些具体规章制度等进行监督,超过标准的不合法部分或者不合理的开支,不予报账。

(2) 会计监督贯穿整个经济业务过程。会计监督不仅体现在已经发生或已经完成的经济业务方面,还体现在经济业务发生过程中及尚未发生之前。会计监督包括事前监督、事中监督和事后监督。事前监督是指会计人员在参与制定各种决策以及相关的各项计划或费用预算时,依据有关政策、法规等的规定对各项经济活动的可行性、合理性、合法性和有效性等进行的审查,指导未来经济活动;事中监督是指在日常会计工作中,随时审查所发生的经济业务,督促生产经营业务的正常进行和计划的执行;事后监督是指以事先制定的目标、标准和要求为依据,对已经完成的经济活动进行考核、分析和评价,为下期计划和预算提供资料。

(三) 会计核算职能和会计监督职能的关系

会计核算与会计监督是相辅相成、辩证统一的关系。会计核算是会计监督的基础和前提,是最基本的职能,没有会计核算所提供的可靠、完整的会计信息,会计监督就没有客观依据;会计监督又是会计核算的质量保证,没有严格的监督,会计核算也就失去意义。

五、会计对象

(一) 会计的一般对象

会计对象也称会计的客体,是指会计核算和监督的内容。会计是以货币作为主要计量单位,对一定主体的经济活动进行核算和监督,所以,会计对象一般被概括为社会再生产过程中能够用货币表现的经济活动,也称价值运动或资金运动。这就限定了会计对象不是社会再生产过程中的全部经济活动,而仅指其中能用货币表现的经济活动。例如,企业招聘员工、采购业务谈判都是经济活动,但因其不能用货币计量,所以不能列为会计核算和监督的内容。

资金运动,从其形态来看,总是表现为相对静止和显著变动两种状态。所谓相对静止状态,是指相对某一时刻来说资金的表现形态。例如,任何组织要开展业务活动,都需要一定的财产物资,包括房屋、车辆、机器设备、能源、材料、现金、银行存款等,这些都是资金的具体表现形态,从某一时刻来看,它们是静止不动的,过了这个时刻,它们可能会发生变化,因而说其是相对静止的;所谓显著变动状态,是指从某一时期来说资金的表现,通常表现为资金的循环和周转。随着组织单位业务活动的开展,资金形态会不断发生变化,如以银行存款购买材料、材料投入生产、产品销售收回货款等,都会使资金形态发生明显的变化。

(二) 会计对象在企业中的具体表现

资金运动,从其运动的程序来看,包括资金投入、资金周转和资金退出三个基本环节。这三个基本环节与一定的组织单位联系起来,就会表现为组织单位的具体业务活动。由于各组织单位业务活动的方式及其内容不尽相同,会计对象的具体内容也就不完全一致。即便同样是企业,制造企业、商品流通企业、交通运输企业、金融企业等也均有各自资金运动的特点。制造企业主要是从事产品生产和销售的营利性经济组织,其资金运动最具代表性,因此,下面仅以制造企业的资金运动为例,说明会计对象在企业中的具体表现。

1. 资金投入

制造企业要开展生产经营活动,必须具有一定的资金投入,用于购建财产物资、支付前期费用等,以形成一定的生产能力或经营能力,为生产产品创造条件。企业资金的来源主要有所有者投入的资本金和债权人投入的资金两部分。投入的资金会以各种方式存在于企业,如现金、银行存款、材料、厂房、设备、运输车辆等。所有者投入的资本金不必在未来某个确定的日期偿还,而是按其出资额分得利润、承担风险;债权人投入的资金要求企业在将来特定日期偿还,并通常附带利息。

2. 资金周转

制造企业要达到营利的目的,就要不断地运用资金,开展生产经营活动。制造企业的生产经营活动过程按照其业务内容可划分为采购过程、生产过程和销售过程三大阶段。在采购过程,企业以现金或银行存款等购进材料物资,并将采购的材料物资存放于仓库,为生产储备必要的物资,这时货币资金形态就转化为储备资金形态;在生产过程,企业将原材料投入生产并生产出产成品,在此期间会发生各种耗费,如材料的耗费、固定资产的磨损、劳动报酬的支付等,使储备资金及一部分货币资金转化为生产资金,随着产品完工入库,生产资金又进而转化为成品资金;在销售过程,企业将产成品销售出去取得产品销售收入,同时支付在销售过程中发生的各种费用,使成品资金转化为货币资金。企业实现收入以后,还应按国家税法的有关规定计算缴纳各种销售税金。企业获得的收入扣除各项成本费用后,形成企业的利润,利润要按规定进行分配,留归企业的部分重新投入生产经营过程,表现为资金的分配和再投入。我们将资金从货币形态开始,依次转换,最后又回到货币形态这一过程,称为资金循环。只要企业生产不停止,资金的循环过程就将周而复始地进行下去。这种不断重复的资金循环称为资金周转。

3. 资金退出

在企业资金周转过程中,有些资金会离开周转过程,退出企业,如企业偿还各项债务、上缴各项税金、向所有者支付利润等。这些退出企业资金周转的部分,同时减少了企业的资产、负债和所有者权益。

资金投入、资金周转和资金退出,构成了企业资金运动的主要内容。资金运动不仅可以定性反映,而且可以定量反映,即以货币形态对其进行反映。制造企业资金运动及相应的生产经营过程如图1-2所示。

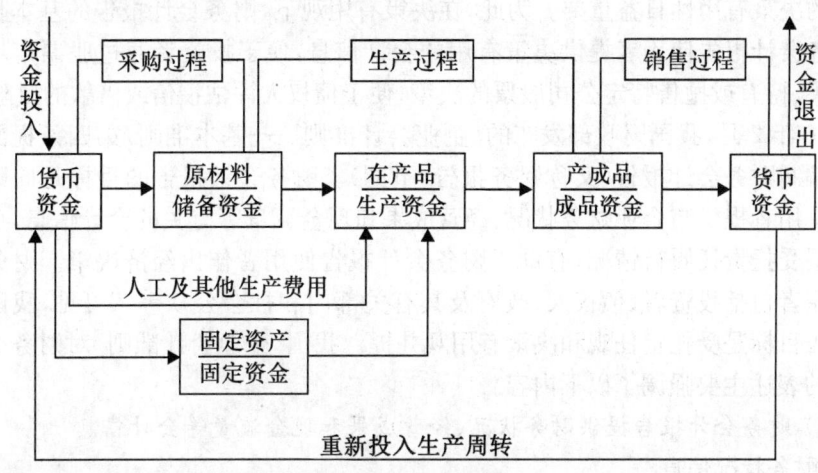

图 1-2 制造企业资金运动及相应的生产经营过程

六、会计目标

会计目标是指会计核算和监督所要达到的目的。由于会计总是处于一定的社会经济环境中,会计目标无疑受到社会经济环境的制约。在不同的社会经济环境下,不同的社会制度和经济体制,会对会计提出不同的目标。财务会计主要是通过编制通用的财务报表的方式对外提供会计信息,因此,财务会计目标又可表述为财务报表目标或财务会计报告目标。纵观会计发展史,会计理论界在讨论财务会计报告目标的过程中形成了受托责任观和决策有用观两种具有代表性的观点。

受托责任观产生的基本社会经济背景是资源的所有权和经营权分离,且资源的委托者与受托者之间的委托—代理关系是直接建立的。在两权分离的情况下,资源所有者将资源委托给受托者,同时赋予受托者以资源的保管权和使用权,受托者因而承担了合理、有效的管理和运用受托资源的责任,保证在经营运用过程中资源保值、增值,作为资源的受托方,承担了如实向资源的委托方报告其受托责任的履行过程和结果的义务。为此,在受托责任观下,财务会计报告的基本目标就是以恰当的方式有效地反映资源受托者的受托经管责任及其履行情况,便于委托者作出是否继续聘任或解聘代理人的决策。

决策有用观产生的基本社会经济背景也是资源所有权和经营权的分离,但资源的委托者与受托者之间的委托—代理关系不是直接建立的,而是通过资本市场间接建立的。在发达的资本市场中,往往会出现单一的受托方对应众多分散甚至潜在的委托方(如现在的投资者、潜在的投资者、债权人等),受托方与委托方无法处于直接接触的位置上,使得委托—受托关系变得复杂又模糊。随着证券市场的发展,财务会计信息的决策有用性日益重要。为此,在决策有用观下,财务会计报告的基本目标就是向财务会计报告使用者提供决策有用的会计信息,便于投资者通过股票市场作出是否购买、持有或抛售特定公司股票的决策,便于债权人评估授信或借款的风险。

2006年2月,我国财政部发布的《企业会计准则——基本准则》第四条提出:"企业应当编制财务会计报告(又称财务报告,下同)。财务会计报告的目标是向财务会计报告使用者提供与企业财务状况、经营成果和现金流量等有关的会计信息,反映企业管理层受托责任履行情况,有助于财务会计报告使用者作出经济决策。财务会计报告使用者包括投资者、债权人、政府及其有关部门和社会公众等。"可见,我国财务会计报告目标是受托责任观和决策有用观并提。我国《企业会计准则》对财务会计报告目标的表述主要强调了以下内容。

(一)财务会计报告提供财务状况、经营成果和现金流量等会计信息

1. 财务状况信息

财务状况是指企业在某一特定时点所拥有或控制的经济资源(企业的资产)总额及分布、与资源相对应的经济责任(企业的债务)和所有者权益(或股东权益)的构成等情况。

2. 经营成果信息

经营成果是指企业在某一会计期间盈利的情况,是企业销售商品或提供服务获得的收入与所花费成本或费用的差额,可用来衡量企业资源利用的效果。

3. 现金流量信息

现金流量是指企业在一定会计期间现金流入和现金流出的数额,可用来衡量企业在一定时期内获取现金的能力。

(二)财务会计报告反映管理层受托责任的履行情况

现代企业制度强调企业所有权和经营权相分离,企业管理层是受委托人之托经营管理企业及其各项资产,负有受托责任。企业管理层有责任妥善保管并合理、有效地运用这些资产。企业投资者和债权人等也需要及时或者经常性地了解企业管理层保管、使用资产的情况,以便于评价企业管理层的责任情况和业绩情况,并决定是否需要调整投资或者信贷政策、是否需要加强企业内部控制和其他制度建设、是否需要更换管理层等。因此,财务会计报告应当反映企业管理层受托责任的履行情况,以有助于外部投资者和债权人等评价企业的经营管理责任和资源使用的有效性。

(三)财务会计报告使用者主要包括投资者、债权人、政府及其有关部门和社会公众等

1. 投资者

企业的投资者包括现在的投资者和潜在的投资者。投资者为企业提供的资源,在时间上可供企业无限制使用,从而拥有对企业资源收益的分配权。投资者一旦将资本投入企业,就与企业经营成败与否有着最直接的利益关系。企业经营成功,投资

者会分得利润;企业经营亏损,投资者收不到利润;企业经营失败,最终破产、倒闭,投资者投入的资本难以收回。财务会计报告提供企业财务状况信息,可帮助投资者分析企业的变现能力、资本结构等情况,从而作出其是否向企业提供资源的决策。我国将满足投资者的信息需要作为企业财务会计报告编制的首要出发点,凸显了投资者的地位,体现了保护投资者利益的要求,是市场经济发展的必然。

2. 债权人

企业的债权人包括为企业提供信贷资本和其他资金的金融机构、债券购买者、供应商等。债权人为企业提供的经济资源可供企业使用的时间是有限定的,因而债权人享有企业按期还本付息的权利。债权人将资本借给企业,与企业之间就存在着直接的经济利益关系。债权人出于自身债权安全的考虑,通常十分关心企业的偿债能力和财务风险,他们需要财务会计信息来评估企业能否如期支付贷款本金及其利息、能否如期支付所欠购货款等,从而作出是否向企业提供更多贷款或收回贷款的决策。

3. 政府及其有关部门

政府及其有关部门作为经济管理和经济监管的部门,通常关心经济资源分配的公平、合理,市场经济秩序的公正、有序,宏观决策所依据信息的真实、可靠等,因此,它们需要信息来监管企业的有关活动(尤其是经济活动)、制定税收政策、进行税收征管和国民经济统计等。

4. 社会公众

社会公众包括顾客、社区居民等。顾客通常关心企业产品的定价水平及所提供商品或服务的能力;社区居民通常关心企业对所在地经济作出的贡献,如增加就业、刺激消费、提供社区服务等。

七、会计信息质量要求

会计信息质量要求也称会计信息质量标准、会计信息质量特征,要实现会计目标,就必须要求会计信息符合一定的质量标准。对于会计信息质量特征的表述,以美国财务会计准则委员会1980年5月发布的第2号财务会计概念公告最具代表性。在该公告中,财务会计准则委员会对会计信息质量的特征进行了全面而详细的论述。它认为,会计信息质量的各种特征具有一定的层次结构,其中最重要的特征是决策有用性。相关性和可靠性是决策有用性的最重要质量特征。而相关性又包括预测价值、反馈价值和及时性;可靠性则包括可核性、中立性和真实性。可比性(包括一贯性)是决策有用的次要质量特征。可理解性针对使用者的质量。另外,会计信息的效益大于成本和重要性是会计信息质量特征的两个约束条件。会计信息质量的层次结构如图1-3所示。

我国2006年2月发布的《企业会计准则——基本准则》对会计信息质量提出了

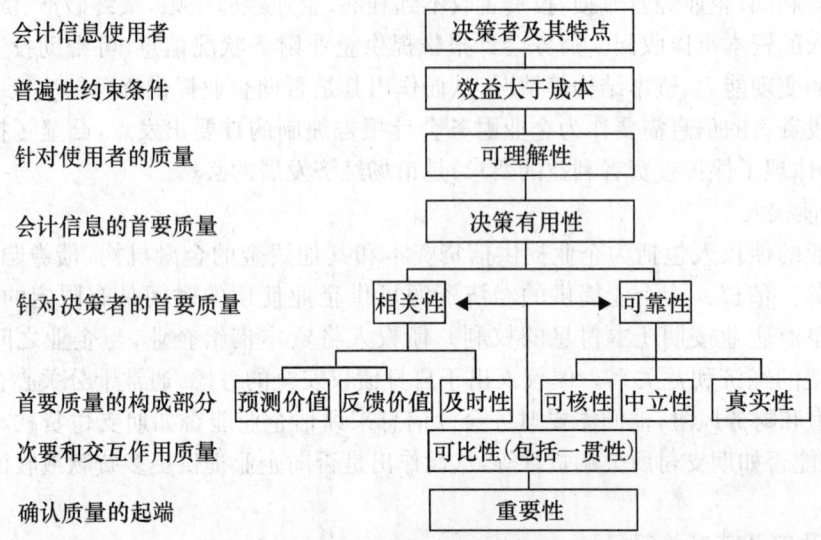

图1-3 会计信息质量的层次结构①

8项要求,即可靠性、相关性、可理解性、可比性、实质重于形式、重要性、谨慎性和及时性。其中,可靠性、相关性、可理解性和可比性是会计信息的首要质量要求,是企业财务报告中所提供会计信息应具备的基本质量特征;实质重于形式、重要性、谨慎性和及时性是会计信息的次级质量要求,是对可靠性、相关性、可理解性和可比性等首要质量要求的补充和完善,尤其是在对某些特殊交易或事项进行处理时,需要根据这些质量要求来把握其会计处理原则。另外,及时性还是会计信息相关性和可靠性的制约因素,企业需要在相关性和可靠性之间寻求一种平衡,以确定信息及时披露的时间。

1. 可靠性

可靠性要求企业应当以实际发生的交易或者事项为依据进行会计确认、计量和报告,如实反映符合确认和计量要求的会计要素及其他相关会计信息,保证会计信息真实可靠、内容完整。

可靠性是对会计工作的基本要求。在会计核算工作中,坚持可靠性,就应当在会计核算时如实反映企业的财务状况、经营成果和现金流量,保证会计信息的真实性;会计信息应当能够经受验证,以核实其是否真实。

2. 相关性

相关性要求企业提供的会计信息应当与投资者等财务会计报告使用者的经济决

---

① 查尔斯·吉布森.财务报告分析:利用财务会计信息[M].马英麟,等,译.北京:中国财政经济出版社,2002:6.

策需要相关,有助于财务会计报告使用者对企业过去、现在或者未来的情况作出评价或者预测。

在会计核算工作中坚持相关性,就要求在收集、加工、处理和提供会计信息过程中,充分考虑财务会计报告使用者的信息需求。对于特定用途的会计信息,不一定都通过财务会计报告来提供,而可以采用其他形式加以提供。

3. 可理解性

可理解性要求企业提供的会计信息应当清晰明了,便于投资者等财务会计报告使用者理解和运用。

在会计核算工作中坚持可理解性,就要求会计记录应当准确、清晰,填制会计凭证、登记会计账簿必须做到依据合法、账户对应关系清楚、文字摘要完整;在编制财务报表时,项目钩稽关系清楚、项目完整、数字准确。

4. 可比性

可比性要求企业提供的会计信息应当相互可比。

企业发生的交易或事项具有复杂性和多样化,对于某些交易或事项可以有多种会计核算方法,如存货的领用和发出,可以采用先进先出法、加权平均法或者个别计价法确定其成本。在会计核算工作中,保证会计信息可比性的要求是:① 同一企业不同时期发生的相同或者相似的交易或者事项,应当采用一致的会计政策,不能随意变更。但是,满足会计信息可比性要求,并非表明企业不得变更会计政策,如果按照规定或者在会计政策变更后可以提供更可靠、更相关的会计信息,可以变更会计政策。有关会计政策变更的情况应当在附注中予以说明。② 不同企业同一会计期间发生的相同或者相似的交易或者事项,应当采用规定的会计政策,确保会计信息口径一致、相互可比,以使不同企业按照一致的确认、计量和报告要求提供有关会计信息。

5. 实质重于形式

实质重于形式要求企业应当按照交易或者事项的经济实质进行会计确认、计量和报告,不应仅以交易或者事项的法律形式为依据。

在会计核算的实际工作中,交易或者事项的外在法律形式或人为形式并不总能完全反映其实质内容。会计信息要想反映其所拟反映的交易或者事项,就必须根据交易或者事项的实质和经济现实,而不能仅仅根据它们的法律形式进行核算和反映。如以融资租赁方式租入的资产,虽然从法律形式上讲承租企业并不拥有其所有权,但是由于租赁合同规定的租赁期相当长,接近于该资产的使用寿命,租赁期结束时承租企业有优先购买该资产的选择权,在租赁期内承租企业有权支配资产并从中收益,从其经济实质来看,承租企业能够控制其创造的未来经济利益,因此承租企业应该将融资租入的资产确认为使用权资产,列报于承租企业的资产负债表中。

6. 重要性

重要性要求企业提供的会计信息应当反映与企业财务状况、经营成果和现金流量等有关的所有重要交易或者事项。

重要性是指财务报表某项目的省略或者错报会影响使用者据此作出经济决策的,该项目就具有重要性。某些项目重要性的评价,在很大程度上取决于会计人员的职业判断,一般来说,应当根据企业所处环境和实际情况,从项目的性质和金额的大小两方面加以判断。从性质来说,当某一事项有可能对决策产生一定影响时,就属于重要项目;从金额方面来说,当某一项目的数量达到一定规模时,就可能对决策产生影响。在会计核算工作中,坚持重要性,就应当使提供会计信息的收益大于成本,对于那些不重要的项目,如果也采用严格的会计程序,分别会计核算,分项反映,就会导致会计信息的成本大于收益。

7. 谨慎性

谨慎性要求企业对交易或者事项进行会计确认、计量和报告应当保持应有的谨慎,不应高估资产或者收益、低估负债或者费用。

在市场经济环境下,企业的生产经营活动面临许多风险和不确定性,在会计核算中坚持谨慎性要求,需要企业在面临不确定性因素的情况下作出职业判断时,应当保持应有的谨慎,充分估计到各种风险和损失,既不高估资产或者收益,也不低估负债或者费用。但谨慎性的应用也不允许企业设置秘密准备,如果企业故意低估资产或者收入,或者故意高估负债或者费用,将不符合会计信息的可靠性和相关性要求,损害会计信息质量,扭曲企业实际的财务状况和经营成果,从而对使用者的决策产生误导,这是会计准则所不允许的。

8. 及时性

及时性要求企业对于已经发生的交易或者事项,应当及时进行会计确认、计量和报告,不得提前或者延后。

在会计核算工作中坚持及时性,应该做到:一是收集会计信息要及时,即在交易或者事项发生后,及时收集、整理各种原始数据;二是加工会计信息要及时,即在国家统一规定的时限内,及时登记会计账簿,及时编制财务会计报告;三是传递会计信息要及时,即按国家统一规定的时限,及时将编制好的财务会计报告传递给会计信息使用者。

八、会计与企业经济活动、决策之间的关系

综合前述,会计与企业经济活动、决策密切相关。企业经济活动的发生为会计行为过程提供了基础,通过会计行为过程生成了会计信息,会计信息帮助信息使用者作出经济决策并采取一定的行为,这些行为导致了一定的经济活动,不断循环。此关系如图1-4所示。

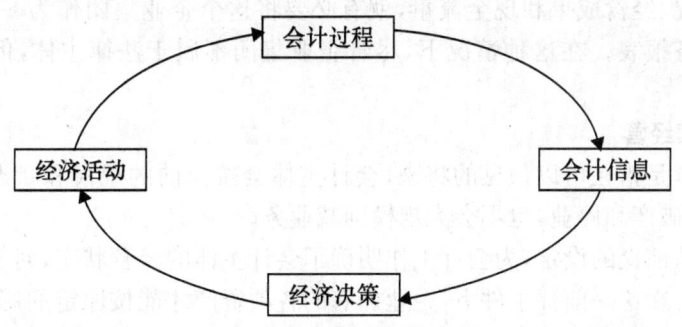

图 1-4 会计与企业经济活动、决策之间的关系

第二节 会计核算的基本前提

会计核算的基本前提又称会计假设,是对会计核算所处的时间、空间环境及计量尺度等所作的合理设定。它是全部会计工作的基础。会计核算对象的确定、会计方法的选择、会计数据的搜集都要以一系列的前提为依据。迄今为止,人们尚未对会计核算基本前提的具体内容取得共识。按照我国《企业会计准则——基本准则》的规定,会计核算的基本前提主要有会计主体、持续经营、会计分期和货币计量四项。

一、会计主体

会计主体是指会计确认、计量和报告的任何组织或单位,包括营利组织和非营利组织,如企业、政府、学校、医院等。会计主体前提的设定,为会计工作明确了空间范围和界限,解决了会计为谁核算的问题,要求会计人员将其所服务的会计主体与其他主体严格分开,会计人员只能将本主体的经济业务记到本主体的会计账簿中,不能把其他主体发生的经济业务记到本主体的账簿中;也不允许会计人员将主体和主体所有者(或股东)个人相混淆。同一交易事项,基于不同会计主体,其含义不同。例如,对于"海河公司向长江公司赊销商品 50 000 元"这样的交易,基于海河公司这个会计主体,这"50 000 元"属于资产项目;基于长江公司这个会计主体,这"50 000 元"属于负债项目。我国《企业会计准则——基本准则》第五条规定:"企业应当对其本身发生的交易或者事项进行会计确认、计量和报告。"

应当指出的是,会计主体与法律主体并不完全是一个概念。一般而言,任何一个具有独立经济意义的法律主体,都应该是会计主体,但会计主体不一定是法律主体。如在企业集团的情况下,一个母公司拥有若干个子公司,企业集团在母公司的统一领导下开展经营活动。母、子公司虽然是不同的法律主体,但是,为了全面反映企业集团的财务状况、经营成果和现金流量,就有必要将这个企业集团作为一个会计主体,编制合并财务报表。在这种情况下,尽管企业集团不属于法律主体,但它却是会计主体。

二、持续经营

持续经营是指在可以预见的将来,会计主体会按当前的规模和状态继续经营下去,不会考虑破产和停业,也不会大规模削减业务。

持续经营前提的设定,为会计工作明确了会计主体的经营状态,对于会计是非常重要的。只有在这一前提条件下,企业拥有的各项资产才能按原定的用途使用,承担的债务将按现时承诺的条件清偿,经营成果也会不断形成,会计人员就可以在此基础上选择会计方法。如果持续经营这一前提条件不存在了,那么一系列会计准则和会计方法也会相应丧失其存在的基础。例如,资产分为流动资产和非流动资产;负债分为流动负债和非流动负债;固定资产按历史成本计量,并采用适当的方法计提折旧等会计处理都是以持续经营为前提的。我国《企业会计准则——基本准则》第六条规定:"企业会计确认、计量和报告应当以持续经营为前提。"

三、会计分期

会计分期又称会计期间,是指将一个企业持续不断的生产经营活动人为地划分为若干期间。这一前提是从持续经营前提引申出来的,为会计工作设定了具体的时间范围。

企业的经营活动,一般来说,自开业以后在时间上是持续不断的,但会计为了确定损益和编制财务会计报告,定期为使用者提供信息,就必须将持续不断的经营过程人为地划分成若干相等的期间。会计期间划分的长短会影响损益的确定,一般来说,会计期间划分得越短,反映经济活动的会计信息质量就越不可靠。当然,会计期间的划分也不可能太长,太长了会影响会计信息使用者及时使用会计信息的需要满足程度。因此,企业必须合理地划分会计期间。通常,划分会计期间是指确定会计年度。《会计法》第十一条规定:"会计年度自公历1月1日起至12月31日止。"会计年度确定后,一般按日历确定会计半年度、会计季度和会计月度。我国《企业会计准则——基本准则》第七条规定:"企业应当划分会计期间,分期结算账目和编制财务会计报告。会计期间分为年度和中期。中期是指短于一个完整的会计年度的报告期间。"

有了会计期间这个前提,才产生了本期与非本期的区别,才产生了权责发生制和收付实现制的记账基础,进而出现了应收、应付、预收、预付和摊销等会计处理方法。

四、货币计量

货币计量是指企业在进行会计核算过程中采用货币作为主要计量单位,计量、记录和报告会计主体的生产经营活动。我国《企业会计准则——基本准则》第八条规定:"企业会计应当以货币计量。"

会计目标旨在向信息使用者提供数量化的财务状况和经营成果的信息,货币计量这一前提为会计核算提供了一个通用的量化标准,通过采用这种标准可以将会计主体所发生的不同种类的事项表述为可以进行加减的数字,有利于使用者对会计信息进行分析、比较、利用。需要指出的是,以货币作为统一计量单位是建立在币值基本稳定的基础上的,这实质上也是一种假设。实际上货币本身的价值是有可能变动的,但只要在允许的范围内变动,仍然可认为币值稳定。当然,如果币值变动超过了一定的范围,币值不稳定,货币计量假设就失去了基础,这一前提也应有所调整。

货币计量前提的设定,为会计工作明确了计量手段。在我国,人民币是国家法定货币,所以,《会计基础工作规范》第四十条规定:"会计核算以人民币为记账本位币[①]。收支业务以外国货币为主的单位,也可以选定某种外国货币作为记账本位币,但是编制的会计报表应当折算为人民币反映。境外单位向国内有关部门编报的会计报表,应当折算为人民币反映"。

第三节 会计基础与会计计量

一、会计基础

会计基础就是确认会计记账时间的标准。在市场经济条件下,由于各种原因,经济业务发生的时间与相应的款项收付行为发生的时间不一致,如本期销售商品款项尚未收到,本期发生水电费、利息等尚未付出,而会计核算又是以会计分期为前提的,这就需要确定究竟哪些经济业务所产生的结果归属于本会计期间,即应确定合理的标准。从理论上来说,会计基础有权责发生制和收付实现制两种。

权责发生制又称应计制或应收应付制,它对于收入和费用的确认,均是以权利已经形成或义务、责任的真正发生为基础进行的,而不必等到实际收到或者付出款项时才确认。其具体内容是:凡是当期已经实现的收入和已经发生或应当负担的费用,无论款项是否收付,都应作为当期的收入和费用,计入利润表;凡是不属于当期的收入和费用,即使款项在当期已经收到或已经付出,也不应当作为当期的收入和费用。

收付实现制又称现金制或实收实付制,它对于收入和费用的确认,以实际收到或付出款项的日期为基础进行。其具体内容是:凡是收到了款项的期间作为收入实现的期间,凡是付出了款项的期间则作为费用的发生期间;反之,即使收入取得或费用发生,没有实际款项的收付,也不应作为当期的收入和费用处理。

---

① 记账本位币是指日常登记会计账簿和编制财务会计报告时用来作为价值尺度、进行货币计量的币种。

两种会计基础的主要区别在于处理业务的标准不同。收付实现制强调款项的实际收付;权责发生制强调权利的形成和责任的发生。采用收付实现制作为会计基础,核算手续简单,但不利于正确地反映各期财务成果。所以,收付实现制只适合于非营利组织单位记账。采用权责发生制作为会计基础,虽然核算比较复杂,但确认的收入和费用比较真实,比较符合经济业务事项的经济实质,能真实地反映特定会计期间经营活动成果,适用于以营利为目的的经济组织单位记账。我国2006年2月发布的《企业会计准则——基本准则》第九条规定:"企业应当以权责发生制为基础进行会计确认、计量和报告。本准则适用于设在中华人民共和国境内的所有企业。"2017年1月1日起施行的《政府会计准则——基本准则》规定,政府会计由预算会计和财务会计构成。预算会计实行收付实现制,财务会计实行权责发生制。

【例1-1】 某会计主体2023年7月发生的经济业务如下(假定不考虑相关税费):

(1) 2日,销售产品40 000元,货款当日收妥并存入银行。

(2) 5日,销售产品60 000元,货款尚未收到。

(3) 10日,以银行存款预付本年度7~12月办公用房租金6 000元。

(4) 14日,收到前欠销货款70 000元存入银行。

(5) 20日,收到某购货单位预付的购买产品款20 000元存入银行,下月交货。

(6) 25日,以银行存款支付销售产品运杂费2 000元。

(7) 31日,结算本月应负担的短期借款利息1 000元,利息于到期一次支付。

要求:分别按权责发生制、收付实现制计算该会计主体7月的收入和费用。

权责发生制与收付实现制的具体计算对比如表1-1所示。

表1-1

权责发生制与收付实现制计算对比表

2023年7月　　　　　　　　　　　　　　　　　　　　　　　单位:元

序号	权责发生制		收付实现制	
	收入	费用	收入	费用
(1)	40 000		40 000	
(2)	60 000			
(3)		1 000		6 000
(4)			70 000	
(5)			20 000	
(6)		2 000		2 000
(7)		1 000		
合计	100 000	4 000	130 000	8 000

二、会计计量

会计计量是指根据被计量对象的计量属性,选择运用一定的计量单位和计量基础,确定应记录项目数量的会计处理过程。

(一)会计计量单位

会计计量单位是指计量尺度的量度单位,有实物量度、劳动量度和货币量度三种,如千克、米、美元和人民币等。现代企业会计选择以货币量度为主,以实物量度和劳动量度为辅。

(二)会计计量基础

会计计量基础又称会计计量属性,是指所用量度的经济属性,即按什么标准来记账,如桌子的长度、楼房的面积、发动机的功率等。在选择以货币作为主要计量单位的条件下,会计计量属性有历史成本、重置成本、可变现净值、现行市价、现值、公允价值等多种计量基础。我国《企业会计准则——基本准则》规定,企业在将符合确认条件的会计要素登记入账并列报于会计报表及其附注(又称财务报表,下同)时,应当按照规定的会计计量属性进行计量,确定其金额。会计计量属性主要包括历史成本、重置成本、可变现净值、现值和公允价值五种。企业在对会计要素进行计量时,一般应当采用历史成本;采用重置成本、可变现净值、现值、公允价值计量的,应当保证所确定的会计要素金额能够取得并可靠计量。

1. 历史成本

历史成本又称原始成本、实际成本,是指取得或制造某项财产物资所实际支付的现金或其他等价物。在历史成本计量下,资产按照购置时支付的现金或者现金等价物的金额,或者按照购置资产时所付出的对价的公允价值计量;负债按照因承担现时义务而实际收到的款项或者资产的金额,或者承担现时义务的合同金额,或者按照日常活动中为偿还负债预期需要支付的现金或者现金等价物的金额计量。

2. 重置成本

重置成本又称现行成本,是指按照当前市场条件,企业重新取得与其所拥有的某项资产相同或与其功能相当的资产需支付的现金或现金等价物。在重置成本计量下,资产按照现在购买相同或者相似资产所需支付的现金或者现金等价物的金额计量;负债按照现在偿付该项债务所需支付的现金或者现金等价物的金额计量。

3. 可变现净值

可变现净值是指在正常生产经营过程中,以预计的售价减去进一步加工将要发生的成本和预计的销售费用以及相关税费后的净值。在可变现净值计量下,资产按照其正常对外销售所能收到现金或者现金等价物的金额扣减该资产至完工时估计将要发生的成本、估计的销售费用以及相关税费后的金额计量。

4. 现值

现值是指对未来现金流量以恰当的折现率进行折现后的价值,是考虑货币时间价值的一种计量属性。在现值计量下,资产按照预计从其持续使用和最终处置中所产生的未来净现金流入量的折现金额计量;负债按照预计期限内需要偿还的未来净现金流出量的折现金额计量。

5. 公允价值

公允价值是指市场参与者在计量日发生的有序交易中,出售一项资产所能收到或者转移一项负债所需支付的价格。在公允价值计量下,资产和负债按照市场参与者在计量日发生的有序交易中,出售资产所能收到或者转移负债所需支付的价格计量。

第四节 会计方法与会计循环

一、会计方法

会计方法是履行会计职能,完成会计任务,实现会计目标的方式、方法,是会计管理的手段。随着会计的发展,会计方法也在不断地完善和发展。现代会计方法通常包括会计核算方法、会计分析方法、会计检查方法、会计预测方法、会计决策方法等多种方法,其中会计核算方法是最基本、最主要的方法。

所谓会计核算方法,是指对会计对象具体内容进行连续、系统、准确地确认、计量、记录、计算、报告的手段。其主要内容包括设置会计科目及账户、复式记账、填制和审核会计凭证、登记会计账簿、成本计算、财产清查和编制财务会计报告等专门方法。

(一) 设置会计科目及账户

设置会计科目及账户就是对会计对象的具体内容进行归纳分类的一种专门方法。会计对象的具体内容十分繁多复杂,为了便于记录,就要先根据会计对象的特点和经济管理上的需求,选择一定的标准进行归纳分类为若干项目,并确定每个项目的记账方向及记账内容,为进一步进行复式记账等打下基础。

(二) 复式记账

复式记账是指对每一笔交易或事项,都要以相等的金额,在相互联系的两个或两个以上账户中进行登记的一种记账方法。采用复式记账法不仅可以了解每一笔经济业务事项的来龙去脉;而且在全部交易或事项都登记入账后,还可以通过账户之间的相互关系进行检查,以确定账户记录是否正确。复式记账法是一种较为科学的记账方法。

(三) 填制和审核会计凭证

填制会计凭证是记录交易或事项,明确经济责任的一种专门方法,同时还是审核与检查交易或事项发生的真实性、合法性及合理性,取得登记账簿依据的一种专门方法。填制和审核会计凭证是保证会计核算质量以及实行会计监督的重要手段。

（四）登记会计账簿

登记会计账簿通常简称为记账,它是将会计凭证所提供的分散的会计资料进一步归纳汇总核算的一种专门方法。登记会计账簿要以会计凭证为依据,将一定时期所发生的交易或事项连续、系统、准确、分门别类地登记到账簿中,并定期进行结账和对账,以便为编制财务报表提供完整、准确的会计资料。

（五）成本计算

成本计算是指按照一定对象归集和分配在生产经营过程中所发生的各种费用支出,借以确定该对象的总成本及单位成本的一种专门方法。通过成本计算可以确定产品的总成本和单位成本,从而为进一步计算企业盈亏提供条件,还可以监督、检查成本是否节约或超支,因而成本计算不仅是会计核算的重要方法,还是会计监督的重要手段。

（六）财产清查

财产清查是指通过对各项财产物资的实地盘点及债权债务的相互核对,以查明各项财产物资及往来款项的账面数与实存数是否相符的一种专门方法。财产清查一方面通过查明各项财产物资的实有数额来核对账面数额,使之达到账实相符,保证会计记录的真实性;另一方面借以检查各项财产物资的经管责任的落实及行使情况,保护财产物资安全、完整。

（七）编制财务会计报告

编制财务会计报告是根据会计账簿及日常核算资料,采用一定的表格形式,将分散的会计资料,进一步归纳汇总,定期综合反映各单位的财务状况、经营成果和现金流量的一种专门方法。财务会计报告是会计核算的最终产品,其完整性、真实性、正确性和及时性,是衡量会计信息质量的重要标志,是会计信息使用者进行有关决策的重要参考依据。

上述各种会计核算方法是相互联系、密切配合的,形成一个统一的、完整的会计核算方法体系。设置会计科目及账户是复式记账的前提条件;复式记账是设置会计科目及账户的继续,它还使账户的基本结构有了明确的记账方向和内容,两者共同构成了编制会计凭证、登记会计账簿、进行成本计算的基础;填制和审核会计凭证是登记会计账簿的依据;而登记会计账簿又是对会计凭证的进一步整理、归纳和汇总;成本计算要以会计账簿为依据,同时它又丰富和完善了会计凭证和会计账簿的记录内容;财产清查以会计凭证、会计账簿为依据,同时财产清查又进一步验证了会计凭证和会计账簿记录的正确性及真实性;财务会计报告要以会计账簿为依据,同时它又是会计凭证、会计账簿等核算内容的进一步归纳和整理,是各种会计核算方法的直接目的之一。可见,会计核算方法体系是围绕"凭证—账簿—报告"的程序,随着会计期间的推进,而不断反复、相互配合的循环体。

上述各种会计核算方法之间的关系如图1-5所示。

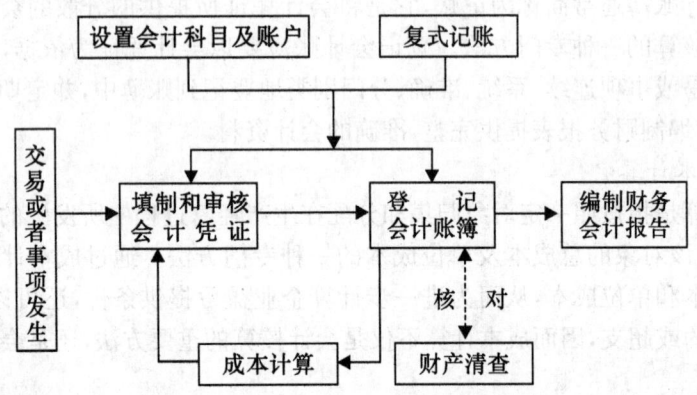

图1-5 各种会计核算方法之间的关系

二、会计循环

任何交易或者事项从其发生或完成,到作为会计信息的一部分对外披露,都需要经过一系列的工作程序。会计循环是指每一会计期间内会计核算工作完成的一系列程序。在一个会计期间内,各会计主体的会计工作必须经过填制或取得原始凭证、编制会计分录(入账)、过账、进行调整前的试算平衡、进行期末账项调整、结账、进行调整后的试算平衡、编制期末财务会计报告等一系列会计程序。这是一个依次顺序完成的过程,从会计期间初开始,至会计期间末结束,周而复始,循环往复。完整的会计循环步骤一般包括:

(1) 填制或取得原始凭证。交易或事项发生后,会计部门首先取得或填制原始凭证,审核其合法性和合理性。

(2) 编制会计分录(入账)。整理原始凭证,编制记账凭证,确定应记会计账户、方向及金额。

(3) 过账。将会计凭证的内容,登记到日记账、分类账中去,以便分类、连续地反映经济业务。

(4) 进行调整前的试算平衡。根据账簿中记载的金额,计算每个总分类账户的本期发生额和期末余额,汇总后编制试算平衡表,验证账户记录是否正确。

(5) 进行期末账项调整。会计期末,应根据权责发生制原则,将应归属于本期的收入、费用调整入账,以便正确反映各期实际情况。

(6) 结账。会计期末,应将收入、费用账户的余额转入"本年利润"账户,以确定当期损益,同时结出资产、负债和所有者权益账户余额并将其转入下期,以便连续记录。

（7）进行调整后的试算平衡。在期末账项调整后，重新计算每个总分类账户的发生额和期末余额，再次编制调整后的试算平衡表，再次验证账簿记录的正确性。

（8）编制期末财务会计报告。完成上述程序后，便可根据账簿记录编制期末财务会计报告，以反映企业的财务状况、经营成果和现金流量，为使用者决策提供信息。

上述会计循环流程如图1-6所示。

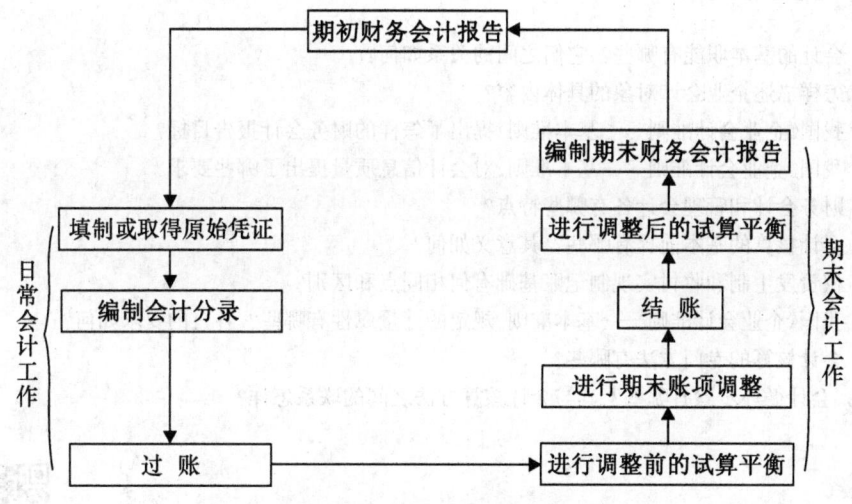

图1-6　会计循环流程示意图

史为今用，推知未来

"一部会计发展史表明，自有天下之经济，便必有天下之会计，经济世界有多大，会计世界便会有多大。自从有了国家，国家便离不开会计，会计工作牵系着国家之兴衰，政权之安危；自从有了企业，企业便离不开会计，会计事关企业经济之起落，经营之成败，乃至企业的发展速度与规模。"[①]面对经济全球化的今天，会计更加重要，如何充分发挥会计功能，确保经济稳定、持续、健康发展，是值得每个人深思的问题。青年人在探寻会计发展方向的同时，研究学习会计发展的历史是非常必要的。任何会计

---

①　郭道扬.会计史教程：第一卷[M].北京：中国财政经济出版社，1999：21.

思想、会计理论、会计方法、会计制度的形成,都会受到文化、政治、经济、技术的影响,掌握会计在历史演进中反映出来的种种规律性,吸取历史中的精华,不仅可以史为今用,而且可提高会计人素养,推知未来。

要求:阅读中国会计史相关资料,深刻理解不同历史时期会计在国家治理和企业管理中发挥的作用。你将怎样规划自己的会计职业?

复习思考题

1. 会计的基本职能有哪些?它们之间的关系如何?
2. 怎样描述企业会计对象的具体内容?
3. 我国《企业会计准则——基本准则》提出了怎样的财务会计报告目标?
4. 我国《企业会计准则——基本准则》对会计信息质量提出了哪些要求?
5. 财务会计和管理会计各有哪些特点?
6. 会计核算的基本前提有哪些?其意义如何?
7. 权责发生制和收付实现制记账基础有何相同点和区别?
8. 我国《企业会计准则——基本准则》规定的计量属性有哪些?各自的要求如何?
9. 会计核算的专门方法有哪些?
10. 会计循环步骤有哪些?其与会计核算方法之间的联系怎样?

练习题
参考答案

一、单项选择题

1. 会计的基本职能是( )。
   A. 记录和计算   B. 考核收支   C. 核算和监督   D. 分析和考核
2. 会计的一般对象可概括为( )。
   A. 企业生产过程中发生的经济活动   B. 行政事业单位的经济活动
   C. 再生产过程中的全部经济活动   D. 再生产过程中能够用货币表现的经济活动
3. 在会计核算的基本前提中,确定会计核算空间范围的是( )。
   A. 会计主体   B. 持续经营   C. 会计分期   D. 货币计量
4. 会计分期这一前提是从( )前提中引申出来的。
   A. 会计主体   B. 持续经营   C. 货币计量   D. 权责发生制
5. 企业提供的会计信息应当与财务会计报告使用者的经济需要相关,有助于财务会计报告使用者对企业过去、现在或未来的情况作出评价或者预测,是遵循( )的要求。

A. 可比性　　　　　B. 相关性　　　　　C. 可理解性　　　　D. 及时性

6. 强调经营成果计算的企业适用于采用（　　）作为记账基础。

A. 权责发生制　　　B. 收付实现制　　　C. 永续盘存制　　　D. 实地盘存制

7. 企业按照交易或者事项的经济实质进行会计核算，遵循的会计信息质量要求是（　　）。

A. 谨慎性　　　　　B. 重要性　　　　　C. 实质重于形式　　D. 可靠性

8. 下列各项中，不属于会计核算内容的是（　　）。

A. 员工的招聘　　　B. 资本金的增减　　C. 债权债务的发生　D. 财物的收发

9. 某上市公司会计人员把公司2023年7月发生的销售商品业务在2023年10月才登记入账，这违背了（　　）会计信息质量要求。

A. 可靠性　　　　　B. 相关性　　　　　C. 及时性　　　　　D. 可比性

10. 在（　　）计量下，资产按照现在购买相同或相似资产所需支付的现金或者现金等价物的金额计量。

A. 历史成本　　　　B. 可变现净值　　　C. 公允价值　　　　D. 重置成本

11. 在会计信息质量要求中，要求合理核算可能发生的费用和损失的是（　　）。

A. 谨慎性　　　　　B. 可比性　　　　　C. 实质重于形式　　D. 及时性

12. 有了（　　）的会计前提，才产生了本期和非本期的区别，才产生了权责发生制和收付实现制不同的记账基础。

A. 会计主体　　　　B. 持续经营　　　　C. 会计分期　　　　D. 货币计量

二、多项选择题

1. 会计核算的基本前提包括（　　）。

A. 会计主体　　　　B. 持续经营　　　　C. 会计分期　　　　D. 货币计量

2. 根据权责发生制基础，应计入本期收入和费用的有（　　）。

A. 本期实现的收入，并已收款　　　　B. 本期实现的收入，尚未收款
C. 属于本期的费用，尚未支付　　　　D. 属于以后各期的费用，但已支付

3. 根据收付实现制基础，应计入本期收入和费用的有（　　）。

A. 本期实现的收入，并已收款　　　　B. 本期实现的收入，尚未收款
C. 属于本期的费用，尚未支付　　　　D. 属于以后各期的费用，但已支付

4. 下列各项中，符合我国《企业会计准则》关于企业财务会计报告目标表述的有（　　）。

A. 提供与企业财务状况、经营成果和现金流量等有关的会计信息
B. 反映企业管理层受托责任履行情况
C. 财务会计报告使用者主要包括投资者、债权人、政府及其有关部门和社会公众
D. 全面地反映企业生产经营情况

5. 会计信息使用者有（　　）。

A. 投资者　　　　　B. 债权人　　　　　C. 政府　　　　　　D. 供应商

6. 会计核算的一般程序包括（　　）。

A. 会计确认　　　　B. 会计计量　　　　C. 会计记录　　　　D. 会计报告

7. 下列组织中，可以作为一个会计主体进行会计核算的有（　　）。
   A. 独资企业　　　　B. 企业的生产部门　　C. 子公司　　　　D. 分公司
8. 企业发生的下列经济业务中，属于资金退出企业的有（　　）。
   A. 生产领用材料　　　　　　　　　　B. 偿还银行借款
   C. 缴纳所得税　　　　　　　　　　　D. 向投资者支付现金股利
9. 会计核算方法包括（　　）。
   A. 设置会计账户　　B. 财产清查　　C. 编制财务会计报告　　D. 复式记账
10. 下列选项中，属于我国《企业会计准则》提出的会计信息质量要求的是（　　）。
    A. 可靠性　　　　　B. 重要性　　　C. 实质重于形式　　D. 权责发生制
11. 按我国《企业会计准则——基本准则》的规定，允许使用的计量基础有（　　）。
    A. 公允价值　　　　B. 历史成本　　C. 现值　　　　　　D. 可变现净值
12. 会计信息质量的可比性要求（　　）。
    A. 同一企业不同时期的会计信息可比
    B. 不同企业相同会计期间的会计信息可比
    C. 提供的会计信息应当与财务会计报告使用者的决策需要相关
    D. 对于发生的交易或者事项应当及时进行确认和计量

三、判断题

1. 会计对于经济活动过程和结果的数量反映，可采用的量度只有一种，即货币计量。（　　）
2. 企业在对会计要素进行计量时，一般应当采用历史成本。（　　）
3. 会计的初次确认实际上是经济数据能否转化为会计信息，并进入会计核算系统的筛选过程。（　　）
4. 会计主体都应是法律主体。（　　）
5. 现值是考虑货币时间价值的一种会计计量属性。（　　）
6. 我国会计年度自公历1月1日起至12月31日止。（　　）
7. 会计核算所提供的信息是制定决策的唯一有效信息。（　　）
8. 一般来说，会计期间划分得越短，反映经济活动的会计信息质量就越可靠。（　　）
9. 在我国企业会计核算中，只允许采用人民币作为记账本位币。（　　）
10. 会计的方法就是指会计核算的方法。（　　）
11. 重要性要求的应用很大程度上取决于会计人员的职业判断，一般来说，应当根据企业所处环境和实际情况，从项目性质和金额的大小两方面加以判断。（　　）
12. 企业集团不是法律主体，所以没有必要编制财务会计报告。（　　）

四、计算及会计处理题

【目的】　练习权责发生制和收付实现制下收入和费用的确定。
【资料】　某公司2023年6月发生的部分经济业务如下（假定不考虑相关税费）：
（1）收到上月产品销售货款5 000元。

(2) 销售产品 78 000 元,其中 54 000 元已收到现款,存入银行,其余货款尚未收到。
(3) 预收销货款 32 000 元。
(4) 支付第二季度借款利息共计 3 600 元。
(5) 支付本月份的水电费 2 400 元。
(6) 本月提供服务收入 2 600 元,存入银行。
(7) 预付下一季度房租 3 600 元。
(8) 上月预收货款的产品本月已发出,实现收入 23 000 元。

【要求】 分别用权责发生制和收付实现制,列表计算该公司 2023 年 6 月的收入和费用。

第二章 会计要素与会计等式

学习要求

本章主要阐述会计要素的含义、特征及会计要素之间的关系。通过本章学习,学习者应深刻理解资产、负债、所有者权益、收入、费用和利润六大会计要素的含义、特征;深刻领会会计等式的构成内涵及意义;掌握经济业务的发生对会计等式的影响。

思维导图

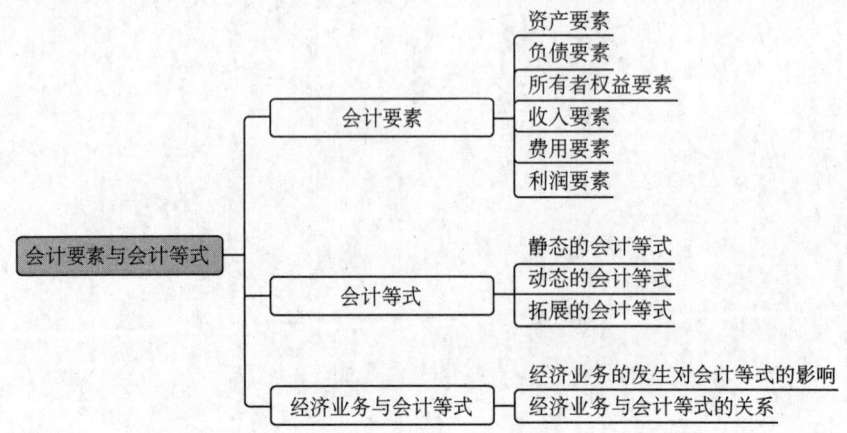

第一节 会 计 要 素

会计要素是对会计对象进行的基本分类。前已述及,会计对象是指社会再生产过程中能够用货币表现的经济活动,也称资金运动或价值运动。资金运动具有显著运动状态和相对静止状态,由资金投入、资金周转和资金退出三部分构成。为了便于核算和分门别类地为信息使用者提供有用的经济信息,有必要对会计对象进行分类。至于划分哪些类别,要受很多因素的制约,目前世界各国都不完全相同。我国颁布实施的《企业会计准则——基本准则》,将会计对象划分为六大要素,即资产、负债、所有者权益、收入、费用、利润。其中,资产、负债、所有者权益是静态的会计要素,构成资产负债表的基本框架,反映企业在某一特定日期的财务状况;收入、费用、利润是动态的会计要素,构成利润表的基本框架,反映企业在一定期间内的经营成果。因而这六项会计要素又被称为财务会计报告要素。

一、资产要素

（一）资产的定义与特征

资产是指企业过去的交易或者事项形成的、由企业拥有或者控制的、预期会给企业带来经济利益的资源。

资产具有以下特征:

（1）资产是企业过去的交易或者事项所形成的。企业过去的交易或者事项包括购买、生产、建造行为或其他交易或者事项。预期在未来发生的交易或者事项不形成资产。在这里,强调资产必须是现实的资产,而不能是预期的资产。只有过去发生的交易或者事项才能增加企业的资产,如企业已经发生的设备购买交易会形成企业的资产;而不能根据谈判中的交易或计划中的事项来确认资产,如企业签订合同订购的设备,这项订购的设备就不能确认为企业的资产。

（2）资产是为企业所拥有或控制的资源。强调权属是会计主体假设的必然要求。由企业拥有或者控制是指企业享有某项资源的所有权,或者虽然不享有某项资源的所有权,但该资源能够被企业所控制。企业拥有资产是指企业在法律规定的范围内对该项资产具有占有、使用、收益及处置的权力;企业控制资产是指企业对该项资产具有长期占有、收益和使用的权力,但不具有处置的权力。例如,当一个企业以融资租赁方式(如合同规定每月支付2 000元租金,共60个月,接近于该项资产的使用寿命,款项付清时汽车的所有权转归租入方)租入一辆汽车时,从法律意义上讲企业可能不拥有这辆汽车,因为只有在最后一期款项付清时汽车的所有权才能让渡给购买者,虽然这样,如果企业有责任为汽车进行保养和购买保险,那么就可以认为该汽车完全由本企业所控制并且是企业的一项资产。但占有和临时控制并不足以使一个项目成为企业的资产,如按年租入的办公场所和在较短时期内租入的设备等。

（3）资产能够直接或间接地给企业带来经济利益。预期会给企业带来经济利益是指直接或者间接导致现金或现金等价物流入企业的潜力,这是与耗费的根本区别。就是说,资产作为一种经济资源,能够独立地或与其他资源结合在一起,通过有效使用,在未来时期内,有能力为企业带来经济利益。如果某项资源不能够为企业带来经济利益,那么就不能确认为企业的资产。如一辆汽车,如果它能够为企业所用,就认为是企业的资产;如果该辆汽车已报废,就不应再作为资产,而应作为费用处理。这里还应注意,作为能够给企业带来经济利益的资产可能具有明确的实物特征,如房屋、运输车辆或商品存货等,但有些资产并不是以物质或有形形态存在,而是以有价的法律要求权或权益的形式存在,如客户的欠款、债券投资、专利权等。

(二) 资产的确认

根据《企业会计准则——基本准则》的规定,符合资产定义的资源,在同时满足以下条件时,才能确认为资产:

(1) 与该资源有关的经济利益很可能流入企业。"很可能"是指发生的可能性超过 50%。对于资产而言,其预期会给企业带来经济利益,所以,在确认资产时,只有当其包含的经济利益流入企业的可能性超过 50%,并同时满足其他确认条件时,企业才能加以确认;否则,不能将其确认为资产。

(2) 该资源的成本能够可靠地计量。如果与资源有关的经济利益能够可靠地计量,并同时满足资产确认的其他条件,就可以在财务会计报告中加以确认;否则,企业不应该加以确认。例如,一些高科技企业的科技人员,如果与企业签订了服务合同,并且合同约定在规定的期限内其不能为其他企业提供服务,在这种情况下,虽然这些科技人才的知识在规定的期限内预期能够给企业带来经济利益,但是,由于这些技术人才的知识难以辨认,同时为形成这些知识所发生的支出难以可靠计量,因而,不能作为企业的资产加以确认。

符合资产定义和资产确认条件的项目,应当列入资产负债表;符合资产定义,但不符合资产确认条件的项目,不应当列入资产负债表。

(三) 资产的分类

资产可以按照不同的标准进行分类,比较常见的是按照流动性进行分类。按照流动性不同,资产可分为流动资产和非流动资产。

1. 流动资产

依据我国《企业会计准则第 30 号——财务报表列报》的规定,资产满足下列条件之一的,应当归类为流动资产:① 预计在一个正常营业周期中变现、出售或耗用。② 主要为交易目的而持有。③ 预计在资产负债表日起 1 年内(含 1 年,下同)变现。④ 自资产负债表日起 1 年内,交换其他资产或清偿负债的能力不受限制的现金或现金等价物。

在通常情况下,流动资产主要包括货币资金、交易性金融资产、应收及预付款项和存货等。

(1) 货币资金是指存在于货币形态的资金,包括库存现金、银行存款和其他货币资金。

(2) 交易性金融资产是指企业为了近期内出售而持有的金融资产。例如，企业以赚取差价为目的从二级市场购入的股票、债券和基金等。

(3) 应收及预付款项又称结算债权，是指企业在日常生产经营过程中发生的各种债权。它包括应收票据、应收账款、其他应收款、预付款项等。

(4) 存货是指企业在日常活动中持有以备出售的产成品或商品、处在生产过程中的在产品、在生产过程中或提供劳务过程中耗用的材料和物料等，如原材料、库存商品等。

2. 非流动资产

流动资产以外的资产，应当归类为非流动资产，主要包括长期股权投资、固定资产、无形资产等。

(1) 长期股权投资是指取得被投资单位股份并准备长期持有、不准备随时交易或出售的投资，包括对子公司的投资、对合营企业的投资、对联营企业的投资等。

(2) 固定资产是指为生产商品、提供劳务、出租或经营管理而持有的、使用寿命超过一个会计年度的有形资产，如自用的房屋、运输车辆、机器设备等。

(3) 无形资产是指企业拥有或者控制的没有实物形态的可辨认非货币性资产，如专利权、商标权、土地使用权等。

二、负债要素

(一) 负债的定义与特征

负债是指企业过去的交易或者事项形成的、预期会导致经济利益流出企业的现时义务。

负债具有以下特征：

(1) 负债是由过去的交易或者事项形成的现时义务。"现时义务"是指企业在现行条件下已承担的义务。未来发生的交易或者事项形成的义务，不属于现时义务，不应当确认为负债。作为现时义务，负债是过去已经发生的交易或者事项所产生的结果，是企业实实在在承担的偿还义务。例如，银行借款是因为企业接受了银行贷款而形成的，如果企业没有接受贷款，则不会发生银行借款这项负债。又如，企业职工从 5 月 15 日工作到 5 月 31 日，则在 5 月 31 日还没有支付给该职工的工资就形成了企业的负债，但该职工 6 月才能获得的工资就不构成企业 5 月的负债。

(2) 负债的清偿预期会导致经济利益流出企业。清偿负债可以用现金资产，也可以用商品(产品)或其他资产，还可以通过提供服务进行清偿，或通过举借新债偿还旧债，但无论以何种方式偿还债务，最终都会导致经济利益流出企业。

(二) 负债的确认

根据《企业会计准则——基本准则》的规定，符合负债定义的义务，在同时满足以下条件时，才能确认为负债：

(1) 与该义务有关的经济利益很可能流出企业。在确认负债时,只有当其包含的经济利益流出企业的可能性超过 50%,并同时满足其他确认条件,企业才能加以确认;否则,不能将其确认为负债。

(2) 未来流出的经济利益的金额能够可靠地计量。如果与利益有关的经济利益能够可靠地计量,并同时满足负债确认的其他条件,就可以在财务报表中加以确认;否则,企业不应加以确认。

符合负债定义和负债确认条件的项目,应当列入资产负债表;符合负债定义、但不符合负债确认条件的项目,不应当列入资产负债表。

(三) 负债的分类

按流动性不同,负债可分为流动负债和非流动负债两大类。

1. 流动负债

依据我国《企业会计准则第 30 号——财务报表列报》的规定,负债满足下列条件之一的,应当归类为流动负债:① 预计在一个正常营业周期中清偿。② 主要为交易目的而持有。③ 自资产负债表日起 1 年内到期应予以清偿。④ 企业无权自主地将清偿推迟至资产负债表日后 1 年以上。

在通常情况下,流动负债包括短期借款、应付票据、应付账款、预收账款、应付职工薪酬、应交税费、其他应付款等。

(1) 短期借款是指企业为维持正常生产经营周转所需而向银行或其他金融机构借入的偿还期限在 1 年以内的各种借款。

(2) 应付票据是指企业采用商业汇票支付方式购买货物时应偿付给持票人的债务。

(3) 应付账款是指企业因购买材料、商品或接受劳务等而发生的债务。

(4) 预收账款是指企业按照合同约定,在提供商品或服务之前向购买方或接受服务方预先收取款项而产生的一种债务。

(5) 应付职工薪酬是指企业根据有关规定应付给职工的各种薪酬,包括工资、职工福利、社会保险、住房公积金、工会经费、职工教育经费、股份支付等。

(6) 应交税费是指企业在生产经营过程中按税法规定所计算出的应向国家缴纳的各种税费。

(7) 其他应付款是指应付、暂收其他单位或个人的款项。

2. 非流动负债

流动负债以外的负债,应当归为非流动负债,包括长期借款、应付债券、长期应付款等。

(1) 长期借款是指企业向银行或其他金融机构借入的,偿还期在 1 年以上的各种借款。

(2)应付债券是指企业为筹集长期资金而对外发行债券所形成的一种负债。

(3)长期应付款是指企业除长期借款和应付债券以外的其他各种长期应付款项,如以分期付款方式购入固定资产、无形资产等发生的应付款项。

三、所有者权益要素

(一)所有者权益的定义与特征

所有者权益是指企业资产扣除负债后由所有者享有的剩余权益。公司的所有者权益又称股东权益。

所有者权益具有以下特征:

(1)所有者权益表明企业的产权关系,即企业归谁所有。所有者对企业投资,形成了企业资产的主要来源,从而为企业的生产经营提供了资金方面的保证。同时因为投资者拥有所有权,说明企业是归投资者所有的,由此派生出投资者参与或委托管理权以及利润的分配等相应的权益。所有者权益只是在整体上、在抽象的意义上与企业资产保持数量关系,是所有者在整个企业的总体财务利益,它与企业特定的具体资产并无直接关系,并不代表所有者对现金或任何其他特定资产的专门要求权。

(2)在正常经营情况下,企业不需要偿还所有者权益。所有者权益的增减变动受所有者增资或减资以及企业盈利或亏损等的影响。

(3)所有者仅对企业的净资产享有所有权,净资产是资产减去负债后的余额。当企业清算时,在法律上债权人的索取权优先于所有者。

(二)所有者权益的确认

所有者权益即为企业的净资产,是企业资产总额中扣除债权人权益后的净额,反映所有者(或股东)财富的净增加额。因而所有者权益的确认和计量依赖于资产和负债的确认和计量。

(三)所有者权益的来源

所有者权益的来源包括所有者投入的资本、直接计入所有者权益的利得和损失(其他综合收益)、留存收益等。所有者权益通常由实收资本(或股本)、资本公积、其他综合收益、盈余公积和未分配利润等项目构成。

所有者投入资本是指所有者按照企业章程,或合同、协议的约定,实际投入企业的资本。它既包括构成企业注册资本或股本部分的金额,也包括投入资本超过注册资本或者股本部分的金额,即资本溢价或者股本溢价。

直接计入所有者权益的利得和损失(其他综合收益)是指不应计入当期损益、会导致所有者权益发生增减变动的、与所有者投入资本或者向所有者分配利润无关的利得和损失。其中,利得是指由企业非日常活动所形成的、会导致所有者权益增加的、与所有者投入资本无关的经济利益的流入。利得包括直接计入所有者权益的利得和直接计入当期利润的利得。损失是指由企业非日常活动所发生的、会导致所有者权益减少的、与向所有者分配利润无关的经济利益的流出。损失包括直接计入所有者权益的损失和直接计入当期利润的损失。

留存收益是企业从逐年实现的净利润中形成的企业内部尚未使用或分配的利润,主要包括盈余公积和未分配利润。盈余公积是指企业按照有关规定从当期净利润中提取的、具有特定用途的公积金,包括法定盈余公积和任意盈余公积。法定盈余公积是指企业按照法律规定从净利润中提取的积累资金,具有强制性;任意盈余公积是指企业按照企业章程规定或股东大会决议可自行决定提取的积累资金,是出于自愿提取,而非外力强制。未分配利润是指企业未指明特定用途和留待以后年度分配或待分配的结存利润。

四、收入要素

（一）收入的定义与特征

收入是指企业在日常活动中所形成的、会导致所有者权益增加的、与所有者投入资本无关的经济利益的总流入。

收入具有以下特征：

（1）收入是从企业日常活动中形成的,而不是从偶发的交易或者事项中产生的。所谓日常活动是指企业为完成其经营目标所从事的经常性活动以及与之相关的活动。如制造企业制造和销售产品、商品流通企业从事购销活动等。有些活动在企业不经常发生,但与日常活动有关,如制造企业销售原材料所取得的经济利益也作为收入确认。有些偶然发生的交易或者事项也能为企业带来经济利益,但不属于企业日常活动,其流入的经济利益是利得,而不能作为收入确认。例如,接受捐赠而取得的收益就不作为收入,而作为营业外收入,因为接受捐赠不属于企业的日常活动。

（2）收入可能表现为企业资产的增加,也可能表现为企业负债的减少,还可能表现为两者兼而有之。如企业销售产品取得银行存款,就表现为资产的增加;企业销售预收货款的商品,就表现为负债的减少;企业销售商品,部分抵债,部分收回款项,就表现为资产的增加和负债的减少。

（3）收入会导致企业所有者权益增加。收入能使企业资产增加或负债减少或两者兼而有之,所有者权益的数量是由资产减负债的余额确定的,因此,收入的增加最终会导致企业所有者权益增加。但是,收入与相关的成本费用相配比后,则可能增加所有者权益,也可能减少所有者权益。不会导致所有者权益增加的经济利益流入不符合收入的定义,不应确认为收入。例如,企业向银行借入款项,尽管导致了企业经济利益的流入,但该流入并不导致所有者权益的增加,反而使企业承担了一项现时义务。

(4) 收入只包括本企业经济利益的流入,不包括为第三方或客户代收的款项。如企业销售商品时代收的增值税、银行代客户收取的水电费等,不属于本企业的经济利益,因此,不能作为本企业的收入。

(二) 收入的确认

根据《企业会计准则——基本准则》的规定,收入只有在经济利益很可能流入从而导致企业资产增加或者负债减少,且经济利益的流入额能够可靠地计量时才能予以确认。符合收入定义和收入确认条件的项目,应当列入利润表。

(三) 收入的分类

1. 按企业收入形成的来源分类

按企业收入形成的来源,收入可分为销售商品收入、提供服务收入。

(1) 销售商品收入是指企业销售商品而获得的收入。商品包括企业为销售而生产和为转售而购进的商品,如制造企业生产的产品、商品流通企业购进的商品等,企业销售的其他存货,如原材料和包装物等,也视同企业的商品。

(2) 提供服务收入是指企业通过提供服务而获得的收入。服务通常是指其结果不形成有形资产的服务,如旅游服务、运输服务、饮食服务、广告策划与制作、管理咨询、代理业务、培训业务、建筑安装和软件设计等。

2. 按日常活动中收入在企业所处的地位(即重要性)分类

按日常活动中收入在企业所处的地位,收入可分为主营业务收入和其他业务收入。

(1) 主营业务收入是指企业为完成其经营目标而从事的日常活动中主要项目实现的收入。主营业务可根据企业营业执照上规定的主要业务范围或一项活动发生的频率确定。例如,制造企业、商品流通企业的主营业务是销售商品,银行的主营业务是存贷款和办理结算。

(2) 其他业务收入是指主营业务以外的其他日常活动所实现的收入,如制造企业销售材料、提供非工业性服务等实现的收入。

五、费用要素

(一) 费用的定义与特征

费用是指企业在日常活动中发生的、会导致所有者权益减少的、与向所有者分配利润无关的经济利益的总流出。

费用具有以下特征:

(1) 费用是企业在日常经营活动中产生的,而不是在偶然的交易或者事项中产生的。如制造企业销售产品发生的销售成本,商品流通企业销售商品时发生的运输费等都属于费用。有些偶然发生的交易或者事项,虽然也引起经济利益流出企业,但不属于费用,而是作为损失入账。如自然灾害损失、企业违约支付的罚款、对外捐赠资产等。

（2）费用的发生可能表现为企业资产的减少，也可能表现为企业负债的增加，或者同时引起企业资产的减少和负债的增加。

（3）费用会导致企业的所有者权益减少。企业发生费用会导致所有者权益的减少，但是，会导致所有者权益减少的经济利益的总流出却不一定属于费用。例如，企业向所有者分配利润，一方面减少所有者权益；另一方面减少企业的资产或增加企业负债，因此，不属于费用。

（二）费用的确认

根据《企业会计准则——基本准则》的规定，费用只有在经济利益很可能流出从而导致企业资产减少或者负债增加，且经济利益的流出额能够可靠计量时才能予以确认。企业为生产产品、提供服务等发生的可归属于产品成本、服务成本等的费用，应当在确认产品销售收入、服务收入等时，将已销售产品、已提供服务的成本等计入当期损益。企业发生的支出不产生经济利益的，或者即使能够产生经济利益但不符合或者不再符合资产确认条件的，应当在发生时确认为费用，计入当期损益。企业发生的交易或者事项导致其承担了一项负债而又不确认为一项资产的，应当在发生时确认为费用，计入当期损益，如未支付的短期借款利息。

符合费用定义和费用确认条件的项目，应当列入利润表。

（三）费用的分类

按经济用途不同，费用可分为营业成本、税金及附加和期间费用。

1. 营业成本

营业成本是指企业所销售商品或者所提供服务的成本，是为了取得营业收入而付出的直接代价。例如，企业销售商品收取货款 50 万元，即确认实现营业收入 50 万元，为赚取这 50 万元的收入而付出了商品购买成本 35 万元，这 35 万元就是取得 50 万元收入付出的直接代价——营业成本。

按具体经济业务在企业日常业务活动中所处的地位，营业成本可分为主营业务成本和其他业务成本。其中，主营业务成本是指企业主要经营活动发生的耗费，如制造企业销售产品发生的成本；其他业务成本是指除主营业务活动以外的其他经营活动所发生的耗费，如制造企业销售材料发生的成本。

2. 税金及附加

税金及附加是指企业因从事日常活动而依据法律规定应该缴纳的各种税。它包括房产税、车船税、城镇土地使用税、印花税、消费税、城市维护建设税、资源税、教育费附加等。税金及附加不包括增值税。

3. 期间费用

期间费用是指为进行本期生产经营活动而在本期发生的、不能直接或间接归入以上两项而只能直接计入本期损益的各项费用。它包括管理费用、财务费用和销售费用。

管理费用是指企业行政管理部门为组织和管理企业生产经营活动所发生的各种耗费。它主要包括企业在筹建期间发生的开办费、董事会和行政管理部门在企业的经营管理中发生的或者应由企业统一负担的公司经费(包括行政管理部门职工薪酬、物料消耗、低值易耗品摊销、办公费和差旅费等)、董事会费(包括董事会成员津贴、会议费和差旅费等)、聘请中介机构费、咨询费(含顾问费)、诉讼费、业务招待费、技术转让费、矿产资源补偿费、研究费用、排污费以及企业生产车间(部门)和行政管理部门等发生的固定资产修理费用等。

财务费用是指企业为筹集生产经营所需资金等而发生的筹资费用,包括利息支出(减利息收入)、汇兑损益以及相关的手续费等。但要注意的是:并不是企业所有的借款费用都计入当期的财务费用,按照我国《企业会计准则》的规定,某些符合条件的借款费用需要资本化,构成相应资产的成本。

销售费用是指企业在销售商品和材料、提供服务的过程中发生的各种费用,包括企业在销售商品过程中发生的保险费、包装费、展览费和广告费、商品维修费、预计产品质量保证费、运输费、装卸费等以及为销售本企业商品而专设的销售机构(含销售网点、售后服务网点等)的职工薪酬、业务费、折旧费和固定资产修理费用等费用。

六、利润要素

(一)利润的定义及构成

利润是企业在一定会计期间的经营成果。

利润包括收入减去费用后的净额、直接计入当期利润的利得(营业外收入)和损失(营业外支出)等。其中,收入减去费用后的净额是企业日常活动的结果;直接计入当期利润的利得和损失是指应当计入当期损益、会导致所有者权益发生增减变动的、与所有者投入资本或者向所有者分配利润无关的利得或者损失,是企业非日常活动的结果。在我国利润表中,利润一般分为营业利润、利润总额、净利润三个层次列报(见本书第七章第六节、第九章第三节)。

(二)利润的确认和计量

利润的确认和计量主要依赖于收入和费用、直接计入当期利润的利得和损失的确认和计量。

第二节　会 计 等 式

会计等式是指运用数学方程的原理来描述会计要素之间相互关系的一种表达

式。它是设置账户、复式记账、编制财务报表的理论基础。

一、静态的会计等式

任何企业要进行生产经营活动，都必须拥有一定数量和质量的能给企业带来经济利益的经济资源，如房屋、设备、现金等，这些经济资源在会计上称为"资产"。企业的这些资产不可能凭空形成，必须有其提供者。企业最初资产的提供者不外乎两个方面：一是由企业债权人提供，即借入；二是由企业所有者提供，即投资人投入。债权人和所有者将其拥有的资源提供给企业使用，就应该相应对企业的资产享有一种要求权，这种对资产的要求权在会计上称为"权益"。资产表明企业拥有什么经济资源和拥有多少经济资源，权益表明经济资源的来源渠道，即谁提供了这些经济资源，以及每个群体各提供了多少经济资源。可见，资产与权益是同一事物的两个不同侧面，两者相互依存，不可分割，没有无资产的权益，也没有无权益的资产。因此，资产和权益两者在数量上必然相等，资产和权益这种在量上的相等关系，用数学表达式可表示如下：

$$资产 = 权益$$

企业的债权人和所有者虽然都是企业经济资源的提供者，但两者享有的权利不同：债权人为企业提供的经济资源可供企业使用的时间是有限定的，因而债权人享有企业按期还本付息的权利；所有者为企业提供的经济资源，在时间上可供企业无限制使用，从而拥有对企业资源收益的分配权。所以，权益又分为债权人权益和所有者权益，在会计上称债权人权益为负债，这样，上述等式就可变换如下：

$$资产 = 债权人权益 + 所有者权益 = 负债 + 所有者权益$$

这一等式是会计的基本等式，它反映了某一特定时点企业资产、负债和所有者权益三者的平衡关系，所以，我们称之为静态会计等式，它是编制资产负债表的基础。

在理解上述等式时应该注意，负债加所有者权益与资产的具体项目并无一一对应的直接关系，而是在整体上与企业资产保持数量上的关系，即是一种总量上的相等，不能机械地认为等式双方内包括的每一个具体项目都存在着等量关系。

【例 2-1】 岳强、张力、王风三人经过市场调研后，于 2023 年 8 月 1 日注册了旺达食品有限责任公司（以下简称"旺达公司"）。其中，岳强投入房屋一套，作价 180 000 元，库存商品 20 000 元；张力投入款项一笔 200 000 元，已存入该公司银行账户；王风投入货车一辆，价值 120 000 元，另有专利权一项，价值 80 000 元。旺达公司除了接受上述投资，还向银行借入了偿还期限在 10 个月内的借款 40 000 元，偿还期限为5年的借款160 000元,借入的款项均已存入该公司银行账户。则旺达公司的资产、负债和所有者权益之间的平衡关系如表2-1所示。

表2-1

资产负债表(简表)

编制单位:旺达公司　　　　　　2023年8月1日　　　　　　　　单位:元

资　产	金　额	负债和所有者权益	金　额
银行存款	400 000	负债:	
库存商品	20 000	短期借款	40 000
房屋	180 000	长期借款	160 000
货车	120 000	所有者权益:	
专利权	80 000	实收资本	600 000
资产总计	800 000	负债和所有者权益总计	800 000

从表2-1可以看出,旺达公司的资产总计(800 000元)＝负债合计(200 000元)＋所有者权益合计(600 000元),而表中左方的资产具体项目与右方的负债和所有者权益具体项目并无直接的一一对应关系。

二、动态的会计等式

任何企业进行生产经营活动都是以营利为目的的。企业要取得利润,就应运用债权人和所有者提供的资产,经过生产经营而获得收入。企业为了取得收入必然要发生各种耗费,发生耗费的目的是取得收入,因而收入和费用是相关联的两个概念,将一定会计期间的收入和费用进行对比,就可确定企业的盈亏。如果收入大于费用,则企业为盈利;如果收入小于费用,则企业为亏损。将收入与费用对比的结果关系用数学表达式可表示如下:

$$收入-费用＝利润(或亏损)$$

这一等式反映了收入、费用和利润三个要素之间的关系,是从某个会计期间考察企业的最终财务成果而形成的关系。它表明,企业某一期间的利润,是已实现的收入减去费用后的差额,因此,我们称之为动态的会计等式,它是编制利润表的基础。

三、扩展的会计等式

随着生产经营活动的进行,在会计期间,企业不断地实现收入,发生费用。而从前述收入和费用的特征我们可知,凡是收入,都可能使资产增加或负债减少,最终会增加所有者权益;凡是费用,都可能使资产减少或负债增加,最终会减少所有者权益。对于因收入、费用而发生的所有者权益的增减变化,应先在收入、费用两大会计要素中进行记载,然后在特定的结账日,将收入与费用对比的结果,即利润(或亏损),最终转化为所有者权益。因此,将收入、费用引起资产、负债和所有者权益的变化过程的关系用数学表达式可表示如下:

$$期初资产 + 本期收入导致增加的资产 - 本期费用导致减少的资产 = 期初负债 + 本期费用导致增加的负债 - 本期收入导致减少的负债 + 期初所有者权益 + 本期收入 - 本期费用$$

在所有者没有增加资本和减少资本的情况下,将上述增加、减少的资产与资产汇总,将增加、减少的负债与负债汇总,可将等式变换如下:

$$期末资产 = 期末负债 + 期初所有者权益 + 本期收入 - 本期费用$$

到会计期末时,将收入和费用对比,确定利润后,可将等式变换如下:

$$期末资产 = 期末负债 + 期初所有者权益 + 本期利润(减亏损)$$

待期末结账后,将一部分利润分给投资者,退出企业(减少利润的同时会相应增加企业的负债);一部分形成企业的留存收益,归入所有者权益项目,则上述等式转换如下:

$$期末资产 = 期末负债 + 期末所有者权益$$

即又恢复到期初的基本形式:

$$资产 = 负债 + 所有者权益$$

从上述分析可以看出,企业通过负债和所有者权益两个渠道取得资产,资产用于生产经营过程而逐渐转化为费用,收入扣除费用后为利润,利润通过利润分配转化为所有者权益。资产、负债、所有者权益、收入、费用和利润无论如何转化,最终都要回到资产、负债和所有者权益之间的平衡关系上来。因此,所谓会计等式其最基本表达式是指"资产=负债+所有者权益"这一等式,它既是企业资金运动的起点,又是企业资金运动在一定期间后的终点。

第三节 经济业务与会计等式

一、经济业务的发生对会计等式的影响

经济业务也称会计事项或交易事项,通常是指企业在进行生产经营活动过程中发生的、能引起会计要素发生增减变化的事项。企业在生产经营过程中,发生的经济业务是纷繁复杂、多种多样的,既有主体内部的经济业务,如生产领用材料、固定资产折旧、计提资产减值准备等;也有涉及主体外部的经济业务,如购买材料、销售产品、向银行借款、接受投资等。但无论经济业务多么复杂,引起会计要素发生怎样的变

化,都不会破坏会计等式的数量平衡关系。下面我们通过示例来进行分析验证。

【例2-2】 承[例2-1],表2-1列示了旺达公司2023年8月1日的资产、负债和所有者权益的状况,即资产总计(800 000元)=负债合计(200 000元)+所有者权益合计(600 000元)。该公司2023年8月发生下列经济业务(假定不考虑相关税费):

(1)从银行提取现金2 000元备用。这项经济业务的发生,一方面使公司的银行存款减少了2 000元;另一方面使公司的库存现金增加了2 000元。银行存款和库存现金都是资产要素项目,两者此增彼减,增减金额相等,资产总额不变。由于该项经济业务发生只涉及资产要素项目之间的转换,而不涉及负债和所有者权益要素项目,所以,负债和所有者权益总额不变,会计等式仍然保持平衡。

资产(800 000)=负债(200 000)+所有者权益(600 000)
库存现金(+2 000)
银行存款(-2 000)
变动后的数额:800 000=200 000+600 000

(2)购买材料50 000元,货款暂欠。这项经济业务的发生,一方面使公司的原材料增加了50 000元;另一方面使公司的应付账款增加了50 000元。原材料是资产要素项目,应付账款是负债要素项目,从而使会计等式两边同时增加了50 000元,会计等式仍然保持平衡。

资产(800 000) = 负债 (200 000)+所有者权益(600 000)
原材料(+50 000)   应付账款(+50 000)
变动后的数额:850 000=250 000+600 000

(3)以银行存款20 000元偿还银行短期借款。这项经济业务的发生,一方面使公司的银行存款减少了20 000元;另一方面使公司的银行短期借款减少了20 000元。银行存款是资产要素项目,短期借款是负债要素项目,从而使会计等式两边同时减少了20 000元,会计等式仍然保持平衡。

资产(850 000) = 负债 (250 000)+所有者权益(600 000)
银行存款(-20 000)   短期借款(-20 000)
变动后的数额:830 000=230 000+600 000

(4)接受某人捐赠新设备一台,价值24 000元。这项经济业务的发生,一方面使公司的固定资产增加了24 000元;另一方面使公司的营业外收入增加了24 000元。固定资产是资产要素项目,营业外收入是计入当期利润的利得,利得的增加最终会使所有者权益增加,从而使会计等式两边同时增加了24 000元,会计等式仍然保持平衡。

资产(830 000)＝负债(230 000)＋所有者权益(600 000)

固定资产(＋24 000)　　　　　　营业外收入(＋24 000)

变动后的数额：854 000＝230 000＋624 000

(5) 签发并承兑无息商业汇票①一张,面额为50 000元,以抵偿所欠购料款。这项经济业务的发生,一方面使公司的应付账款减少了50 000元;另一方面使公司的应付票据增加了50 000元。应付账款和应付票据都是公司的负债要素项目,两者此增彼减,增减金额相等,负债总额不变。由于这项经济业务不涉及资产要素和所有者权益要素项目,资产总额和所有者权益总额不变,会计等式仍然保持平衡。

资产(854 000) ＝ 负债(230 000)＋所有者权益(624 000)

　　　　　　　　　应付账款(－50 000)

　　　　　　　　　应付票据(＋50 000)

变动后的数额：854 000＝230 000＋624 000

(6) 因经营状况不佳,公司决定缩减规模,经申请批准减资。公司以银行存款18 000元返还投资人张力。这项经济业务的发生,一方面使公司的银行存款减少了18 000元;另一方面使公司的实收资本减少了18 000元。银行存款是资产要素项目,实收资本是所有者权益要素项目,从而使会计等式两边同时减少了18 000元,会计等式仍然保持平衡。

资产(854 000) ＝ 负债(230 000)＋所有者权益(624 000)

银行存款(－18 000)　　　　　　实收资本(－18 000)

变动后的数额：836 000＝230 000＋606 000

(7) 销售商品一批,售价为5 000元,货款未收。这项经济业务的发生,一方面使公司的应收账款增加了5 000元;另一方面使公司的主营业务收入增加了5 000元。应收账款是资产要素项目,主营业务收入是收入要素项目,而收入的增加最终会导致所有者权益的增加,所以该项经济业务的发生,使会计等式两边同时增加了5 000元,会计等式仍然保持平衡。

资产(836 000) ＝ 负债(230 000)＋所有者权益(606 000)

应收账款(＋5 000)　　　　　　主营业务收入(＋5 000)

变动后的数额：841 000＝230 000＋611 000

---

① 商业汇票是一种期票,指由出票人签发的,委托付款人在指定日期无条件支付确定金额给收款人或者持票人的票据。按其承兑人不同分为商业承兑汇票和银行承兑汇票两种。

(8) 以库存现金支付销售产品运杂费 200 元。这项经济业务的发生，一方面使公司的库存现金减少了 200 元；另一方面使公司的销售费用增加了 200 元。库存现金是资产要素项目，销售费用是费用要素项目，而费用的增加最终会导致所有者权益的减少，所以该项经济业务的发生，使会计等式两边同时减少了 200 元，会计等式仍然保持平衡。

资产(841 000) ＝ 负债(230 000)＋所有者权益(611 000)

库存现金(－200) 　　　　　销售费用－(＋200)

变动后的数额：840 800＝230 000＋610 800

(9) 期末，按权责发生制基础确认公司本期应负担的短期借款利息 60 元。这项经济业务的发生，一方面使公司的应付利息增加了 60 元；另一方面使公司应负担的利息费用(即财务费用)增加了 60 元。应付利息是负债要素项目，财务费用是费用要素项目，而费用的增加最终会导致所有者权益的减少，所以该项经济业务是负债和所有者权益要素项目之间此增彼减。由于没有涉及资产要素项目，资产总额不变，会计等式仍然保持平衡。

资产(840 800) ＝ 负债(230 000)＋所有者权益(610 800)

应付利息(＋60) 　财务费用－(＋60)

变动后的数额：840 800＝230 060＋610 740

将上述变化的过程汇总，如表 2-2 所示。

表 2-2

资产负债表(简表)

编制单位：旺达公司　　　　2023 年 8 月 31 日　　　　　　　　　　　单位：元

资　产	金　额	负债和所有者权益	金　额
库存现金	2 000－200＝1 800	负债：	
银行存款	400 000－2 000－20 000－180 00＝360 000	短期借款	40 000－20 000＝20 000
		应付票据	50 000
应收账款	5 000	应付账款	50 000－50 000＝0
原材料	50 000	应付利息	60
库存商品	20 000	长期借款	160 000
房屋	180 000	所有者权益：	

续 表

资 产	金 额	负债和所有者权益	金 额
货车	120 000	实收资本	600 000－18 000＝582 000
设备	24 000	留存收益（收入－费用）	5 000－200－60＋24 000＝28 740
专利权	80 000		
资产总计	840 800	负债和所有者权益总计	840 800

二、经济业务与会计等式的关系

通过上述举例,我们可以得出以下结论：

第一,无论经济业务多么复杂,从会计等式的左右两方来观察,都可归纳为以下四种类型：

(1) 经济业务发生,只引起等式左方内要素各项目之间发生增减变化,即资产类要素内部项目此增彼减的变化,增减金额相等,会计等式保持平衡。

(2) 经济业务发生,只引起等式右方内要素各项目之间发生增减变化,即负债类要素内部项目之间、所有者权益类要素项目之间或负债类要素项目和所有者权益类要素项目之间此增彼减的变化,增减金额相等,会计等式保持平衡。

(3) 经济业务发生,引起等式两方要素项目同时等额增加,即资产项目增加,负债或所有者权益项目同时也增加,增加金额相等,会计等式保持平衡。

(4) 经济业务发生,引起等式两方要素项目同时等额减少,即资产项目减少,负债或所有者权益项目也同时减少,减少金额相等,会计等式保持平衡。

上述四种经济业务类型如图 2-1 所示。

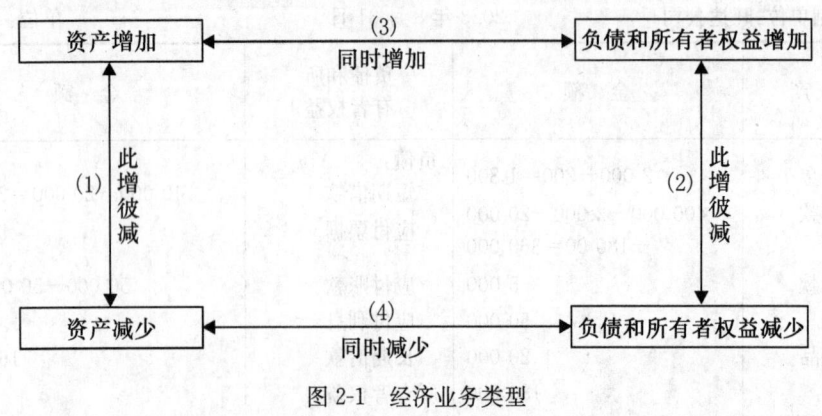

图 2-1 经济业务类型

上述四种经济业务类型可具体化为以下九种情况：
（1）资产项目此增彼减，增减金额相等，会计等式保持平衡。
（2）负债项目此增彼减，增减金额相等，会计等式保持平衡。
（3）所有者权益项目此增彼减，增减金额相等，会计等式保持平衡。
（4）负债项目增加，所有者权益项目减少，增减金额相等，会计等式保持平衡。
（5）所有者权益项目增加，负债项目减少，增减金额相等，会计等式保持平衡。
（6）资产增加，负债增加，增加金额相等，会计等式保持平衡。
（7）资产增加，所有者权益增加，增加金额相等，会计等式保持平衡。
（8）资产减少，负债减少，减少金额相等，会计等式保持平衡。
（9）资产减少，所有者权益减少，减少金额相等，会计等式保持平衡。
这九种情况如图 2-2 所示。

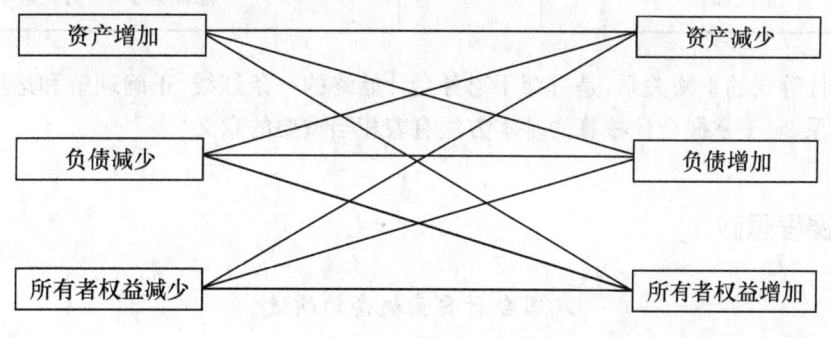

图 2-2 经济业务的九种情况

第二，无论发生什么样的经济业务，都不会影响会计等式的平衡关系，会计等式恒等。

第三，经济业务发生，凡是只涉及会计等式一方要素项目发生增减变动的，不但不会影响双方总额的平衡关系，而且原来的总额也不会发生改变。

第四，经济业务发生，凡是涉及会计等式两方要素发生变动的，会使双方总额发生增加或减少的变动，但变动后的双方总额仍然相等。

上述四项结论如表 2-3 所示。

表 2-3

经济业务与会计等式的关系

经济业务		资产＝负债＋所有者权益			对会计等式的影响
类型(1)	情况(1)	＋－			总额不变，平衡关系不变

续表

经济业务		资产＝负债＋所有者权益		对会计等式的影响
类型(2)	情况(2)	＋－		总额不变,平衡关系不变
	情况(3)		＋－	总额不变,平衡关系不变
	情况(4)	＋	－	总额不变,平衡关系不变
	情况(5)	－	＋	总额不变,平衡关系不变
类型(3)	情况(6)	＋	＋	总额增加,平衡关系不变
	情况(7)	＋	＋	总额增加,平衡关系不变
类型(4)	情况(8)	－	－	总额减少,平衡关系不变
	情况(9)	－	－	总额减少,平衡关系不变

会计等式的平衡关系,是贯穿于财务会计始终的一条红线,正确理解和运用这一平衡关系,对于掌握会计核算的基本方法有着相当重要的意义。

课程思政

我国会计要素概念的演进

1992年,为适应我国社会主义市场经济发展的需要,财政部首次颁布了《企业会计准则》,确定了资产、负债、所有者权益、收入、费用、利润六大会计要素的概念;随着经济环境的变化,2000年的《企业会计制度》和2006年的《企业会计准则——基本准则》对六大会计要素的概念重新进行了界定。我国会计要素概念的演进如表2-4所示。

表2-4

我国会计要素概念的演进

项目	《企业会计准则》(1992年)	《企业会计制度》(2000年)	《企业会计准则——基本准则》(2006年)
资产	是企业拥有或者控制的能以货币计量的经济资源,包括各种财产、债权和其他权利	是指过去的交易、事项形成并由企业拥有或者控制的资源,该资源预期会给企业带经济利益	是指企业过去的交易或者事项形成的、由企业拥有或者控制的、预期会给企业带来经济利益的资源

续 表

项目	《企业会计准则》（1992年）	《企业会计制度》（2000年）	《企业会计准则——基本准则》（2006年）
负债	是企业所承担的能以货币计量、需以资产或劳务偿付的债务	是指过去的交易、事项形成的现时义务，履行该义务预期会导致经济利益流出企业	是指企业过去的交易或者事项形成的、预期会导致经济利益流出企业的现时义务
所有者权益	是指企业投资人对企业净资产的所有权，包括企业投资人对企业的投入资本以及形成的资本公积、盈余公积金和未分配利润等	是指所有者在企业资产中享有的经济利益，其金额为资产减去负债后的余额。所有者权益包括实收资本（或者股本）、资本公积、盈余公积和未分配利润等	是指企业资产扣除负债后由所有者享有的剩余权益。所有者权益的来源包括所有者投入的资本、直接计入所有者权益的利得和损失、留存收益等
收入	是企业在销售商品或者提供劳务等经营业务中实现的营业收入，包括基本业务收入和其他业务收入	是指企业在销售商品、提供劳务及让渡资产使用权等日常活动中所形成的经济利益的总流入，包括主营业务收入和其他业务收入。收入不包括为第三方或者客户代收的款项	是指企业在日常活动中形成的、会导致所有者权益增加的、与所有者投入资本无关的经济利益的总流入
费用	是企业在生产经营过程中发生的各项耗费	是指企业为销售商品、提供劳务等日常活动所发生的经济利益的流出	是指企业在日常活动中发生的、会导致所有者权益减少的、与向所有者分配利润无关的经济利益的总流出
利润	是企业在一定期间的经营成果，包括营业利润、投资净收益和营业外收支净额	是指企业在一定会计期间的经营成果，包括营业利润、利润总额和净利润	是指企业在一定会计期间的经营成果。利润包括收入减去费用后的净额、直接计入当期利润的利得和损失等

要求：了解我国会计要素概念演进各阶段的政治、经济等环境背景，分析会计要素概念变化对国家和企业的影响。作为会计人，你将如何管理企业资产？

复习思考题

1. 我国《企业会计准则——基本准则》对会计要素是怎样划分的？

2. 资产和权益的内在联系如何？
3. 经济业务的发生有哪些变化类型？对会计等式的影响如何？
4. 资产要素具有哪些特征？
5. 负债要素具有哪些特征？
6. 收入实现及费用发生对资产、负债和所有者权益有何影响？
7. 怎样确认资产？
8. 什么是静态的会计等式？
9. 收入和利得、费用和损失各有何区别？
10. 所有者权益来源于哪里？

练习题

练习题
参考答案

一、单项选择题

1. 企业以银行存款偿还所欠购货款，属于（　　）类型变化业务。
   A. 资产项目之间此增彼减　　　　　　B. 权益项目之间此增彼减
   C. 资产项目和权益项目同增　　　　　D. 资产项目和权益项目同减
2. 下列经济业务发生后，不会使会计等式两边总额发生变化的有（　　）。
   A. 收到应收账款存入银行　　　　　　B. 从银行取得借款存入银行
   C. 收到投资者以固定资产所进行的投资　D. 以银行存款偿还应付账款
3. 下列经济业务发生后，使资产和债权人权益项目同时增加的是（　　）。
   A. 生产产品领用材料　　　　　　　　B. 向税务机构缴纳税款
   C. 收到购买单位预付的购货款存入银行　D. 以资本公积转增资本
4. 下列项目中，属于资产要素项目的有（　　）。
   A. 货币资金　　　B. 实收资本　　　C. 留存收益　　　D. 主营业务成本
5. 下列项目中，属于流动负债的有（　　）。
   A. 存货　　　　　B. 短期借款　　　C. 应付债券　　　D. 盈余公积
6. 资产与权益的平衡关系是指（　　）。
   A. 一项资产金额与一项权益金额的相等关系
   B. 几项资产金额与一项权益金额的相等关系
   C. 资产总额与所有者权益总额的相等关系
   D. 资产总额与权益总额的相等关系
7. 下列项目中，属于流动资产的有（　　）。
   A. 固定资产　　　B. 预付款项　　　C. 资本公积　　　D. 商标权
8. 会计等式的基本表达式为（　　）。

A. 资产－负债＝所有者权益 B. 资产＝负债－所有者权益
C. 资产＝负债＋所有者权益 D. 收入－费用＝利润

9. 某企业本期期初资产总额为 1 500 000 元,本期期末负债总额减少了 200 000 元,所有者权益比期初增加 400 000 元,该企业本期期末资产总额是( )元。
A. 1 300 000   B. 1 700 000   C. 1 900 000   D. 1 500 000

10. 所有者权益总额等于( )。
A. 流动资产总额减去流动负债总额   B. 资产总额减去负债总额
C. 长期资产总额减去负债总额   D. 资产总额减去流动负债总额

11. 依据我国《企业会计准则》的规定,收入要素不包括( )。
A. 销售商品的收入
B. 提供服务的收入
C. 出租设备的租金收入
D. 接受捐赠收入

12. 下列各项中,不属于所有者权益来源的是( )。
A. 所有者投入的资本   B. 直接计入所有者权益的利得和损失
C. 留存收益   D. 收到的抵债资产

二、多项选择题

1. 收入的取得可能会引起( )。
A. 负债的增加   B. 资产的增加   C. 负债的减少   D. 资产的减少

2. 下列项目中,属于流动资产的项目有( )。
A. 应收账款   B. 预收款项   C. 预付款项   D. 应付账款

3. 下列经济业务发生后,使资产与权益项目同时减少的有( )。
A. 收到短期借款存入银行   B. 以银行存款偿还应付账款
C. 以银行存款支付应付利息   D. 以库存现金发放工资

4. "资产＝负债＋所有者权益"这一会计等式是( )的理论依据。
A. 设置账户   B. 复式记账
C. 编制资产负债表   D. 成本计算

5. 下列项目中,属于所有者权益要素项目的有( )。
A. 应交税费   B. 实收资本
C. 盈余公积   D. 未分配利润

6. 下列项目中,属于反映企业财务状况的会计要素有( )。
A. 资产   B. 负债
C. 所有者权益   D. 收入

7. 下列项目中,属于资产要素特征的有( )。
A. 由过去的交易、事项形成   B. 由企业拥有或控制
C. 预期会给企业带来经济利益   D. 必须是有形的经济资源

8. 下列项目中,可作为负债要素特征的有( )。
   A. 由过去的交易或者事项引起的偿还义务
   B. 由将来的交易或者事项引起的偿还义务
   C. 清偿负债会导致经济利益流出企业
   D. 负债的清偿会导致经济利益流入企业
9. 下列项目中,不会使"资产＝负债＋所有者权益"这一会计等式两边总额发生变动的是( )。
   A. 资产内部项目有增有减
   B. 资产和负债项目同增同减
   C. 负债和所有者权益项目有增有减
   D. 资产和所有者权益项目同增同减
10. 下列资产项目和权益项目之间的变动,符合资金运动规律的有( )。
   A. 资产某项目增加与权益某项目减少
   B. 资产某项目减少与权益某项目增加
   C. 资产方某项目增加而另一项目减少
   D. 权益方某一项目增加而另一项目减少
11. 期间费用包括( )。
   A. 生产成本   B. 管理费用   C. 销售费用   D. 财务费用
12. 下列关于费用的说法中,正确的有( )。
   A. 费用是企业在日常经营活动中产生的
   B. 费用发生应当会导致经济利益的流出
   C. 费用发生必然引起企业负债的增加
   D. 费用发生会导致企业所有者权益减少

三、判断题

1. 资产是企业所拥有或者控制的,能以货币计量并具有实物形态的经济资源。   ( )
2. 当负债总额不变时,企业净资产的变化是由于盈利或亏损导致的。   ( )
3. 收入可能表现为资产的增加,但并非所有资产的增加都是收入。   ( )
4. 利得和损失都必须直接计入所有者权益。   ( )
5. 不论发生什么样的经济业务,会计等式两边会计要素总额的平衡关系都不会被破坏。   ( )
6. 企业在一定的会计期间若有盈利,则其该会计期间的所有者权益总额必定增加。   ( )
7. 费用是侧重于反映企业财务状况的会计要素。   ( )
8. 企业接受捐赠而获得的经济利益流入,应确认为会计上的收入要素入账。   ( )
9. 费用的发生必然表现为减少企业的资产。   ( )
10. 在任何时点,不但资产总额和权益总额保持相等,而且资产项目与权益项目也始终保持着一一对应关系。   ( )
11. 利润包括收入减去费用后的净额、直接计入当期利润的利得和损失。   ( )
12. 依据我国《企业会计准则》的规定,符合资产定义的项目,就应当列入资产负债表。   ( )

四、计算及会计处理题

习 题 一

【目的】 划分会计要素,熟悉会计等式。

【资料】 欣华公司 2023 年 7 月 31 日有关资料如下:

(1) 出纳保管的现金 1 500 元。
(2) 存放在银行里的款项 120 000 元。
(3) 向银行借入 3 个月的款项 100 000 元。
(4) 仓库里存放的原材料 519 000 元。
(5) 仓库里存放的已完工产品 194 000 元。
(6) 正在加工中的产品 75 500 元。
(7) 应付外单位货款 150 000 元。
(8) 向银行借入 3 年期以上的借款 180 000 元。
(9) 房屋及建筑物 1 420 000 元。
(10) 所有者投入的资本 3 300 000 元。
(11) 机器设备 2 300 000 元。
(12) 应收外单位货款 250 000 元。
(13) 本年累计实现的利润 420 000 元。
(14) 以前年度实现的未分配利润 550 000 元。
(15) 购买的专利权 350 000 元。
(16) 累计提取的盈余公积 530 000 元。

【要求】 判断上列资料中各项目所属的会计要素,并将各项目的金额一并填入表 2-5 中,计算表内资产总额、负债总额、所有者权益总额是否符合"资产=负债+所有者权益"这一基本会计等式。

表 2-5

资产、负债和所有者权益状况表

2023 年 7 月 31 日   单位:元

业务顺序号	会 计 要 素 及 金 额		
	资　产	负　债	所有者权益
(1)			
(2)			
(3)			
⋮			
合　计			

习 题 二

【目的】 熟悉会计等式。

【资料】 金发公司2023年期初及期末资产负债表列示的资产总额和负债总额如下：

	期　初	期　末
资产	768 000元	958 000元
负债	290 000元	360 000元

【要求】 根据下列各种情况，分别计算金发公司2023年度的有关数据：

(1) 金发公司2023年度内既未收回投资，也未增加投资，实现的各项收入为175 000元，计算该公司本年度实现的利润和发生的费用各是多少？

(2) 金发公司2023年度内甲投资者收回投资68 000元，乙投资者追加投资92 000元，计算该公司本年度利润。

(3) 金发公司2023年度内没有增加投资，但有收回投资72 000元，计算该公司本年度利润。

习 题 三

【目的】 熟悉经济业务类型。

【资料】 海河公司2023年8月31日资产总额为780 000元，负债总额为320 000元。2023年9月，该公司发生下列经济业务(假定不考虑相关税费)：

(1) 收到甲投资者交来转账支票一张，金额200 000元，作为其追加投资。

(2) 购入设备一批，支付价款130 000元。

(3) 向大众工厂赊购材料一批，价值12 000元。

(4) 收回销货款68 000元存入银行。

(5) 归还银行短期借款10 000元。

(6) 支付给甲投资者应得的现金股利1 000元。

(7) 以银行存款28 000元上缴税金。

(8) 接受捐赠设备一台，价值30 000元。

(9) 经批准，将40 000元盈余公积转增资本。

(10) 销售商品取得收入50 000元存入银行。

【要求】 分析上述经济业务，说明其分别属于哪种经济业务类型及对资产总额、会计等式的影响；计算海河公司2023年9月末的资产总额和净资产金额。

第三章 会计账户

本章阐述会计账户的设置及分类。通过本章学习,学习者应明确设置会计账户的原则;了解会计账户的各种分类标准及内容;熟悉会计账户的内容;掌握会计账户的基本结构。

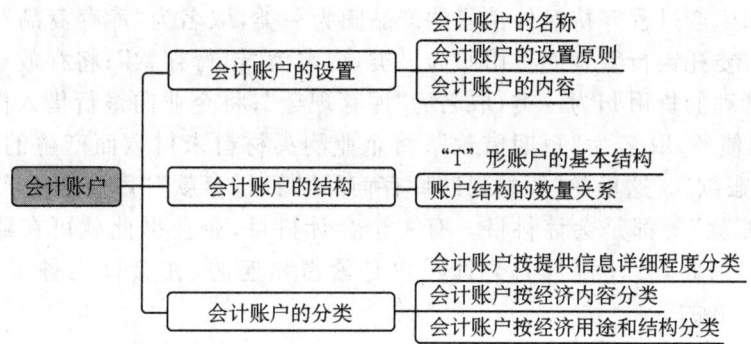

第一节 会计账户的设置

会计账户是指通过一定的结构和格式,用来分类连续地记录各项经济业务,反映各项会计要素增减变化及结果的一种工具和手段。设置会计账户是会计核算的一种专门方法。

一、会计账户的名称

会计账户的名称也称会计科目,是指对会计要素的具体内容进行进一步科学分类的项目或标志。前已述及,会计要素是对会计对象所作的基本分类,即按照会计对象具体内容的内涵和外延所作的归类和界定。但是,仅以资产、负债、所有者权益、收入、费用和利润这六个会计要素作为会计数据归类的标准,不免过于笼统,很难用来满足各方信息使用者对企业会计信息的需求,因为各种会计要素内仍然存在着非常复杂的性质上的差异。例如,生产企业的材料和产成品都属于资产类会计要素的内容,但其用途和性质是不同的,材料主要是用于加工产品的,一旦投入,其形态就会发生变化,构成产品的一部分;而产成品主要是对外销售的,一旦售出,就退出企业。又如,货币是资产要素,但将货币存放在企业的开户银行和存放在企业内部,其管理方法和作用又是不同的。再如,企业向银行借入偿还期在1年以内的借款和企业购买材料未付的款项都是企业的负债,但性质是不同的。所有这些,都客观地要求在会计上加以区分。因此,在将会计对象划分为会计要素的基础上,我们仍需对会计要素的具体内容按照某种性质或特征作进一步的分类,据此设立账户来反映会计要素的增减变动及其结果。例如,我们将存放于企业内用于生产产品的材料归为一类,取名为"原材料";将已完成全部生产过程等待对外销售的产品归为一类,取名为"库存商品";将企业存放于银行委托银行管理的货币归为一类,取名为"银行存款";将存放于企业内部由专人管理的货币归为一类,取名为"库存现金";将企业向银行借入偿还期在1年以内的债务,取名为"短期借款";将企业购买材料未付款而产生的债务,取名为"应付账款"。这里的"原材料""库存商品""银行存款""库存现金""短期借款""应付账款"等都是会计科目。有一个会计科目,企业据此就可在账簿中开一个户头。因此,会计科目与会计账户是紧密相连的,在会计实务工作中,两者是不加区分的。

二、会计账户的设置原则

会计账户作为分类提供会计信息的一种手段,分类的正确与否决定着会计信息的科学性、系统性,从而决定着管理的科学性。因而,设置会计账户必须遵循一定的原则,这些原则概括起来有以下几个方面。

1. 既要全面反映会计核算的内容,又必须体现行业会计主体的业务特征

会计账户作为对会计要素具体内容进行分类核算的项目,其设置应能保证对各会计要素作全面反映,形成一个完整的、科学的体系,包括分别设置核算和监督资产、负债、所有者权益、收入、费用和利润等的若干会计账户,不能有任何遗漏。同时,会计账户的设置还必须体现行业会计主体的业务特点,根据不同行业经济业务的不同

性质和特征,有针对性地设置,不能千篇一律。如对制造企业和商品流通企业在会计核算中都要设置"库存现金""银行存款""短期借款""固定资产""实收资本""盈余公积"等共性的会计账户。同时,又要考虑到制造企业和商品流通企业的业务特征,制造企业的主要经营活动是制造产品,因而需要专门设置反映制造企业生产耗费的账户,如"生产成本""制造费用"等账户就是为适应制造企业的业务特征而设置的。而商品流通企业以商品买卖作为主要经营业务,它不生产产品,所以就没必要设置"生产成本""制造费用"等反映生产耗费的账户,应设置反映商品买卖过程的账户。

2. 必须满足会计信息使用者的客观需求

会计核算的目标就是向有关方面提供会计信息,满足信息使用者的决策需求。不同的信息使用者(如国家宏观调控部门、企业内部管理部门、投资者、债权人等)对会计信息的需求不尽相同,因此,在设置会计账户时,应兼顾不同信息使用者的需要。如为了加强宏观调控,反映利税的取得、分配和上缴情况,需要设置"本年利润""利润分配""应交税费""应付股利"等账户;为了反映投资人投入资本的增减变动情况,需要设置"实收资本"账户;为了反映企业对银行债务的增减变动情况,需要设置"短期借款""长期借款"账户等。

3. 要讲求科学性

会计账户的设置实质上是根据核算管理的需要对会计要素进行的再分类。再分类过程中,必须考虑的就是保证分类的科学性、合理性。每一个会计账户都应有特定的核算内容,各个会计账户之间既要有联系,又要有明确的界限,不能含糊不清。如对资产要素的再分类,就应该考虑资产的性质和主要特征,以及不同企业持有资产的不同目的,进行科学的再分类。同时,会计账户的设置,还应简练明确,通俗易懂,并进行编号。

4. 要保持相对的稳定性

为了保证会计信息的连贯性、可比性,便于在不同时期分析比较会计核算指标和在一定范围内汇总核算指标,提高工作效率,会计账户的设置应在一定时期内保持稳定,不能经常变更。但会计账户的设置并非绝对不能变更,因为会计账户必须要适应经济环境的变化和经济业务发展的需要。当会计环境发生变化时,会计账户也要随之作相应的调整,以及时反映新的经济业务的全面内容。如在市场经济条件下,随着技术市场的形成和专利法、商标法的实施,对企业拥有的专有技术、专利权、商标权等无形资产的价值及其变动情况,有必要专设"无形资产"账户予以反映。还有,对于一些新兴的行业、特殊的业务,如商品期货、衍生金融工具等,都应设置相应的账户予以反映。所以,我们说,会计账户的设置应保持相对的稳定性。

5. 做到统一性和灵活性相结合

在我国,为了适应国家宏观管理的需要,保证对外提供的会计信息指标口径一致,使会计信息具有可比性,财政部在《企业会计准则——应用指南》中规定了统一的会计账户名称——会计科目,并对每一账户的使用都作了详细的说明。所谓统一性,就是企业在设置会计账户时,应根据提供会计信息的要求,对一些主要会计账户的设置及核算内容应保证与《企业会计准则——应用指南》的规定相一致。所谓灵活性,是指在不影响会计核算要求和财务报表指标汇总,以及对外提供统一的财务会计报告的前提下,企业可以根据本单位的具体情况,对统一规定的会计账户作必要的增设、减少或合并。

三、会计账户的内容

会计账户的内容是指在制定会计制度时要规定会计账户反映的经济内容和登记方法,要依据会计要素各组成内容的客观性质划分,并要适应宏观和微观经济管理的需要。按照我国《企业会计准则——应用指南》的规定,现将本书常用的会计账户名称——会计科目予以列示,如表3-1所示。

表3-1

常用会计账户名称——会计科目表

编号	名称
	一、资产类
1001	库存现金
1002	银行存款
1121	应收票据
1122	应收账款
1123	预付账款
1221	其他应收款
1402	在途物资
1403	原材料
1405	库存商品
1601	固定资产
1602	累计折旧
1604	在建工程

续表

编 号	名 称
1605	工程物资
1701	无形资产
1901	待处理财产损溢
	二、负债类
2001	短期借款
2201	应付票据
2202	应付账款
2203	预收账款
2211	应付职工薪酬
2221	应交税费
2231	应付利息
2232	应付股利
2241	其他应付款
2501	长期借款
	三、所有者权益类
4001	实收资本（或股本）
4002	资本公积
4101	盈余公积
4103	本年利润
4104	利润分配
	四、成本类
5001	生产成本
5101	制造费用
	五、损益类
6001	主营业务收入

续表

编　号	名　　称
6051	其他业务收入
6111	投资收益
6301	营业外收入
6401	主营业务成本
6402	其他业务成本
6403	税金及附加
6601	销售费用
6602	管理费用
6603	财务费用
6711	营业外支出
6801	所得税费用

第二节　会计账户的结构

所谓会计账户的结构，是指账户应由哪几部分组成，以及如何在账户中记录会计要素的增加、减少及余额情况等。

一、"T"形账户的基本结构

为了在账户中记录和反映经济业务，账户不仅要有科学的名称，以明确规定其记录的经济内容，而且要有合理的结构，以正确反映各会计要素的增减变动。随着企业经济业务的不断发生，会计要素的具体内容就必然随之发生变化，而且这种变化不管多么错综复杂，从数量上看不外乎增加和减少两种情况。因此，用来记录企业在某一会计期间内各种有关数据的账户，在结构上通常就分为两个基本部分，即左方和右方，一方登记增加数量，一方登记减少数量。至于哪一方登记增加数量，哪一方登记减少数量，则需要根据所记录的经济内容，即账户的性质来确定。但无论何种性质的账户，左、右两方的增减意义都是相反的。也就是说，如果规定在左方记录增加，则就应该在右方记录减少；反之，如果规定在左方记录减少，则就应该在右方记录增加。在借贷记账法下，通常将账户的左方称为"借方"，右方称为"贷方"，任何账户都必须分为借方、贷方两个基本部分，这就是账户的基本结构。账户的这种基本结构我们可用一种简化的格式来表示,如图3-1所示。由于这种简化格式很像英文字母"T",所以又把这种简化格式称为"T"形账户;同时,这种简化格式也很像中文的"丁"字,我们也将其称为"丁"字形账户。

借方(左方)	账 户 名 称	贷方(右方)

图3-1 "T"形账户的基本结构

在会计实务中,账户的格式并非如此简单,而是根据实际需要来设计账户的具体格式,各个账户的格式并不完全相同,但在账户的格式设计中一般都应包括如下内容:

(1)账户的名称:会计科目。
(2)日期:记录经济业务确认的日期。
(3)凭证的编号:说明登记账户的来源、依据,为以后查账提供便利。
(4)摘要:用来概括说明所记录经济业务的内容。
(5)增加和减少的金额及余额:用来填写经济业务引起会计要素增加、减少及变动的结果。

在借贷记账法下,我国会计实务中常用的三栏式账户基本格式如表3-2所示。

表3-2

账 户 名 称

年		凭证号	摘　　要	借　方	贷　方	借/贷	余　额
月	日						

二、账户结构的数量关系

由于会计实行分期核算,这样,账户所记录的会计要素增减变动,就被分割在不同的会计期间进行。如果同一会计期间(年、季、月)内同一账户所记录的增加数和减少数不完全相同,那么,到期末时账户就会出现一个差额,这个"差额"会计上称为"期末余额",本期的期末余额转入下期,就是下期的期初余额。会计期间内所登记的增加额、减少额统称为"发生额"。因此,账户中记录的金额就有期初余额、本期增加发生额、本期减少发生额、期末余额,这四项金额之间的数量关系可用等式表示如下:

$$期末余额＝期初余额＋本期增加发生额－本期减少发生额$$

这一等式反映的是账户结构的数量关系。

第三节 会计账户的分类

账户是根据会计科目在账簿中开设的记账单元。每个账户只能记录特定的某项经济业务的某一方面,而企业全部资金运动的增减变动情况,必须通过在账簿中设置许多账户来综合反映,但是账户之间不是相互孤立的,它们之间必然存在着互为条件、相互依存的关系,也就是账户之间存在着某种共性。账户的整体集合,构成了一个完整的有机整体。账户的分类就是在了解账户特性的基础上,研究账户体系中各账户之间存在的共性,进一步探明各个账户在整个账户体系中的地位和作用,以便加深对账户的认识,更好地正确运用账户对企业的经济业务进行反映。

按不同的标准对账户分类,可以从不同的角度认识账户。会计账户分类标准一般有按提供信息详细程度分类、按经济内容分类、按经济用途和结构分类等。

一、会计账户按提供信息详细程度分类

企业经营管理所需要的会计核算资料是多方面的,不仅要求会计核算能够提供一些总括的指标,而且要求会计核算能够提供一些详细的指标。为了满足各方面的需要,就要对会计账户作进一步划分,形成不同层次的账户,提供各类经济活动的详细资料。

会计账户按其提供信息的详细程度不同,可以分为总分类账户和明细分类账户两大类。

1. 总分类账户

总分类账户也称总账账户或一级账户,它是对会计要素的具体内容进行总括分类的会计账户,是进行总分类核算的依据,所提供的是总括指标或信息,因而一般只用货币计量。例如,"银行存款""原材料""应付账款""固定资产"等都是总分类账户。在我国,为了保证会计核算指标口径规范一致,并具有可比性,总分类账户的名称、核

算内容及使用方法通常是由财政部统一制定的,每一个企业都要根据本企业业务的特点和统一制定的账户名称,设置若干个总分类账户。表3-1中所列示的都是总分类账户。

2. 明细分类账户

明细分类账户也称明细账户,是对总分类账户核算内容再作进一步详细分类的会计账户,它提供详细的信息。因而,明细分类账户除用货币量度外,有的还用实物量度(吨、千克、件、台等)。例如,"应付账款"总分类账户下,再按具体单位分设明细账户,具体反映应付哪个单位的货款;"原材料"总分类账户下,再按材料名称分设明细账户,具体反映库存的是哪种材料等。在实际工作中,除少数总分类账户,如"本年利润"账户不必设置明细分类账户外,大多数总分类账户都需设置明细分类账户。明细分类账户所提供的明细核算资料应满足企业内部经营管理的需要,各单位经济业务具体内容不同,经营管理水平不一致,明细分类账户的名称、核算内容及使用方法也就不能统一规定。因此,大多数明细分类账户都由各单位根据实际情况和需要自行设置。

如果总分类账户下面反映的内容较多,一般来讲,会计账户可分为二级、三级等级次,即总分类账户统辖下属数个明细分类账户,或者是统辖下属数个二级账户,再在每个二级账户下设置三级账户。例如,"原材料"总分类账户下,可按材料的类别设置"原料及主要材料""辅助材料""燃料"等二级账户,再在"原料及主要材料"二级账户下设置"钢材""生铁""木材"等三级账户。会计账户按其提供信息的详细程度分类示例如表3-3所示。

表3-3

会计账户按其提供信息详细程度分类

总分类账户 (一级账户)	明细分类账户	
	二级账户(子目)	三级账户(细目)
原材料	原料及主要材料	钢材 生铁 木材 ……

续表

总分类账户	明细分类账户	
（一级账户）	二级账户（子目）	三级账户（细目）
原材料	辅助材料	油漆 防锈剂 ⋮
	燃料	汽油 柴油 ⋮
⋮	⋮	⋮

研究账户按提供信息详细程度分类，目的在于把握不同层次账户提供核算指标的规律性，以便于准确地运用各级账户，提供全方位的核算指标，满足不同的信息需要。

二、会计账户按经济内容分类

会计账户的经济内容是指会计账户所核算和监督的会计对象的具体内容。会计账户之间最本质的差别在于反映经济内容的不同，按会计账户的经济内容进行分类，便于准确区分每个账户的经济性质，便于从账户中取得需要的核算指标，因而账户的经济内容是账户分类的基础。

账户按经济内容可分为：资产类、负债类、所有者权益类、收益类、成本类和费用损失类六大类。

（一）资产类账户

资产类账户是核算企业各种资产增减变动及其余额的账户。按照资产流动性和经营管理核算的需要，资产类账户又分为流动性资产账户和非流动性资产账户两类。反映流动资产的账户有"库存现金""银行存款""应收账款""应收票据""其他应收款""原材料""库存商品"等；反映非流动性资产类账户有"长期股权投资""固定资产""累计折旧""无形资产""长期待摊费用"等。

资产类账户的特点是一般都有期末余额，通常期末余额在账户的借方。

（二）负债类账户

负债类账户是核算企业各种负债增减变动及其余额的账户。按照负债的流动性，负债类的账户可分为流动负债账户和非流动负债账户两类。反映流动负债的账户有"短期借款""应付账款""预收账款""应付票据""其他应付款""应付职工薪酬""应交税费""应付股利"等账户；反映非流动负债的账户有"长期借款""应付债券""长期应付款"等账户。

负债类账户的特点是一般都有期末余额，通常期末余额在账户的贷方。

（三）所有者权益类账户

所有者权益类账户是核算企业所有者权益增减变动及其余额的账户。按照所有者权益的来源和构成，所有者权益类账户又可分为反映所有者投入资本的账户、反映经营积累的账户和所有者权益类其他来源类账户。反映所有者投入资本的账户有"实收资本""资本公积"等账户；反映经营积累的账户有"本年利润""利润分配""盈余公积"等账户；所有者权益类其他来源类账户有"其他综合收益"等账户。

所有者权益类账户的特点是一般都有期末余额，通常期末余额在贷方。

（四）收益类账户

收益类账户是核算企业一定时期经营活动和非经营活动所取得的各种经济利益的账户。按照收益与企业经营活动是否有关，收益类账户可分为经营收益账户和非经营收益账户。反映经营收益的账户有"主营业务收入"等账户；反映非经营收益的账户有"营业外收入"等账户。

收益类账户的特点是期末无余额。

（五）成本类账户

成本类账户是归集企业某成本计算对象在一定时期所发生的各项耗费，并计算该对象成本的账户。按照成本计算对象不同，可分为计算产品生产成本的账户，如"生产成本""制造费用"账户；计算工程成本的账户，如"在建工程"账户；计算无形资产研发成本的账户，如"研发支出"账户。

成本类账户的特点是借方归集成本项目，期末一般无余额，若有余额，表示本过程尚未结束累计发生的费用数额，此时，该类账户也具有资产的性质。

（六）费用损失类账户

费用损失类账户是核算企业在一定时期发生不计入成本的各项费用及损失的账户。反映经营费用账户的有"销售费用""管理费用""财务费用""税金及附加""主营业务成本""所得税费用"等账户；反映损失账户的有"营业外支出"等账户。

费用损失类账户的特点是期末无余额。

按账户经济内容分类建立的账户体系如图 3-2 所示。

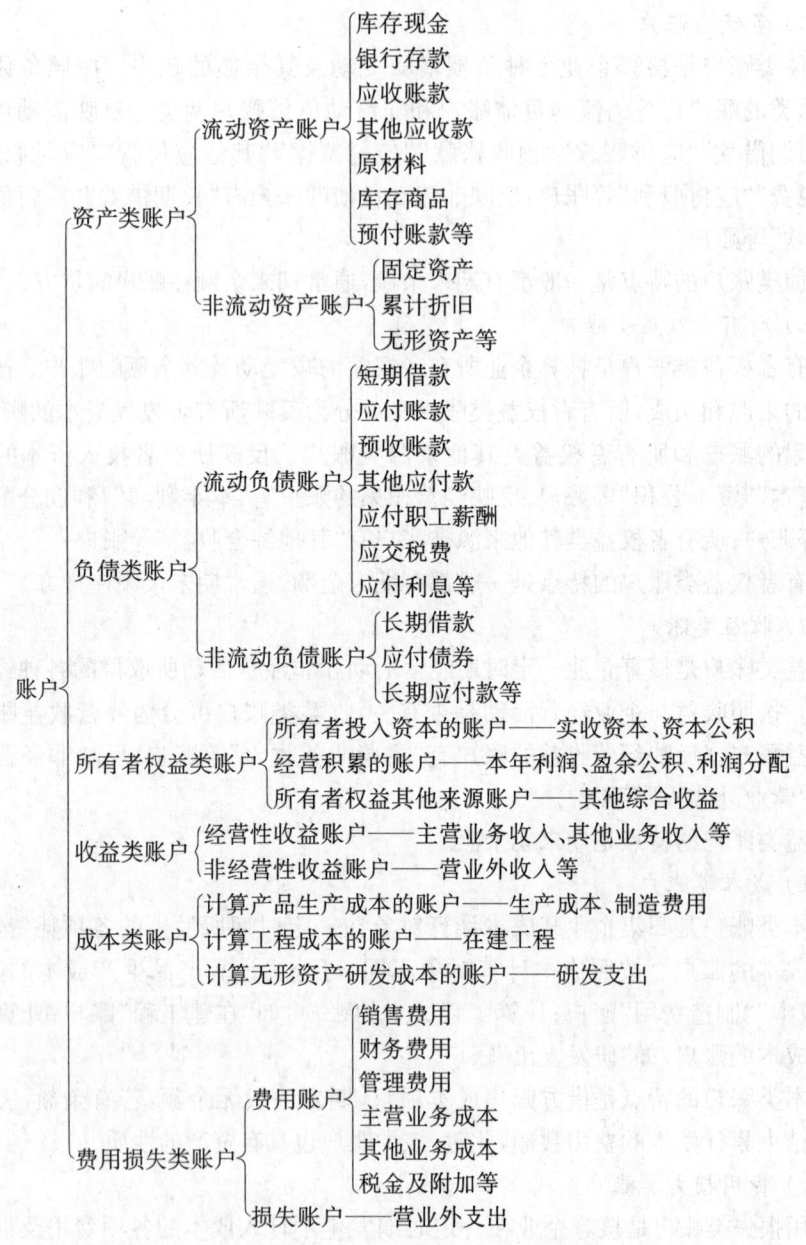

图 3-2　企业按经济内容分类的账户体系

三、会计账户按经济用途和结构分类

账户的经济用途是指账户的记录能够提供哪些核算指标,开设账户的目的是什么。账户的结构是指在账户中怎样记录经济业务,以取得必要的核算指标。在借贷记账法下,账户的结构就是账户的借方登记什么、贷方登记什么,期末余额在哪一方,具体表示什么内容①。

在借贷记账法下,账户按经济用途和结构分类,一般可分为盘存账户、资本账户、结算账户、集合汇转账户、跨期摊配账户、成本计算账户、计价对比账户、财务成果账户、调整账户九类。

(一)盘存账户

盘存账户是用来核算和监督各项财产物资和货币资金增减变动及其实有数的账户,这类账户的借方登记各种财产物资或货币资金的收入或增加数;贷方登记其支出或减少数;这类账户的余额总是在借方,表示各项财产物资和货币资金的结存数额。盘存账户的结构如图3-3所示。

借方	盘 存 账 户	贷方
期初余额:期初财产物资或货币资金的结存额 发生额:本期财产物资或货币资金的增加额		发生额:本期财产物资或货币资金减少额
期末余额:期末财产物资或货币资金的结存额		

图3-3 盘存账户的结构

属于盘存类账户的有"原材料""库存商品""固定资产""库存现金""周转材料"等。这类账户均可以通过财产清查的方法,如实地盘存法、核对账目法等方法,检查实存的财产物资及其在经营管理上存在的问题。这类账户除"库存现金"账户外,其实物明细账可以提供实物和价值两种指标。

(二)资本账户

资本账户是用来核算和监督企业从外部各种渠道取得的投资、增收的资本以及从内部形成的积累的增减变化及其实有情况的账户。这类账户的贷方登记各项投资和积累的增加数或形成数;借方登记各项投资和积累的减少数或支用数。这类账户的余额一般在贷方,表示各项投资和积累的结存数额。资本账户的结构如图3-4所示。

---

① 这种分类在没有学习复式记账之前理解较困难,因此,建议学习或讲授时,可将本部分调在借贷记账法之后。

借方	资 本 账 户	贷方
	期初余额：期初资本和公积金实有额	
发生额：本期资本和公积金的减少额	发生额：本期资本和公积金的增加额	
	期末余额：期末资本和公积金实有额	

图 3-4　资本账户的结构

属于资本类的账户有"实收资本""资本公积""盈余公积"等。这类账户的总分类账及其明细分类账只提供价值指标。

（三）结算账户

结算账户是用来核算和监督企业与其他单位和个人之间发生的结算关系而产生的应收、应付款项的账户。结算账户按其性质和内容的不同，可分债权结算账户、债务结算账户和债权债务结算账户三类，各类结算账户又具有不同的用途和结构。

1. 债权结算账户

债权结算账户也称"资产结算"账户，是用来核算和监督企业与其他债务单位或个人之间发生的各种应收及预付款项的账户。

这类账户的借方登记债权的增加数；贷方登记债权的减少数；余额在借方，表示期末企业已取得尚未收回的债权的实有数。债权结算账户的结构如图 3-5 所示。

借方	债权结算账户	贷方
期初余额：期初尚未收回的应收款项或预付款项 发生额：本期应收款项或预付款项的增加额		发生额：本期应收款项或预付款项的减少额
期末余额：期末尚未收回的应收款项或未结算的预付款项		

图 3-5　债权结算账户结构

属于债权结算账户的有"应收账款""其他应收款""预付账款""应收利息""应收股利"等。

2. 债务结算账户

债务结算账户也称负债结算账户，是用来核算和监督企业与其他债权单位或个人之间发生的各种应付及预收款项的账户。这类账户的贷方登记债务的增加数；借方登记债务的减少数；余额在贷方，表示期末企业尚未偿还的债务的实有数。债务结算账户结构如图 3-6 所示。

借方	债务结算账户	贷方
	期初余额：期初尚未支付的应付款项、未结算的预收款项或结欠的借入款项	
发生额：本期应付款项、预收款项或借入款项的减少额	发生额：本期应付款项、预收款项或借入款项的增加额	
	期末余额：期末尚未支付的应付款项、预收款项或尚未支付的借入款项	

图 3-6　债务结算账户结构

属于债务结算账户的有"应付账款""预收账款""应付职工薪酬""其他应付款""短期借款""应交税费""应付利息""应付股利"等。

3. 债权债务结算账户

债权债务结算账户也称资产负债结算账户，是用来核算和监督企业与其他单位或个人之间发生的债权债务往来结算业务的账户。在实际工作中，与企业经常发生结算业务的往来单位，有时是企业的债权人，有时是企业的债务人。为了集中反映企业同其他单位或个人所发生的债权、债务的往来结算情况，可以在一个账户中核算应收、应付款项的增减变动和余额。这类账户的借方登记债权的增加数和债务的减少数；贷方登记债务的增加数和债权的减少数；这类账户的余额可能在借方，也可能在贷方。若余额在借方，表示债权大于债务的差额；若余额在贷方，表示债务大于债权的差额。债权债务结算账户的结构如图 3-7 所示。

借方	债权债务结算账户	贷方
期初余额：期初债权大于债务的差额 发生额：本期债权增加额或本期债务减少额	期初余额：期初债务大于债权的差额 发生额：本期债务增加额或本期债权减少额	
期末余额：期末债权大于债务的差额	期末余额：期末债务大于债权的差额	

图 3-7　债权债务结算账户结构

企业为了简化核算工作，对于预收款项业务不多的企业，可不单独设置"预收账款"账户，而直接通过"应收账款"账户同时反映企业销售商品或提供服务的应收和预收的款项，此时，"应收账款"账户就是债权债务结算账户；对于预付款项不多的企业，可不单独设置"预付账款"账户，而直接通过"应付账款"账户同时反映企业购买商品或接受服务的应付和预付的款项，此时，"应付账款"账户就是债权债务结算账户。当企业不设置"其他应收款""其他应付款"账户，而将其他应收、应付的款项集中通过"其他往来"账户核算时，"其他往来"账户就是一个债权债务结算账户。债权债务结算账户需根据账户余额的方向判断其账户的性质,余额在借方时说明是债权结算账户,余额在贷方时说明是债务结算账户。

(四)集合汇转账户

集合汇转账户是用来归集企业在某个会计期间的收入和费用,并如期结转的账户。这类账户按照归集的性质和经济内容,可分为收入集合汇转账户和费用集合汇转账户两类。

1. 收入集合汇转账户

收入集合汇转账户是用来归集分配结转企业在经营过程中可取得的各项收入的账户。这类账户的贷方登记一定期间发生的收入数,借方登记收入的减少数或期末转入"本年利润"账户的数额。由于当期实现的全部收入都要在期末转入"本年利润"账户,这类账户期末无余额。收入集合汇转账户的基本结构如图 3-8 所示。

借方	收入集合汇转账户	贷方
发生额:收入的减少款、结转到"本年利润"账户的数额		发生额:归集本期内各项收入的发生额

图 3-8 收入集合汇转账户结构

属于收入集合汇转账户的有"主营业务收入""其他业务收入"等。收入集合汇转账户应设置总分类账户和明细分类账户进行核算。该账户只提供核算的价值指标。

2. 费用集合汇转账户

费用集合汇转账户是用来归集和分配结转企业在经营过程中发生的各项费用的账户。这类账户的借方登记一定期间费用支出的增加数,贷方登记费用支出的减少数或期末转入"本年利润"账户的数额。由于当期发生的全部费用支出都要在期末转入"本年利润"账户,这类账户期末无余额。费用集合汇转账户的结构如图 3-9 所示。

借方	费用集合汇转账户	贷方
发生额:归集本期内各项费用支出的数额		发生额:冲减的费用、结转"本年利润"账户的数额

图 3-9 费用集合汇转账户的结构

属于费用集合汇转账户的有"主营业务成本""其他业务成本""销售费用""管理费用""财务费用"等,费用集合汇转账户应设置总分类账户和明细分类账户进行核算,该账户只提供核算的价值指标。

(五)跨期摊配账户

跨期摊配账户是用来核算和监督应由若干个会计期间共同负担的费用,并将这些费用摊到各个相应的会计期间的账户。在企业的生产经营过程中,有些费用在某个会计期间支付,但应由几个会计期间共同负担,以正确计算各个会计期间的损益。按权责发生制原则,为严格划分费用的归属期,合理地将费用分摊到各个会计期间,需要设置跨期摊配账户。跨期摊配账户主要有"长期待摊费用"账户。该账户借方登记费用的实际支出数;贷方登记各会计期间负担的费用的摊配数;期末余额在借方,表示已支付而尚未摊销的长期待摊费用数额。跨期摊配账户只提供价值指标。跨期摊配账户的结构如图 3-10 所示。

借方	跨期摊配账户	贷方
期初余额:期初已支付而尚未摊销的长期待摊费用数额 发生额:本期费用的支付数		发生额:本期费用的摊销数额
期末余额:已支付而尚未摊销的长期待摊费用数额		

图 3-10 跨期摊配账户的结构

(六)成本计算账户

成本计算账户是用来核算和监督企业经营过程中某一阶段所发生的全部费用,并借以确定该阶段各成本计算对象实际成本的账户。这类账户借方汇集应计入特定成本对象的全部耗费;贷方登记转出已完成某个阶段成本计算对象的实际成本;期末余额在借方,表示尚未完成某个阶段成本计算对象的实际成本。成本计算账户的结构如图 3-11 所示。

借方	成本计算账户	贷方
期初余额:期初尚未完成某个经营阶段的成本计算对象的实际成本 发生额:经营过程中发生的应由成本计算对象承担的全部费用		发生额:结转已完成某个经营阶段的成本计算对象的实际成本
期末余额:期末完成该阶段成本计算对象的实际成本		

图 3-11 成本计算账户的结构

属于成本计算对象账户有"生产成本""在建工程"账户等。这类账户除设置总分类账户外,还应按照各个成本对象和成本项目分别设置多栏式分类账,进行明细分类核算。成本计算账户实际提供实物指标,又提供价值指标。

(七) 计价对比账户

计价对比账户是用来对某一阶段某项经济业务按照两种不同的计价标准进行对比,借以确定其业务成果的账户。

原材料按计划成本进行日常核算的企业所设置的"材料采购"账户,就是属于计价对比账户。这类账户的借方登记购入材料物资的实际成本及入库材料结转"材料成本差异"的节约差异;贷方登记入库材料的计划成本及入库材料结转至"材料成本差异"的超支差异;期末余额在借方,表示已采购而尚未入库的在途材料的实际成本。即期末通过借贷两方的两种计价对比,可以确定材料采购的成果。计价对比账户的结构(以"材料采购"账户为例)如图3-12所示。

借方	计价对比账户	贷方
期初余额:未入库材料的实际成本 本期发生额:本期未入库材料的实际成本及转入"材料成本差异"账户贷方的实际成本小于计划成本的节约数		本期发生额:入库材料的计划成本及转入"材料成本差异"账户借方的实际成本大于计划成本的超支数
期末余额:尚未入库材料(在途材料)的实际成本		

图 3-12 计价对比账户结构

计价对比账户的特点是借贷双方的计价标准不一致;期末确定成果转出后,其借方余额反映的是剔除了计价差异后的按借方计价方式计价的资产价格。

(八) 财务成果账户

财务成果账户是用来计算并确定企业在一定时期(月份、季度或年度)内全部经营活动最终成果的账户。这类账户的贷方登记一定期间发生的各项收入数,借方汇集一定期间发生的与收入相配比的各项费用数;期末,如为贷方余额,表示收入大于费用的差额,为企业实现的利润净额;如为借方余额,表示费用大于收入的差额,为企业实现的亏损总额。财务成果账户的结构如图3-13所示。

属于财务成果账户的有"本年利润"账户。这类账户只反映企业在1年内财务成果的形成,平时(1~11月份)的余额为本年的利润净额或亏损总额,年终结转后,无余额。财务成果只提供价值指标。

借方	财务成果账户	贷方
发生额：转入的各项费用		发生额：转入的各项收入
（或）期末余额：发生的亏损总额		期末余额：实现的净利润

图 3-13　财务成果账户结构

（九）调整账户

调整账户是用来调整有关账户的原始数额而设置的账户。在会计核算中，某些类别的经济业务，需要设置两个账户，提供两种数据资料。其中，一个账户记录和反映该类的原始数额，另一个账户是记录和反映对该类原始数额进行的调整，将记录原始数额的账户与记录调整数额的账户相加（或相差）就可求得该类业务的实际余额。我们把记录和反映原始数据的账户称为被调整账户；把记录和反映原始数据进行调整的账户称为调整账户。

调整账户一方面是对某一特定经济业务数额增减变动的单独反映，有其独立意义；另一方面与被调整账户相结合，反映新的经济内容，又具有新的意义。

调整账户按其不同的调整方式可分为抵减账户、附加账户和抵减附加账户三种。

1. 抵减账户

抵减账户也称备抵账户，是用来抵减被调整账户的余额，以求得被调整账户实际余额的账户，其调整方式可用公式表示如下：

被调整账户余额－抵减账户余额＝被调整账户实际余额

由于备抵账户是对被调整账户的抵减，被调整账户的余额方向与备抵账户的余额方向必定相反，如果被调整账户的余额在借方（或贷方），抵减账户的余额一定在贷方（或借方）。

按照被调整账户性质，抵减账户又可分为资产抵减账户和权益抵减账户两类。

（1）资产抵减账户。资产抵减账户是用来抵减某一资产账户的余额，以求得该资产账户实际余额的账户。如"累计折旧"账户就是"固定资产"账户的备抵账户。"固定资产"账户的账面余额（原始价值）与"累计折旧"账户的账面余额相抵减，可以取得有关固定资产耗损方面的数据，其差额就是固定资产现有的实际价值（净值）。通过对比分析，可以了解固定资产的新旧程度、资产占用状况和生产能力。资产抵减账户与被抵减资产账户的关系及抵减方式，如图 3-14 所示。

借方　**被抵减资产账户**　贷方	借方　**资产抵减账户**　贷方
余额：资产的原始数额	余额：资产的抵减数额

图 3-14　资产抵减账户与被抵减资产账户的关系及结构

其调整方式可用公式表示如下：

$$资产原始数额 - 资产抵减数额 = 该项资产的实际数额$$

（2）权益抵减账户。权益抵减账户是用来抵减某一权益的余额，以求得该权益账户的实际余额的账户。如"利润分配"账户就是用来抵减"本年利润"账户的抵减账户。权益抵减账户与被抵减权益账户的关系及其结构如图 3-15 所示。

借方　**被抵减权益账户**　贷方	借方　**权益抵减账户**　贷方
余额：权益的原始数额	余额：权益的抵减数额

图 3-15　权益抵减账户与被抵减权益账户的关系及结构

其调整方式可用公式表示如下：

$$权益的原始数额 - 权益的抵减数额 = 该项权益的实际数额$$

2. 附加账户

附加账户是用来增加被调整账户的余额，以求得被调整账户实际余额的账户。其调整方式，可用公式表示如下：

$$被调整账户余额 + 附加账户余额 = 被调整账户的实际余额$$

附加账户与被调整账户的方向是相同的，如果被调整账户的余额在借方（或贷方），则附加账户的余额一定在借方（或贷方）。附加账户与被调整账户的附加方式如图 3-16 所示。

借方　**被调整账户**　贷方	借方　**附加账户**　贷方
余额：某项业务的原始数额	余额：某项业务的调整数额

图 3-16　附加账户与被调整账户的附加方式及结构

在实际工作中，很少设置单纯的附加账户。

3. 抵减附加账户

抵减附加账户也称备抵附加账户,是既可抵减又可用来增加被调整账户的余额,以求得被调整账户实际余额的账户,是兼有抵减账户和附加账户两种功能的调整账户。当其余额与被调整账户的余额方向相反时,该类账户起抵减账户的作用,其调整方式与抵减账户相同;当其余额与被调整账户余额方向相同时,该类账户起附加作用,其调整方式与附加账户相同。例如,"材料成本差异"账户就是"原材料"账户的抵减附加调整账户。应当指出的是,调整账户不能离开被调整账户而单独存在,有调整账户一定有被调整账户。

账户按经济用途和结构分类的账户体系如图 3-17 所示。

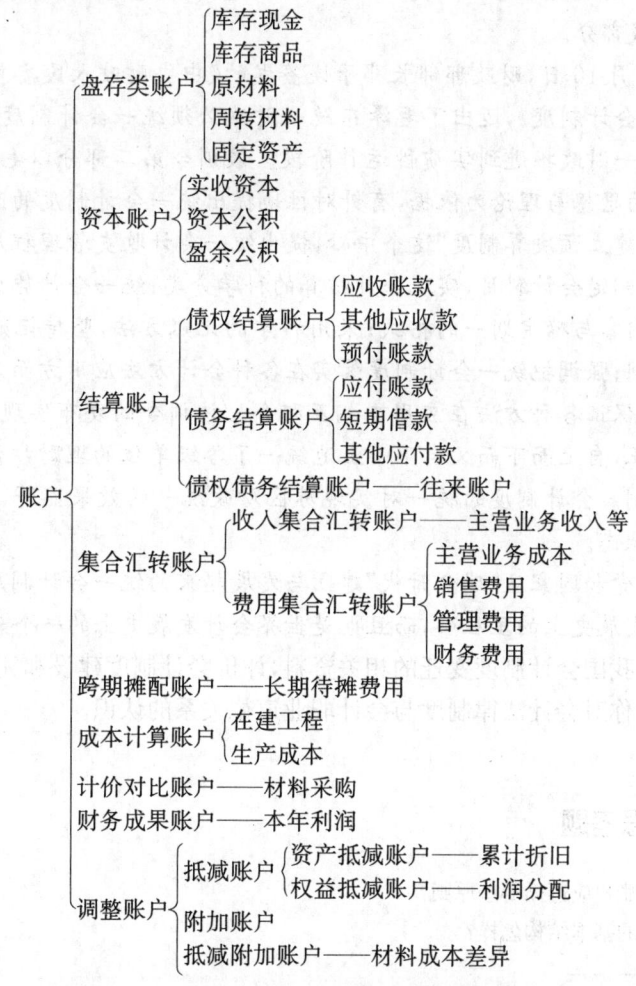

图 3-17　账户按经济用途和结构分类的账户体系

 **课程思政**

"瑞金时代"的统一会计制度[①]

1931年11月,瑞金叶坪村召开的中华苏维埃第一次全国代表大会宣告了中华苏维埃共和国临时中央政府成立,自此,我国形成了以瑞金为首都的中央革命根据地,中国革命进入"瑞金时代"。从建立井冈山革命根据地起,为赢得革命战争的胜利,毛泽东便从建立苏区经济、粉碎敌人经济封锁出发,对革命根据地经济实行统一管理,确立了战时统一财政的思想。"瑞金时代"的统一会计制度是毛泽东统一财政思想与理论的重要组成部分。

1932年12月16日,财政部部长邓子恢签发的《中央财政人民委员部训令(第十二号)——统一会计制度》,迈出了毛泽东统一财政必须统一会计制度思想中的关键性的一步,把统一财政推进到实质性运作阶段。该训令第二部分以毛泽东主席战时统一财政经济的思想与理论为依据,有针对性地提出统一会计制度的改进意见,并进一步围绕"率先建立预决算制度"这个中心,提出统一会计收支管理程序,严格划清收与支界限;统一制定会计科目,实现会计核算的科学分类;统一会计凭证,包括统一各类凭证的专属内容与确定划一的格式;采用科学的记账方法,坚持记账、算账的及时性与正确性原则;强调把统一会计制度落实在各种会计方法应用方面,以建立统一的会计方法体系,保证各种方法在应用中相互配合。该训令的发布实现了对苏区会计工作的拨乱反正,自上而下而又自下而上地统一了各级单位的理财步伐,实现了对预决算的一体控制。会计制度的统一对实现苏区财政统一的效果显著,苏区财政经济处于有序运作状态。

史实表明,党和国家从"瑞金时代"建立与发展起来的统一会计制度,不仅是中外会计法律制度发展史上的里程碑,而且也是世界会计发展史上的一个光辉典范。

要求:阅读我国会计制度变迁的相关资料,评价会计制度建设和完善对经济发展的贡献,并谈谈你对会计法律制度与会计职业道德关系的认识。

 **复习思考题**

1. 设置会计账户应遵循哪些原则?
2. 会计账户的基本结构怎样?

[①] 郭道扬."瑞金时代"统一会计制度研究[J].会计研究,2016(3):5.

3. 在会计账户的格式设计中一般应包括哪些要素？
4. 简述账户的经济用途和结构，并说明账户按经济用途和结构分类分为哪几类？
5. 为什么设置跨期摊配账户？这类账户的用途和结构如何？
6. 调整账户按其调整的方式分为哪几种？它们与被调整账户的关系如何？

练习题

练习题参考答案

一、单项选择题

1. 账户结构通常分为（　　）。
   A. 左右两方　　　　　　　　　　B. 上下两部分
   C. 发生额、余额两部分　　　　　D. 前后两部分
2. 会计科目是（　　）。
   A. 会计要素的名称　　　　　　　B. 财务报表的项目名称
   C. 账簿的名称　　　　　　　　　D. 会计账户的名称
3. （　　）总分类账户可以不设置明细分类账户。
   A. "应交税费"　B. "本年利润"　C. "原材料"　D. "实收资本"
4. 按用途和结构分类，"长期待摊费用"账户属于（　　）账户。
   A. 资产类　　　B. 结算类　　　C. 财务成果类　D. 跨期摊配类
5. "本年利润"账户按用途和结构分类应属于（　　）账户。
   A. 所有者权益类　B. 财务成果类　C. 抵减调整类　D. 资本类
6. 按经济内容分类，"资本公积"账户属于（　　）账户。
   A. 资本类　　　B. 资产类　　　C. 所有者权益类　D. 负债类
7. 当调整账户余额与被调整账户余额在不同的方向时，应属于（　　）账户。
   A. 附加调整　　B. 抵减调整　　C. 抵减附加调整　D. 资产抵减
8. 下列说法中，错误的是（　　）。
   A. 抵减账户与其被抵减账户反映的经济内容相同
   B. 抵减账户与其被抵减账户反映的经济内容不一定相同
   C. 抵减账户不能离开被抵减账户而独立存在
   D. 有抵减账户一定有被抵减账户
9. 按用途和结构分类，"库存商品"账户属于（　　）账户。
   A. 资产类　　　B. 盘存类　　　C. 结算类　　　D. 调整类
10. 债权债务结算账户的借方余额或贷方余额只是表示（　　）。
    A. 债权和债务的实际余额
    B. 债权和债务增减变动后的差额
    C. 债权和债务增加变动后的差额
    D. 债权和债务减少变动后的差额

二、多项选择题

1. 账户的基本结构一般应包括（　　）。
   A. 账户名称　　　　　　　　　　　B. 日期和摘要
   C. 凭证种类和号数　　　　　　　　D. 增加、减少的金额及余额
2. 下列各项中，符合我国《企业会计准则——应用指南》统一规定会计账户名称的有（　　）。
   A. 库存现金　　　　　　　　　　　B. 固定资产
   C. 存货　　　　　　　　　　　　　D. 专利权
3. 按经济用途和结构分类，下列账户中，属于盘存账户的有（　　）。
   A. "原材料"　　　　　　　　　　　B. "库存商品"
   C. "实收资本"　　　　　　　　　　D. "生产成本"
4. 按经济内容分类，下列账户中，属于收益类账户的有（　　）。
   A. "主营业务收入"　　　　　　　　B. "其他业务收入"
   C. "本年利润"　　　　　　　　　　D. "利润分配"
5. 会计账户按提供指标详细程度可分为（　　）。
   A. 总分类账户　　　　　　　　　　B. 明细分类账户
   C. 资产类账户　　　　　　　　　　D. 调整类账户
6. 下列账户中，属于按经济用途和结构分类的账户有（　　）。
   A. 所有者权益类账户　　　　　　　B. 资本类账户
   C. 跨期摊配类账户　　　　　　　　D. 调整类账户
7. 下列账户中，属于调整账户的有（　　）。
   A. "固定资产"　　　　　　　　　　B. "累计折旧"
   C. "利润分配"　　　　　　　　　　D. "坏账准备"
8. 下列账户中，只提供核算价值指标的有（　　）。
   A. 资产类账户　　　　　　　　　　B. 资本类账户
   C. 集合汇转账户　　　　　　　　　D. 跨期摊配账户
9. 按照被调整账户的性质，抵减账户又可分为（　　）两类。
   A. 资产抵减账户　　　　　　　　　B. 权益抵减账户
   C. 收入抵减账户　　　　　　　　　D. 费用抵减账户
10. 下列账户中，属于债权结算账户的有（　　）。
    A. "应收账款"　　　　　　　　　　B. "应付账款"
    C. "预付账款"　　　　　　　　　　D. "其他应收款"

三、判断题

1. 会计账户具有独立性和排他性。　　　　　　　　　　　　　　　　　　　　　　（　　）
2. 总分类账户是进行总分类核算的依据，所提供的是总括指标或信息，因而除用货币量度外，也可用实物量度。　　　　　　　　　　　　　　　　　　　　　　　　　　　　　　（　　）

3. 在我国，企业的总分类账户和明细分类账户都应根据国家所制定的有关会计制度设置。
                                                            (   )
4. 所有账户的左边均记录增加额，右边均记录减少额。   (   )
5. 按用途和结构分类，"应付账款"账户和"预付账款"账户属于同一类账户。 (   )
6. 按经济内容分类，"生产成本"账户属于成本类账户，但期末若有余额时，该账户也具有资产的性质。   (   )
7. 在账户中要反映被调整账户和调整账户的抵减关系，必须按相同方向记账。 (   )
8. 被调整账户余额的方向与备抵账户的余额方向必定相反。   (   )
9. 调整账户可以独立存在。   (   )
10. 通常，各类账户的期末余额与记录增加额的一方在同一方向。 (   )

四、计算及会计处理题

习 题 一

【目的】 分析会计账户的名称及其所归属的会计要素。

【资料】 大森公司 2023 年 6 月 30 日有关财务事项如下：

(1) 由出纳人员保管的款项 500 元。
(2) 存放在银行里的款项 140 000 元。
(3) 向银行借入 6 个月的款项 180 000 元。
(4) 仓库中存放的材料 380 000 元。
(5) 仓库中存放的已完工产品 60 000 元。
(6) 正在加工中的在产品 75 000 元。
(7) 向银行借入 1 年以上期限的借款 720 000 元。
(8) 房屋及建筑物 2 400 000 元。
(9) 所有者投入的资本 2 360 000 元。
(10) 机器设备 750 000 元。
(11) 应收外单位的货款 125 000 元。
(12) 应付给外单位的材料款 120 000 元。
(13) 以前年度积累的未分配利润 220 000 元。
(14) 欠交的税金 60 000 元。
(15) 采购员预借的差旅费 4 500 元。
(16) 本月实现的利润 140 000 元。
(17) 运输部门运货用的卡车 80 000 元。
(18) 专利权一项 220 000 元。
(19) 提取的职工福利费 100 000 元。
(20) 客户预付的购货款 15 000 元。
(21) 已宣告发放但尚未支付的现金股利 200 000 元。

(22) 以前年度提取的盈余公积 120 000 元。

【要求】

(1) 判断上列各财务事项的账户名称及所属的会计要素,将结果填入表 3-4 中。

表 3-4

会计要素及账户名称归属表

单位:元

序号	项目	账户名称	会计要素		
			资产	负债	所有者权益
(1)					
(2)					
(3)					
⋮					

(2) 计算该公司的资产总额、负债总额和所有者权益总额。

习 题 二

【目的】 练习掌握调整账户与被调整账户的关系。

【资料】 绿野公司 2023 年 8 月 31 日有关账户余额如下:

"固定资产"账户借方余额 400 000 元,"累计折旧"账户贷方余额 160 000 元,"原材料"账户借方余额 15 000 元,"材料成本差异"账户借方余额 2 000 元。

【要求】

(1) 计算该公司 8 月末的固定资产账面净值,并说明"累计折旧"账户与"固定资产"账户的关系。

(2) 计算该公司 8 月末原材料的实际成本,并说明"材料成本差异"账户与"原材料"账户的关系。

第四章 复式记账

学习要求

本章主要阐述复式记账法的基本原理,是学习会计学的难点内容。通过本章学习,学习者应深刻理解复式记账法的基本原理和优点;掌握借贷记账法的基本内容,包括记账符号、账户结构、记账规则、试算平衡;了解借贷记账法在会计处理中的应用环节,即账户对应关系和对应账户、会计分录和过账等。

思维导图

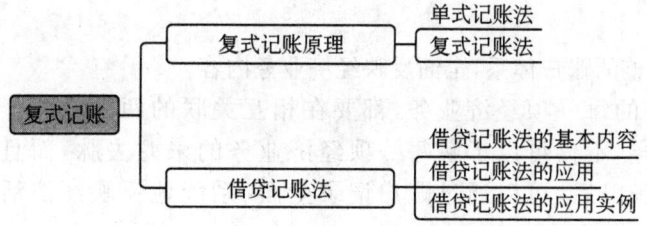

第一节 复式记账原理

设置会计账户,仅仅是对会计要素作出进一步分类,为会计信息的加工处理提供了必要的条件。但要生成有用的会计信息,还必须运用科学的记账方法来真实地"描述"经济业务及其所引起的会计要素各有关项目数量增减变动情况。所谓会计记账方法,是指在会计账户中登记各项经济业务内容所采用的方式、手段。会计在其发展的历程中,记账方法主要有单式记账法和复式记账法两种。

一、单式记账法

单式记账法是指对发生的每一项经济业务,一般只在一个账户中进行单方面记录的一种记账方法。在通常情况下,单式记账法只重视记录现金的收付,以及债权和债务等事项。例如,用银行存款 30 000 元购买设备一台,在记账时,只记银行存款减少 30 000 元,至于设备增加 30 000 元则略而不记。又如,赊购材料 5 000 元,在记账时,只记所欠的货款,即应付账款增加 5 000 元,而增加的 5 000 元原材料不记。可见,单式记账法记账手续较为简单,但账务处理不完整,账户之间没有数字平衡关系,不能全面、系统地反映经济业务的来龙去脉,难以保证账户记录的正确性。因此,单式记账法只能在商品经济不发达、经济业务十分简单的情况下应用。在现代会计中,只有备查账簿的登记仍采用这种方法。

二、复式记账法

复式记账法是相对于单式记账法而言的。它是指对发生的每一项经济业务,都以相等的金额,同时在相互关联的两个或两个以上的账户中进行登记的一种记账方法。如用银行存款 30 000 元购买设备一台,这项经济业务的发生,一方面使企业设备增加了 30 000 元;另一方面也使企业的银行存款减少了 30 000 元。根据复式记账原理,以相等的金额在"固定资产"和"银行存款"这两个相互关联的账户中进行同时登记,即一方面在"固定资产"账户登记增加 30 000 元;另一方面在"银行存款"账户登记减少 30 000 元。复式记账法是与发达的商品经济相联系,它是以资金运动的内在规律性——会计等式作为理论基础的。因此,复式记账法与单式记账法相比,具有以下特点与优势:

(1) 设置完整的账户体系,全面反映经济业务内容。

(2) 对发生的每一项经济业务,都要在相互关联的两个或两个以上账户中进行登记。这样,不仅可以了解每一项经济业务的来龙去脉,而且在全部经济业务都登记入账以后,可以通过账户记录全面、系统地反映经济活动的过程及结果。

(3) 对发生的每一项经济业务,都要以相等的金额在有关账户中进行登记。这样,可以根据记录的结果进行试算平衡,以检查账户记录是否正确和完整。

正是由于复式记账法具有上述的特点与优势,它被世界各国公认为是一种科学的记账方法并一直被广泛运用。

在我国会计史上,曾经出现过收付记账法、增减记账法和借贷记账法三种复式记账法,目前,我国行政、企事业单位记账方法采用的都是借贷记账法。这是因为:一方面,借贷记账法经过数百年的实践已被全世界的会计工作者所普遍接受,是一种比较成熟、完善的记账方法;另一方面,从会计实务角度看,记账方法不统一,会给企业间横向经济联系和与国际经济交往带来诸多不便,同时也必然会加大跨行业的公司和企业集团会计工作的难度,使经营活动信息和经营成果不能得到及时的反映。因此,统一全国各个行业企业和行政事业单位的记账方法,对规范会计核算工作和更好地发挥会计的作用具有重要意义。

第二节 借贷记账法

一、借贷记账法的基本内容

借贷记账法是以"借""贷"作为记账符号,反映各项会计要素增减变动情况的一种复式记账方法。学习借贷记账法,必须深入理解和掌握它的基本内容,包括记账符号、账户结构、记账规则、试算平衡等。

1. 记账符号

借贷记账法的记账符号就是"借"和"贷",在此,"借"和"贷"两字并无贷出与借入的意义,它们只是代表账户上两个对立(增和减)的方向或部位而已,用来指明应记入某一账户的哪一部位(或方向),记录数量上的增减变化。对于每一个账户来说,如果规定借方用来表示增加额,则贷方就用来表示减少额;如果规定借方用来表示减少额,则贷方就用来表示增加额。也就是说,"借"和"贷"本身不等于增和减,无论是"借"还是"贷"都既表示增加又表示减少,只有当其与具体类型的账户相结合以后,才可以表示增加和减少。具体来说,对会计等式两边的会计要素,"借""贷"两个符号规定了相反的含义:"借"对会计等式左边的账户即资产、费用类账户表示增加,对会计等式右边的账户即负债、所有者权益、收入类账户则表示减少;"贷"对会计等式左边的资产、费用类账户表示减少,对会计等式右边的负债、所有者权益、收入类账户则表示增加。

2. 账户结构

在借贷记账法下,账户的基本结构是:左方为借方,右方为贷方。但哪一方登记增加,哪一方登记减少,则要根据账户的具体性质而定。

(1)资产类账户结构。资产类账户的结构是:账户的借方登记资产的增加额,贷方登记资产的减少额。资产的减少额不可能大于它的期初余额与本期增加额之和,因此这类账户期末如有余额,一般应在借方(资产备抵账户则相反)。在一定的会计期间,借方登记的合计数称为借方发生额,贷方登记的合计数称为贷方发生额。该类账户期末余额的计算公式如下:

$$\text{资产类账户期末借方余额} = \text{借方期初余额} + \text{借方本期发生额} - \text{贷方本期发生额}$$

如果用"T"形账户来表示资产类账户的结构,则可如图 4-1 所示。

借方	资产类账户		贷方
期初余额	×××		
(1) 资产增加额	×××	(1) 资产减少额	×××
(2) 资产增加额	×××	(2) 资产减少额	×××
本期发生额：本期资产增加总额 ×××		本期发生额：本期资产减少总额 ×××	
期末余额	×××		

图 4-1 资产类账户结构

(2) 负债和所有者权益类账户结构。由会计等式"资产＝负债＋所有者权益"所决定,负债和所有者权益类账户结构与资产类账户结构正好相反,账户贷方登记负债和所有者权益的增加额,借方登记负债和所有者权益的减少额;负债和所有者权益的增加额与期初余额之和通常也要大于或等于其本期减少额,因此这类账户期末如有余额,一般应在贷方。该类账户期末余额的计算公式如下：

$$\text{负债和所有者权益类账户期末贷方余额} = \text{贷方期初余额} + \text{贷方本期发生额} - \text{借方本期发生额}$$

如果用"T"形账户来表示负债和所有者权益类账户结构,则可如图 4-2 所示。

借方	负债和所有者权益类账户		贷方
		期初余额	×××
(1) 负债和所有者权益减少额	×××	(1) 负债和所有者权益增加额	×××
(2) 负债和所有者权益减少额	×××	(2) 负债和所有者权益增加额	×××
本期发生额：本期负债和所有者权益减少总额	×××	本期发生额：本期负债和所有者权益增加总额	×××
		期末余额	×××

图 4-2 负债和所有者权益类账户结构

(3) 收入类账户结构。收入和费用类账户是所有者权益类账户派生出来的。从性质上看,收入会导致所有者权益的增加,所以,收入类账户的结构与所有者权益类账户的结构基本相同,账户的贷方登记收入的增加,借方登记收入的减少或转销,平时若有借贷方差额一般在贷方。由于收入类账户到会计期末要计算利润,其借贷方差额期末要结转到计算利润的账户,结转后收入类账户期末通常无余额。如果用"T"形账户来表示收入类账户结构,则可如图 4-3 所示。

借方	收入类账户		贷方
收入的减少额(转销额) ×××	(1) 收入的增加		×××
	(2) 收入的增加		×××
本期发生额：本期转入利润的 收入数额　　　　　×××	本期发生额：本期增加的 收入总额　　　　　×××		

图 4-3　收入类账户的结构

(4) 费用类账户结构。从性质上看，费用会导致所有者权益的减少，所以，费用类账户的结构与所有者权益类账户的结构是相反的，与资产类账户的结构是基本相同的，账户的借方登记费用的增加，贷方登记费用的减少(或转销)，平时若有借贷方差额一般在借方。由于借方登记的费用增加额通常到会计期末要通过贷方转出，结转后费用类账户期末一般无余额。如果用"T"形账户来表示费用类账户结构，则可如图 4-4 所示。

借方	费用类账户		贷方
(1) 费用增加额　　　　　×××	费用减少额(转销额)		×××
(2) 费用增加额　　　　　×××			
本期发生额：本期增加的费用 总额　　　　　　　×××	本期发生额：本期转出的费用 数额　　　　　×××		

图 4-4　费用类账户结构

(5) 利润类账户结构。企业的利润(或亏损)在未分配以前，归企业所有者所有(或承担)，因此利润类账户的结构与所有者权益类账户的结构基本相同，账户贷方登记利润的增加，借方登记利润的减少，期末余额一般在贷方，也可能在借方。如果用"T"形账户来表示利润类账户结构，则可如图 4-5 所示。

借方	利润类账户		贷方
利润的减少：由费用和损失账户 转入数　　　　　×××	利润的增加：由收入和利得账户 转入数　　　　　×××		
期末余额：本期发生的亏损数　×××	期末余额：本期实现的净利润　×××		

图 4-5　利润类账户结构

将上述各类账户的结构归纳，如表 4-1 所示。

表 4-1

借贷记账法下各类账户结构

账户类别	借方	贷方	余额方向
资产类	增加	减少	借方
负债类	减少	增加	贷方
所有者权益类	减少	增加	贷方
收入类	减少（转销）	增加	一般无余额
费用类	增加	减少（转销）	一般无余额
利润类	减少	增加	贷方或借方

通常,我们将期末有余额的账户称为实账户,实账户的期末余额代表着资产、负债或所有者权益;将期末无余额的账户称为虚账户,虚账户的本期发生额反映企业损益情况。

3. 记账规则

记账规则是指登记具体经济业务时应当遵循的规律。借贷记账法的记账规则,概括地说就是"有借必有贷,借贷必相等"。借贷记账法的记账规则是根据以下内容来确定的:

(1) 复式记账原理。根据复式记账原理,对发生的每一项经济业务,都必须以相等的金额在相互关联的两个或两个以上账户中进行登记。

(2) 借贷记账法下"借""贷"记账符号经济含义的规定性。在借贷记账法下,资产、费用的增加,负债、所有者权益、收入的减少用符号"借"来表示;资产、费用的减少,负债、所有者权益、收入的增加用符号"贷"来表示。

(3) 资金运动及其数量变化的规律性。经济业务不管多么复杂,无论发生怎样的变化,从会计等式两边来看,都不外乎四种类型,即:

第一,等式两方项目同时增加,即资产、负债和所有者权益项目同时增加,增加金额相等;

第二,等式两方项目同时减少,即资产、负债和所有者权益项目同时减少,减少金额相等;

第三,等式左方项目有增有减,即资产一方项目此增彼减,增减金额相等;

第四,等式右方项目有增有减,即负债和所有者权益一方项目此增彼减,增减金额相等。

下面我们通过实例来说明借贷记账法的记账规则。

【例 4-1】 企业接受投资人投入款项一笔 50 000 元,已存入企业银行存款户。

这项经济业务的发生,一方面使企业的"银行存款"账户增加了 50 000 元;另一方面使企业的"实收资本"账户增加了 50 000 元。按照复式记账原理,应该同时在"银行存款"和"实收资本"两个相互关联的账户中进行登记。"银行存款"账户是资产类要素项目,其增加额应记在账户的借方;"实收资本"账户是所有者权益类要素项目,其增加额应记在账户的贷方。这项经济业务引起会计等式两方项目同时增加的变化,增加金额相等,以"T"形账户表示,如图4-6所示。

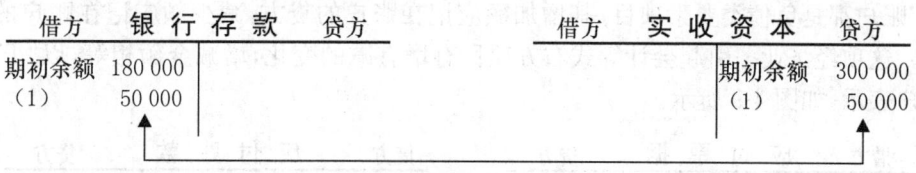

借方	银行存款	贷方		借方	实收资本	贷方
期初余额 180 000					期初余额	300 000
（1） 50 000					（1）	50 000

图 4-6 登记结果

【例 4-2】 企业以银行存款 12 000 元偿还所欠购货款。

这项经济业务的发生,一方面使企业的"银行存款"账户减少了 12 000 元;另一方面使企业的"应付账款"账户减少了 12 000 元。按照复式记账原理,应该同时在"银行存款"和"应付账款"两个相互关联的账户中进行登记。"银行存款"账户是资产类要素项目,其减少额应记在账户的贷方;"应付账款"账户是负债类要素项目,其减少额应记在账户的借方。这项经济业务引起会计等式两方项目同时减少的变化,减少金额相等,以"T"形账户表示,如图 4-7 所示。

借方	银行存款	贷方		借方	应付账款	贷方
期初余额 180 000	（2）	12 000	← →	（2） 12 000	期初余额	42 000
（1） 50 000						

图 4-7 登记结果

【例 4-3】 从银行存款中提取现金 800 元以备零用。

这项经济业务的发生,一方面使企业的"库存现金"账户增加了 800 元;另一方面使企业的"银行存款"账户减少了 800 元。按照复式记账原理,应该同时在"库存现金"和"银行存款"两个相互关联的账户中进行登记。"库存现金"和"银行存款"账户都是资产类要素项目,其增加额应记在账户的借方,减少额应记在账户的贷方。这项经济业务引起会计等式左方项目有增有减的变化,增减金额相等,以"T"形账户表示,如图4-8所示。

借方	银行存款	贷方		借方	库存现金	贷方
期初余额 180 000	（2）	12 000		期初余额	200	
（1） 50 000	（3）	800	← →	（3）	800	

图 4-8 登记结果

【例4-4】 企业开出并承兑商业汇票一张30 000元,以抵偿应付账款。

这项经济业务的发生,一方面使企业的"应付票据"账户增加了30 000元;另一方面使企业的"应付账款"账户减少了30 000元。按照复式记账原理,应该同时在"应付票据"和"应付账款"两个相互关联的账户中进行登记。"应付票据"账户和"应付账款"账户都是负债类要素项目,其增加额应记在账户的贷方,减少额应记在账户的借方。这项经济业务引起会计等式右方项目有增有减的变化,增减金额相等,以"T"形账户表示,如图4-9所示。

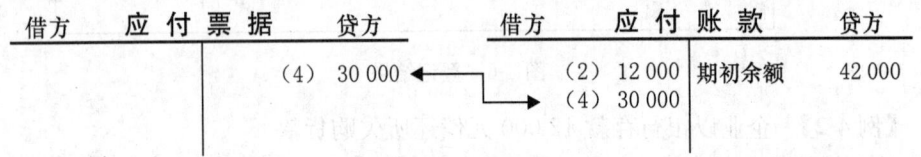

图4-9 登记结果

【例4-5】 企业决定将盈余公积25 000元转增资本。

这项经济业务的发生,一方面使企业的"实收资本"账户增加了25 000元;另一方面使企业的"盈余公积"账户减少了25 000元。按照复式记账原理,应该同时在"实收资本"和"盈余公积"两个相互关联的账户中进行登记。"实收资本"和"盈余公积"账户都是所有者权益类要素项目,其增加额应记在账户的贷方,减少额应记在账户的借方。这项经济业务引起会计等式右方项目所有者权益内部有增有减的变化,增减金额相等,以"T"形账户表示,如图4-10所示。

借方	实 收 资 本	贷方		借方	盈 余 公 积	贷方
	期初余额	300 000		(5)	25 000	期初余额 100 000
	(1)	50 000				
	(5)	25 000				

图4-10 登记结果

【例4-6】 企业本期销售商品20 000元,其中收到款项12 000存入银行,余款8 000元尚未收到(假定不考虑相关税费)。

这项经济业务的发生,一方面使企业的"银行存款"账户增加了12 000元,"应收账款"账户增加了8 000元;另一方面使企业的"主营业务收入"账户增加了20 000元。按照复式记账原理,应该同时在"银行存款""应收账款""主营业务收入"三个相互关联的账户中进行登记。"银行存款""应收账款"账户都是资产类要素项目,其增加额应记在账户的借方,"主营业务收入"账户是收入类账户,其增加额应记在账户的贷方。这项经济业务引起会计等式两方项目的变化,变化的金额相等,以"T"形账户表示,如图 4-11 所示。

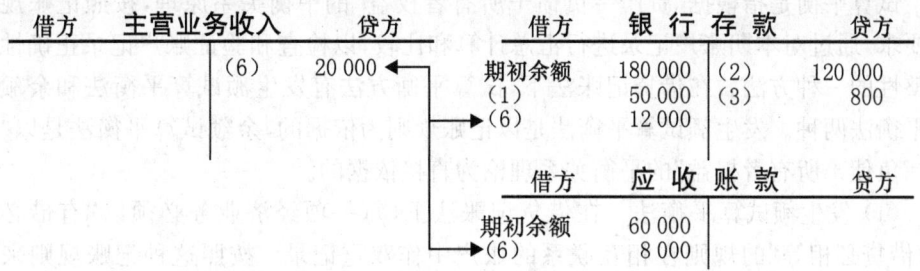

图 4-11 登记结果

【例 4-7】 企业购入材料一批,价款为 8 000 元,其中以银行存款支付 3 000 元,其余货款 5 000 元暂欠(假定不考虑相关税费)。

这项经济业务的发生,一方面使企业的"原材料"账户增加了 8 000 元;另一方面使企业的"银行存款"账户减少了 3 000 元,"应付账款"账户增加了 5 000 元。按照复式记账原理,应该同时在"原材料""银行存款""应付账款"三个相互关联的账户中进行登记。"原材料""银行存款"账户都是资产类要素项目,其增加额应记在账户的借方,减少额应记在账户的贷方,"应付账款"账户是负债类账户,其增加额应记在账户的贷方。这项经济业务引起会计等式两方项目数量的变化,变化的金额相等,以"T"形账户表示,如图 4-12 所示。

借方	银 行 存 款	贷方		借方	原 材 料	贷方
期初余额	180 000	(2)	120 000	期初余额	43 000	
(1)	50 000	(3)	8 000			
(6)	12 000	(7)	3 000	(7)	8 000	

借方	应 付 账 款	贷方	
(2)	12 000	期初余额	42 000
(4)	30 000	(7)	5 000

图 4-12 登记结果

以上举例包含了经济业务的各种类型。从登记的结果可以表明,任何一项经济业务的发生,都要在两个或两个以上账户中进行登记,即在记入一个或几个账户借方的同时记入另一个或几个账户的贷方,并且记入借方的金额与记入贷方的金额都相等。因此,我们可以认定:在借贷记账法下,任何一项经济业务的发生都要遵循"有借必有贷,借贷必相等"的记账规则。

4. 试算平衡

试算平衡是指根据"资产=负债+所有者权益"的平衡关系原理,按照记账规则的要求,通过对本期账户记录进行汇总计算和比较,以检查和验证账户记录正确性和完整性的一种方法。在借贷记账法下,试算平衡方法有发生额试算平衡法和余额试算平衡法两种。发生额试算平衡法是以记账规则为依据的,余额试算平衡法是以"资产=负债+所有者权益"的平衡关系理论为直接依据的。

(1) 发生额试算平衡法。在借贷记账法下,每一项经济业务必须以"有借必有贷,借贷必相等"的规则在相互联系的账户中作双重记录。按照这种记账规则来记账,既然每一项经济业务的借贷两方发生额必须相等,那么,将一定会计期间(年、季、月)内的全部经济业务登记入账后,所有账户的本期借方发生额合计与所有账户本期贷方发生额合计必然是相等的。这种数量相等的关系用公式表示如下:

全部账户本期借方发生额合计=全部账户本期贷方发生额合计

借贷记账法正是利用上列公式对账户发生额进行试算平衡的。

(2) 余额试算平衡法。根据会计等式"资产=负债+所有者权益"的原理,运用借贷记账法在账户中记录会计事项的结果,各项资产余额的总和与各项负债和所有者权益余额的总和必须相等。在借贷记账法下,每个账户的余额都是根据一定期间该账户累计发生额计算求得的,通过前面的账户结构说明,我们知道,一般来说,借方余额的账户应是资产类账户,贷方余额的账户应是负债和所有者权益类账户,因此,所有账户的借方余额合计应为资产总额;所有账户的贷方余额合计,应为负债和所有者权益总额。由于"资产=负债+所有者权益"的恒等性,账户借方期末余额的合计数必然等于账户贷方期末余额的合计数。这种数量相等的关系用公式表示如下:

全部账户借方期末余额合计=全部账户贷方期末余额合计

借贷记账法正是利用上列公式对账户进行试算平衡。

账户发生额和余额试算平衡,通常是在月末结算各账户的本期发生额和期末余额之后,通过编制试算平衡表来进行的。试算平衡表的编制通常分为两种:一种是将本期发生额和期末余额试算平衡分别列表编制,即根据各个账户的本期发生额编制"总分类账本期发生额试算平衡表",格式如表 4-2 所示,根据各个账户的期末余额编制"总分类账户期末余额试算平衡表",格式如表 4-3 所示;另一种是将本期发生额和期末余额合并在一张表上进行试算平衡,即根据各个账户的本期发生额和期末余额编制"总分类账户本期发生额及余额试算平衡表",格式如表 4-4 所示。

表 4-2

总分类账户本期发生额试算平衡表

年　月　　　　　　　　　　　　　　　　　　单位：元

账　户　名　称	借方发生额	贷方发生额
合　　计		

表 4-3

总分类账户期末余额试算平衡表

年　月　　　　　　　　　　　　　　　　　　单位：元

账　户　名　称	借方余额	贷方余额
合　　计		

表 4-4

总分类账户本期发生额及余额试算平衡表

年　月　　　　　　　　　　　　　　　　　　单位：元

账户名称	期初余额		本期发生额		期末余额	
	借方	贷方	借方	贷方	借方	贷方
合　计						

应当注意的是，通过试算平衡表来检查账户记录是否正确并不是绝对的。如果借贷不平衡，可以肯定账户的记录或计算有错误，应进一步查明原因，予以更正。但如果借贷平衡，却不能肯定记账没有错误，因为有些记账错误并不影响借贷双方的平衡关系。如某项经济业务在记账时被漏记、重记、记账方向弄反、错记账户或借贷双方发生同等金额的错误等，都不能通过试算平衡来发现。

二、借贷记账法的应用

1. 账户对应关系和对应账户

按照借贷记账法的记账规则登记每一项经济业务时，在有关账户之间就形成了应借、应贷的相互关系，账户之间这种应借、应贷的相互对照关系就称为账户对应关系，存在对应关系的账户就称为对应账户。账户对应关系清楚地反映了会计要素各有关项目增减变动的来龙去脉。通过账户的对应关系，可以了解经济业务的内容及其内在联系；同时，还可以发现对经济业务的处理及经济业务本身是否合理、合法。对应账户是相对而言的，例如，以银行存款6 000元偿还前欠货款。这项经济业务的发生，按照借贷记账法的记账原理，应分别记入"应付账款"账户的借方和"银行存款"账户的贷方。此时，"应付账款"账户和"银行存款"账户之间就形成了对应关系。"应付账款"账户是"银行存款"账户的对应账户；同时，"银行存款"账户又是"应付账款"账户的对应账户。

2. 会计分录

企业发生的经济业务纷繁复杂，为了准确反映账户的对应关系，防止记账出现差错，在将每项经济业务记入账户之前，必须先根据其经济业务内容编制会计分录（在实际工作中，编制会计分录一般是通过编制记账凭证来完成的），用规范、简练的会计语言对经济业务事项进行描述，将经济信息初步转换成会计信息，再据以登记账簿。

所谓会计分录，是指按照复式记账的要求，对每一项经济业务分别标明其应记入的账户名称（会计科目）、记账方向和记账金额的一种记录形式。会计分录的书写格式通常是"借方"在上，"贷方"在下，"借""贷"前后错开。例如，"从银行提取现金500元"。这项经济业务编制会计分录如下：

借：库存现金　　　　　　　　　　　　　　　　500
　　贷：银行存款　　　　　　　　　　　　　　　　500

会计分录按照其所涉及账户的多少分为简单会计分录和复合会计分录两种。

（1）简单会计分录。简单会计分录是指只由两个对应账户组成的会计分录，即"一借一贷"对应关系的会计分录。如上列经济业务"从银行提取现金500元"所编制的会计分录，就是简单会计分录。

（2）复合会计分录。复合会计分录是指由三个或三个以上账户相对应组成的会计分录，即"一借多贷""一贷多借"或"多借多贷"的会计分录。其中"多借多贷"的会计分录只有在账户对应关系清晰的情况下才可编制。例如，"企业购入材料一批，价款8 000元，其中以银行存款支付3 000元，其余货款5 000元暂欠"。这项经济业务编制复合会计分录如下：

借：原材料　　　　　　　　　　　　　　　　　　　　　8 000
　　贷：银行存款　　　　　　　　　　　　　　　　　　　3 000
　　　　应付账款　　　　　　　　　　　　　　　　　　　5 000

会计分录是登记账簿的依据,会计分录的正确与否,直接影响到账户记录的正确性,乃至影响到会计信息的质量。因此,会计分录应如实反映经济业务的内容,正确确定应借应贷的账户及金额。初学者学习编制会计分录,通常可遵循以下步骤：

第一,分析发生的经济业务,确定业务所涉及的账户名称,判定账户所属的类别及性质,即判定账户是资产类还是权益类。

第二,分析经济业务内容,确定其所记账户的数量变化,是增加还是减少,进而确定各应记账户的方向,是应借还是应贷。

第三,确定应记入各个账户的金额。

第四,按一定书写格式列出经济业务的借贷方向、账户名称及其金额。

3. 过账

将每一项经济业务编制成会计分录,仅仅是确定了该项经济业务发生后应记入的账户、账户的方向及金额；会计分录只是分散地反映了经济业务对各账户的影响,还不能够连续、系统地反映一定会计期间内全部经济业务对各账户的综合影响。为了实现这一目的,还需将会计分录的数据过入各有关账户中去,这一过程,就是过账。如我们将以上所编制的两笔会计分录过入相应账户中,其结果如图4-13所示。

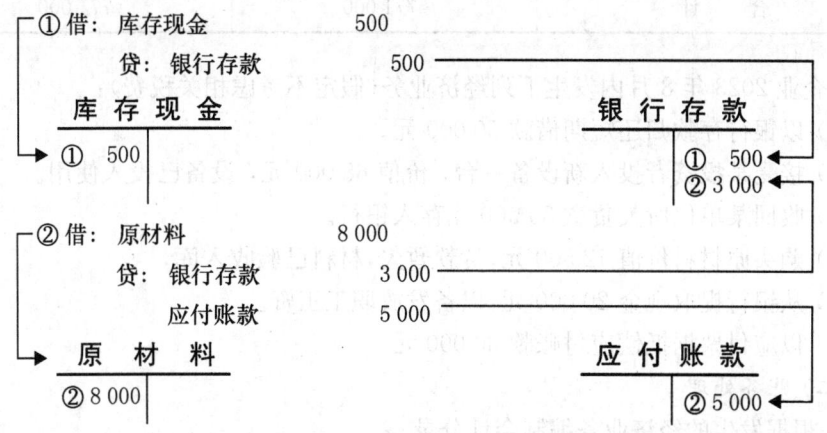

图4-13　过账的结果

三、借贷记账法的应用实例

(一) 资料

某企业 2023 年 8 月初有关总分类账户余额如表 4-5 所示。

表 4-5

总分类账户期初余额表

2023 年 8 月　　　　　　　　　　　　　　　单位：元

账 户 名 称	借 方 余 额	贷 方 余 额
库存现金	1 000	
银行存款	170 000	
应收账款	70 000	
原材料	120 000	
库存商品	90 000	
固定资产	320 000	
短期借款		85 000
应付账款		116 000
长期借款		184 000
实收资本		386 000
合　计	771 000	771 000

该企业 2023 年 8 月内发生下列经济业务（假定不考虑相关税费）：

(1) 以银行存款归还短期借款 50 000 元。
(2) 接受某投资者投入新设备一台，价值 68 000 元，设备已投入使用。
(3) 收回某单位所欠货款 35 000 元存入银行。
(4) 购买原材料价值 12 500 元，货款暂欠，材料已验收入库。
(5) 从银行提取现金 20 000 元，以备发放职工工资。
(6) 以应付票据抵偿应付账款 30 000 元。

(二) 账务处理

1. 根据发生的经济业务编制会计分录

(1) 以银行存款归还短期借款 50 000 元。

分析(表 4-6)：

表 4-6

经济业务分析过程

确定账户的名称	账户的类别	数量变化	记账方向	记账金额(元)
短期借款	负债	减少	借	50 000
银行存款	资产	减少	贷	50 000

根据分析的结果,此项经济业务编制会计分录如下:

  借:短期借款   50 000
    贷:银行存款   50 000

（2）接受某投资者投入新设备一台,价值 68 000 元,设备已投入使用。

分析(表 4-7):

表 4-7

经济业务分析过程

确定账户的名称	账户的类别	数量变化	记账方向	记账金额(元)
固定资产	资产	增加	借	68 000
实收资本	所有者权益	增加	贷	68 000

根据分析的结果,此项经济业务编制会计分录如下:

  借:固定资产   68 000
    贷:实收资本   68 000

（3）收回某单位所欠货款 35 000 元存入银行。

分析(表 4-8):

表 4-8

经济业务分析过程

确定账户的名称	账户的类别	数量变化	记账方向	记账金额(元)
银行存款	资产	增加	借	35 000
应收账款	资产	减少	贷	35 000

根据分析的结果,此项经济业务编制会计分录如下:

  借:银行存款   35 000
    贷:应收账款   35 000

(4) 购买原材料价值 12 500 元,货款暂欠,材料已验收入库。

分析(表 4-9):

表 4-9

经济业务分析过程

确定账户的名称	账户的类别	数量变化	记账方向	记账金额(元)
原材料	资产	增加	借	12 500
应付账款	负债	增加	贷	12 500

根据分析的结果,此项经济业务编制会计分录如下:
  借:原材料   12 500
    贷:应付账款   12 500

(5) 从银行提取现金 20 000 元,以备发放职工工资。

分析(表 4-10):

表 4-10

经济业务分析过程

确定账户的名称	账户的类别	数量变化	记账方向	记账金额(元)
库存现金	资产	增加	借	20 000
银行存款	资产	减少	贷	20 000

根据分析的结果,此项经济业务编制会计分录如下:
  借:库存现金   20 000
    贷:银行存款   20 000

(6) 以应付票据抵偿应付账款 30 000 元。

分析(表 4-11):

表 4-11

经济业务分析过程

确定账户的名称	账户的类别	数量变化	记账方向	记账金额(元)
应付账款	负债	减少	借	30 000
应付票据	负债	增加	贷	30 000

根据分析的结果,此项经济业务编制会计分录如下:

借：应付账款 30 000
　　贷：应付票据 30 000

2. 过账并结账

将上列经济业务的会计分录记入相应的账户，并结出本期发生额及余额（图 4-14 至图 4-23）。

库 存 现 金

期初余额	1 000		
(5)	20 000		
本期发生额	20 000	本期发生额	—
期末余额	21 000		

图 4-14 "库存现金"账户

银 行 存 款

期初余额	170 000	(1)	50 000
(3)	35 000	(5)	20 000
本期发生额	35 000	本期发生额	70 000
期末余额	135 000		

图 4-15 "银行存款"账户

应 收 账 款

期初余额	70 000	(3)	35 000
本期发生额	—	本期发生额	35 000
期末余额	35 000		

图 4-16 "应收账款"账户

原 材 料

期初余额	120 000		
(4)	12 500		
本期发生额	12 500	本期发生额	—
期末余额	132 500		

图 4-17 "原材料"账户

库 存 商 品

期初余额	90 000		
本期发生额	—	本期发生额	—
期末余额	90 000		

图 4-18 "库存商品"账户

固 定 资 产

期初余额	320 000		
(2)	68 000		
本期发生额	68 000	本期发生额	—
期末余额	388 000		

图 4-19 "固定资产"账户

短 期 借 款

(1)	50 000	期初余额	85 000
本期发生额	50 000	本期发生额	—
		期末余额	35 000

图 4-20 "短期借款"账户

应 付 账 款

(6)	30 000	期初余额	116 000
		(4)	12 500
本期发生额	30 000	本期发生额	12 500
		期末余额	98 500

图 4-21 "应付账款"账户

应 付 票 据

		期初余额	—
		(6)	30 000
本期发生额	—	本期发生额	30 000
		期末余额	30 000

图 4-22 "应付票据"账户

实 收 资 本

		期初余额	386 000
		(2)	68 000
本期发生额	—	本期发生额	68 000
		期末余额	454 000

图 4-23 "实收资本"账户

3. 进行试算平衡

编制"总分类账户本期发生额及余额试算平衡表",如表 4-12 所示。

表 4-12

总分类账户本期发生额及余额试算平衡表

2023 年 8 月   单位:元

账户名称	期初余额		本期发生额		期末余额	
	借方	贷方	借方	贷方	借方	贷方
库存现金	1 000		20 000	—	21 000	
银行存款	170 000		35 000	70 000	135 000	
应收账款	70 000		—	35 000	35 000	
原 材 料	120 000		12 500		132 500	
库存商品	90 000				90 000	
固定资产	320 000		68 000	—	388 000	
短期借款		85 000	50 000			35 000
应付账款		116 000	30 000	12 500		98 500
应付票据		—	—	30 000		30 000
长期借款		184 000	—	—		184 000
实收资本		386 000		68 000		454 000
合 计	771 000	771 000	215 500	215 500	801 500	801 500

 **课程思政**

复式记账与产权观念①

如果认为复式记账只是对每项交易同时记两笔账,反映财产物资的价值的流动以及反映交换的来龙去脉,那么我们就没有触及这种记账方法的精髓,即其公平平等的思想基础。让我们用一个例子来分析复式记账的精神实质:假设 A、B、C 三人合伙开设一家商店,他们的出资如下:A 投入现金 50 000 元;B 投入店房一座,估价 30 000 元;C 投入装修设备一套,估价 20 000 元。三人公推 A 管理这家商店。那么,开业的第一笔交易,应当是合伙人的投资记录。分录如下:

```
现金                          50 000
固定资产——店房及设备           50 000
   资本——A                          50 000
       ——B                          30 000
       ——C                          20 000
```

这笔分录说明什么呢?它非常清楚而公正地说明:合伙人 A、B、C 的各自投资额和管理人 A 能够控制的资产总额都有着明白的记载和显著的差别。这家商店共有可供使用的财产是 100 000 元,A、B、C 的投资比例为 5∶3∶2,分录明确了 A 对该商店资源的使用权,同时明确了 A、B、C 三人对该商店资源的所有权和由所有权派生的收益分配权(以后商店的赢利,就按出资比例分配)。早在 15 世纪末,复式记账就明确记录了企业拥有的资源的使用权和所有权,明确地反映商店的产权及收益的分配权。复式记账向商人揭示了公正合理的产权观念,这种观念即使今天看来,也是很了不起的超前的经济学的意识。这种公允的产权意识,在中世纪是合伙企业得以形成并发展为今天的公司等企业组织形式的萌芽与基础。

要求:运用复式记账原理,谈谈你对会计职业客观公正的认识。

 **复习思考题**

1. 什么是复式记账法?复式记账法的优点表现在哪些方面?
2. 借贷记账法的基本内容包括哪些?

---

① 葛家澍.会计·信息·文化[J].会计研究,2012(8):5.

3. 借贷记账法的记账规则是根据什么确定的？
4. 借贷记账法的试算平衡方法有哪些？并分析其局限性。
5. 编制会计分录应遵循哪些步骤？
6. 什么是账户对应关系和对应账户？
7. 资产类账户结构与费用类账户结构有何区别？
8. 负债类账户结构是怎样的？

练习题
参考答案

一、单项选择题

1. 复式记账法要求对每项经济业务都以相等的金额，在（　　）中进行登记。
   A. 一个账户　　　　　　　　　　B. 两个账户
   C. 全部账户　　　　　　　　　　D. 两个或两个以上相互关联的账户
2. 通过复式记账可以了解每一项经济业务的（　　）。
   A. 合理性　　　B. 合法性　　　C. 来龙去脉　　　D. 经济业务类型
3. 在借贷记账法下，账户的借方登记（　　）。
   A. 资产的增加　　B. 资产的减少　　C. 负债的增加　　D. 收入的增加
4. 某一账户期初余额在借方，期末余额在贷方，一般表明（　　）。
   A. 该账户的性质未变
   B. 该账户已从期初的资产变为期末的负债
   C. 该账户已从期初的负债变为期末的资产
   D. 该账户既不属于资产类，也不属于负债类
5. 资产类账户的期末余额一般应在（　　）。
   A. 账户的借方　　　　　　　　　B. 账户的贷方
   C. 有时在借方，有时在贷方　　　D. 以上答案都对
6. 对于收入类账户，下列说法中，正确的是（　　）。
   A. 借方登记收入的减少数　　　　B. 借方登记收入的增加数
   C. 如有余额在借方，属于资产　　D. 如有余额在贷方，属于负债
7. 存在对应关系的账户称为（　　）账户。
   A. 性质相同　　　B. 对应　　　C. 联系　　　D. 平衡
8. 标明某项经济业务应借、应贷账户名称及其金额的记录形式称为（　　）。
   A. 记账凭证　　　B. 记账方法　　　C. 会计分录　　　D. 会计方法
9. 下列账户中，（　　）属于虚账户。
   A. "应付账款"　　B. "固定资产"　　C. "管理费用"　　D. "短期借款"
10. 在借贷记账法下，发生额试算平衡法试算平衡的依据是（　　）。
    A. 会计等式　　　　　　　　　　B. 借贷记账规则

C. 业务变化类型　　　　　　　　　　　D. 借贷账户结构

11. 若"盈余公积"账户的期初余额为贷方 15 000 元,本期贷方发生额为 30 000 元,借方发生额为 24 000 元,则该账户的期末余额为(　　)元。

　　A. 借方 21 000　　B. 贷方 21 000　　C. 贷方 9 000　　D. 借方 9 000

12. 企业收到投资人投入的 100 000 元初始投资并将其存入银行,此经济业务正确的会计处理是(　　)。

　　A. 借:银行存款　　　　　　　　　　　　　　　　100 000
　　　　贷:实收资本　　　　　　　　　　　　　　　　　　　100 000
　　B. 借:实收资本　　　　　　　　　　　　　　　　100 000
　　　　贷:银行存款　　　　　　　　　　　　　　　　　　　100 000
　　C. 借:银行存款　　　　　　　　　　　　　　　　100 000
　　　　贷:资本公积　　　　　　　　　　　　　　　　　　　100 000
　　D. 借:银行存款　　　　　　　　　　　　　　　　100 000
　　　　贷:盈余公积　　　　　　　　　　　　　　　　　　　100 000

二、多项选择题

1. 在借贷记账法下,账户的借方登记(　　)的增加。
　　A. 资产　　　　　　　　　　　　　　　　B. 费用
　　C. 收入　　　　　　　　　　　　　　　　D. 所有者权益

2. 在借贷记账法下,期末结账后,一般有余额的账户有(　　)。
　　A. 资产类账户　　　　　　　　　　　　　B. 负债类账户
　　C. 所有者权益类账户　　　　　　　　　　D. 收入类账户

3. 编制会计分录时,必须考虑(　　)。
　　A. 经济业务发生涉及的会计要素是增加还是减少
　　B. 在账簿中登记借方还是贷方
　　C. 登记在哪些账户的借方还是贷方
　　D. 账户的余额是在贷方还是在借方

4. 复合会计分录有(　　)。
　　A. 一借多贷　　　　B. 一贷多借　　　　C. 多借多贷　　　　D. 一借一贷

5. 下列借贷记账法试算平衡公式中,正确的有(　　)。
　　A. 资产账户借方发生额合计＝负债账户贷方发生额合计
　　B. 全部账户的本期借方发生额合计＝全部账户的本期贷方发生额合计
　　C. 全部账户借方期末余额合计＝全部账户贷方期末余额合计
　　D. 资产账户借方发生额合计＝资产账户贷方发生额合计

6. 下列错误中,不能通过试算平衡发现的是(　　)。
　　A. 某项经济业务未登记入账
　　B. 只登记借方金额,未登记贷方金额

C. 应借应贷的账户中借贷方向相反
D. 借贷双方同时多记或少记了相等的金额
7. 借贷记账法的基本内容包括（　　）。
 A. 记账符号　　　　　　B. 记账规则　　　　　　C. 账户结构　　　　　　D. 试算平衡
8. 会计分录必须具备的要素包括（　　）。
 A. 记账方向　　　　　　B. 记账时间　　　　　　C. 账户名称　　　　　　D. 记账金额
9. 复式记账法的优点有（　　）。
 A. 设置完整的账户体系，全面反映经济业务内容
 B. 账户对应关系清楚，能清晰地反映经济业务的来龙去脉
 C. 便于进行试算平衡，以检查账户记录是否正确
 D. 比单式记账法简单而完整
10. 下列账户内部关系中，正确的有（　　）。
 A. 资产类账户期末借方余额＝借方期初余额＋借方本期发生额－贷方本期发生额
 B. 资产类账户期末借方余额＝借方期初余额＋贷方本期发生额－借方本期发生额
 C. 负债和所有者权益类账户期末贷方余额＝贷方期初余额＋贷方本期发生额－借方本期发生额
 D. 负债和所有者权益类账户期末贷方余额＝贷方期初余额＋借方本期发生额－贷方本期发生额
11. 下列账户中，期末可能有贷方余额的有（　　）。
 A. 主营业务收入　　　　　　　　　　　　B. 实收资本
 C. 固定资产　　　　　　　　　　　　　　D. 短期借款
12. 借贷记账方法下的试算平衡方法有（　　）。
 A. 发生额试算平衡法　　　　　　　　　　B. 调整试算平衡法
 C. 差额试算平衡法　　　　　　　　　　　D. 余额试算平衡法

三、判断题

1. 资产类账户和费用类账户的结构相同，一般都有余额且均在借方。　　　　　　　（　）
2. 运用借贷记账法记账时，必须做到"有借必有贷，借贷必相等"。　　　　　　　（　）
3. 运用借贷记账法编制会计分录时，不管是一贷多借，还是一借一贷，借、贷方的金额肯定是相等的。　　　　　　　　　　　　　　　　　　　　　　　　　　　　　　　　　　（　）
4. 通过试算平衡表可检查账户记录是否正确，如果借贷平衡，就说明记账没有错误。（　）
5. 所有账户期末借方余额合计一定等于期末贷方余额合计。　　　　　　　　　　　（　）
6. 复式记账法可以反映经济业务的来龙去脉。　　　　　　　　　　　　　　　　　（　）
7. 若"库存商品"账户期初余额为81 000元，贷方本期发生额为93 000元，借方本期发生额为45 000元，则该账户的期末余额为借方129 000元。　　　　　　　　　　　　　　（　）
8. 对于不同性质的账户，借贷的含义有所不同。　　　　　　　　　　　　　　　　（　）
9. 记账时借贷方向记反可以通过试算平衡查找出来。　　　　　　　　　　　　　　（　）

10. "借""贷"两字不仅是作为记账符号,其本身的含义也应考虑。　　　　(　)
11. 所有者权益类账户若有余额一定在贷方。　　　　　　　　　　　　(　)
12. 通过账户的对应关系,可以了解经济业务的内容及其内在联系。　　(　)

四、计算及会计处理题

习　题　一

【目的】　熟练掌握账户的结构及试算平衡。

【资料】　华光公司2023年8月各账户的有关资料如表4-13所示。

表4-13

总分类账户本期发生额及余额试算平衡表

2023年8月　　　　　　　　　　　　　　　　　　　　　单位:元

账户名称	期初余额		本期发生额		期末余额	
	借　方	贷　方	借　方	贷　方	借　方	贷　方
库存现金	950		4 360	(　)	960	
银行存款	2 690		(　)	7 460	(　)	
应收账款	(　)		(　)	18 400	0	
原材料	5 000		1 720	(　)	4 100	
固定资产	(　)		5 000	0	10 400	
短期借款		(　)	2 000	0		0
应付账款		3 700	4 400	(　)		2 000
应付票据		(　)	4 000	2 600		3 600
实收资本		20 000	0	(　)		20 000
合　计	(　)	(　)	(　)	(　)	(　)	(　)

【要求】　根据上述资料,将正确的数字填入括号内。

习　题　二

【目的】　练习借贷记账法。

【资料】　康健公司2023年9月发生下列经济业务(假定不考虑相关税费):

(1) 以银行存款支付本月办公用房屋租金2 000元。

(2) 向银行借入半年期限的借款100 000元,存入银行存款户。

(3) 收到国家投资200 000元存入银行存款户。

(4) 赊购设备一台 370 000 元。
(5) 偿还上月所欠部分货款 58 000 元。
(6) 从银行存款户中提取现金 96 750 元，备发工资。
(7) 用银行存款购入材料一批 66 700 元，材料已入库。
(8) 本月销售产品取得收入共计 294 560 元，款已存入银行。
(9) 用银行存款支付本月份总务部门水电费 2 300 元。
(10) 支付本月短期银行借款利息 2 600 元。
(11) 收到客户偿还上月所欠货款 54 000 元存入银行。
(12) 以现金发放职工工资 96 750 元。
(13) 计提本月行政办公用设备折旧费 500 元。
(14) 以银行存款支付本月行政办公电话费 700 元。
(15) 以银行存款上缴所得税 5 000 元。

【要求】 根据上述资料，编制会计分录。

第五章 会计凭证

学习要求

本章重点阐述会计凭证的作用、会计凭证的填制与审核。通过本章学习,学习者应理解会计凭证的作用,熟悉会计凭证的种类,掌握原始凭证的填制与审核,掌握记账凭证的填制与审核,了解会计凭证的传递和装订。

思维导图

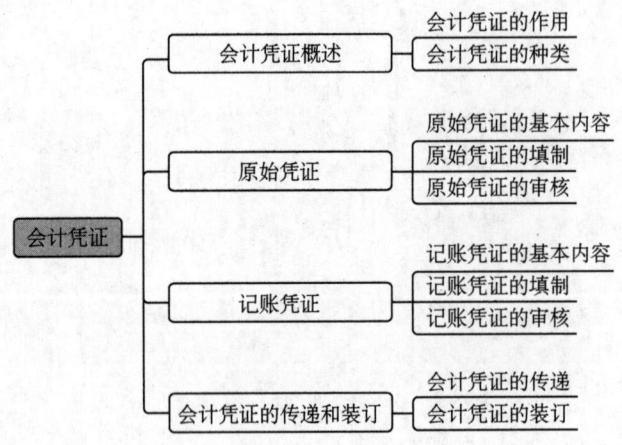

第一节 会计凭证概述

一、会计凭证的作用

会计凭证简称凭证,是记录经济业务、明确经济责任的书面证明,是用来登记账簿的依据。会计主体在办理任何一项经济业务时,都必须办理相应的凭证手续。由执行或完成该项经济业务的有关人员填制或取得会计凭证,记录经济业务的发生日期、数量、金额等具体内容,并在凭证上签名或盖章,从而明确经济责任。所有会计凭证在填制或取得后,必须送交会计部门进行审核。只有经过审核无误的会计凭证,才能作为登记账簿的依据。因此,填制和审核会计凭证是及时反映和监督经济业务的发生和完成情况,保证会计记录合理、合法、真实、可靠所采用的一种专门方法,也是整个会计核算工作的起点和基础。填制和审核会计凭证是一项重要的会计工作,在经济管理中具有重要作用。主要表现在以下方面。

(一) 提供原始资料,传递经济信息

任何一项管理工作都离不开信息的收集、整理和贮存,管理的过程就是信息处理的过程。会计信息是经济信息的重要组成部分。随着市场经济的发展,及时、准确、可靠的会计信息在企业管理中起到越来越重要的作用。一方面,会计凭证是经济信息的载体,记录了经济活动的最原始资料;另一方面,人们通过对会计凭证进行加工、整理,生成新的会计信息,并且在会计主体内各部门、各单位之间进行传递,从而保证它们的正常运转,更好地为经济管理服务。

(二) 据以登记会计账簿,进行会计核算

在会计工作中,会计核算应当以实际发生的经济业务为依据,而这些实际发生的经济业务是由会计凭证提供的。会计主体发生的任何一项经济业务,有关经营人员必须按规定的程序,办理凭证手续,做好会计凭证的填制和审核工作。只有经过签名、盖章无误后的凭证才是合法的凭证,才是登记账簿进行会计核算的依据。因此可以说,做好凭证的填制与审核工作是实现会计职能的重要前提。

(三) 明确经济责任,加强经济责任制

会计凭证记录了经济业务发生的时间、单位、名称、金额、数量等具体内容,以及相关人员和部门的签章。这样,就可以明确各经办单位或人员的经济责任,使得他们对经济业务的真实性、合法性负责,加强他们的责任感。尤其是当违法乱纪或其他不良行为发生时,我们可以凭借会计凭证来确定有关责任人或部门,从而进行正确的裁决和处理。

(四) 实行会计监督,促进会计控制

通过对会计凭证进行严格审核,可以监督经济业务的合法性、真实性和正确性,可以查明各项经济业务是否符合有关法律、法规,是否符合行业、制度、企业章程和经济管理的要求,可以及时发现经济管理上存在的问题和管理制度上存在的漏洞,从而防止发生各种违法违纪和损害集体利益的行为,以保护财产的安全、完整,维护各方利益。

二、会计凭证的种类

会计凭证种类繁多,按其填制程序和用途不同,可以分为原始凭证和记账凭证。

(一)原始凭证

原始凭证又称单据,是在经济业务发生或完成时所取得或填制的、载明经济业务的具体内容和完成情况的书面证明,它是进行会计核算的原始资料和重要依据。原始凭证同记账凭证相比,有较强的法律效力,是经济业务发生的第一手资料,是一种很重要的凭证。

每项经济业务都要填制或取得原始凭证,不同类型的经济业务所采用的原始凭证各不相同,因此原始凭证的种类是多样的。原始凭证可以按照不同的标准进行划分。

1. 原始凭证按其来源不同,可分为自制原始凭证和外来原始凭证

(1)自制原始凭证是指由本单位经办业务的部门和人员,在执行或完成某项经济业务时,按照经济业务的内容自行填制的原始凭证。例如,领用材料时填制的领料单、企业材料入库时填制的收料单、职工出差填制的差旅费报销单等。领料单的格式如表 5-1 所示。

表 5-1

领料单位:　　　　　　　　　　领　料　单　　　　　　　　　　编号:
用途:　　　　　　　　　　　　年　月　日　　　　　　　　　　　仓库:

材料类别	材料编号	材料名称	材料规格	计量单位	数量		单价(元)	金额(元)
					请领	实发		
备注:								

仓库保管员:　　　　　领料主管:　　　　　发料:　　　　　领料:

(2)外来原始凭证是指在经济业务发生或完成时从其他单位或个人取得的凭证。例如,从销货单位取得的发票、银行收款通知或支款通知、上缴税金的收据等。增值税专用发票的格式如图 5-1 所示。

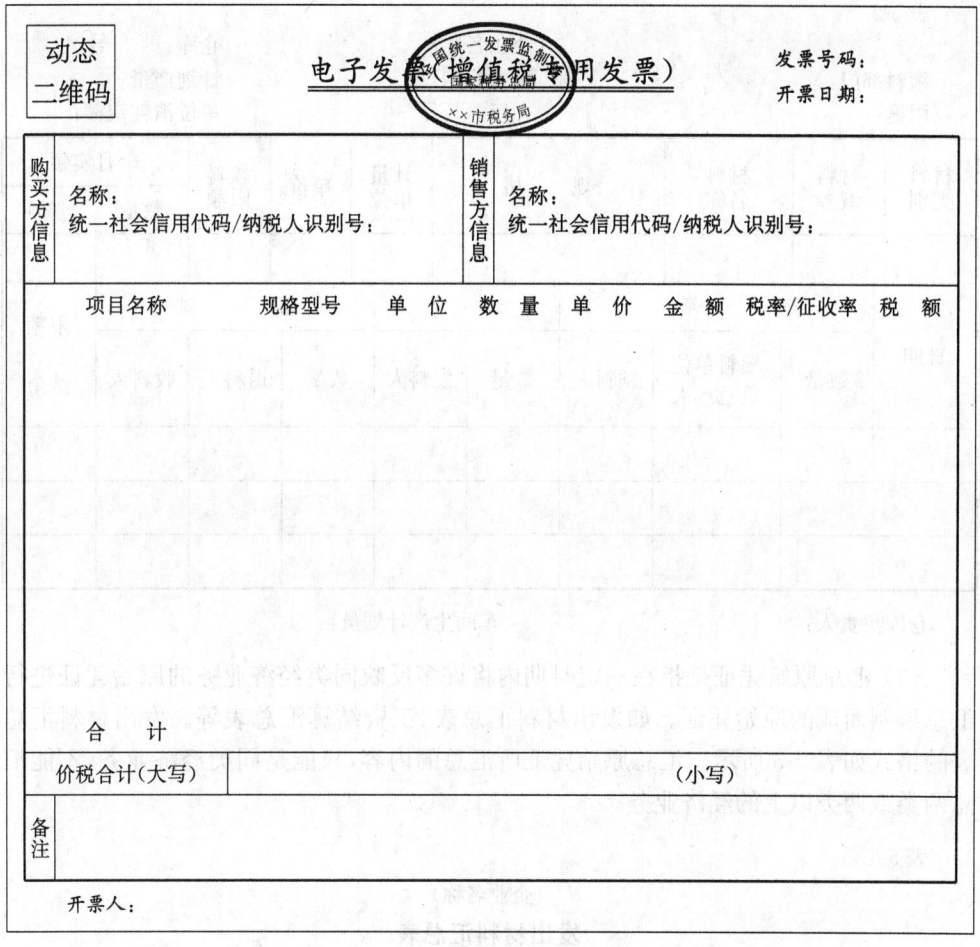

图 5-1 增值税专用发票

2. 原始凭证按其填制方法的不同,可分为一次凭证、累计凭证、汇总原始凭证和记账编制凭证

(1) 一次凭证是指只反映一项经济业务或同时反映若干同类经济业务的凭证,填制手续是一次完成的,已填列的凭证不能再重复使用。绝大多数自制原始凭证和外来原始凭证都是一次凭证。如发票、收据等。

(2) 累计凭证是指在一定时期内,用来连续地反映不断重复发生的同类经济业务的凭证,填制手续是在一张凭证中多次进行才能完成的。如限额领料单。限额领料单中标明了某种材料在规定期限内的领料限额。用料单位在每次领料及退料时,都要由经办人员在限额领料单上逐笔记录、签章,并结出限额结余。限额领料单的格式如表 5-2 所示。

表 5-2

（企业名称）
限 额 领 料 单
年　月

领料部门：　　　　　　　　　　　　　　　　　　　　　　仓库：　号
用途：　　　　　　　　　　　　　　　　　　　　　　　　计划产量：
　　　　　　　　　　　　　　　　　　　　　　　　　　　单位消耗定额：

材料类别	材料编号	材料名称	规　格	计量单位	单价	领料限额	全月实领	
							数量	金额

日期	请　领			实　发		退　料			限额结余
	数量	领料单位负责人	领料人	数量	发料人	数量	退料人	收料人	

仓库负责人：　　　　　　　　　　　　　车间生产计划员：

（3）汇总原始凭证是指在一定时期内将许多反映同类经济业务的原始凭证进行汇总编制而成的原始凭证。如发出材料汇总表、工资结算汇总表等。发出材料汇总表的格式如表5-3所示。汇总原始凭证所汇总的内容，只能是同类经济业务，不能汇总两类或两类以上的经济业务。

表 5-3

（企业名称）
发出材料汇总表
年　月

会计科目		领料部门	原料及主要材料	辅助材料	燃　料	合　计
生产成本	基本生产车间	一车间				
		二车间				
		小　计				
	辅助生产车间	供水车间				
		机修车间				
		小　计				

110

续表

会计科目	领料部门	原料及主要材料	辅助材料	燃 料	合 计
制造费用					
管理费用					
合 计					

制表：　　　　　　　　　　　　审核：

（4）记账编制凭证是指由会计人员根据账簿记录的结果，对某些特定事项进行归类、整理而编制的原始凭证。例如，月末计算产品成本时，根据制造费用账簿记录所编制的"制造费用分配表"，其格式如表5-4所示。

表5-4

制造费用分配表
年　月

分 配 对 象	分 配 标 准	分 配 率	应分配金额
合 计			

制表：　　　　　　　　　　　　审核：

3. 原始凭证按照其格式不同，可分为通用原始凭证和专用原始凭证

（1）通用原始凭证是指由有关部门统一印制、在一定范围内使用的具有统一格式和使用方法的原始凭证。通用原始凭证的使用范围，因制作部门不同而有所差异，可以是某一地区、某一行业通用，也可以是全国通用。例如，某省（市）印制的"发货票""收据"（表5-5）等，在该省（市）通用；由银行制作的"银行进账单（收账通知）"（表5-6）等，在全国通用。

（2）专用原始凭证是指由单位自行印制、仅在本单位内部使用的原始凭证，如"差旅费报销单""固定资产折旧计算表""制造费用分配表（表5-4）"等。

表 5-5

天津市医疗机构门诊专用收据

填发日期：　　　　　　　　　　　　　　　　　　　　　　　No.

姓　名			
项　目	金　额	项　目	金　额
西 药 费		体 检 费	
中成药费		社区医疗	
中草药费		观察床费	
检 查 费			
治 疗 费			
放 射 费			
手 术 费		自费部分	
化 验 费			
输 血 费			
输 氧 费		合　计	
合计大写			¥

收费员

第二联　门诊收据

表 5-6

中国工商银行进账单(收账通知)　1

　　　　　　　　　　　年　月　日　　　　　　　　第　号

出票人	全　称		持票人	全　称										
	账　号			账　号										
	开户银行			开户银行										
人民币 (大写)					千	百	十	万	千	百	十	元	角	分
票据种类														
票据张数														
单位 主管	会计　复核　记账			持票人开户行盖章										

持此联人是持票人的收账通知开户银行交给

(二)记账凭证

　　记账凭证又称记账凭单,是指会计人员根据审核无误的原始凭证,进行归类、整理而编制的,用于确定会计分录的凭证,是登记账簿的直接依据。

第五章 会计凭证

由于原始凭证所反映的经济内容不同,种类繁多,格式多样,难以找到经济业务同账户之间的对应关系,因此必须对其反映的经济业务内容进行分类,整理确定会计账户,编制记账凭证,然后根据记账凭证直接登记账簿。可以说,记账凭证是联系经济信息和会计信息之间的纽带,在会计核算过程中具有重要作用。

为便于记账,记账凭证也有不同的格式,可按不同的标准进行分类,各单位可根据自己的实际需要进行选择。

1. 记账凭证按其用途不同,可以分为专用记账凭证和通用记账凭证

(1)专用记账凭证是指分类记录经济业务的记账凭证。这种记账凭证按其记录经济业务的内容不同,又可分为收款凭证、付款凭证和转账凭证。

其一,收款凭证是专门用来记录现金和银行存款收入业务的会计凭证,它根据现金和银行存款收入业务的原始凭证填制而成,如收到销货款项存入银行等。收款凭证又可根据记录的具体对象不同区分为现金收款凭证和银行存款收款凭证两种。其中,现金收款凭证是根据现金收款业务的原始凭证填制的收款凭证;银行存款收款凭证是根据银行存款收款业务的原始凭证填制的收款凭证。收款凭证的格式如表 5-7 所示。

表 5-7

收 款 凭 证

借方科目:　　　　　　　　　　年　月　日　　　　　　　　收字第　号

摘 要	贷方科目		金 额									√	附单据　　张
	总账科目	明细科目	千	百	十	万	千	百	十	元	角	分	
	合计金额												

会计主管:　　　　记账:　　　　复核:　　　　出纳:　　　　制单:

其二,付款凭证是专门用来记录现金和银行存款付出业务的会计凭证,根据现金和银行存款付出业务的原始凭证填制而成。如用现金支付职工差旅费、以银行存款支付材料款等。付款凭证又可根据记录的具体对象不同区分为现金付款凭证和银行存款付款凭证两种。其中,现金付款凭证是根据现金付款业务的原始凭证填制的付款凭证;银行存款付款凭证是根据银行存款付款业务的原始凭证填制的付款凭证。付款凭证的格式如表 5-8 所示。

收款凭证和付款凭证既是登记现金日记账、银行存款日记账、明细分类账及总分类账等账簿的依据,也是出纳人员收、付款项的依据。出纳人员不能依据现金、银行存款收付业务的原始凭证收付款项,必须根据会计主管人员或指定人员审核批准的收款凭证和付款凭证收付款项,以加强对货币资金的管理,有效地监督货币资金的使用。

表 5-8

付 款 凭 证

贷方科目：　　　　　　　　　　　年　　月　　日　　　　　　　　付字第　号

摘　要	借方科目		金　　　　额										√	附单据
	总账科目	明细科目	千	百	十	万	千	百	十	元	角	分		
														张
	合计金额													

会计主管：　　　　记账：　　　　复核：　　　　制单：　　　　出纳：

其三,转账凭证是用来记录不涉及现金和银行存款收付业务(转账业务)的会计凭证,根据有关转账业务的原始凭证或记账编制凭证填制而成。如材料或产成品入库、生产费用的分配等。转账凭证的格式如表 5-9 所示。转账凭证是登记总分类账及有关明细账的依据。

表 5-9

转 账 凭 证

年　　月　　日　　　　　　　　　　　　转字第　号

摘要	总账科目	明细科目	√	借方金额									√	贷方金额									附单据
				千	百	十	万	千	百	十	元	角	分	千	百	十	万	千	百	十	元	角	分
																							张
合计																							

会计主管：　　　　记账：　　　　复核：　　　　制单：

(2)通用记账凭证是指用来记录所有经济业务的记账凭证。在规模小、会计人员少、经济业务比较简单的单位,为了简化凭证,可以使用通用的记账凭证,记录所发生的各种经济业务。其格式与转账凭证基本相同,如表 5-10 所示。

2．记账凭证按其填制方法的不同,可分为单式记账凭证和复式记账凭证

(1)单式记账凭证是指在一张凭证上只登记一个会计科目的凭证,其对方科目不凭此记账,只供参考。一笔经济业务涉及多少个会计科目,就要填制多少张凭证。填列借方科目的称为借项记账凭证,填列贷方科目的称为贷项记账凭证。借项记账凭证和贷项记账凭证的格式如表 5-11 和表 5-12 所示。单式记账凭证的优点,一是内容单一,便于按科目汇总,即每张凭证只汇总一次,减少差错;二是有利于分工填制凭证和记账,将责任落实到每个人身上,从而可以更好地贯彻内部控制制度,防止差错

表 5-10

记 账 凭 证

年　月　日　　　　　　　　　　　　　　　　　第　号

摘要	总账科目	明细科目	√	借方金额 千百十万千百十元角分	√	贷方金额 千百十万千百十元角分	附单据
							张
合计							

会计主管：　　　　记账：　　　　出纳：　　　　复核：　　　　制单：

表 5-11

借项记账凭证

年　月　日　　　　　　　　　　　　　　凭证编号：

摘　　要	一级科目	明细科目	账　页	金　额
合　　　　　　计				

会计主管：　　　记账：　　　复核：　　　出纳：　　　制单：

表 5-12

贷项记账凭证

年　月　日　　　　　　　　　　　　　　凭证编号：

摘　　要	一级科目	明细科目	账　页	金　额
合　　　　　　计				

会计主管：　　　记账：　　　复核：　　　出纳：　　　制单：

和违法行为的发生。单式记账凭证的缺点是,工作量大,不利于在一张凭证上反映经济业务的全貌,不便于分析、考核。因此,在会计实务中,各单位很少使用单式记账凭证。

(2)复式记账凭证是指在一张凭证上登记每笔会计分录所包含的全部会计科目。上述专用记账凭证和通用记账凭证均为复式记账凭证。复式记账凭证的优点是,在一张凭证上能反映出一笔经济业务的全貌,便于查账,减少了工作量。复式记账凭证的缺点是,不便于分工记账和汇总计算每一会计科目的发生额。

3.记账凭证按其是否经过汇总不同,可分为非汇总记账凭证和汇总记账凭证

(1)非汇总记账凭证是指只包括一笔会计分录的记账凭证。上述专用记账凭证和通用记账凭证、单式记账凭证和复式记账凭证均为非汇总记账凭证。

(2)汇总记账凭证是指把反映同类经济业务或多类经济业务的记账凭证汇总在

一起编制而成的记账凭证,目的是简化登记总分类账的手续。按汇总方法不同,可分为分类汇总和全部汇总两种。分类汇总是指根据一定时期内反映同类经济业务的记账凭证定期加以汇总而重新编制的记账凭证,包括汇总收款凭证、汇总付款凭证和汇总转账凭证。全部汇总是指将一定时期内所有的记账凭证定期加以汇总而重新编制的记账凭证,这种记账凭证又称作记账凭证汇总表或科目汇总表。分类汇总记账凭证的格式如表 5-13 至表 5-15 所示,科目汇总表的格式如表 5-16 所示。

表 5-13

汇总收款凭证

借方科目: 　　　　　　　　　　　　　　　　　　　　　汇收字第　号

贷方科目	金　　额			合计	总账页数	
	1～10日 第　号至第　号	11～20日 第　号至第　号	21～31日 第　号至第　号		借方	贷方

会计主管:　　　　　记账:　　　　　复核:　　　　　制单:

表 5-14

汇总付款凭证

贷方科目: 　　　　　　　　　　　　　　　　　　　　　汇付字第　号

借方科目	金　　额			合计	总账页数	
	1～10日 第　号至第　号	11～20日 第　号至第　号	21～31日 第　号至第　号		借方	贷方

会计主管:　　　　　记账:　　　　　复核:　　　　　制单:

表 5-15

汇总转账凭证

贷方科目: 　　　　　　　　　　　　　　　　　　　　　汇转字第　号

借方科目	金　　额			总计	总账页数	
	1～10日 第　号至第　号	11～20日 第　号至第　号	21～31日 第　号至第　号		借方	贷方

会计主管:　　　　　记账:　　　　　复核:　　　　　制单:

表 5-16

科 目 汇 总 表

年 月 日至 月 日　　　　　　　　科汇字第 号

会计科目	总账页数	本期发生额		记账凭证起讫号数
		借 方	贷 方	
银行存款				
应收账款				
原 材 料				
生产成本				
应付账款				
应交税费				
……				
合 计				

会计主管：　　　　　　记账：　　　　　　　复核：　　　　　　　制单：

综上所述，会计凭证的种类可归纳如图 5-2 所示。

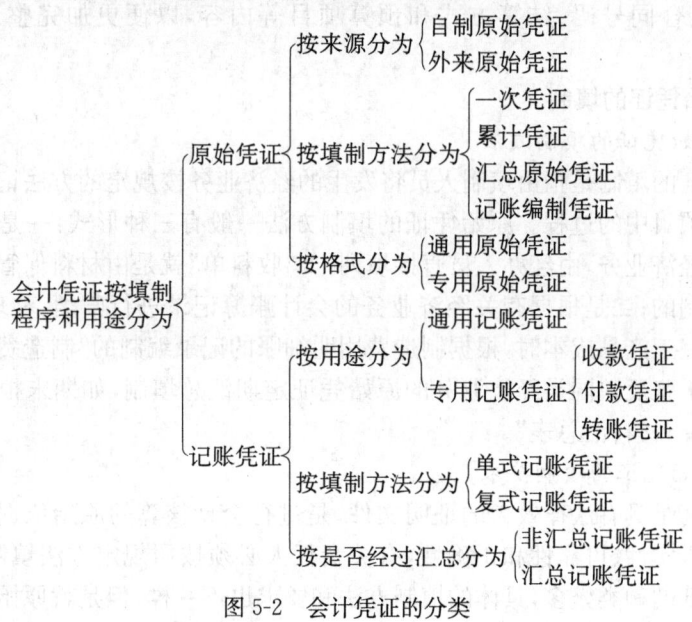

图 5-2　会计凭证的分类

第二节　原 始 凭 证

一、原始凭证的基本内容

各种原始凭证所记录的经济业务是多种多样的，每一原始凭证所包含的具体内容也不尽相同。例如,收料单所记录的是材料的收入,而领料单所记录的是材料的领用。但是无论哪一种原始凭证,都应该反映有关经济业务的执行和完成情况,明确经办业务的单位、部门和人员及其他有关单位的经济责任。因此,各种原始凭证都应具备一些共同的基本内容,也称作原始凭证基本要素。按照我国《会计基础工作规范》的规定,原始凭证的内容必须具备:

(1) 原始凭证的名称。
(2) 填制原始凭证的日期。
(3) 填制原始凭证单位的名称或填制人姓名。
(4) 经办人员的签名或盖章。
(5) 接受原始凭证单位的名称。
(6) 经济业务的内容。
(7) 数量、单价和金额。

在实际工作中,各单位为了满足经营管理和特殊业务的需要,在有些凭证上,还应当增加一些必要的补充内容。如在自制原始凭证上注明同该项经济业务有关的生产计划、合同号码、结算方式和预算项目等内容,以便更加完整地反映经济业务。

二、原始凭证的填制

(一) 原始凭证的填制方法

原始凭证的填制是指由填制人员将发生的经济业务按规定的方法记录于原始凭证的各要素项目中的过程。原始凭证的填制方法一般有三种形式:一是根据实际发生或完成的经济业务,由经办人员直接填列,如"收料单"就是由材料保管员在验收材料入库时填制的;二是根据有关经济业务的会计账簿记录进行归类、整理重新填制,如期末计算完工产品成本时,根据制造费用明细账的记录编制的"制造费用分配表";三是根据若干张反映同类经济业务的原始凭证定期汇总填制,如期末根据多张领料单编制的"发出材料汇总表"。

(二) 原始凭证的填制要求

原始凭证是具有法律效力的证明文件,是进行会计核算的原始依据。为了保证会计信息的真实性、可靠性和正确性,有关责任人必须按照规定方法填制原始凭证。虽然原始凭证的种类繁多,具体的填制方法和要求也不一样,但是就原始凭证应反映的经济业务、明确经济责任而言,原始凭证的填制一般要符合下列要求。

1. 填制及时

每笔经济业务发生或完成后应按规定由经办人员填写或取得原始凭证,并及时送交会计部门审核,作为记账依据;如果不能做到及时,就可能会造成差错、舞弊甚至违法行为的发生。

2. 记录真实

原始凭证作为会计信息的基本信息源,其记录的真实性对会计信息的质量具有至关重要的影响。原始凭证记录的真实性就是要求填列原始凭证时做到填列的日期要真实、填列的经济内容要真实、填列的数据要真实。即凭证上记载的各项经济内容,必须与实际情况完全符合,决不允许有任何歪曲或弄虚作假,不得匡算、估算和随意填写。

3. 手续完备

原始凭证中的各项内容,包括基本内容和补充内容都要详尽地填写齐全,不得漏填或省略不填,填制手续要完备。按照我国《会计基础工作规范》的要求,具体应做到:

(1) 从外单位取得的原始凭证,必须盖有填制单位的公章;从个人取得的原始凭证,必须有填制人员的签名或盖章。自制原始凭证必须有经办单位领导人或者其指定的人员签名或盖章。对外开出的原始凭证,必须加盖本单位公章。

(2) 凡填有大写或小写金额的原始凭证,大写与小写金额必须相符;购买实物的原始凭证,必须有实物的验收证明;支付款项的原始凭证,必须有收款单位和收款人的收款证明。

(3) 一式几联的原始凭证,应当注明各联用途,只能以一联作为报销凭证。一式几联的发票和收据,必须用双面复写纸(发票和收据本身具备复写功能的除外)套写,并连续编号。作废时应当加盖"作废"戳记,连同存根一起保存,不得撕毁。

(4) 发生销货退回的,除填制退货发票外,还必须有退货验收证明;退款时,必须取得对方的收款收据或者汇款银行的凭证,不得以退货发票代替收据。

(5) 职工公出借款凭据,必须附在记账凭证之后。收回借款时,应当另开收据或退回借据副本,不得退回原借款收据。

(6) 经上级有关部门批准的经济业务,应当将批准文件作为原始凭证的附件。如果批准文件需要单独归档的,应当在凭证上注明批准机关名称、日期和文件字号。

(7) 从外单位取得的原始凭证如有遗失,应当取得原开出单位盖有公章的证明,并注明原来凭证的号码、金额和内容等,由经办单位会计机构负责人、会计主管人员和单位领导人批准后,才能代作原始凭证。如果确实无法取得证明的,如火车、轮船、飞机票等凭证,由当事人写出详细情况,由经办单位会计机构负责人、会计主管人员和单位领导人批准后,代作原始凭证。

4. 书写规范

原始凭证上的文字或数字,要按规定书写,必须严肃认真,字迹要清楚、工整,易于辨认。原始凭证的数字书写规范主要包括阿拉伯数字金额的书写规范和汉字大写数字金额的书写规范两个方面。

(1) 阿拉伯数字金额的书写。阿拉伯数字应当一个一个地写,不得连笔写。阿拉伯金额数字前面应当书写货币币种符号,如人民币符号"￥"、美元符号"$"、港元符号"HK$"等。币种符号与阿拉伯数字之间不得留有空白。凡阿拉伯数字前写有币种符号的,数字后面不再写货币单位。所有以元为单位的阿拉伯数字(其他货币种类为货币基本单位),除表示单价等情况外,一律填写到角分。无角分的,角位和分位可写"00",或符号"—";有角无分的,分位应写"0",不得用符号"—"代替。

(2) 汉字大写数字金额的书写。汉字大写数字金额如零、壹、贰、叁、肆、伍、陆、柒、捌、玖、拾、佰、仟、万、亿等,一律用正楷或行书体书写,不得用〇、一、二、三、四、五、六、七、八、九、十等简化字样代替,不得任意自造简化字。大写金额数字到元或者角为止的,在"元"或者"角"字之后应当写"整"字或者"正"字;大写金额数字有分的,分字后面不写"整"或者"正"字。大写金额数字前未印有货币名称的,应当加填货币名称,货币名称与金额数字之间不得留有空白。阿拉伯数字中间有"0"时,汉字大写金额要写"零"字,如￥1 603.50,汉字大写金额应写成人民币壹仟陆佰零叁元伍角整。阿拉伯金额数字中间连续有几个"0"时,汉字大写金额中可以只写一个"零"字,如￥3 005.47,汉字大写金额应写成人民币叁仟零伍元肆角柒分。阿拉伯金额数字元位是"0",或者数字中间连续有几个"0"、元位也是"0",但角位不是"0"时,汉字大写金额中可以只写一个"零"字,也可以不写"零"字,如￥4 360.82,应写成人民币肆仟叁佰陆拾元零捌角贰分,或者写成人民币肆仟叁佰陆拾元捌角贰分;又如￥709 000.85,应写成人民币柒拾万玖仟元零捌角伍分,或者写成人民币柒拾万零玖仟元捌角伍分。阿拉伯金额数字角位是"0",而分位不是"0"时,汉字大写金额"元"后面应写"零"字,如￥35 402.08,应写成人民币叁万伍仟肆佰零贰元零捌分。

各种原始凭证不得随意涂改、挖补。发现原始凭证有错误的,应当由开出单位重开或者更正,更正处应当加盖开出单位的公章。原始凭证金额有错误的,不得在原始凭证上更正。对于重要的原始凭证,如支票以及各种结算凭证填写错误,则不得在原始凭证上更正,应按规定的手续办理注销留存,另行填写。

(三) 原始凭证的填制举例

【例 5-1】 天津原野公司材料采购员孙华 2023 年 8 月 12 日向公司财务部门预借差旅费 2 000 元,拟到沈阳龙强公司采购材料。孙华填制借款单并经业务主管李阳签字后交财务部门办理借款手续。孙华填制的借款单如表 5-17 所示。

表 5-17

借 款 单
2023 年 8 月 12 日

借款单位：供应科	
借款理由：差旅费	
借款金额：人民币(大写)贰仟元整	￥2 000.00
部门负责人：李阳	借款人：孙华
会计主管核批：	付款记录： 年　月　日

【例 5-2】 2023 年 8 月 20 日，孙华出差回来报销差旅费。孙华出差往返火车票两张，单程票价 208 元，住宿费收据一张 600 元，市内交通费单据 12 张，共计 180 元，公司规定每日补贴 30 元，剩余款项孙华退回现金。孙华填制的"差旅费报销单"如表 5-18 所示。

表 5-18

原野公司差旅费报销单
2023 年 8 月 20 日　　　　　　　　　　　附单据 15 张

部门	供应科	姓名	孙华	职别	采购员	出差日期	自 2023 年 8 月 12 日 至 2023 年 8 月 20 日	共 8 天	
出差事由	采购材料		到达地点		沈阳				
项目金额	交 通 费 用					住宿费	出差补贴	其他费用	
	火车	卧铺补贴	长途汽车	轮船	市内交通	飞机	共 6 天	共 8 天	
	416.00	—	—	—	180.00		600.00	240.00	
报销总额	人民币 (大写)	壹仟肆佰叁拾陆元整			￥1 436.00	预借差旅费	￥2 000.00	补领金额	￥
								归还金额	￥564.00

部门主管：李阳　　　　　审核：　　　　　报销人：孙华　　　　　出纳：

三、原始凭证的审核

为了保证原始凭证内容的真实性和合法性，提高会计信息质量，各单位会计部门必须对各种原始凭证进行严格的审核。只有经过审核合格的原始凭证，才能作为编制记账凭证和登记账簿的依据。

（一）原始凭证审核的内容

原始凭证的审核主要从以下三个方面进行。

1. 审核原始凭证的正确性

审核人员应该审核原始凭证上填列的数字及其他项目是否正确，数量、单价、金额、小计、合计是否正确，大、小写金额是否相符，原始凭证记录的经济业务内容是否真实，记载的各项内容是否有涂改现象。

2. 审核原始凭证的完整性

审核人员应该审核原始凭证是否具备作为合法凭证所必须具备的基本内容。原始凭证的格式、内容和填制手续是否符合规定的要求，各项目是否填写齐全，有关单位和人员是否已签字、盖章。

3. 审核原始凭证的合规性

审核人员应该审核原始凭证所反映的经济内容是否符合现行的法律、法规、政策、制度的规定，是否符合本单位制定的有关规则、规章、预算和计划的要求。审核有无违反规定的开支标准乱支乱用，任意扩大费用开支范围的情况，有无弄虚作假、贪污舞弊、违法乱纪的行为。

（二）原始凭证审核后的处理

原始凭证的审核是一项十分重要、细致而严肃的工作，审核后的原始凭证应根据不同情况处理：对于完全符合要求的原始凭证，应及时据以编制记账凭证入账；对于不符合要求的原始凭证，按照《会计基础工作规范》第七十四条第二款和第三款的规定，"对不真实、不合法的原始凭证，不予受理。对弄虚作假、严重违法的原始凭证，在不予受理的同时，应当予以扣留，并及时向单位领导人报告，请求查明原因，追究当事人的责任。对记载不准确、不完整的原始凭证，予以退回，要求经办人员更正、补充"。

第三节 记账凭证

一、记账凭证的基本内容

记账凭证的主要作用在于对种类繁多、格式各异的原始凭证进行归类、整理，运用账户和复式记账方法确定会计科目，编制会计分录，并据以记账。虽然在实际工作中，记账凭证的种类和格式也不尽相同，但是作为确定会计分录、登记账簿的依据，必须具备一些基本内容，也称作基本要素。按照我国《会计基础工作规范》的规定，记账凭证的内容必须具备：

（1）填制凭证的日期。

（2）凭证编号。

（3）经济业务摘要。

(4) 会计科目(包括一级、二级或明细科目)。

(5) 金额。

(6) 所附原始凭证张数。

(7) 填制凭证人员、稽核人员、记账人员、会计机构负责人、会计主管人员签名或者盖章。收款记账凭证和付款记账凭证还应当由出纳人员签名或盖章。

以自制原始凭证或原始凭证汇总表代替记账凭证的,也必须具备记账凭证应有的项目。

二、记账凭证的填制

(一) 记账凭证的填制要求

记账凭证是登记账簿的直接依据,为了提高编制记账凭证的质量,发挥记账凭证的作用,各种记账凭证在填制时除严格按原始凭证的填制要求外,还应注意以下填制要求。

1. 要连续编号

填制记账凭证时,应当对记账凭证进行连续编号。采用通用记账凭证的,可按经济业务发生的先后顺序统一编号,即每月从第1号记账凭证起依次编号;采用专用记账凭证的,按经济业务内容加以归类,可按收、付、转字三类编号或按现收字、现付字、银收字、银付字、转字五类编号。如现收字第1号、银付字第9号、转字第5号等。若一笔经济业务需要填制两张以上记账凭证的,可以采用分数编号法编号。即在原编记账凭证号码后面用分数的形式表示。例如,一笔经济业务需要填制3张转账凭证,凭证顺序号为18,则这笔经济业务所编3张凭证的编号分别为转字第 $18\frac{1}{3}$ 号、转字第 $18\frac{2}{3}$ 号、转字第 $18\frac{3}{3}$ 号。每月末最后一张记账凭证的编号旁还要加注"全"字,以免凭证丢失后茫然不知。

2. 摘要要简明

记账凭证的"摘要"栏是对经济业务的简要说明,必须根据原始凭证正确填写,不得漏填或错填。但"摘要"栏空间有限,字数不能太多,尽量做到既意义完备又简明扼要。同时,填写摘要时,要考虑到登记明细账的需要,对不同的经济业务和不同性质的科目,其"摘要"栏的填写应有所区别。例如,反映原材料等实物财产的科目,"摘要"栏内要注明品种、数量、单价等;反映现金、银行存款或借款的科目,"摘要"栏内要注明收付凭证和结算凭证的号码以及款项增减变动原因、收付款单位名称等。

3. 分录要正确

记账凭证上会计科目的使用必须准确无误,应按照国家会计制度统一规定的会计科目名称和内容,结合经济业务的特点分析填列。如有二级科目和明细科目也要填列齐全。尤其是在编制复合会计分录时,应为一"借"多"贷"或一"贷"多"借",一般不编多"借"多"贷"的会计分录。记账凭证上金额的填写应符合数字书写规定,角分位不留空格。合计金额的第一位数字前要填写币种符号,如人民币符号"￥"。

4. 逐项填写

记账凭证应按行次逐项填写,不能跳行。记账凭证填制完经济业务事项后,如有空行,应当自"金额"栏最后一笔金额数字下的空行处至合计数上的空行处划线注销。

5. 要标明附件

除期末结账和更正错误的记账凭证可以不附原始凭证外,其他记账凭证必须附有原始凭证,并在记账凭证的附单据栏内,应标明记账凭证所附原始凭证的张数,以便核对摘要及所编会计分录是否正确无误。如果一张原始凭证涉及几张记账凭证,可以把原始凭证附在一张主要的记账凭证后面,并在其他记账凭证上注明附有该原始凭证的记账凭证的编号或者原始凭证复印件。一张原始凭证所列支出需要几个单位共同负担的,应当将其他单位负担的部分,开给对方原始凭证分割单,进行结算。原始凭证分割单必须具备原始凭证的基本内容:凭证名称、填制凭证日期、填制凭证单位名称或者填制人姓名、经办人的签名或者盖章、接受凭证单位名称、经济业务内容、数量、单价、金额和费用分摊情况等。附有原始凭证的记账凭证可以根据每一张原始凭证单独填制,也可以根据若干张同类的原始凭证汇总填制,还可以先将同类的原始凭证编成原始凭证汇总表,再根据原始凭证汇总表填制记账凭证。但不得将不同内容和类别的原始凭证汇总填制在一张记账凭证上。

(二)记账凭证的填制方法举例

1. 收款凭证的填制

收款凭证左上角的"借方科目"按收款的项目填写"库存现金"或"银行存款";日期填写的是编制本凭证的日期;右上角的编号填写本收款凭证的顺序号;"摘要"填写对所记录的经济业务的简要说明;收款凭证里边的"贷方科目"填写与收入现金或银行存款相对应的会计科目;"金额"是指该项经济业务的发生额;凭证右侧"附单据××张"是指该收款凭证所附原始凭证的张数;最下边分别由有关的经手人签章,以明确经济责任。收款经济业务主要有借款收入、投资收入、销货收入和其他收入等。

【例5-3】根据合同,百强公司于2023年8月23日售给淮海公司甲产品100件,单价为120元,已将销货发票开给淮海公司,价款为12 000元(假定不考虑相关税费)。淮海公司在相关提货单上签字确认并已提货。百强公司收到淮海公司开来的票面金额为12 000元的转账支票一张。出纳人员李准在审核后填列银行存款进账单并将转账支票存入本公司在工商银行红桥支行第0009995418账号内。

百强公司根据上述提货单、银行存款进账单、销货发票填制银行存款收款凭证如

表 5-19 所示。

表 5-19

收 款 凭 证

借方科目：银行存款　　　　2023 年 8 月 25 日　　　　银收字第 15 号

摘　要	贷方科目		金　额	√
	总账科目	明细科目	千百十万千百十元角分	
销售甲产品	主营业务收入	甲产品	1 2 0 0 0 0 0	附单据3张
结算方式及票号	转账支票	合计金额	¥ 1 2 0 0 0 0 0	

会计主管：　　　记账：　　　复核：　　　制单：陆地　　　出纳：李准

2. 付款凭证的填制

付款凭证的填制与收款凭证的填制基本相同，只是"借方科目"和"贷方科目"的位置与收款凭证相反。付款经济业务主要有归还借款、上缴税金、发放工资、支付费用和其他支出等。

【例 5-4】 承[例 5-1]，根据差旅费借款单编制现金付款凭证，如表 5-20 所示。

表 5-20

付 款 凭 证

贷方科目：库存现金　　　　2023 年 8 月 12 日　　　　现付字第 13 号

摘　要	借方科目		金　额	√
	总账科目	明细科目	千百十万千百十元角分	
供应部门孙华预借差旅费	其他应收款	孙华	2 0 0 0 0 0	附单据1张
合　计			¥ 2 0 0 0 0 0	

会计主管：　　记账：　　制单：白慧　　复核：　　出纳：傅宽　　领款人：孙华

需要注意的是：在会计实务中，采用收款凭证、付款凭证和转账凭证的单位，对于涉及"库存现金""银行存款"科目之间相互划转的经济业务，如将现金存入银行或从银行提取现金，为避免重复记账，一般只填制付款凭证，不填制收款凭证。

3. 转账凭证的填制

转账凭证的左上角不设会计科目,而是将经济业务中所涉及的会计科目全部放在凭证里边,填制时要按照先借方科目后贷方科目的顺序记入"会计科目"栏中的"总账科目"和"明细科目",并按应借、应贷方向分别对应填入"借方金额"或"贷方金额"栏,其他项目的填列与收款凭证相同。转账业务主要有计提折旧、应付费用、分配结转费用、计算结转成本及损益和其他调整事项等。

【例 5-5】 承[例 5-2],根据差旅费报销单编制转账凭证,如表 5-21 所示。

表 5-21

转 账 凭 证

2023 年 8 月 21 日 　　　　　　　　　　　　　　　　　转字第 19 号

摘　要	总账科目	明细科目	借方金额 千百十万千百十元角分	贷方金额 千百十万千百十元角分	
孙华报销差旅费	管理费用	差旅费	1 4 3 6 0 0		附单据1张
	其他应收款	孙华		1 4 3 6 0 0	
合　计			¥ 1 4 3 6 0 0	¥ 1 4 3 6 0 0	

会计主管: 　　　　　记账: 　　　　　复核: 　　　　　制单:白慧

三、记账凭证的审核

记账凭证是登记账簿的直接依据,为了保证记账凭证的质量,正确登记会计账簿,必须对记账凭证严肃、认真地审核,只有经审核确认无误的记账凭证,才能作为记账的依据。

(一)记账凭证审核的内容

1. 填制依据是否真实

审核分录记账凭证是否有原始凭证作为依据,所附原始凭证是否手续健全、符合有关规定,分录记账凭证的内容与所附原始凭证的内容是否一致,汇总记账凭证与其所依据的分录记账凭证是否一致。

2. 填写项目是否齐全

审核记账凭证各项目的填写是否齐全,如日期、凭证编号、摘要、会计科目、金额、附单据张数及有关人员签章等。实行电算化的单位,打印出的机制记账凭证要加盖制单人员、审核人员、记账人员以及会计机构负责人、会计主管人员印章或者签字。

此外，出纳人员在办理收款或付款业务后，应在凭证上加盖"收讫"或"付讫"的戳记，以免重收重付。

3. 会计科目是否正确

审核分录记账凭证所使用的会计科目是否符合有关会计制度的规定，应借、应贷的总账科目、明细科目填写是否正确，是否有明确的账户对应关系。

4. 金额是否正确

审核分录记账凭证所记录的金额与所附原始凭证的有关金额是否一致，汇总记账凭证的金额与分录记账凭证的金额合计是否相符，原始凭证中的数量、单价、金额计算是否正确等。

5. 书写是否正确

审核记账凭证中的记录是否文字工整、数字清晰，是否按规定使用墨水，是否按规定进行更正等。

(二) 记账凭证审核后的处理

如果在填制记账凭证时发生错误，记账人员应当重新填制。已经登记入账的记账凭证，在当年内发现填写错误时，记账人员可以用红字填写一张与原内容相同的记账凭证，在"摘要"栏注明"注销某月某日某号凭证"字样，同时再用蓝字重新填制一张正确的记账凭证，注明"订正某月某日某号凭证"字样。如果会计科目没有错误，只是金额错误，记账人员也可以将正确数字与错误数字之间的差额另编一张调整的记账凭证，调增金额用蓝字，调减金额用红字。记账人员若发现以前年度记账凭证有错误的，应当用蓝字填制一张更正的记账凭证。

第四节 会计凭证的传递和装订

一、会计凭证的传递

会计凭证的传递是指从凭证的填制或取得时起，经过审核、记账、装订到归档保管时止，在单位内部有关业务部门和人员之间按规定的时间、路线办理业务手续和进行处理的过程。

正确、合理地组织会计凭证的传递，可以使经济业务得到及时处理，有利于协调单位内部各部门之间的关系，明确经济责任，实行会计监督，加强内部控制制度的执行。因此，明确规定凭证的传递过程和时间，具有重要作用。例如，企业职工出差借差旅费业务，首先要由职工填制借款单，注明借款用途和事由，经主管部门负责人同意签字后，到财务部门办理借款手续，经财会部门相关人员审核批准填制付款凭证后，出纳人员方可据以支付这笔款项，并在付款凭证上打上付款戳记，再交会计人员登记账簿。这个过程就涉及凭证的合理传递问题。凭证由谁填制或取得，由谁在何时将其送交哪一个部门,由谁在何时去办理下一步手续,办完所有手续后,由谁负责送交会计部门,由谁审核,由谁在何时负责整理,由谁在何时填制记账凭证和登记账簿,直到归档保管为止。

科学、合理地组织会计凭证的传递一般包括规定凭证的传递路线、传递时间和传递手续三个方面的内容。

1. 传递路线

会计凭证的传递路线是指凭证流经的各环节及其先后次序。各单位的经济业务不同,内部机构设置和人员分工情况不同,会计凭证的传递程序也不同。因此,各单位应根据自己的特点,恰当地规定会计凭证传递的路线,既要保证会计凭证经过必要的环节进行处理和审核,又要尽量避免会计凭证经过不必要的环节,做到既有利于会计反映和监督,又要减少不必要的劳动,从而提高工作效率。

2. 传递时间

会计凭证的传递时间是指各种凭证在各经办部门、环节所停留的最长时间。关于凭证传递时间的确定,应考虑各环节的工作内容和工作量,以及在正常情况下完成工作所需的时间。为了保证核算的及时性,应明确规定各种凭证在各个部门和业务环节停留的最长时间,指定专人负责,按规定的顺序和时间监督凭证的传递。只有这样才能保证凭证传递通畅无阻,使其通过最短途径并以最快速度传递。

3. 传递手续

会计凭证的传递手续是指凭证在传递过程中的衔接手续。会计凭证的传递手续应尽量做到既完备严密,又简便易行。凭证的收发、交接应有一定的制度手续,以确保会计凭证的安全和完整。在会计凭证传递过程中,若遇有不合理的环节,应根据实际情况及时加以修改,确保会计凭证传递程序的合理化、制度化和传递时间的节约。

二、会计凭证的装订

会计凭证作为记账的依据,是重要的经济资料和会计档案,各单位对会计凭证必须妥善保管,防止丢失,以便日后查阅。我国《会计基础工作规范》规定:

(1) 会计凭证登记完毕后,应当按照分类和编号顺序保管,不得散乱丢失。

(2) 记账凭证应当连同所附的原始凭证或者原始凭证汇总表,按照编号顺序,折叠整齐,按期装订成册,并加具封面,注明单位名称、年度、月份和起讫日期、凭证种类、起讫号码,由装订人在装订线封签外签名或者盖章。

(3) 对于数量过多的原始凭证,可以单独装订保管,在封面上注明记账凭证日期、编号、种类,同时在记账凭证上注明"附件另订"和原始凭证名称及编号。

(4) 各种经济合同、存出保证金收据以及涉外文件等重要原始凭证,应当另编目录,单独登记保管,并在有关的记账凭证和原始凭证上相互注明日期和编号。

（5）原始凭证不得外借。其他单位如因特殊原因需要使用原始凭证时，经本单位会计机构负责人、会计主管人员批准，可以复制原始凭证。向外单位提供的原始凭证复制件，应当在专设的登记簿上登记，并由提供人员和收取人员共同签名或者盖章。

记账凭证封皮如表 5-22 和表 5-23 所示。

表 5-22

记账凭证（单）封面
年　　月

单位名称	
凭证名称	
册　　数	第　　册共　　册
起讫编号	自第　　号至第　　号止共计　　张
起讫日期	自20　年　月　日至20　年　月　日
备　　注	

会计主管：　　　　　　　　　　　　　　　　　　　　　　装订：

表 5-23

抽出附件登记簿

抽出日期			抽出附件的详细名称	抽出理由	抽取人签章	财会主管签章	备注
年	月	日					

 **课程思政**

虚开增值税专用发票案①

2017年12月,大连税警联合行动,破获一起虚开增值税专用发票案。经查,犯罪团伙通过设立"空壳公司"的方式对外虚开增值税专用发票35 217份,虚开金额达38.58亿元。2020年6月,该案主犯因犯虚开增值税专用发票罪被判处无期徒刑,其余13名涉案人员分别依法判处4年到15年不等的有期徒刑,并处罚金。

要求:从案例中吸取教训,熟悉国家法律、法规和国家统一的会计制度,依法依规把好会计凭证审核关。

中华人民共和国发票管理办法

 **复习思考题**

1. 会计凭证有哪些作用?
2. 原始凭证应具备哪些要素?
3. 原始凭证与记账凭证的关系如何?
4. 填制原始凭证和记账凭证应符合哪些要求?
5. 怎样审核会计凭证?
6. 合理地组织会计凭证的传递应考虑哪些问题?

 练习题

练习题参考答案

一、单项选择题

1. 会计凭证按其( )不同,可以分为原始凭证和记账凭证。
   A. 填制的方法 B. 取得的来源
   C. 填制的程序和用途 D. 反映经济业务的次数
2. 限额领料单按其填制方法属于( )。
   A. 记账凭证 B. 汇总凭证
   C. 一次凭证 D. 累计凭证
3. "发出材料汇总表"是( )。

---

① 李建华. 国家税务总局曝光五起增值税发票虚开骗税案[EB/OL]. (2021-08-26)[2023-12-28]. http://www.chinanews.com.cn/cj/2021/08-26/9551733.shtml.

A. 汇总原始凭证 B. 汇总记账凭证
C. 累计凭证 D. 记账凭证

4. ( )属于外来原始凭证。
   A. 入库单 B. 出库单
   C. 付款收据 D. 发出材料汇总表

5. 只反映一项经济业务,或同时反映若干项同类经济业务,凭证填制手续是一次完成的自制原始凭证,称为( )。
   A. 累计凭证 B. 汇总原始凭证
   C. 一次凭证 D. 单式记账凭证

6. 对于将现金存入银行的业务,按规定应编制( )凭证。
   A. 现金收款 B. 银行存款收款
   C. 现金付款 D. 银行存款付款

7. 会计凭证的传递,是指( ),在单位内部有关部门及人员之间的传递程序和传递时间。
   A. 会计凭证的填制到登记账簿止 B. 会计凭证的填制或取得到归档止
   C. 会计凭证审核后到归档止 D. 会计凭证的填制后取得到汇总登记账簿止

8. 记账凭证是( )根据审核无误的原始凭证填制的。
   A. 会计人员 B. 经办人员 C. 主管人员 D. 复核人员

9. 下列各项中,不属于原始凭证审核内容的是( )。
   A. 凭证是否有填制单位的公章和填制人员的签章
   B. 会计科目使用是否正确
   C. 凭证项目填列是否齐全
   D. 凭证所列事项是否符合有关的计划和预算

10. 下列经济业务中,应编制转账凭证的是( )。
    A. 发放职工工资 B. 向税务机构缴纳所得税
    C. 购料未付款 D. 收到销货款并将其存入银行

11. 按照我国《会计基础工作规范》规定,下列情况中,编制记账凭证时可以不附原始凭证的是( )。
    A. 生产领用材料 B. 更正当期记账错误
    C. 发放工资 D. 现金存入银行

12. 下列关于原始凭证的说法中,正确的是( )。
    A. 一式几联的原始凭证,应当注明各联用途,只能以一联作为报销凭证
    B. 原始凭证金额有错误的,可以在原始凭证上更正
    C. 对于职工因公出差借款的凭据,在收回借款时,要退回原借款收据
    D. 对外开出的原始凭证,有经办人的签章即可,不一定要加盖本单位的公章

二、多项选择题

1. 下列关于记账凭证的说法中,正确的有( )。

A. 记账凭证是根据审核无误的原始凭证填制的

B. 是由经办业务人员填制的

C. 是由会计人员填制的

D. 是登记账簿的直接依据

2. 下列各项中,属于原始凭证的有( )。

A. 付款凭证　　　　　　B. 销货发票　　　　C. 收料单　　　　D. 制造费用分配表

3. 下列各项中,属于一次性原始凭证的有( )。

A. 收料单　　　　　　　　　　　　　　B. 销货发票

C. 产品质量检验单　　　　　　　　　　D. 限额领料单

4. 原始凭证的内容有( )。

A. 凭证的名称、日期、编号　　　　　　B. 接受凭证的单位名称

C. 会计分录　　　　　　　　　　　　　D. 经济业务的内容

5. 下列会计科目中,可以填在收款凭证左上角借方科目处的有( )。

A. "库存现金"　　　　B. "银行存款"　　　C. "主营业务收入"　D. "应收账款"

6. 原始凭证的填制要求有( )。

A. 记录真实　　　　　B. 内容齐全　　　　C. 手续完备　　　　D. 书写规范

7. 涉及现金与银行存款之间划转业务时,可以编制的记账凭证有( )。

A. 现金收款凭证　　　　　　　　　　　B. 现金付款凭证

C. 银行存款收款凭证　　　　　　　　　D. 银行存款付款凭证

8. 记账凭证填制的要求有( )。

A. 摘要应简明　　　　B. 分录要正确　　　C. 编号要连续　　　D. 要标明附件

9. 记账凭证审核的主要内容有( )。

A. 是否附有原始凭证,所记内容与原始凭证是否一致

B. 应借、应贷的会计账户对应关系是否明确

C. 是否有经手人的签名盖章

D. 摘要、项目、日期是否填列齐全、清楚

10. 科学合理地组织会计凭证的传递一般包括规定凭证的( )三个方面的内容。

A. 传递路线　　　　　B. 传递时间　　　　C. 传递手续　　　　D. 传递内容

11. 记账凭证可以根据( )编制。

A. 若干张不同内容和类别的所有原始凭证汇总　B. 原始凭证汇总表

C. 若干张同一类别的原始凭证汇总　　　　　　D. 每一张原始凭证

12. 可以不附原始凭证的记账凭证有( )。

A. 一张原始凭证涉及几张记账凭证时　　B. 更正错误时

C. 一张原始凭证需要有几个单位共同使用时　　D. 期末结账时

三、判断题

1. 只有原始凭证是登记账簿的依据。　　　　　　　　　　　　　　　　　　( )

2. 原始凭证和记账凭证同样都具有较强的法律效力。   （ ）
3. 各种记账凭证都只能根据一张原始凭证逐一编制。   （ ）
4. 自制原始凭证都是由会计人员填制的。   （ ）
5. 转账凭证只登记与货币资金收付无关的业务。   （ ）
6. 付款凭证的贷方科目只能填写"库存现金"或"银行存款"。   （ ）
7. 出纳人员可以依据现金、银行存款收付业务的原始凭证收付款项。   （ ）
8. 对于不真实、不合法的原始凭证,会计人员有权拒绝受理。   （ ）
9. 原始凭证是登记账簿的直接依据。   （ ）
10. 计提固定资产折旧业务应编制转账凭证。   （ ）
11. 所有的记账凭证都必须附原始凭证。   （ ）
12. 对外开出的原始凭证,必须加盖本单位公章。   （ ）

四、计算及会计处理题

习 题 一

【目的】 练习原始凭证的填制。

【资料】 绿野公司2023年8月发生下列经济业务(假定不考虑相关税费):

(1) 9日,采购员李峰预借去青岛采购材料差旅费1 200元,经部门主管黄安同意,财务主管赵杰核批,由出纳员崔英以现金支付。

(2) 15日,财务科出纳员崔英开出转账支票(♯0374908)一张,支付向新欣家具公司购买办公桌椅款18 000元。绿野公司账号为3264101746,开户行为中国工商银行天津市红桥区西青道支行。

(3) 20日,公司收到星光汽车修理公司转账支票一张,偿还所欠购买汽车配件款21 000元(星光汽车配件公司开户行为中国工商银行河北区中山路支行,账号为4527889610)。

【要求】

(1) 根据资料(1)填制借款单。借款单格式如表5-24所示。

表5-24

借 款 单

年　月　日

借款单位：			
借款理由：			
借款金额：人民币(大写)		¥	
部门负责人：		借款人：	
会计主管核批：		付款记录：	
			年　月　日

(2) 根据资料(2)填制转账支票。转账支票格式如图5-3所示。

图 5-3 转账支票

(3) 根据资料(3)，填制进账单。进账单格式如图 5-4 所示。

	中国工商银行**进账单**(收账通知)		1	
		年　　月　　日	第　号	
出票人	全　称	持票人	全　称	此联是持票人开户银行交给持票人的收账通知
	账　号		账　号	
	开户银行		开户银行	
人民币（大写）			千百十万千百十元角分	
票据种类				
票据张数				
单位主管　　会计　　复核　　记账		持票人开户行盖章		

图 5-4　进账单

习 题 二

【目的】 练习记账凭证的填制。

【资料】 山峰公司 2023 年 8 月发生下列经济业务(假定不考虑相关税费)：

(1) 3 日，采购员王新出差，预借差旅费 1 250 元，财务科以现金支付。

(2) 5 日，销售甲商品 17 000 元，当即收到客户交来的转账支票，且已送存银行。

(3) 6 日，向艺高公司销售乙商品 25 000 元，尚未收到货款。

(4) 24 日，以银行存款支付本月销售产品广告费 5 000 元。

(5) 31 日，结转本月销售产品成本 28 000 元。

(6) 31 日，结算本月应负担的短期借款利息 2 000 元。

(7) 31 日，收到宏大公司还来前欠货款 6 000 元，存入银行。

(8) 31 日，按规定折旧率，计提本月管理部门使用固定资产折旧 800 元。

(9) 31 日，开现金支票到银行提取现金 9 000 元，备发工资。

(10) 31 日，以现金发放职工工资 9 000 元。

【要求】 根据上述资料编制专用记账凭证。

第六章 会计账簿

 学习要求

本章重点阐述账簿的设置与登记、错账更正方法、对账与结账的基本概念和技术操作方法。通过本章学习,学习者应理解设置和登记账簿对于系统地提供经济信息、加强经济管理的作用,熟悉日记账、总分类账、明细分类账的内容、格式、登记依据和登记方法,掌握登记账簿的基本要求、错账更正方法以及对账和结账的基本内容和方法。

 思维导图

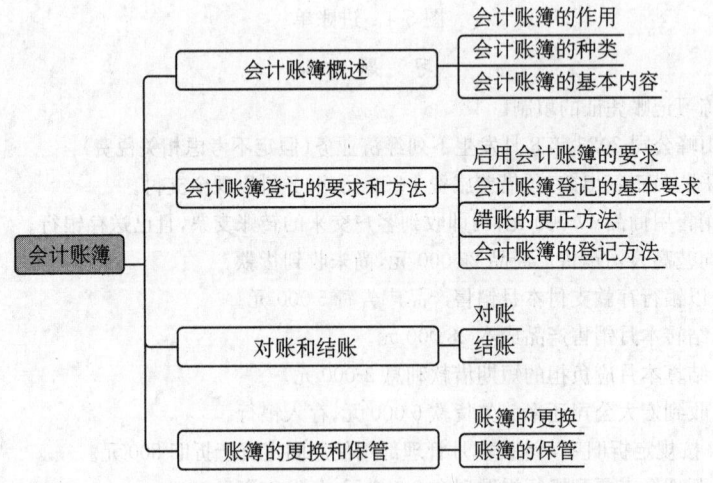

第六章 会计账簿

第一节 会计账簿概述

一、会计账簿的作用

会计账簿简称账簿,是指由具有一定格式而又互相联系的账页组成的,以会计凭证为依据,用来全面、系统、连续地记录和反映各项经济业务的簿籍。

如前所述,任何一个组织单位发生一笔经济业务后,先要取得或填制会计凭证,即通过各种会计凭证来反映经济业务,这是会计核算工作的起点和基础。但会计凭证对经济业务的反映是零散的、片面的。每一张会计凭证只能记录一笔或性质相同的若干笔经济业务,不能把一个会计主体在某一时期内发生的全部经济业务全面地、系统地、连续地加以分类反映。因此,为了便于了解会计主体在某一时期内的全部经济活动情况,取得经济管理所需要的一系列会计核算资料,并为编制财务报表提供依据,就必须在会计凭证的基础上设置和登记账簿。把会计凭证上所记录的分散的、零星的会计信息,通过归类整理,将其登记到相应的账簿中,使之更加系统化。

登记会计账簿是会计核算的一种专门方法,它在会计核算工作中具有重要作用。

(一)系统地登记和积累会计资料

通过设置和登记会计账簿,我们可以把会计凭证上所反映的全部经济业务按照不同的标准进行归类和汇总,使分散的资料进一步系统化。通过登记各种日记账,对经济业务进行序时核算,可以防止账务处理上的错误和遗漏。通过登记各种总分类账,对经济业务进行分类核算,可以连续、系统地记录各项资产、负债和所有者权益的增减变化以及财务成果的核算资料。这样对于加强经营管理、合理地使用资金、保护资产的安全完整起到控制作用。

(二)为编制各种财务报表提供数据资料

账簿通过对会计凭证所反映的大量经济业务进行序时、分类地记录和加工后,在一定时期终了,就积累了编制财务报表的资料,再将这些资料进行加工整理后,就可以作为编制财务报表的主要依据。财务报表信息是否真实、可靠、及时,在一定程度上都与账簿设置和记录有关。

(三)考核经营成果,进行业绩评价

根据账簿记录的结果,我们可以计算出各种收入、成本、费用和利润指标,从而反映一定时期的财务成果;确定财务成果后,按规定的方法进行利润分配,计算出一系列财务指标,进而可以评价企业经营状况和财务成果的好坏,分析和评价企业的经营活动,为企业的经营决策和预测提供可靠的参考数据。

（四）保证财产物资的安全完整

通过设置和登记账簿，我们能够在账簿中连续反映各项财产物资的增减变动及结存情况，并通过财产清查等方法，确定财产物资的实际结存情况，账簿记录控制实存物资，以保证财产物资的安全完整。

二、会计账簿的种类

各会计主体的经济业务特点和管理的要求不同，所设置的账簿种类及格式也不同，这些账簿可以按不同的标准进行分类，常见的分类方法有以下几种。

（一）账簿按用途分类

会计账簿按其用途不同可分为序时账簿、分类账簿和备查账簿。

1. 序时账簿

序时账簿也称日记账，是指根据经济业务发生的时间先后顺序逐日逐笔进行连续登记的账簿。序时账簿按其记录的经济业务内容不同又分为普通日记账和特种日记账。用来登记全部经济业务的日记账称为普通日记账；专门用来登记某一类经济业务的日记账称为特种日记账，如现金和银行存款日记账。

2. 分类账簿

分类账簿又称分类账，是对全部经济业务进行分类登记的账簿。分类账按其所反映内容详细程度的不同，又分为总分类账和明细分类账。

（1）总分类账簿又称总分类账，简称总账，是指根据总分类科目（一级会计科目）开设，用来分类记录全部经济业务，提供总括核算资料的分类账簿。它对明细分类账簿具有统驭和控制作用。

（2）明细分类账簿又称明细分类账，简称明细账，是根据总分类账所属的二级或明细科目设置的，详细记录某一类经济业务，提供比较详细核算资料的分类账簿。明细分类账簿对总分类账簿具有辅助和补充的作用。

3. 备查账簿

备查账簿又称辅助账簿，是对某些未能在序时账和分类账等主要账簿中登记的经济业务进行补充登记的账簿。备查账簿主要是为某些经济业务的经营决策提供一些必要的参考资料，如租入固定资产登记簿、应收票据备查簿、代管商品物资登记簿、受托加工物资登记簿等。这种账簿属于备查性质的辅助账簿，与其他账簿之间不存在严密的依存、钩稽关系，并非一定要设置，应根据实际情况而定。

（二）账簿按外表形式分类

账簿按其外表形式不同，分为订本式账簿、活页式账簿和卡片式账簿。

1. 订本式账簿

订本式账簿又称订本账，是在账簿启用之前，就把按若干顺序编号的、具有专门格式的账页固定装订成册的账簿。在一般情况下，一些重要的、具有统驭作用的账簿,如现金日记账、银行存款日记账、总分类账等,都采用订本式账簿。应用订本式账簿的优点是,可以避免账页散失,防止任意抽换账页。但是,它也有一些缺点,如在使用时,必须为每一账户预留账页,这样可能会出现某些账户预留账页不足,影响账户连续登记,不便查阅,而有些账户预留账页过多,造成浪费的情况;另外,采用订本式账簿,在同一时间里,只能由一人负责登记,不便于分工。

订本式账簿的格式如图6-1所示。

图6-1　订本式账簿的格式

2. 活页式账簿

活页式账簿又称活页账,是把若干张具有专门格式、零散的账页,根据业务需要自行组合而成,并装在活页夹内的账簿。在一般情况下,一些明细账采用活页账的形式。应用活页式账簿的优点是,账页不固定装订在一起,可根据业务的需要随时加入、抽出或移动账页,这样可以适当避免浪费,使用起来灵活,而且可以分工记账,有利于提高工作效率。但是,它也有一些缺点,由于账页是分开的,账页容易散失或被任意抽换,会计人员在使用时应将账页按顺序编号,置于账夹内,并在账页上由有关人员签名或盖章,以防止产生一些舞弊行为。在年度终了时,更换新账后,会计人员应将使用过的账页装订成册,作为会计档案予以保管。

3. 卡片式账簿

卡片式账簿又称卡片账,是由若干张分散的、具有专门格式的存放在卡片箱中的卡片组成的账簿。这种账簿主要适用于内容比较复杂、变化不大的财产明细账,如固定资产卡片、低值易耗品卡片等。

卡片式账簿具有活页式账簿的特点,便于随时查阅,便于归类整理,不容易损坏,但容易出现账页散失或被任意抽换的问题。因此,在使用时,会计人员需要将卡片式账页连续编号,并在卡片上由有关人员签名或盖章,放在卡片箱内,由专人保管。更换新账后,也需要封扎起来,作为会计档案妥善保管。

(三)账簿按账页格式分类

会计账簿按账页格式分类,可分为三栏式账簿、数量金额式账簿、多栏式账簿等。

1. 三栏式账簿

三栏式账簿是指由设置三个金额栏的账页组成的账簿。它适用于总分类账、日记账，也适用于只进行金额核算而不需要数量核算的债权、债务结算账户的明细分类账。三栏式账页格式如图6-2所示。

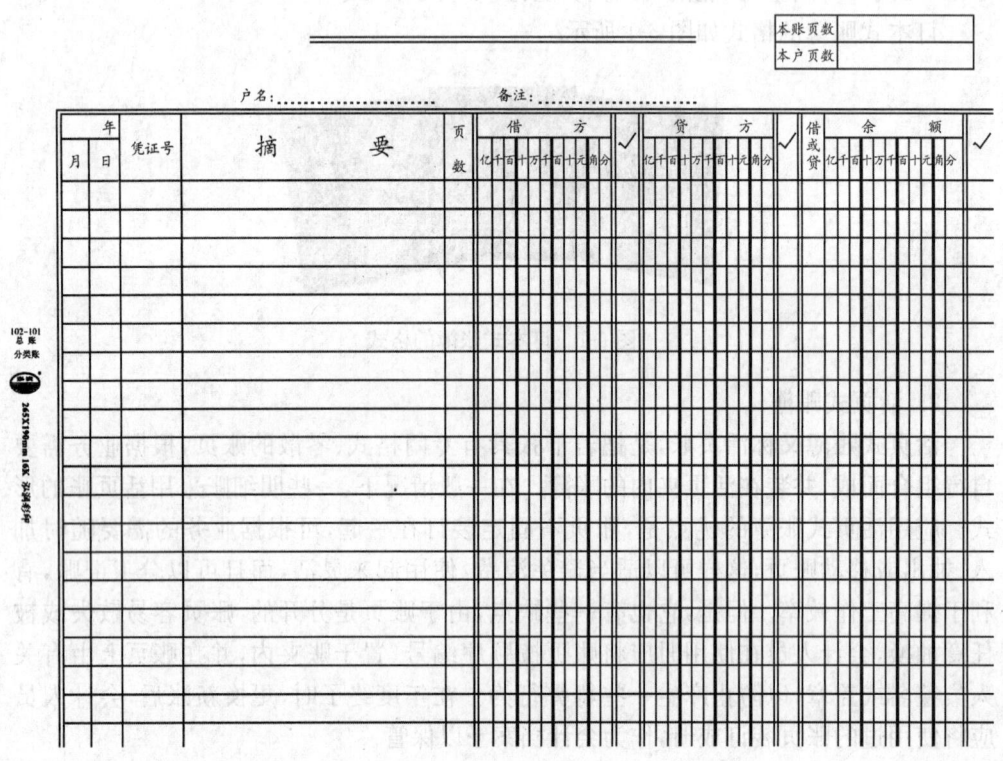

图6-2 三栏式账页格式

2. 数量金额式账簿

数量金额式账簿也称三大栏式账簿，是指在每一大栏内，又设置由数量、单价、金额等小栏目的账页组成的账簿。这种账簿适用于既要进行金额核算，又要进行实物数量核算的各种财产物资账簿。原材料、库存商品等存货明细账一般采用数量金额式账簿。数量金额式账页格式如图6-3所示。

3. 多栏式账簿

多栏式账簿是指由三个以上金额栏的账页所组成的账簿。这种账簿根据经济业务特点和经营管理的需要，把同一个一级账户所属的明细账户，集中在一张账页上设置专栏,反映各有关明细账户的核算资料。它适用于成本、收入、费用和利润等账户。多栏式账簿的账页格式如图6-4所示。

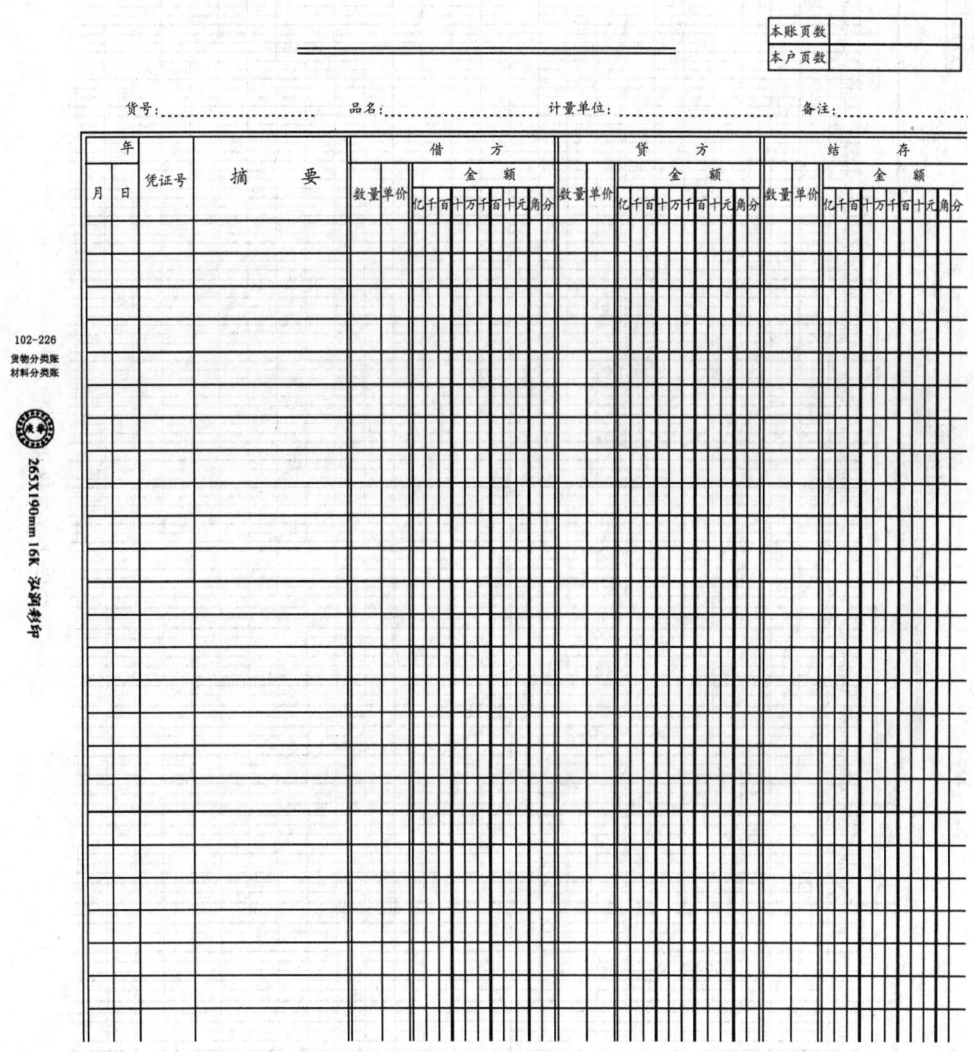

图6-3 数量金额式账页格式

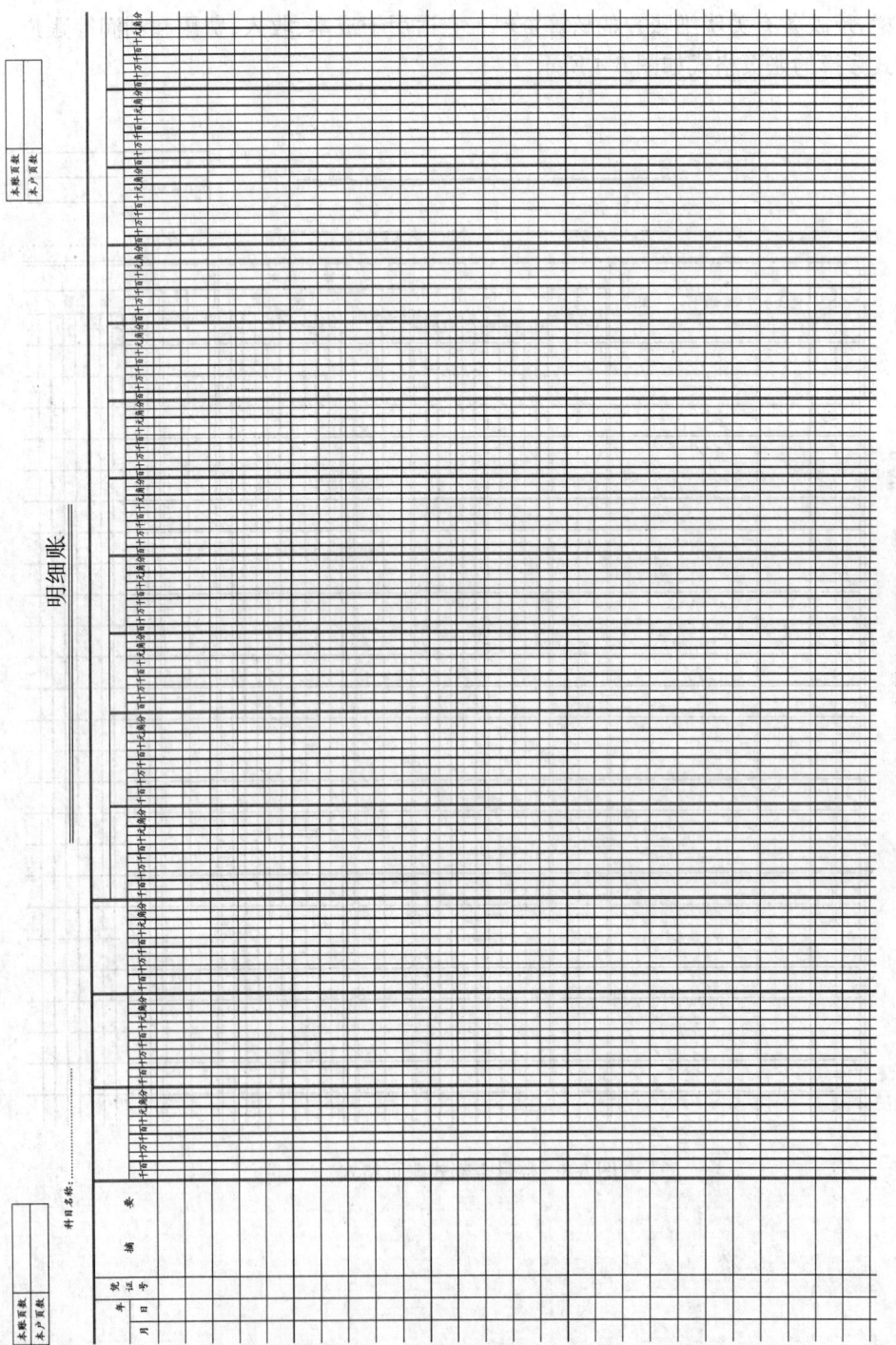

图 6-4 多栏式账页格式

综上所述,会计账簿分类如图6-5所示。

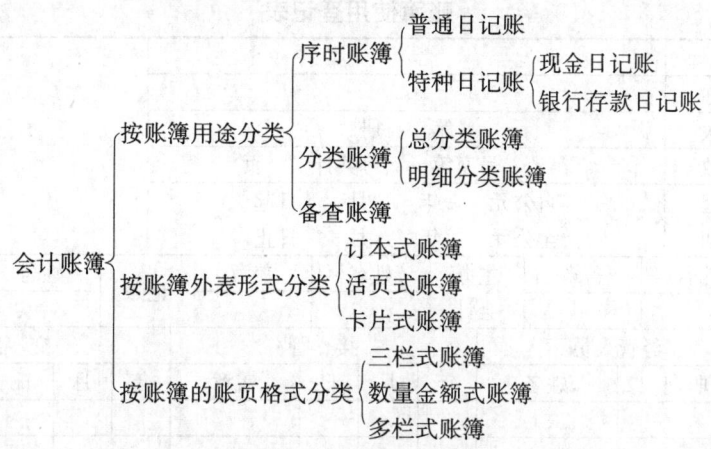

图 6-5 会计账簿的分类

三、会计账簿的基本内容

各种账簿所记录的经济内容、账簿的格式可以多种多样,但各种账簿都应具备一些基本内容,也称基本要素,这些基本要素主要包括以下内容。

(1) 封面。封面主要表明单位名称和账簿的名称,如现金日记账、材料明细账等。

(2) 扉页。扉页主要列明账户目录(科目索引)和账簿使用登记表,其一般格式如表6-1和表6-2所示。

表 6-1

账户目录表(科目索引)

编号	账户名称	起讫页码	编号	账户名称	页数

表 6-2

账簿使用登记表

单位名称										
本账簿	名　称									
	册次	第　　　　　　　　　册								
	页数	第　　号至第　　号共计　　页								
	使用起讫日期	自公元　　年　　月　　日起 至公元　　年　　月　　日止								
单位负责人	姓名		盖章		主办会计	姓名		盖章	记账	姓名　　　　盖章
接交记录	经管人员			接　管				交　出		
	职别	姓名		年	月	日	盖章	年	月	日　盖章
备注										

(3) 账页。账页是构成账簿的主要部分,账页根据其反映经济业务的不同,具有多种格式,但基本内容一般包括:① 账户名称,或称会计科目(一级、二级或明细科目)。② 日期栏。③ 凭证种类和号数栏。④ 摘要栏。⑤ 金额栏。⑥ 总页次和分页次。

第二节　会计账簿登记的要求和方法

一、启用会计账簿的要求

账簿是储存会计信息的载体,是重要的会计档案。按照我国《会计基础工作规范》的规定,各单位应当按照国家统一会计制度的规定和会计业务的需要设置会计账簿。会计账簿包括总账、明细账、日记账和其他辅助性账簿。现金日记账和银行存款日记账必须采用订本账簿。新的会计年度开始时,每个会计主体都应启用新的会计账簿。为了保证账簿记录的合法性,明确记账人的责任,保证账簿资料完整无缺,防止任何舞弊行为,在账簿启用时,应在账簿封面上写明单位名称和账簿名称。在账簿扉页上填写"账簿使用登记表"(表 6-2)或"账簿启用及经管人员一览表",其内容包括启用日期、账簿页数、记账人员或者会计机构负责人和会计主管人员姓名,并加盖名章和单位公章等。

记账人员或会计人员调动工作时,应办理账簿交接手续,在交接记录栏内填写交接日期、交接人员和监交人员的姓名,并由交接双方人员签名或盖章。

启用订本式账簿,应从第一页到最后一页顺序编定页数,不得跳页、缺号。使用活页式账簿,应按账户顺序编号,并须定期装订成册。装订后再按实际使用的账页顺序编定页码,另加目录、记明每个账户名称和页次。

根据《中华人民共和国印花税暂行条例》规定,企业设立营业账簿,应该缴纳印花税,按照营业账簿反映的内容不同,在税目中分为记载资金的账簿(简称资金账簿)和其他账簿两类。自2019年5月1日起,记载资金的账簿按实收资本和资本公积合计金额的0.25‰贴花,由于其金额较大,企业一般使用缴款书缴纳印花税,这样应在账簿扉页右上角注明"印花税已缴"及缴款金额;其他账簿免收印花税。

二、会计账簿登记的基本要求

会计账簿的登记一般叫记账。会计人员登记账簿时,应当以审核无误的会计凭证为依据。按照我国《会计基础工作规范》的规定,登记会计账簿应符合以下基本要求:

(1) 登记会计账簿时,应当将会计凭证日期、编号、业务内容摘要、金额和其他有关资料逐项记入账内;做到数字准确、摘要清楚、登记及时、字迹工整。

(2) 登记完毕后,要在记账凭证上签名或者盖章,并注明已经登账的符号,表示已经记账。

(3) 账簿中书写的文字和数字上面要留有适当空格,不要写满格,一般应占格距的1/2,如图6-6所示。

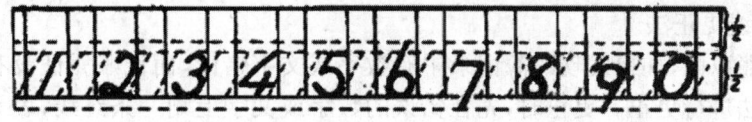

图6-6 数字的书写格式

(4) 登记账簿要用蓝黑墨水或者碳素墨水书写,不得使用圆珠笔(银行的复写账簿除外)或者铅笔书写。

(5) 下列情况可以用红色墨水记账:① 按照红字冲账的记账凭证,冲销错误记录。② 在不设借贷等栏的多栏式账页中,登记减少数。③ 在三栏式账户的"余额"栏前,如未印明余额方向的,在余额栏内登记负数余额。④ 根据国家统一会计制度的规定可以用红字登记的其他会计记录。

(6) 各种账簿按页次顺序连续登记,不得跳行、隔页。如果发生跳行、隔页,应当将空行、空页划线注销,或者注明"此行空白""此页空白"字样,并由记账人员签名或者盖章。

(7) 凡需要结出余额的账户,结出余额后,应当在"借或贷"等栏内写明"借"或者"贷"等字样。没有余额的账户,应当在"借或贷"等栏内写"平"字,并在余额栏内用"0"表示。现金日记账和银行存款日记账必须逐日结出余额。

(8) 每一账页登记完毕结转下页时,应当结出本页合计数及余额,写在本页最后一行和下页第一行有关栏内,并在"摘要"栏内注明"过次页"和"承前页"字样;也可以将本页合计数及金额只写在下页第一行有关栏内,并在摘要栏内注明"承前页"字样。对需要结计本月发生额的账户,结计"过次页"的本页合计数应当为自本月初起至本页末止的发生额合计数;对需要结计本年累计发生额的账户,结计"过次页"的本页合计数应当为自年初起至本页末止的累计数;对既不需要结计本月发生额也不需要结计本年累计发生额的账户,可以只将每页末的余额结转次页。

(9) 实行会计电算化的单位,总账和明细账应当定期打印。发生收款和付款业务的,在输入收款凭证和付款凭证的当天必须打印出现金日记账和银行存款日记账,并与库存现金核对无误。

(10) 账簿记录发生错误,不准涂改、挖补、刮擦或者用药水消除字迹,不准重新抄写,必须按规定的方法更正。

三、错账的更正方法

登记账簿难免会发生差错,发生错账的情况是多种多样的,有的是填制凭证和记账时发生的单纯笔误;有的是用错应借应贷的会计科目,或错记摘要、金额等;有的是过账错误;有的是合计时计算错误等。账簿记录的错误,一经发现后,应立即分析发生错误的情况并按规定的方法进行更正。在手工记账的情况下,常用的错账更正方法有划线更正法、红字更正法和补充登记法三种。

1. 划线更正法

在结账以前,如果发现账簿记录中有数字或文字错误,而记账凭证没有错,可用划线更正法进行更正。更正时,先在错误的数字或文字上划一条红线,表示注销,但应保证原有字迹仍能辨认,然后在划线上方空白处填写正确的数字或文字,并在更正处加盖更正人员的印章,以明确责任。但应注意,对于错误数字,必须全部划掉,不能只划去整个数字中的个别错误数字。如将 6 589 元误记为 6 859 元,应先在 6 859 上划一条红线以示注销,然后在其上方空白处填写正确数字,而不能只更正 8、5 两个数字。对于文字错误,可只划去错误部分,并相应予以更正即可。

2. 红字更正法

红字更正法适用于以下两种情况:

第一,记账以后,如果发现记账凭证中应借、应贷科目发生错误时,应用红字更正法进行更正。更正的方法是:先用红字金额填制一张与原错误的记账凭证完全相同的记账凭证,并据此用红字记入有关账簿,冲销原来的错误记录;然后再用蓝字金额填制一张正确的记账凭证,并据此用蓝字登记入账。

【例 6-1】 某公司以银行存款支付销售产品运费 1 500 元。在填制记账凭证时,误将"销售费用"科目记为"管理费用"科目,并据以登记入账。其错误会计分录如下:

(1) 借:管理费用　　　　　　　　　　　　　　　　　　　　1 500
　　　贷:银行存款　　　　　　　　　　　　　　　　　　　　　　　1 500

上述错误更正时,应用红字金额编制如下记账凭证:

(2) 借:管理费用　　　　　　　　　　　　　　　　　　　　1 500①
　　　贷:银行存款　　　　　　　　　　　　　　　　　　　　　　　1 500

根据以上记账凭证用红字金额记账之后,表明已冲销原错误账簿记录。然后,用蓝字填制如下正确的记账凭证。

(3) 借:销售费用　　　　　　　　　　　　　　　　　　　　1 500
　　　贷:银行存款　　　　　　　　　　　　　　　　　　　　　　　1 500

以上有关账户的记录如图 6-7 所示。

借方	银行存款	贷方	借方	管理费用	贷方	借方	销售费用	贷方
	(1) 1 500			(1) 1 500			(3) 1 500	
	(2) 1 500			(2) 1 500				
	(3) 1 500							

图 6-7　有关账户的记录

第二,记账以后如果发现记账凭证和账簿记录中会计科目无错误,而金额有错误,且错误金额大于应记的正确金额,应采用红字更正法进行更正。更正方法是:将多记的差额用红字编制一张与错误凭证相同的记账凭证,并据以用红字登记入账,以冲销原账簿记录中多记的金额。

【例 6-2】 承[例 6-1],在填制记账凭证时,误将金额 1 500 元填为 15 000 元,并已登记入账。其错误会计分录如下:

(1) 借:销售费用　　　　　　　　　　　　　　　　　　　　15 000
　　　贷:银行存款　　　　　　　　　　　　　　　　　　　　　　15 000

更正时,应用红字金额编制如下会计分录,将多记的 13 500 元冲销掉。

---

① □ 表示红字,下同。

(2) 借：销售费用　　　　　　　　　　　　　　　　　　　13 500
　　　贷：银行存款　　　　　　　　　　　　　　　　　　　　　　13 500

以上有关账户的记录如图6-8所示。

借方	销售费用	贷方		借方	银行存款	贷方
(1)	15 000				(1)	15 000
(2)	13 500				(2)	13 500

图 6-8　有关账户的记录

3. 补充登记法

记账以后，如果发现记账凭证和账簿记录中会计科目无错误，而金额有错误，且所记金额少于应记的正确金额，应采用补充登记法进行更正。更正方法是：将少记的差额用蓝字填制一张与错误凭证相同的记账凭证，并据以登记入账。

【例 6-3】　承[例6-1]，在填制记账凭证时，误将金额1 500元填为150元，并已登记入账。其错误会计分录如下：

(1) 借：销售费用　　　　　　　　　　　　　　　　　　　　150
　　　贷：银行存款　　　　　　　　　　　　　　　　　　　　　　150

更正时，应用蓝字金额编制如下会计分录，将少记的1 350元补上。

(2) 借：销售费用　　　　　　　　　　　　　　　　　　　1 350
　　　贷：银行存款　　　　　　　　　　　　　　　　　　　　　1 350

以上有关账户的记录如图6-9所示。

借方	银行存款	贷方		借方	销售费用	贷方
		(1)	150	(1)	150	
		(2)	1 350	(2)	1 350	

图 6-9　有关账户的记录

四、会计账簿的登记方法

(一) 日记账的登记方法

1. 普通日记账的登记方法

普通日记账是逐日序时登记全部经济业务的账簿。它是根据日常发生的经济业务所取得的原始凭证逐日逐笔顺序登记的，先把每一笔经济业务转化为会计分录登记在账，然后再转记列入分类账中，因此普通日记账也称分录簿，它起到了记账凭证的作用。普通日记账账页格式一般只设两个金额栏，即"借方金额"和"贷方金额"两栏，用来登记每一分录的借方账户和贷方账户及金额，这种账簿不结余额。因此，这种格式又称"两栏"式。普通日记账的账页格式如表6-3所示。

表 6-3

普通日记账

第　　页
单位:元

2023年		摘　要	账户名称	借方金额	贷方金额	过　账
月	日					
5	2	收回客户欠款	银行存款	20 000		
			应收账款		20 000	
	10	从银行提取现金	库存现金	1 000		
			银行存款		1 000	
	15	赊销商品	应收账款	50 000		
			主营业务收入		50 000	
		……				

普通日记账的登记方法如下:

(1) 日期栏,按照经济业务发生时间的先后顺序逐项登记,并指明分录的日期。

(2) "摘要"栏,简单摘录经济业务事项的内容。

(3) 将应借账户记入"账户名称"栏第一行,并将金额登入"借方金额"栏;将应贷账户名称记入"账户名称"栏第二行(缩进一格),并将金额登入"贷方金额"栏。

(4) "过账"栏,根据普通日记账登记总账后,在该账户对应行内"过账"栏划"√",或注明总账账户所在页数,表示已登过总账,以备查考。

采用普通日记账,可以逐日反映全部经济业务的发生和完成情况。但普通日记账只有一本账,不便于分工记账,也不可能反映各类经济业务的发生或完成情况。而且,普通日记账需要逐笔记账,记账工作量比较繁重,因此,在手工操作的条件下,企业很少采用这种日记账。

2. 现金日记账的登记方法

我国《会计基础工作规范》规定,企业必须设置现金日记账。现金日记账是记录和反映库存现金收付业务的一种特种日记账,必须采用订本式账簿。

现金日记账由出纳人员根据审核无误的现金收款凭证、现金付款凭证和银行存款付款凭证,按照业务发生的时间先后顺序,逐日逐笔顺序进行登记。三栏式现金日记账的登记方法如表6-4所示。

(1) 日期栏:登记现金实际收付日期。

(2) "凭证号"栏:登记所根据的收付款凭证的种类和编号。其中,种类是指收款或付款凭证。如现金收款凭证,可简写为"现收";现金付款凭证和银行付款凭证(从银行提取现金),可简写为"现付""银付"等。编号按规定的编号登记。

(3) "摘要"栏:简要概括登记入账的经济业务的内容。一般根据凭证中的摘要栏填写。

表 6-4

现 金 日 记 账

2023年		凭证号	摘要	对方科目	借方	贷方	借或贷	余额
月	日							
8	1		月初余额				借	800.00
	5	银付3	从银行提取现金备用	银行存款	3 000.00		借	3 800.00
	13	现付1	用现金发放工资	应付职工薪酬		2 500.00	借	1 300.00
	16	现付2	支付办公费	管理费用		200.00	借	1 100.00
	28	现收1	出售废旧物资收入	其他业务收入	300.00		借	1 400.00
	30	现付3	职工李红预借差旅费	其他应收款		800.00	借	600.00
8	31		本月发生额及月末余额		3 300.00	3 500.00	借	600.00

(4)"对方科目"栏:登记现金收入的来源科目或现金付出的用途科目,一般根据凭证中的对方科目填写。

(5)"借方"栏:登记现金实际收入的金额。根据现金收款凭证和银行付款凭证中(从银行提取现金)所列金额填写。

(6)"贷方"栏:登记现金实际支出的金额。根据现金付款凭证所列金额填写。

(7)"余额"栏:登记现金的余额。通常每笔现金收入或支出后,都要随时计算出余额。

3. 银行存款日记账的登记方法

我国《会计基础工作规范》规定,企业必须设置银行存款日记账。银行存款日记账是记录和反映银行存款收付业务的一种特种日记账,必须采用订本式账簿。

银行存款日记账由出纳人员根据审核无误后银行存款收款凭证、银行存款付款凭证及现金付款凭证,按照业务发生的时间先后顺序,逐日逐笔顺序进行登记。其具体登记方法与现金日记账基本相同。只不过,由于银行存款的支付都是根据特定的结算凭证进行的,为了反映结算凭证的种类、编号,特开设"结算凭证"栏。结算凭证栏分为"种类"和"编号"两个专栏,分别登记结算凭证的种类和编号。其中,"种类"栏登记结算凭证的种类,如"现金支票""转账支票""普通支票"等;"编号"栏登记结算凭证的号码,现金支票登记现金支票号码,转账支票登记转账支票号码,普通支票登记普通支票号码。这样做的目的是便于和银行对账。银行存款日记账的登记如表6-5所示。

(二)分类账的登记方法

1. 总分类账的登记方法

为了总括、全面地反映经济活动和财务收支情况,并为编制会计报表提供资料,每个会计主体必须设置总分类账。总分类账是根据总分类账户分类登记全部经济业务的账簿。一般按照一级会计科目的编码顺序分设账户,并为每个账户预留若干账页。为了保证账簿资料的安全完整,总分类账簿应采用订本式账簿。总分类核算只运用货币量度,所以总分类账只登记各账户金额的增减。其最常用的格式为三栏式,即分为借方金额、贷方金额和余额三栏,如表6-11和表6-14所示。

总分类账的登记,可以根据各种记账凭证逐笔登记,也可以根据汇总记账凭证(汇总收款凭证、汇总付款凭证和汇总转账凭证)或科目汇总表定期汇总登记,还可以根据多栏式现金日记账、银行存款日记账逐笔或定期登记。总分类账采用什么方法登记,取决于所采用的会计核算组织程序。具体可见"第十章 会计核算组织程序"。

2. 明细分类账的登记方法

明细分类账简称明细账,它根据二级科目或明细科目开设,用于分类、连续记录和反映有关资产、负债、所有者权益和收入、费用、利润等各会计要素的详细情况,为编制财务报表提供所需的详细资料。各单位应结合自己的经济业务特点和经营管理的要求,在总分类账基础上设置若干明细分类账,作为总分类账的必要补充。这样,既可以根据总分类账了解某一账户的总括情况,又可以根据明细分类账了解该账户

表 6-5

银行存款日记账

2023年		凭证号	摘要	对方科目	结算凭证种类	结算凭证号码	借方 十万千百十元角分	贷方 十万千百十元角分	借或贷	余额 十万千百十元角分
月	日									
8	1		期初余额						借	1 1 5 6 0 0 0 0
8	5	银付3	从银行提取现金备用	库存现金	(略)			3 0 0 0 0 0 0	借	8 5 6 0 0 0 0
8	14	银付4	付材料款	在途物资				1 5 0 0 0 0 0	借	7 0 6 0 0 0 0
8	17	银收1	销售产品收入	主营业务收入			8 0 0 0 0 0 0		借	15 0 6 0 0 0 0
8	25	银付5	购入办公用设备	固定资产				6 0 0 0 0 0 0	借	9 0 6 0 0 0 0
8	31		本月发生额及余额				8 0 0 0 0 0 0	10 5 0 0 0 0 0	借	9 0 6 0 0 0 0

更详细的情况。根据管理要求和各种明细分类账记录的经济内容不同,明细分类账的账页格式主要有三栏式、数量金额式和多栏式三种格式。

(1) 三栏式明细分类账。三栏式明细分类账的账页格式,只设有"借方""贷方""余额"三个金额栏,不设数量栏,用来登记只需反映金额的经济业务。它一般适用于债权、债务等不需要进行数量核算的明细分类账户,如"应收账款""应付账款""其他应收款""其他应付款"账户等业务的明细核算。其账页格式如表6-6所示。

表6-6

应付账款明细分类账

明细科目：××单位　　　　　　　　　　　　　　　　　　第　页
　　　　　　　　　　　　　　　　　　　　　　　　　单位：元

2023年		凭证号	摘要	借方	贷方	借或贷	余额
月	日						
8	1		月初余额			贷	3 000
	14	(略)	购料欠款		4 000	贷	7 000
	26		偿还购料款	5 000		贷	2 000
8	31		本月发生额及余额	5 000	4 000	贷	2 000

(2) 数量金额式明细分类账。数量金额式明细分类账在"收入"(借方)、"发出"(贷方)和"结存"(余额)栏下分设"数量""单价"和"金额"三个小栏,用来登记既要反映金额,又要反映实物数量的经济业务,如"原材料""库存商品"账户等的收发结存业务的核算。其账页格式如表6-7所示。

表6-7

原材料明细分类账

材料名称：甲材料　　　　金额单位：元　　　　　　第　页
编号：0546　　　规格：(略)　　数量单位：吨　　最低储量：(略)
　　　　　　　　　　　　　　　　　　　　　　　最高储量：(略)

2023年		凭证号	摘要	收入			发出			结存		
月	日			数量	单价	金额	数量	单价	金额	数量	单价	金额
8	1		月初余额							10	1 200	12 000
	7	(略)	购入材料	5	1 200	6 000				15	1 200	18 000
	10		生产领用				8	1 200	9 600	7	1 200	8 400
8	31		本月发生额及余额	12		14 400	10		12 000	12	1 200	14 400

(3) 多栏式明细分类账。多栏式明细分类账是根据经济业务的需求,在一张账页上按明细项目分设若干专栏,用于登记明细项目多、借贷方向单一且无需数量核算的收入、费用、利润等业务,如"生产成本""制造费用""管理费用""主营业务收入""利润分配"等明细分类账。

其一,费用明细分类账。它一般按借方设置多个栏目,当发生一笔或少数几笔贷方金额时,可在借方有关栏内用红字登记,表示从借方发生额中冲减,会计期末将借方净发生额从贷方结转到"本年利润"账户或其他账户中。其账页格式如表6-8所示。

表6-8

制造费用明细分类账

第　页
单位:元

2023年		凭证号	摘要	借方						贷方	余额
月	日			机物料消耗	工资	折旧费	办公费	水电费	合计		
8	31	(略)	工资费用的分配		3 000				3 000		
	31		折旧费用的分配			500			500		
	31		付款凭证				300		300		
	31		材料费用的分配	500					500		
	31		辅助生产费用的分配					300	300		
	31		制造费用的分配							4 600	
8	31		合　计	500	3 000	500	300	300	4 600	4 600	0

其二,收入明细分类账。它一般按贷方设置多个栏目,当发生一笔或少数几笔借方金额时,可在贷方有关栏内用红字登记,表示从贷方发生额中冲减,会计期末将贷方净发生额从借方结转到"本年利润"账户。其格式如表6-9所示。

表6-9

主营业务收入明细分类账

第　页
单位:元

年		凭证号	摘要	借方	贷方			余额
月	日				A产品	B产品	合计	

其三,应交增值税明细分类账。它一般按"借方"和"贷方"分设多栏,即按应交增值税构成项目设多个栏目。其格式如表 6-10 所示。

表 6-10

应交税费——应交增值税明细分类账

年		凭证号	摘要	借方				贷方				借或贷	余额
月	日			进项税额	已交税金	……	合计	销项税额	出口退税	……	合计		

明细分类账可以直接根据原始凭证、记账凭证逐笔登记,也可以根据汇总原始凭证逐日、定期汇总登记。对于固定资产、债权债务等明细分类账应当逐笔登记,便于反映和监督其具体增减变动情况。库存商品和原材料等明细分类账,如业务发生不是很多,可以逐笔登记;如业务发生较多,为了适当简化记账工作,也可以逐日汇总登记。

3. 总分类账和明细分类账的平行登记

总分类账与其所属的明细分类账所反映的经济内容是相同的,因而保持总分类账和明细分类账记录的一致,是记账工作的一条重要规则。为了便于账户核对,使总分类账与其所属的明细分类账之间能起到统驭和补充的作用,并确保核算资料的正确完整,必须采用平行登记的方法,在总分类账及其所属的明细分类账中进行记录。平行登记是指发生经济业务后,根据会计凭证,一方面要登记有关的总分类账;另一方面要登记该总分类账所属的各明细分类账。采用平行登记规则应注意以下要点:

(1)依据相同。对于需要提供其详细指标的每一项经济业务,应根据相关的会计凭证,一方面在有关的总分类账中进行登记;另一方面在其所属的明细分类账中进行登记。

(2)期间相同。对发生的经济业务,总分类账和其所属的明细分类账必须在同一会计期间(如 1 个月、1 个季度等)全部登记入账。注意,这里所指的同一会计期间并不代表同时,因为明细分类账一般根据记账凭证及其所附的原始凭证在平时登记,而总分类账因会计核算组织程序不同,可能在平时登记,也可能定期登记,但登记总分类账和明细分类账必须在同一会计期间内完成。

(3)方向相同。在一般情况下,如果在总分类账中登记的是借方,在其所属的明细分类账中也应登记在借方;反之,如果在总分类账中登记的是贷方,在其所属的明细分类账中也应登记在贷方。

(4) 金额相等。在总分类账及其所属的明细分类账中登记的金额是相等的。当总分类账同时涉及几个明细分类账时,则在总分类账中登记的金额应当与其所属的明细分类账中登记的金额之和相等。具体有:

总分类账本期发生额＝所属明细分类账本期发生额合计
总分类账期末余额＝所属明细分类账期末余额合计

在会计核算工作中,可以利用上述关系,检查账簿记录是否正确。检查时,可以编制明细分类账的本期发生额和余额明细表,与相应的总分类账本期发生额和余额相互核对,以检查总分类账与其所属的明细分类账记录的正确性。明细分类账户本期发生额和余额明细表根据不同的业务内容,可以分别采用不同的格式。

【例6-4】 某企业2023年8月1日"原材料"账户和"应付账款"账户的期初余额如下:
"原材料"账户:
A材料:3 000千克,单价为15元,计45 000元。
B材料:2 000件,单价为20元,计40 000元。
"应付账款"账户:
甲公司:20 000元。
乙公司:30 000元。
该企业2023年8月发生如下经济业务(假定不考虑相关税费):
(1) 从甲公司购入A材料2 000千克,单价为15元;购入B材料1 000件,单价为20元。货款尚未支付,材料已验收入库。
(2) 从乙公司购入A材料1 000千克,单价为15元,货款尚未支付,材料已验收入库。
(3) 以银行存款偿付甲公司货款40 000元,偿付乙公司货款25 000元。
(4) 生产产品领用A材料4 000千克,领用B材料2 000件。
根据上述业务编制会计分录如下:

(1) 借:原材料——A材料   30 000
        ——B材料   20 000
    贷:应付账款——甲公司   50 000

(2) 借:原材料——A材料   15 000
    贷:应付账款——乙公司   15 000

(3) 借:应付账款——甲公司   40 000
        ——乙公司   25 000
    贷:银行存款   65 000

(4) 借：生产成本　　　　　　　　　　　　　　　　　　100 000
　　　贷：原材料——A 材料　　　　　　　　　　　　　　　60 000
　　　　　　　——B 材料　　　　　　　　　　　　　　　　40 000

根据以上资料，开设"原材料""应付账款"总分类账户和明细分类账户，并登记期初余额，将上述经济业务分别记入有关的总分类账户和明细分类账户，结出本期发生额和期末余额，并分别编制"原材料""应付账款"明细分类账户本期发生额和余额表，将其与"原材料"总账和"应付账款"总账进行核对。账簿记录及明细分类账户本期发生额和余额表，如表 6-11 至表 6-18 所示。

表 6-11

总 分 类 账

会计科目：原材料　　　　　　　　　　　　　　　　　　　单位：元

2023年		凭证号	摘　　要	借　方	贷　方	借或贷	余　额
月	日						
(略)	(略)		月初余额			借	85 000
		转1	购入材料	50 000		借	135 000
		转2	购入材料	15 000		借	150 000
		转4	生产领用材料		100 000	借	50 000
			本月发生额及余额	65 000	100 000	借	50 000

表 6-12

原材料明细分类账

材料名称：A 材料　　　　　　金额单位：元　　　　　　最低储量：(略)

编号：(略)　　　　规格：(略)　　　　数量单位：千克　　　　最高储量：(略)

2023年		凭证号	摘　要	收　入			发　出			结　存		
月	日			数量	单价	金额	数量	单价	金额	数量	单价	金额
(略)	(略)		月初余额							3 000	15	45 000
		1	购入材料	2 000	15	30 000				5 000	15	75 000
		2	购入材料	1 000	15	15 000				6 000	15	90 000
		4	生产领用材料				4 000	15	60 000	2 000	15	30 000
			本月发生额及余额	3 000	15	45 000	4 000	15	60 000	2 000	15	30 000

表 6-13

原材料明细分类账

材料名称：B 材料　　　　　金额单位：元　　　　　最低储量：(略)

编号：(略)　　规格：(略)　　数量单位：件　　　　最高储量：(略)

2023 年		凭证号	摘要	收入			发出			结存		
月	日			数量	单价	金额	数量	单价	金额	数量	单价	金额
(略)	(略)		月初余额							2 000	20	40 000
		1	收入外购材料	1 000	20	20 000				3 000	20	60 000
		4	生产发出材料				2 000	20	40 000	1 000	20	20 000
			本月发生额及余额	1 000		20 000	2 000		40 000	1 000		20 000

表 6-14

总分类账

会计科目：应付账款　　　　　　　　　　　　　　　　　　　　　　　单位：元

2023 年		凭证号	摘要	借方	贷方	借或贷	余额
月	日						
(略)	(略)		月初余额			贷	50 000
		转 1	购入材料		50 000	贷	100 000
		转 2	购入材料		15 000	贷	115 000
		转 3	偿还材料款	65 000		贷	50 000
			本月发生额及余额	65 000	65 000	贷	50 000

表 6-15

应付账款明细分类账

明细科目：甲公司　　　　　　　　　　　　　　　　　　　　　　　　单位：元

2023 年		凭证号	摘要	借方	贷方	借或贷	余额
月	日						
(略)	(略)		月初余额			贷	20 000
		转 1	购入材料		50 000	贷	70 000
		转 3	偿还材料款	40 000		贷	30 000
			本月发生额及余额	40 000	50 000	贷	30 000

表 6-16

应付账款明细分类账

明细科目：乙公司　　　　　　　　　　　　　　　　　　　　　　　　　　　　单位：元

2023年		凭证号	摘　要	借　方	贷　方	借或贷	余　额
月	日						
(略)	(略)		月初余额			贷	30 000
		转2	购入材料		15 000	贷	45 000
		转3	偿还材料款	25 000		贷	20 000
			本月发生额及余额	25 000	15 000	贷	20 000

表 6-17

原材料明细分类账户本期发生额和余额表

2023年8月　　　　　　　　　　　　　　　　　　　　　　　　　　　　金额单位：元

明细分类账户名称	计量单位	单价	期初余额		本期发生额				期末余额	
					收入		发出			
			数量	金额	数量	金额	数量	金额	数量	金额
A材料	千克	15	3 000	45 000	3 000	45 000	4 000	60 000	2 000	30 000
B材料	件	20	2 000	40 000	1 000	20 000	2 000	40 000	1 000	20 000
合　计			—	85 000	—	65 000	—	100 000	—	50 000

表 6-18

应付账款明细分类账户本期发生额和余额表

2023年8月　　　　　　　　　　　　　　　　　　　　　　　　　　　　单位：元

明细分类账户名称	期初余额		本期发生额		期末余额	
	借方	贷方	借方	贷方	借方	贷方
甲公司		20 000	40 000	50 000		30 000
乙公司		30 000	25 000	15 000		20 000
合　计		50 000	65 000	65 000		50 000

第三节　对账和结账

一、对账

(一)对账的意义

对账是指核对账簿记录。它是会计核算的一项重要内容，也是审计常用的一种查账方法。我国《会计基础工作规范》规定，对账工作每年至少进行一次。

在会计工作中,由于种种原因,账簿记录难免会有错漏。为了保证账簿记录的正确、完整、合理和可靠,如实地反映和监督经济活动,并为编制财务报表提供真实的数据和资料,会计人员就必须进行账簿之间的核对,确保账证相符、账账相符、账实相符。

(二)对账的内容

1. 账证核对

账证核对是指各种账簿记录同会计凭证之间的核对。其具体包括总分类账、明细分类账和日记账的记录同记账凭证、原始凭证之间的相互核对。核对会计账簿记录与原始凭证、记账凭证的时间、凭证字号、内容、金额是否一致,记账方向是否相符。这种核对主要是在平时编制记账凭证和记账过程中随时进行的,做到随时发现错误,随时查明纠正。但是在月末如发现总分类账试算不平衡、账账不符或账实不符等情况,仍应核对账证是否相符。核对时,会计人员主要是抽查与账账不符或账实不符的有关凭证,直至查出错误为止,而不是核对全部凭证。

2. 账账核对

账账核对是指核对不同会计账簿之间账簿记录是否相符。其具体包括:

(1)总分类账户之间的核对。这种核对一般通过编制"总分类账户期末余额试算表"进行,检查各总分类账户本期借方发生额是否等于本期贷方发生额之和,期末所有账户借方余额之和是否等于贷方余额之和。

(2)总分类账户与所属明细分类账户之间的核对。这种核对一般通过编制"总分类账户与明细分类账户对照表"进行,检查总分类账户本期借、贷方发生额及期末余额与所属明细账户本期借、贷发生额及期末余额是否相符。

(3)总分类账户与现金、银行存款日记账之间的核对。这种核对检查"库存现金""银行存款"账户本期发生额及期末余额与总账是否相符。

(4)财会部门登记的各种财产物资明细分类账同财产物资保管、使用部门有关明细账的核对。这种核对检查各方期末财产物资结存数是否相等。

3. 账实核对

账实核对是指账簿记录结存数同各项财产物资的实有数之间的核对。其具体包括:

(1)现金日记账的账面余额同实地盘点的库存现金实有数之间的核对。

(2)银行存款日记账的账面余额与各开户银行对账单之间的核对。

(3)各种财产物资明细分类账账面余额与清查盘点后的财物实有数之间的核对。

(4)各种应收、应付款项明细分类账的账面余额与有关债权、债务单位或个人的账目之间的核对。

二、结账

(一)结账的意义

结账是指在将本期发生的经济业务全部登记入账的基础上,结算出每个账户的本期发生额和期末余额,并将期末余额结转至下期的一种方法。

结账是会计核算工作的又一项重要内容。如果只记账而不定期结账,记账就失去了意义。结账可以考察各期资产、负债和所有者权益和资金周转的情况,便于正确计算资金的耗费与产品成本,更重要的是为编制财务报表提供资料。各单位应当按照规定定期结账。

(二) 结账的内容

(1) 结账前,必须将本期内发生的各项经济业务全部登记入账,不能将本期发生的经济业务延至下期入账。这是结账工作的前提和基础,只有这样才能保证结账的正确性。

(2) 按权责发生制的要求调整和结转有关账项。对于本期内所有应计和预收收入及应计和预付费用,应编制记账凭证并记入有关账簿,以调整账簿记录。例如,将需摊销的费用按规定的比例分配到本期的成本、费用中;将本期所发生的各项收入、费用、成本、支出结转到"本年利润"账户。

(3) 计算各账户本期发生额和期末余额。在本期全部经济业务已登记入账的基础上,结算出现金日记账、银行存款日记账,以及总分类账和明细分类账户的本期发生额和期末余额。

注意,不能为了提前编制财务报表而先结账,也不能先编财务报表而后结账。

(三) 结账的方法

结账通常是为了总结一定时期的财务状况和经营成果,因此结账工作一般是在会计期末进行的,可以分为月结、季结和年结。结账主要采用划线法,即期末结出各账户的本期发生额和期末余额后,加划线标记,并将期末余额结转至下期的方法。划线的具体方法在月结、季结、年结时有所不同。

1. 月结

月底应办理月结。办理月结,应先在各账户本月最后一笔记录下面划一条通栏红线,表示本月结束;然后,在红线下结算出本月发生额和月末余额。如果本月没有月末余额,在"余额"栏内注明"平"字或"0"符号;同时,在"摘要"栏注明"本月合计"或"×月发生额及余额"字样,并在下面再划一条通栏红线,表示完成月结。需要结出本年累计发生额的,应当在"摘要"栏内注明"本年累计"字样,并在下面通栏划一条单红线。

2. 季结

季末应办理季结。办理季结,应先在各账户本季度最后1个月的月结下面(需按月结出累计发生额的,应在"本季累计"下面)划一条通栏红线,表示本季结束;然后再在红线下结算出本季发生额和季末余额,并在"摘要"栏内注明"第×季度合计"或"本季合计"字样;最后在"摘要"栏下面划一条通栏红线,表示完成季结工作。

3. 年结

年终应办理年结。首先在12月或第4季度季结下面划一条通栏红线,表示年度终了;其次在红线下面结算出全年 12 个月的月结发生额或 4 个季度的季结发生额,并在"摘要"栏内注明"年度发生额及余额"或"本年合计"字样,并在"本年发生额及余额"或"本年合计"下面通栏划双红线。年度终了,要把各账户的余额结转到下一会计年度,并在"摘要"栏内注明"结转下年"字样;在下一会计年度新建有关会计账簿的第一行"余额"栏内填写"上年结转"字样。

结账的具体方法举例说明如表 6-19 所示。

表 6-19

应收账款总分类账

单位:元

2023年 月	日	凭证号	摘　　要	借　方	贷　方	借或贷	余　额
1	1		上年结转			借	1 500 000
	5				60 000	借	1 440 000
	10			100 000		借	1 540 000
	21				40 000	借	1 500 000
1	31		1月发生额及余额	100 000	100 000	借	1 500 000
2	1		月初余额			借	1 500 000
	5			200 000		借	1 700 000
	10			50 000		借	1 750 000
	25				100 000	借	1 650 000
2	28		2月发生额及余额	250 000	100 000	借	1 650 000
3	1		月初余额			借	1 650 000
	5			100 000		借	1 750 000
	10			50 000		借	1 800 000
	15			150 000		借	1 950 000
	20				50 000	借	1 900 000
3	31		3月发生额及余额	300 000	50 000	借	1 900 000
3	31		第1季度合计	650 000	250 000	借	1 900 000
			……				
			第4季度合计				
12	31		年度发生额及余额	1 000 000	600 000	借	1 900 000
12	31		结转下年		1 900 000	平	0

说明:──表示单红线;═表示双红线。

第四节 账簿的更换与保管

一、账簿的更换

账簿更换是指在会计年度开始时启用新账簿,并将上年度的会计账簿归档保管。

现金日记账、银行存款日记账、总分类账及绝大多数的明细分类账,每年都要更换新账。对于个别采用卡片式的明细账,如固定资产卡片明细账,可以跨年度使用,不必每年更换新账。

账簿更换的具体做法是:首先检查本年度账簿记录,在年终结账时是否全部结清;其次在新账中有关账户的第一行日期栏内注明1月1日,"摘要"栏内注明"上年结转"或"年初余额"字样,将上年的年末余额以同方向记入新账中的"余额"栏内,并在"借或贷"栏内注明余额的方向(即借方还是贷方)。需注意的是,新旧账簿更换时账户余额结转不编制记账凭证,也不要记入"借方"栏或"贷方"栏,而是直接记入"余额"栏,因此"凭证号"栏、"借方"栏和"贷方"栏无需填制。

二、账簿的保管

账簿是重要的会计资料,且有些是需要保密的,因此,必须建立严格的账簿保管制度,妥善保管账簿。账簿的保管包括两个方面的内容。

(一)账簿的日常保管

(1)各种账簿要分工明确,指定专人管理,账簿经管人员既要负责记账、对账、结账等工作,又要负责保证账簿的安全、完整。

(2)会计账簿未经领导和会计负责人或者有关人员批准,非经管人员不能随意翻阅、查看、摘抄和复制等。

(3)会计账簿除需要与外单位核对外,一般不能携带外出,对需要携带外出的账簿,通常由经管人员负责或会计主管人员指定专人负责。

(4)会计账簿不能随意交与其他人员管理,以保证账簿安全完整和防止任意涂改、毁坏账簿等问题的发生。

(二)旧账的归档保管

启用新账后,对更换下来的旧账需要进行整理、装订、造册,并办理交接手续,归档保管。具体内容如下:

(1)整理。归档前应对更换下来的旧账进行整理。其工作主要包括:首先检查应归档的旧账是否收集齐全;然后检查各种账簿应办的会计手续是否完备,对于手续不完备的应补办手续,如注销空行空页、加盖印章、结转余额等。

(2)装订成册。账簿经过整理后要装订成册。装订前首先应检查账簿的扉页内容是否填写齐全,手续是否完备;其次检查订本式账页从第一页到最后一页是否顺序编写页数,有无缺页或跳页,活页账或卡片式账是否按账页顺序编号,是否加具封面。装订时,根据实际情况,一个账户可装订一册或数册,也可以将几个账户合并装订成一册。装订后应由经管人员、装订人员和会计主管人员在封口处签名或盖章。

(3) 办理交接手续,归档保管。账簿装订成册后,应编制目录,填写移交清单,办理交接手续,归档保管。保管人员应按照《会计档案管理办法》的要求,编制索引、分类储存、妥善保管,以便于日后查阅,要注意防火、防盗,库房通风良好,以防毁损、霉烂等。保管期满后,应按规定的审批程序报经批准后才能销毁,不得任意销毁。

课程思政

朱镕基总理对会计人的要求

2001年10月29日,中共中央政治局常委、国务院总理朱镕基视察国家会计学院。朱镕基强调,"不做假账"是会计从业人员的基本职业道德和行为准则,所有会计人员必须以诚信为本,操守为重,遵循准则,不做假账,保证会计信息的真实、可靠。他要求,国家会计学院要把诚信教育放在首位,培养出来的人才不仅要有一流的专业知识水平,更要有一流的职业道德水平,绝对不做假账。[①]

要求:即将成为会计人的你,如何践行朱镕基总理对会计人的要求?

复习思考题

1. 设置和登记会计账簿有哪些作用?
2. 明细分类账账页有哪几种格式?适用情况如何?
3. 更正错账的方法有哪几种?各在什么情况下使用?
4. 总分类账和其所属明细分类账平行登记应遵循哪些规则?
5. 对账的内容有哪些?
6. 怎样结账?
7. 登记账簿的基本要求有哪些?
8. 怎样登记现金日记账?

---

① 刘琼.朱镕基:诚信为本 操守为重 遵循准则 不做假账[EB/OL].(2001-10-29)[2023-12-28]. https://www.cctv.com/news/financial/20011029/393.html.

第六章 会计账簿

练习题
参考答案

一、单项选择题

1. 总分类账簿一般应采用（　　）。
   A. 活页账簿　　　　　　　　　　B. 卡片账簿
   C. 订本账簿　　　　　　　　　　D. 备查账簿

2. 活页账簿和卡片账簿可适用于（　　）。
   A. 现金日记账　　　　　　　　　B. 总分类账
   C. 银行存款日记账　　　　　　　D. 明细分类账

3. 原材料明细账的外表形式一般采用（　　）。
   A. 订本式　　　　　　　　　　　B. 活页式
   C. 三栏式　　　　　　　　　　　D. 多栏式

4. 对于将现金存入银行的业务登记银行存款日记账的依据是（　　）。
   A. 现金收款凭证　　　　　　　　B. 现金付款凭证
   C. 银行存款收款凭证　　　　　　D. 银行存款付款凭证

5. 制造费用明细账一般采用的账页格式是（　　）。
   A. 三栏式　　　　　　　　　　　B. 数量金额式
   C. 多栏式　　　　　　　　　　　D. 任意一种明细账格式

6. 会计人员在结账前发现，在根据记账凭证登记入账时，误将 300 元写成 3 000 元,而记账凭证无误，应采用（　　）进行更正。
   A. 补充登记法　　　　　　　　　B. 划线更正法
   C. 红字更正法　　　　　　　　　D. 横线登记法

7. 记账以后，发现记账凭证中的应借、应贷会计科目有错误，应采用（　　）进行更正。
   A. 划线更正法　　　　　　　　　B. 余额调整法
   C. 红字更正法　　　　　　　　　D. 补充登记法

8. 发现本期记账凭证中的会计科目和应借、应贷方向未错，但所记金额大于应记金额，并据以登记入账，应采用（　　）进行更正。
   A. 划线更正法　　　　　　　　　B. 补充登记法
   C. 红字更正法　　　　　　　　　D. 平行登记法

9. 平行登记法是指同一项经济业务在（　　）。
   A. 汇总凭证与有关账户之间登记
   B. 各有关总分类账户中登记
   C. 各有关明细分类账户中登记
   D. 总账及其所属明细账户之间登记

10. 账实核对是指账簿记录的结存数与各项财产物资的实有数之间的核对。下列各项中，不属于账实核对的是( )。

A. 银行存款日记账余额与银行对账单的核对
B. 各种财产物资明细账余额与实有数核对
C. 债权、债务明细账余额与对方单位的账面记录核对
D. 总分类账簿与日记账的核对

二、多项选择题

1. 账簿按其用途分为( )账簿。
   A. 订本式   B. 序时
   C. 分类   D. 备查

2. 对账的主要内容包括( )核对。
   A. 账表   B. 账证
   C. 账账   D. 账实

3. 更正本期错账的方法有( )。
   A. 补充登记法   B. 余额调整法
   C. 划线更正法   D. 红字更正法

4. 数量金额式明细分类账的账页格式适用于( )明细账。
   A. "库存商品"   B. "管理费用"
   C. "应收账款"   D. "原材料"

5. 关于账簿的启用，下列说法中，正确的有( )。
   A. 启用时，应详细登记账簿扉页的"账簿启用及经管账簿人员一览表"
   B. 每一本账簿均应编号并详细记录其册数共计页数和启用日期
   C. 调换记账人员，便应立即换用账簿
   D. 账簿交换时，会计主管人员应该监交，并签章

6. 账账相符是指( )。
   A. 账簿记录与记账凭证相符
   B. 全部总账的借方发生额合计与贷方发生额合计相符
   C. 总账余额与其所属明细账余额相符
   D. 库存现金总账、银行存款总账与现金日记账、银行存款日记账余额相符

7. 借方多栏式的账页格式适用于( )明细账。
   A. "本年利润"   B. "主营业务收入"
   C. "管理费用"   D. "生产成本"

8. 用红色墨水登记账簿时，适用的情况有( )。
   A. 按照红字冲账的记账凭证，冲销错误记录
   B. 在不设借贷、收付等栏的多栏式账页中，登记减少数
   C. 在三栏式账户的"余额"栏前，如未印明余额的方向，在"余额"栏内登记负数余额
   D. 任何一笔经济业务

9. 下列凭证中,可作为总分类账登记依据的有(　　)。
A. 原始凭证　　　　　　　　　　　B. 记账凭证
C. 汇总记账凭证　　　　　　　　　D. 科目汇总表
10. 在总分类账及其所属的明细分类账中进行平行登记时,应注意的要点包括(　　)。
A. 依据相同　　　　　　　　　　　B. 方向相同
C. 期间相同　　　　　　　　　　　D. 金额相等

三、判断题

1. 登记账簿必须用蓝、黑墨水书写,不得使用圆珠笔或铅笔书写。　　　　　　　(　　)
2. 各种明细账的登记依据,既可以是原始凭证、汇总原始凭证,也可以是记账凭证。(　　)
3. 对于"原材料"账户的明细分类账,应采用多栏式账页。　　　　　　　　　　　(　　)
4. 对发生的经济业务,总分类账户和其所属的明细分类账户必须在同一会计期间全部登记入账。　　　　　　　　　　　　　　　　　　　　　　　　　　　　　　　　　　　(　　)
5. 在填制记账凭证时,5 300元误记为3 500元并已登记入账。月终结账前发现错误,更正时应采用划线更正法。　　　　　　　　　　　　　　　　　　　　　　　　　　　　(　　)
6. 结账就是结算、登记每个账户的期末余额工作。　　　　　　　　　　　　　　(　　)
7. 在不设借、贷等栏的多栏式账页中,用红字登记减少数。　　　　　　　　　　(　　)
8. 每一个会计主体都必须设置总分类账簿、序时账簿和备查账簿。　　　　　　　(　　)
9. 所有的总分类账户都要分设明细分类账户。　　　　　　　　　　　　　　　　(　　)
10. 新的会计年度开始,必须全部更换新的账簿。　　　　　　　　　　　　　　　(　　)

四、计算及会计处理题

习 题 一

【目的】　练习错账更正方法。

【资料】　五峰公司对账时发现下列经济业务内容的账簿记录有错误:

(1) 开出现金支票800元,支付企业管理部门日常零星开支。原编记账凭证的会计分录如下:

　　借:管理费用　　　　　　　　　　　　　　　　　　　　　800
　　　　贷:库存现金　　　　　　　　　　　　　　　　　　　　　　800

(2) 签发转账支票1 800元支付销售产品运费。原编记账凭证的会计分录如下:

　　借:管理费用　　　　　　　　　　　　　　　　　　　　　1 800
　　　　贷:银行存款　　　　　　　　　　　　　　　　　　　　　1 800

(3) 结转本月完工产品成本49 000元。原编记账凭证的会计分录如下:

　　借:库存商品　　　　　　　　　　　　　　　　　　　　　94 000
　　　　贷:生产成本　　　　　　　　　　　　　　　　　　　　　94 000

(4) 计提本月行政管理部门用固定资产折旧费4 100元。原编记账凭证的会计分录如下:

借：管理费用　　　　　　　　　　　　　　　　　　　　　1 400
　　　　　贷：累计折旧　　　　　　　　　　　　　　　　　　　　　1 400
(5) 用银行存款支付所欠供货单位货款 7 650 元,过账时误记为 6 750 元。
【要求】 将上列各项经济业务的错误记录,分别以适当的更正错账方法予以更正。

习　题　二

【目的】　练习登记现金日记账和银行存款日记账。

【资料】　泉岭公司 2023 年 8 月 31 日银行存款日记账余额为 105 800 元,现金日记账的余额为 3 600 元。该公司 2023 年 9 月发生下列现金和银行存款收付业务：

(1) 2 日,以银行存款归还前欠凯乐公司购货款 48 000 元。

(2) 5 日,出售产品 500 件,货款 40 000 元和增值税 5 200 元当即收到,存入银行。

(3) 6 日,以银行存款上缴上月未缴所得税 19 000 元。

(4) 10 日,从银行提取现金 500 元备用。

(5) 12 日,职工宋军预借差旅费 1 000 元,以现金支付。

(6) 15 日,收到天源公司还来前欠货款 43 500 元,存入银行。

(7) 16 日,以现金支付销售产品运费 200 元和增值税 18 元。

(8) 20 日,以银行存款归还短期借款 26 000 元。

(9) 25 日,以银行存款支付外购材料款 9 400 元和增值税 1 222 元,材料已验收入库。

(10) 28 日,将超过核定限额的库存现金 900 元送存银行。

(11) 29 日,宋军出差返回,报销差旅费 800 元,余款交回现金。

(12) 30 日,以银行存款支付本月水费 700 元和增值税 63 元。

【要求】

(1) 编制收款凭证和付款凭证。

(2) 开设并登记三栏式现金日记账和银行存款日记账。

第七章 制造企业主要经济业务的核算

学习要求

本章通过制造企业主要经济业务的核算,较详细地阐述了账户和借贷记账法的应用。通过本章学习,学习者应了解制造企业的主要经济业务内容及其需要设置的相应账户;了解产品生产成本计算的一般程序;熟练掌握每一账户的性质、用途和结构;熟悉制造企业的资金筹集业务、采购业务、生产业务、销售业务及利润形成与分配业务的会计处理。

思维导图

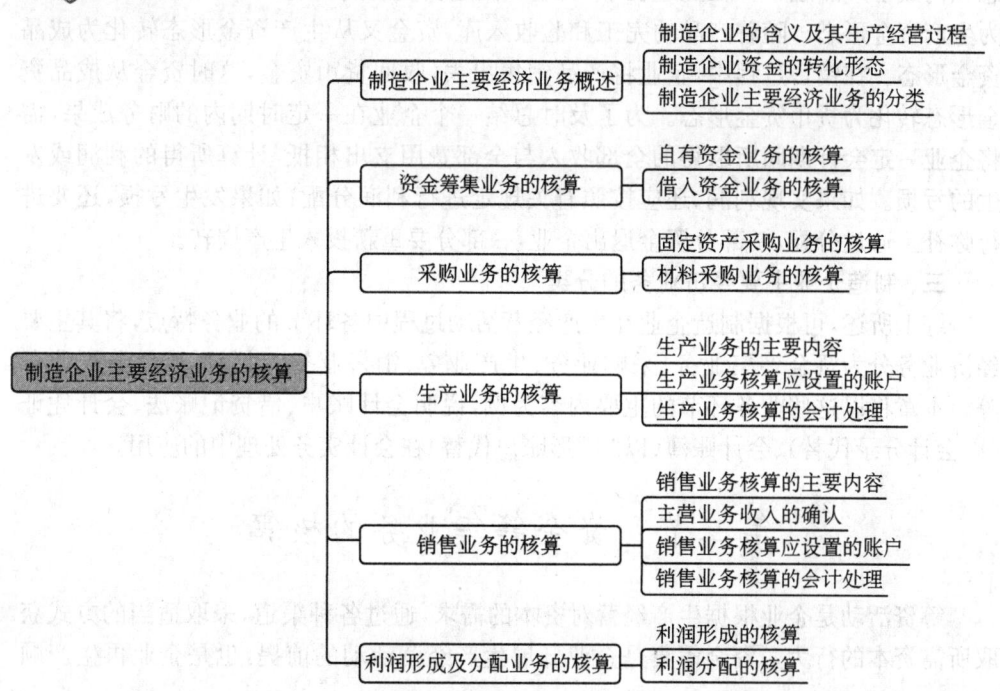

第一节　制造企业主要经济业务概述

一、制造企业的含义及其生产经营过程

制造企业是市场经济中实行独立核算、自主经营、自负盈亏、自我约束、自我发展的经济实体。其基本任务就是生产符合市场需要的产品或服务，取得利润，从而为国家提供更多的财政收入，为投资者提供更多的投资收益。企业从事生产经营活动，必须拥有一定数量的资金。这些资金主要是所有者投入的和债权人提供的，随着生产经营活动的进行，不断地被运用出去，其形态也相应从货币资金变成生产资金，最后再变成货币资金。这种变化周而复始不断进行，形成了资金的循环和周转。制造企业的生产经营过程一般可以分为三个阶段，即采购过程、生产过程和销售过程。

二、制造企业资金的转化形态

制造企业从各种渠道筹集的资金，最先表现为货币资金。企业以货币资金建造或购买厂房、建筑物、机器设备和各种材料物资，为进行产品生产准备必要的劳动资料，这时资金就从货币资金形态转化为固定资金形态和储备资金形态。在生产过程中，劳动者借助于劳动资料对劳动对象进行加工，制造出各种为社会所需要的产品。在产品生产过程中发生的各种材料费用、固定资产折旧费用、人工费用等生产费用的总和构成了产品成本。在此过程中，资金从固定资金、储备资金和货币资金形态转化为生产资金形态。随着产品的完工和验收入库，资金又从生产资金形态转化为成品资金形态。在销售过程中，企业将产品销售出去，收回货币资金，这时资金从成品资金形态转化为货币资金形态。为了及时总结一个企业在一定时期内的财务成果，需将企业一定会计期间所取得的全部收入与全部费用支出相抵，计算所得的利润或发生的亏损。如果实现利润，还应按照有关规定进行利润分配；如果发生亏损，还要进行弥补。通过分配，一部分资金退出企业，一部分要重新投入生产周转。

三、制造企业主要经济业务的分类

综上所述，可根据制造企业在生产经营活动过程中各环节的业务特点，将其主要经济业务分为资金筹集业务、采购业务、生产业务、销售业务、利润形成及分配业务等。本章将以这些业务环节的主要内容为例，说明会计账户、借贷记账法、会计凭证（以会计分录代替）、会计账簿（以"T"形账户代替）在会计实务处理中的应用。

第二节　资金筹集业务的核算

筹资活动是企业根据生产经营对资本的需求，通过各种渠道，采取适当的方式获取所需资本的行为。资金筹集是企业开展生产经营活动的前提，也是企业再生产顺

第七章 制造企业主要经济业务的核算

利进行的保证。为了满足生产经营的需要,企业就必须通过一定的渠道,筹集一定数量的资金。企业的筹资渠道按其筹资方式不同,可分为自有资金和借入资金。因此,资金筹集业务核算的内容主要包括自有资金和借入资金的核算。

一、自有资金业务的核算

(一)自有资金

企业要进行生产经营活动,必须要有一定的"本钱",即设立企业必须有一定的资本金。资本金是企业从事生产经营活动的基本条件,是企业独立承担民事责任的资金保证,在数量上应等于企业在工商部门登记的注册资金总额,在经营期内投资者除依法转让外,不得以任何方式抽回投资,因而称其为自有资金。

企业自有资金的筹集,通过所有者向企业投入资本形成,因企业的组织形式不同其具体投入方式有所差别。通常,在股份有限公司中,通过发行股票的方式来筹集;在其他的企业,通过吸收直接投资来筹集。

(二)发行股票业务的核算

股份有限公司是指全部资本由等额股份构成并通过发行股票筹集资金,股东以其认购的股份为限对公司承担责任,公司以其全部资产对公司的债务承担责任的企业法人。《中华人民共和国公司法》(以下简称《公司法》)规定,股票发行价格可以按票面金额,也可以超过票面金额,但不得低于票面金额。股票的面值与股份的乘积为股本,股本应等于公司的注册资本。为了反映公司股本的增减变动情况,会计上应设置"股本"账户。"股本"账户属于所有者权益类账户,其贷方登记发行股票的面值;借方登记经批准核销的股票面值;期末余额在贷方,表示公司发行在外的股票面值。该账户一般按股票种类及股东名称设置明细账,进行明细核算。

公司发行股票收到发行款时,按实际收到的款项,借记"银行存款"账户,按股票的面值,贷记"股本"账户,按其差额,贷记"资本公积"账户。

【例7-1】 华联股份有限公司发行普通股股票1 500 000股,每股面值为1元,发行价格为5元,股票已发行结束,全部款项已存入本公司账户。

这项经济业务的发生,一方面使公司的银行存款增加7 500 000元;另一方面使公司的股本增加了1 500 000元和资本公积增加了6 000 000元。因此,该项经济业务涉及"银行存款""股本""资本公积"三个账户。银行存款的增加是公司资产的增加,应记入"银行存款"账户的借方;股本的增加是所有者权益的增加,应记入"股本"账户的贷方;资本公积的增加也是所有者权益的增加,应记入"资本公积"账户的贷方。这项经济业务编制会计分录如下:

```
借:银行存款                                7 500 000
    贷:股本                                 1 500 000
        资本公积                             6 000 000
```

(三) 吸收直接投资业务的核算

股份有限公司以外的企业对资本金的筹集,应该按照法律、法规、合同和章程的规定及时进行。如果是一次筹集的,投入资本应等于注册资本金;如果是分期筹集的,在所有者最后一次缴入资本后,投入资本应等于注册资本。为了反映所有者投入资本的增减变动情况,会计上应设置"实收资本"账户。该账户属于所有者权益类账户,其贷方登记企业实际收到所有者投入的资本;由于所有者的投资是一项永久性资本,借方一般没有发生额,如果投资者按法定程序收回投资或减少的资本数,则借方登记投入资本的减少数;期末余额在贷方,表示企业实际拥有的资本数额。该账户应按投资者名称设置明细账,进行明细分类核算。

《公司法》规定,有限责任公司股东可以用货币出资,也可以用实物、知识产权和土地使用权等可以用货币估价并可以依法转让的非货币资产作价出资。对作为出资的非货币资产应当评估作价,核实资产,不得高估或者低估作价。企业收到投资者投入的资本时,应按实际收到资产公允价值,借记"银行存款""原材料""固定资产""无形资产"等账户,按投资者在企业注册资本中所占有的份额,贷记"实收资本"账户,按其差额,贷记"资本公积"账户。

【例7-2】 山峰企业收到国家500 000元的货币资金投资,款项已存入银行。

该项经济业务的发生,一方面是款项已存入银行,使得企业的银行存款增加500 000元;另一方面是企业收到国家投资,使企业实际收到的资本金增加500 000元。因此,该项经济业务涉及"银行存款"和"实收资本"两个账户。银行存款的增加是企业资产的增加,应记入"银行存款"账户的借方;资本金的增加是所有者权益的增加,应记入"实收资本"账户的贷方。该项经济业务编制会计分录如下:

　　借:银行存款　　　　　　　　　　　　　　　　　　　　　500 000
　　　　贷:实收资本——国家　　　　　　　　　　　　　　　　　　500 000

【例7-3】 山峰企业收到丰顺公司投入的新设备2台,价值160 000元。

该项经济业务的发生,一方面使企业的固定资产增加160 000元;另一方面企业收到法人单位的投资,使企业实际收到的资本金增加160 000元。因此,该项经济业务涉及"固定资产"和"实收资本"两个账户。固定资产的增加是企业资产的增加,应记入"固定资产"账户的借方;资本金的增加是所有者权益的增加,应记入"实收资本"账户的贷方。该项经济业务编制会计分录如下:

　　借:固定资产　　　　　　　　　　　　　　　　　　　　　160 000
　　　　贷:实收资本——丰顺公司　　　　　　　　　　　　　　　　160 000

【例7-4】 山峰企业收到王辉一项专利权投资,确认价值为58 000元。

该项经济业务的发生,一方面使企业无形资产增加 58 000 元;另一方面企业收到个人投资者的无形资产投资,使企业实际收到的资本金增加 58 000 元。因此,该项经济业务涉及"无形资产"和"实收资本"两个账户。无形资产的增加是企业资产的增加,应记入"无形资产"账户的借方;资本金的增加是所有者权益的增加,应记入"实收资本"账户的贷方。该项经济业务编制会计分录如下:

  借:无形资产   58 000
    贷:实收资本——王辉   58 000

【例 7-5】 山峰企业收到求实公司投资的甲材料一批,价值为 100 000 元。

该项经济业务的发生,一方面使企业原材料增加 100 000 元;另一方面企业收到一项原材料投资,使企业资本金增加 100 000 元。因此,该项经济业务涉及"原材料"和"实收资本"两个账户。原材料的增加是企业资产的增加,应记入"原材料"账户的借方;资本金的增加是所有者权益的增加,应记入"实收资本"账户的贷方。该项经济业务编制会计分录如下:

  借:原材料——甲材料   100 000
    贷:实收资本——求实公司   100 000

以上吸收直接投资业务的总分类核算如图 7-1 所示。

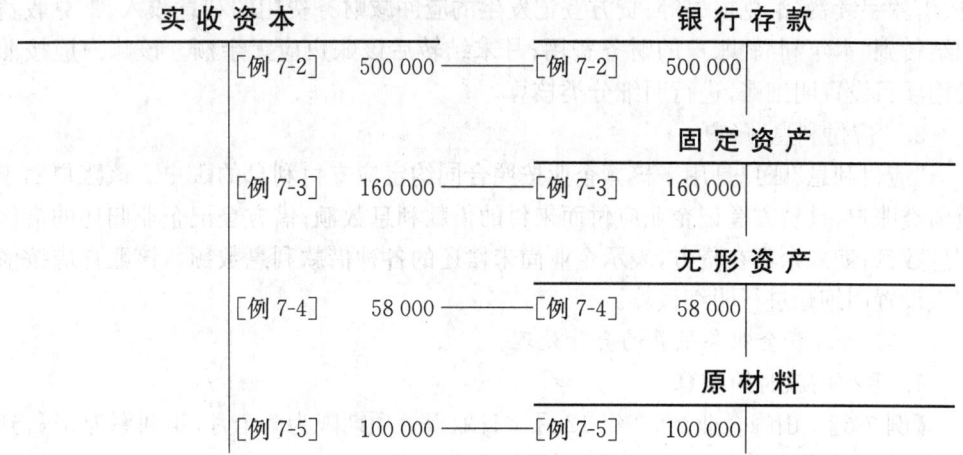

图 7-1 吸收直接投资业务的总分类核算

二、借入资金业务的核算

借入资金是指企业在持续的生产经营过程中,由于经营资金不足,通过签订借款协议向银行或其他金融机构或在符合条件的情况下通过发行债券借入的款项。发行债券业务的会计核算较为复杂,将在"中级财务会计"等后续课程中阐述。向银行或其他金融机构借入的款项,按偿还期限不同分为短期借款和长期借款。短期借款是指企业向银行或其他金融机构借入的偿还期限在1年以下(含1年)的各种借款,主要是满足日常经营周转需要。长期借款是指企业向银行或其他金融机构借入的偿还期限在1年以上(不含1年)的各种借款,这类借款主要是用于固定资产购建、改建和扩建等。无论是短期借款,还是长期借款,企业除了按期归还本金,还应承担利息费用。借入资金业务核算的主要内容包括取得借款本金、承担的利息、归还本金及利息等,此处以短期借款为例说明。

(一)借入资金业务核算应设置的账户

1. "短期借款"账户

"短期借款"账户是用来核算企业向银行或其他金融机构借入的期限在1年以下(含1年)的各种借款的账户。该账户属于负债类账户,其贷方登记企业借入的各种短期借款本金数额;借方登记企业归还的短期借款本金数额;期末余额在贷方,表示企业尚未偿还的短期借款本金数额。该账户应按债权人设置明细分类账,并按借款的种类进行明细分类核算。

2. "财务费用"账户

"财务费用"账户是用来核算企业为筹集生产经营所需资金而发生的各项费用的账户。该账户属于损益类账户,其借方登记企业发生的各项财务费用,包括借款利息、借款手续费、汇兑损失等;贷方登记发生的应冲减财务费用的利息收入、汇兑收益和结转到"本年利润"账户的财务费用;月末结转后该账户应无余额。该账户应按照费用项目设置明细账,进行明细分类核算。

3. "应付利息"账户

"应付利息"账户是用来核算企业按照合同约定应支付利息的账户。该账户属于负债类账户,其贷方登记企业应付而未付的借款利息数额;借方登记企业归还的借款利息数额;期末余额在贷方,表示企业尚未偿还的各种借款利息数额。该账户应按债权人设置明细账进行明细核算。

(二)借入资金业务核算的会计处理

1. 取得借款时的核算

【例7-6】 山峰企业2023年12月1日取得一项期限为3个月,年利率为3%,到期还本付息的银行借款80 000元,所得款项存入银行。

该项经济业务的发生,一方面使企业银行存款增加80 000元;另一方面使企业短期借款增加80 000元。因此,该项经济业务涉及"银行存款"和"短期借款"两个账户。银行存款的增加是企业资产的增加,应记入"银行存款"账户的借方;短期借款的增加是负债的增加,应记入"短期借款"账户的贷方。该项经济业务编制会计分录如下：

　　借：银行存款　　　　　　　　　　　　　　　　　　　　80 000
　　　　贷：短期借款　　　　　　　　　　　　　　　　　　　　80 000

2. 借入资金利息的核算

企业借入短期借款的利息支出一般在财务费用中列支，在会计核算上分别按不同情况处理：

（1）发生的短期借款利息数额较大且按季支付，需按月预提利息，应借记"财务费用"账户，贷记"应付利息"账户；季末实际支付利息时，借记"应付利息"账户，贷记"银行存款"账户。

（2）发生的短期借款利息如果数额不大，可以不按月预提利息费用，而用简化办法，直接计入支付月份的财务费用，借记"财务费用"账户，贷记"银行存款"账户。

【例 7-7】 承[例 7-6]，12 月末，山峰企业预提本月短期借款利息 200 元。

该项经济业务的发生，一方面使企业承担的利息费用增加 200 元；另一方面使企业未付利息的债务增加 200 元。利息费用增加记入"财务费用"账户借方；未付短期借款利息债务增加记入"应付利息"账户贷方。该项经济业务编制会计分录如下：

　　借：财务费用　　　　　　　　　　　　　　　　　　　　　　200
　　　　贷：应付利息　　　　　　　　　　　　　　　　　　　　　200

以后每月月末预提利息作同样的分录。

3. 到期还本付息的核算

【例 7-8】 承[例 7-6]和[例 7-7]，2024 年 3 月 1 日，山峰企业归还到期短期借款本金 80 000 元，利息 600 元。

该项经济业务的发生，一方面使企业短期借款减少 80 000 元，未付短期利息债务减少了 600 元；另一方面使企业银行存款减少 80 600 元。短期借款本金的减少，应记入"短期借款"账户的借方；未付利息债务的减少应记入"应付利息"账户的借方；银行存款的减少应记入"银行存款"账户的贷方。该项经济业务编制会计分录如下：

　　借：短期借款　　　　　　　　　　　　　　　　　　　　80 000
　　　　应付利息　　　　　　　　　　　　　　　　　　　　　　600
　　　　贷：银行存款　　　　　　　　　　　　　　　　　　　　80 600

以上借入短期借款业务的总分类核算如图 7-2 所示。

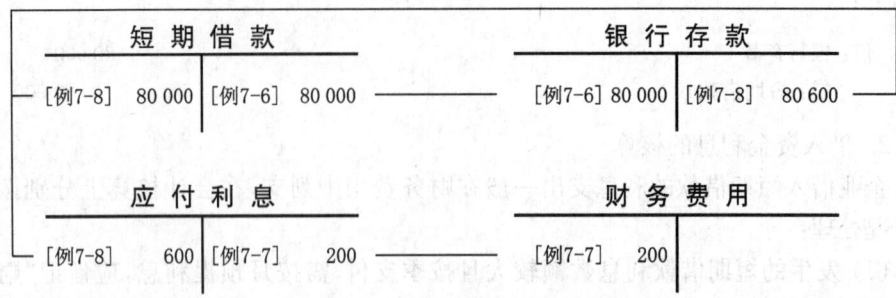

图 7-2 短期借款业务的总分类核算

第三节 采购业务的核算

制造企业的采购业务是指企业为了满足产品生产,而通过市场购买必要的材料物资和机器设备、运输车辆等经济活动中发生的交易和事项。因此,制造企业的采购业务包括材料采购业务和固定资产采购业务。

一、固定资产采购业务的核算

(一)固定资产采购成本的确定

按照《企业会计准则第4号——固定资产》的规定,固定资产是指同时具有以下特征的有形资产:① 为生产商品、提供劳务、出租或经营管理而持有的。② 使用寿命超过一个会计年度。固定资产应当按成本进行初始计量。外购固定资产的成本,包括购买价款、相关税费、使固定资产达到预定可使用状态前发生的可归属于该项资产的运输费、装卸费、安装费和专业人员服务费等。

(二)固定资产采购业务核算应设置的账户

1. "固定资产"账户

"固定资产"账户是用来核算企业固定资产原始价值的增减变动和结存情况的账户。该账户属于资产类账户,其借方登记不需要经过建造、安装即可使用的固定资产增加的原始价值;贷方登记减少固定资产的原始价值;期末余额在借方,反映企业期末固定资产的账面原价。该账户应按固定资产类别、使用部门和每项固定资产设置"固定资产登记簿"或"固定资产卡片",进行明细分类核算。

2. "在建工程"账户

"在建工程"账户是用来核算企业进行基建工程、安装工程、技术改造工程等发生的实际支出,包括需要安装设备的价值的账户。该账户属于资产类账户,其借方登记建造和安装过程中所发生的全部支出;贷方登记结转完工工程实际成本;期末借方余额,反映企业尚未完工的基建工程发生的各项实际支出。该账户应按建筑工程、安装工程、技术改造工程等设置明细账,进行明细分类核算。

(三) 固定资产采购业务核算的会计处理

企业外购的固定资产分为不需要安装的固定资产和需要安装的固定资产两大类。

1. 外购不需要安装的固定资产

外购不需要安装的固定资产是指固定资产购入后即可发挥作用,因此购入后即可达到预定可使用状态,如购买的运输车辆。企业购入不需要安装的固定资产,应按照有关发票账单等确定固定资产的采购成本。

【例7-9】 山峰企业购入不需要安装的机器设备一台,买价为15 000元,增值税为1 950元;运费为3 000元,增值税为270元。全部款项已用银行存款支付。

该项经济业务的发生,一方面使企业固定资产增加18 000元(15 000+3 000),使增值税进项税额增加2 220元(1 950+270);另一方面使企业银行存款减少20 220元。因此,该项经济业务涉及"固定资产""应交税费——应交增值税(进项税额)""银行存款"三个账户。固定资产的增加是企业资产的增加,应记入"固定资产"账户的借方;增值税进项税额的增加是企业负债的减少,应记入"应交税费——应交增值税(进项税额)"账户的借方;银行存款的减少是资产的减少,应记入"银行存款"账户的贷方。该项经济业务编制会计分录如下:

借:固定资产 18 000
　　应交税费——应交增值税(进项税额) 2 220
　贷:银行存款 20 220

2. 外购需要安装的固定资产

外购需要安装的固定资产是指购入只有安装调试后达到设计要求或合同规定的标准才可发挥作用,才意味着达到预定可使用状态的固定资产,如生产流水线。从支付价款、固定资产运抵企业到正式投入使用,尚需要经过安装过程,并发生各种安装成本,如材料、人工费等,因此,购入需要安装的固定资产,则应通过"在建工程"账户核算其安装工程成本,安装工程完工交付使用时,应按安装工程的全部支出(即实际成本),从"在建工程"账户的贷方转入"固定资产"账户的借方。

【例7-10】 山峰企业购入需要安装的机器设备一台,买价为58 000元,增值税为7 540元;运费为2 500元,增值税为225元。全部款项以银行存款支付。在安装过程中耗用材料4 200元,发生工资费2 300元。

该项经济业务的发生,一方面使企业的在建工程支出增加67 000元(58 000+2 500+4 200+2 300),使增值税进项税额增加7 765元(7 540+225);另一方面使企业银行存款减少68 265元,库存材料减少4 200元,应付职工薪酬增加2 300元。因此,该项经济业务涉及"在建工程""应交税费——应交增值税(进项税额)""银行存款""原材料""应付职工薪酬"五个账户。在建工程支出的增加是固定资产购建成本的增加,应记入"在建工程"账户的借方;增值税进项税额的增加是企业负债的减少,应记入"应交税费——应交增值税(进项税额)"账户的借方;银行存款和库存材料的减少是资产的减少,应记入"银行存款"和"原材料"账户的贷方;应付职工薪酬的增加是负债的增加,应记入"应付职工薪酬"账户的贷方。该项经济业务编制会计分录如下:

```
借:在建工程                                    67 000
    应交税费——应交增值税(进项税额)              7 765
  贷:银行存款                                 68 265
      原材料                                   4 200
      应付职工薪酬                             2 300
```

【例 7-11】 承[例 7-10],山峰企业所购设备安装工作完毕,经验收达到预定可使用状态,结转安装工程成本。

安装工程完工交付使用,使企业固定资产增加 67 000 元,应按实际成本记入"固定资产"账户的借方,结转完工工程成本,记入"在建工程"账户的贷方。应编制会计分录如下:

```
借:固定资产                                    67 000
  贷:在建工程                                   67 000
```

[例 7-9]至[例 7-11]涉及的固定资产采购业务的总分类核算如图 7-3 所示。

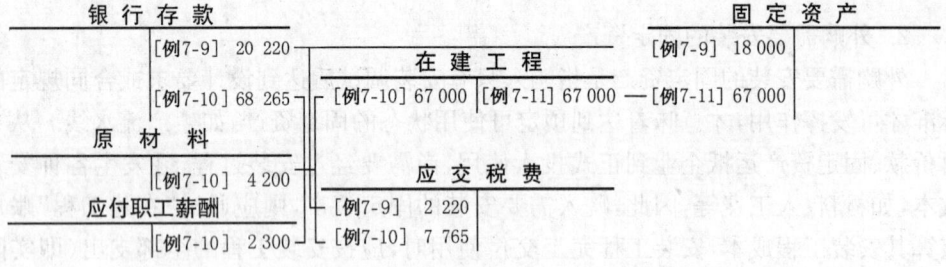

图 7-3 购进固定资产业务的总分类核算

二、材料采购业务的核算

(一)材料采购业务的主要内容

制造企业要进行正常的生产经营活动,除购建固定资产外,还必须购买和储备一定品种和数量的材料。在企业购进材料的过程中,制造企业一方面要从供应单位购进各种材料;另一方面要支付采购材料的货款和运输费、装卸费等各种采购费用,并与供应单位及其他有关单位办理款项的结算。材料运达企业后,应由仓库验收并保管,以备生产车间或管理部门领用。按照我国《企业会计准则第1号——存货》的规定,材料的采购成本是指在材料采购过程中所发生的支出,包括购买价款、相关税费、运输费、装卸费、保险费以及其他可归属于材料采购成本的费用。

由于结算方式的制约,企业在与供应单位或其他单位办理款项结算时,会出现三种情况:

(1)购进材料时直接支付货款。企业采用支票等结算方式或直接支付现金时,可以在购进材料的同时支付货款和采购费用。

(2)购进材料未付款。企业购进材料但货款尚未支付,由此形成企业的一项流动负债,这种情况一方面使得企业材料增加;另一方面使得企业的负债增加,必须在将来按规定的时间偿还。

(3)预付购货款,后取得材料。企业购进材料过程中有时需预付购货款。企业虽先付款,但没有取得材料,这时不能作为材料增加处理。它实际上相当于企业一笔款项的转移,这项业务并没有使企业的资产发生变化。当收到材料时,再作为材料增加处理,同时冲减预付款项。

综上所述,材料采购业务的核算主要包括核算材料的买价和采购费用,确定材料的采购成本,以及由采购业务引起的与供货单位及其他单位的货款结算。

(二)材料采购业务核算应设置的账户

按照我国会计规范的规定,企业的原材料可以按照实际成本计价组织核算,也可以按计划成本计价组织核算,由企业根据具体情况自行决定。本书按照实际成本计价组织材料采购业务核算。在实际成本计价下,为了核算材料采购业务,应设置"在途物资""原材料""应付账款""预付账款""应交税费"等账户。

1. "在途物资"账户

"在途物资"账户是用来核算企业外购材料、商品等物资实际采购成本的账户。该账户属于资产类账户,其借方登记外购材料的实际采购成本,包括买价和采购费用;贷方登记已验收入库材料物资的实际成本;期末余额在借方,表示尚未运达企业或已运到企业但尚未验收入库的在途材料物资的实际采购成本。该账户可按材料物资的供应单位和购入材料物资的品种或类别设置明细账,进行明细分类核算。

2. "原材料"账户

"原材料"账户是用来核算企业各种库存材料增减变化和结存情况的账户。该账户属于资产类账户,其借方登记已验收入库材料的实际成本;贷方登记领用材料的实际成本;期末余额在借方,表示各种库存材料的实际成本。为了具体反映和监督每种库存材料的增减变化和结存情况,应按材料的品种、类别、规格等设置明细分类账,进行明细分类核算。

3. "应付账款"账户

"应付账款"账户是用来核算企业因购买材料、商品和接受劳务供应等而应付给供应单位款项的账户。该账户属于负债类账户,其贷方登记因购买材料、商品或接受劳务供应等而发生的尚未支付的款项;借方登记偿还的账款;期末余额在贷方,表示尚未偿还的应付款项。为了具体反映企业与每一供应单位发生的货款结算关系,还应按照供应单位设置明细账,进行明细分类核算。

4. "预付账款"账户

"预付账款"账户是用来核算企业按照合同规定预付款项的账户。该账户属于资产类账户,其借方登记按照合同规定预付给供应单位的货款和补付的款项;贷方登记收到所购货物的货款和退回多付的款项。期末余额如在借方,表示企业尚未结算的预付款项;期末余额如在贷方,表示企业尚未补付的款项。该账户应按供应单位设置明细账,进行明细分类核算。预付款项不多的企业,也可以将预付的款项直接记入"应付账款"账户的借方,不设置该账户。

5. "应交税费"账户

"应交税费"账户是用来核算企业与税务机关之间各种税费的应交和实交的结算情况的账户。该账户属于负债类账户,其贷方登记应缴纳的各种税费及增值税的销项税额、出口退税和进项税额转出;借方登记实际已缴纳的各种税费及增值税的进项税额;期末贷方余额表示企业应交未交的各种税费;期末借方余额表示企业多交的税费或未抵扣的增值税进项税额。该账户应按税种设置明细账,进行明细分类核算,其中,"应交增值税"明细分类账户用于核算和监督企业应交和实交增值税结算情况,一般纳税人企业购买材料时向供货单位支付的增值税(进项税额)记入该账户的借方;企业销售产品时向购买单位收取增值税(销项税额)记入该账户的贷方。

(三)材料采购业务核算的会计处理

材料采购业务的核算,主要涉及收料和付款两个方面。收料由材料仓库办理收料手续,会计部门根据材料仓库转来的收料单和供应单位开来的发票账单等办理付款并登记入账。

【例7-12】 山峰企业向华丰公司购入甲材料,收到华丰公司开来的增值税专用发票,数量为820千克,单价为25元,价款为20 500元,增值税为2 665元,货款及增值税均以银行存款支付,材料未到。

该项经济业务的发生,一方面使材料的买价支出增加20 500元(820×25),增值税进项税额支出增加2 665元;另一方面使企业银行存款减少23 165元。因此,该项经济业务涉及"在途物资""应交税费""银行存款"三个账户。支出的材料买价构成材料采购成本,应记入"在途物资"账户的借方;增值税进项税额记入"应交税费——应交增值税(进项税额)"账户的借方;银行存款的减少是资产的减少,应记入"银行存款"账户的贷方。该项经济业务编制会计分录如下：

借：在途物资——甲材料　　　　　　　　　　　　　　20 500
　　应交税费——应交增值税（进项税额）　　　　　　　2 665
　　贷：银行存款　　　　　　　　　　　　　　　　　　　　23 165

【例 7-13】　承[例 7-12]，山峰企业从华丰公司购入的甲材料如数收到，已办理了验收入库手续。

这项经济业务的发生，一方面使企业的库存材料增加了 20 500 元；另一方面使企业的在途材料减少了 20 500 元。因此，这项经济业务涉及"原材料"和"在途物资"两个账户。原材料的增加是企业资产的增加，应记入"原材料"账户的借方；在途材料的减少是企业资产的减少，应记入"在途物资"账户的贷方。该项经济业务编制会计分录如下：

借：原材料　　　　　　　　　　　　　　　　　　　　20 500
　　贷：在途物资　　　　　　　　　　　　　　　　　　　　20 500

【例 7-14】　山峰企业向兴盛公司购入乙材料和丙材料，收到兴盛公司开来的增值税专用发票。其中，乙材料数量为 2 000 千克，单价为 50 元；丙材料数量为 1 000 千克，单价为 12 元。货款共计 112 000 元，增值税共计 14 560 元，货款及增值税均未支付，材料已验收入库。

该项经济业务的发生，一方面使库存材料增加 112 000 元（2 000×50＋1 000×12），增值税进项税额支出增加 14 560 元；另一方面使企业应付账款增加 126 560 元。因此，该项经济业务涉及"原材料""应交税费""应付账款"三个账户。原材料增加是企业资产的增加，应记入"原材料"账户的借方；增值税进项税额应记入"应交税费——应交增值税（进项税额）"账户的借方；应付账款的增加是负债的增加，应记入"应付账款"账户的贷方。该项经济业务编制会计分录如下：

借：原材料——乙材料　　　　　　　　　　　　　　100 000
　　　　　——丙材料　　　　　　　　　　　　　　　12 000
　　应交税费——应交增值税（进项税额）　　　　　　14 560
　　贷：应付账款——兴盛公司　　　　　　　　　　　　　126 560

【例 7-15】　承[例 7-14]，山峰企业以银行存款偿还前欠兴盛公司货款 126 560 元。

该项经济业务的发生，一方面使企业应付账款减少 126 560 元；另一方面使企业银行存款减少 126 560 元。因此，该项经济业务涉及"应付账款"和"银行存款"两个账户。应付账款的减少是负债的减少，应记入"应付账款"账户的借方；银行存款的减少是资产的减少，应记入"银行存款"账户的贷方。该项经济业务编制会计分录如下：

借：应付账款——兴盛公司　　　　　　　　　　　　126 560
　　贷：银行存款　　　　　　　　　　　　　　　　　　　126 560

【例7-16】 山峰企业向华丰公司购买甲材料,根据合同规定预付款项5 085元,以银行存款支付。

该项经济业务的发生,一方面使企业预付账款增加5 085元;另一方面使银行存款减少5 085元。因此,该项经济业务涉及"预付账款"和"银行存款"两个账户。预付账款的增加是资产的增加,应记入"预付账款"账户的借方;银行存款的减少是资产的减少,应记入"银行存款"账户的贷方。该项经济业务编制会计分录如下:

借:预付账款——华丰公司　　　　　　　　　　　　　　　　5 085
　　贷:银行存款　　　　　　　　　　　　　　　　　　　　　5 085

【例7-17】 承[例7-16],山峰企业收到上述华丰公司发来的甲材料,增值税专用发票所载明的数量为180千克,单价为25元,价款为4 500元,增值税为585元。材料已验收入库。

该项经济业务的发生,一方面使库存材料增加4 500元(180×25),增值税进项税额支出增加585元;另一方面使企业预付账款减少5 085元。因此,该项经济业务涉及"原材料""应交税费""预付账款"三个账户。库存材料的增加是企业资产的增加,应记入"原材料"账户的借方;增值税进项税额应记入"应交税费——应交增值税(进项税额)"账户的借方;预付账款的减少是资产的减少,应记入"预付账款"账户的贷方。该项经济业务编制会计分录如下:

借:原材料——甲材料　　　　　　　　　　　　　　　　　　4 500
　　应交税费——应交增值税(进项税额)　　　　　　　　　　　585
　　贷:预付账款——华丰公司　　　　　　　　　　　　　　　5 085

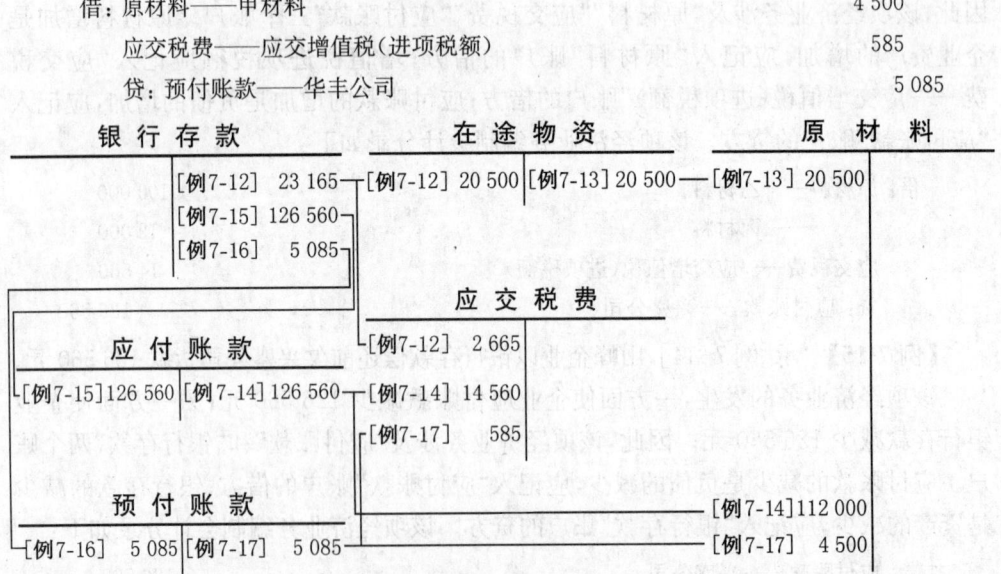

图7-4　材料采购业务的总分类核算

第四节 生产业务的核算

一、生产业务的主要内容

生产过程是制造企业经营活动的主要过程,是连接采购和销售的中心环节。在这一过程中,劳动者利用机器设备等劳动工具对各种材料进行加工,生产出符合社会需要的产品。这就要发生材料、人工和机器设备等固定资产的磨损耗费。产品完工后,随着产成品的验收入库,要正确计算完工产品成本。可以说,企业的生产过程,一方面是产品制造的过程;另一方面也是各种耗费发生的过程。因此生产业务核算的主要内容就是归集和分配各项生产费用,确定产品的制造成本。

此外,在生产过程中还会发生为组织和管理生产活动而支付的各项费用,这些费用不构成产品的制造成本,而是形成期间费用的一部分,计入管理费用。

二、生产业务核算应设置的账户

为了核算企业生产经营过程中所发生的各项生产费用,制造企业一般应设置"生产成本""制造费用""库存商品""应付职工薪酬""累计折旧""管理费用"等账户。

(一)"生产成本"账户

"生产成本"账户是用来核算企业生产产品所发生的各项生产费用的账户。该账户属于成本类账户,其借方登记为制造产品所发生的各项成本费用,包括直接材料、直接人工和制造费用;贷方登记已完工并验收入库产成品的实际成本;期末余额在借方,表示尚未加工完成的各项在产品成本。该账户应按成本对象进行明细分类核算,必要时可以设置"基本生产成本"和"辅助生产成本"两个二级明细分类账户。

(二)"制造费用"账户

"制造费用"账户是用来核算生产车间为管理和组织生产所发生的各项间接费用的账户。该账户属于成本类账户,其借方登记各项制造费用的发生额;贷方登记计入有关产品成本的各项制造费用的分配额;期末"制造费用"账户一般无余额。该账户应按生产车间或部门设置明细账,并按费用项目设置专栏,进行明细分类核算。

(三)"库存商品"账户

"库存商品"账户是用来核算企业库存各种商品成本增减变动情况的账户。该账户属于资产类账户,其借方登记已经完工并验收入库产品的成本;贷方登记发出产品的成本;期末余额在借方,表示库存产品成本。该账户应按产品的种类、品种和规格设置明细账,进行明细分类核算。

(四)"应付职工薪酬"账户

"应付职工薪酬"账户是用来核算企业根据有关规定应付给职工的各种薪酬(包括工资、职工福利、社会保险费、住房公积金、工会经费、职工教育经费、股份支付等)

的账户。该账户属于负债类账户,借方登记实际支付的职工薪酬;贷方登记发生的各种应付给职工的薪酬;期末贷方余额,反映企业应付未付的职工薪酬。该账户按应付职工薪酬的项目设置明细账,进行明细核算。

(五)"累计折旧"账户

"累计折旧"账户是用来核算固定资产累计损耗的价值的账户。它是固定资产的备抵账户,其贷方登记固定资产折旧的提取数和调入、盘盈固定资产的已提折旧额,即累计折旧的增加数;借方登记出售、报废、毁损和盘亏固定资产的已提折旧额,即累计折旧的减少数;期末余额在贷方,表示固定资产累计折旧的实有数额。该账户可按固定资产的类别或项目进行明细核算。

(六)"管理费用"账户

"管理费用"账户是用来核算企业行政管理部门为组织和管理生产经营活动而发生的各项费用的账户。该账户属于损益类账户,其借方登记企业发生的各项管理费用;贷方登记转入"本年利润"账户的管理费用;期末结转后,该账户无余额。该账户应按照费用项目设置明细账,进行明细分类核算。

三、生产业务核算的会计处理

(一)材料费用的核算

制造企业在生产经营过程中要发生大量的材料费用。通常,生产部门或其他部门在领用材料时必须填制领料单,仓库部门根据领料单发出材料后,领料单的一联交给会计部门用来记账。会计部门对领料单进行汇总计算,按各部门及不同用途领用材料的数额分别记入有关账户。在实际工作中,材料费用的分配是通过编制"材料费用分配表"进行的。

【例 7-18】 山峰企业 2023 年 12 月末编制的"材料费用分配表"如表 7-1 所示。

表 7-1

材料费用分配表

2023 年 12 月 31 日 单位:元

应借科目		甲材料	乙材料	丙材料	合计
基本生产成本	A 产品耗用	2 000		550	2 550
	B 产品耗用		1 000	250	1 250
	小 计	2 000	1 000	800	3 800
制造费用	基本生产车间耗用	500		700	1 200
管理费用	行政管理部门耗用		2 000		2 000
合 计		2 500	3 000	1 500	7 000

第七章　制造企业主要经济业务的核算

根据"材料费用分配表"可知，本月共发出材料 7 000 元，其中，直接用于 A 产品生产的 2 550 元，用于 B 产品生产的 1 250 元，应直接记入"生产成本"账户的借方，基本生产车间一般性耗用材料 1 200 元，不属于直接材料费用，应记入"制造费用"账户的借方；行政管理部门为组织和管理企业经营耗用的材料不计入产品成本，属于期间费用，应记入"管理费用"账户的借方；同时，仓库发出材料，使库存材料减少 7 000 元，记入"原材料"账户的贷方。该项经济业务编制会计分录如下：

借：生产成本——A 产品　　　　　　　　　　　　2 550
　　　　　　——B 产品　　　　　　　　　　　　1 250
　　制造费用　　　　　　　　　　　　　　　　　1 200
　　管理费用　　　　　　　　　　　　　　　　　2 000
　　贷：原材料　　　　　　　　　　　　　　　　　　7 000

（二）人工费用的核算

人工费用也称职工薪酬，是指企业在生产经营过程中为获得职工的服务而给予各种形式的报酬以及其他相关支出，包括工资、福利费、社会保险费、住房公积金、工会经费、职工教育经费等。为了正确计算产品成本，确定当期损益，企业必须组织人工费的核算，正确地归集和分配人工费。在实际工作中，人工费的分配是通过编制"人工费用分配表"进行的。

【例 7-19】 2023 年 12 月末，山峰企业根据考勤记录和产量完成单计算出应付职工工资总额，并据此按 10% 计提住房公积金，编制"人工费用分配表"，如表 7-2 所示。

表 7-2

人工费用分配表

2023 年 12 月 31 日　　　　　　　　　　　　　　单位：元

部　　门		人　　工　　费			合　计
		工　资	住房公积金(10%)	其　他	
第一基本生产车间(A 产品)	生产工人	6 000	600		6 600
	管理人员	1 600	160		1 760
第二基本生产车间(B 产品)	生产工人	8 000	800		8 800
	管理人员	2 400	240		2 640
行政管理部门		2 000	200		2 200
合　　计		20 000	2 000		22 000

在企业生产经营活动中所发生的人工费，应根据职工提供服务的受益对象，分配

计入相关资产的成本或当期损益。在通常情况下,生产工人的人工费是直接费用,其增加数应记入"生产成本"账户;车间管理人员的人工费属于间接费用,应记入"制造费用"账户的借方;企业行政管理部门人员的人工费属于期间费用,不构成产品成本,应记入"管理费用"账户的借方。同时,由于企业发生的职工薪酬并没有实际支付,因此形成企业对职工的负债,应记入"应付职工薪酬"账户的贷方。根据表 7-2 编制会计分录如下:

```
借:生产成本——A 产品                           6 600
        ——B 产品                              8 800
    制造费用(1 760+2 640)                      4 400
    管理费用                                    2 200
  贷:应付职工薪酬                              22 000
```

(三)制造费用的归集和分配

如前所述,生产车间为组织和管理生产活动而发生的各项制造费用,不能直接计入产品的成本。为了正确计算产品的成本,必须将这些费用先记入"制造费用"账户,然后再按照一定的标准,将其分配计入有关产品成本。

【例 7-20】 2023 年 12 月末,山峰企业计提固定资产折旧 4 500 元(其中:生产车间用固定资产折旧费 1 500 元,行政管理部门用固定资产折旧 3 000 元)。

该经济业务的发生,一方面企业计提的生产车间用固定资产折旧费使得制造费用增加 1 500 元,记入"制造费用"账户的借方,行政管理部门用固定资产折旧费使得管理费用增加 3 000 元,应记入"管理费用"账户的借方;另一方面固定资产损耗的价值计入累计折旧,使得累计折旧增加 4 500 元,记入"累计折旧"账户的贷方。该项经济业务编制会计分录如下:

```
借:制造费用                                    1 500
    管理费用                                    3 000
  贷:累计折旧                                  4 500
```

【例 7-21】 2023 年 12 月末,山峰企业用银行存款支付生产车间的办公费 650 元、电话费 258 元,行政管理部门办公费 900 元。

该项经济业务的发生,一方面使得制造费用增加 908 元,记入"制造费用"账户的借方,管理费用增加 900 元,记入"管理费用"账户的借方;另一方面使得银行存款减少 1 808 元,记入"银行存款"账户的贷方。该项经济业务编制会计分录如下:

```
借:制造费用                                      908
    管理费用                                      900
  贷:银行存款                                  1 808
```

根据上述[例 7-18]至[例 7-21]的资料登记制造费用明细分类账,如表 7-3 所示。

表 7-3

制造费用明细分类账

车间:基本生产车间　　　　　　　　2023 年 12 月　　　　　　　　　　　单位:元

摘　　要	机物料消耗	工资及福利费	折旧费	办公费	电话费	合计	转出
支付办公费、电话费				650	258	908	
材料费用的分配	1 200					1 200	
人工费的分配		4 400				4 400	
折旧费用的分配			1 500			1 500	
制造费用明细账							8 008
合　　计	1 200	4 400	1 500	650	258	8 008	8 008

【**例 7-22**】2023 年 12 月末,山峰企业按 A、B 两种产品生产工人工资比例分配制造费用。

制造费用是产品成本的组成部分,平时发生的制造费用应在"制造费用"账户借方进行归集,期末需将制造费用按一定标准进行分配,计入有关产品成本。在实际工作中,制造费用分配的标准有生产工人工资、生产工人工时、机器工时、有关消耗定额等。分配标准确定以后,计算制造费用分配率,其计算公式如下:

$$分配率 = \frac{本期制造费用总额}{确定的分配标准总量(生产工人总工资或总工时等)}$$

$$每种产品应分摊的制造费用 = 该种产品实际耗用的标准量(生产工人实际工资或实际工时等) \times 分配率$$

该企业本月制造费用按生产工人工资比例分配如下:

制造费用分配率 = 8 008 ÷ 14 000 = 0.572

A 产品应负担的制造费用 = 6 000 × 0.572 = 3 432(元)

B 产品应负担的制造费用 = 8 000 × 0.572 = 4 576(元)

在实际工作中,制造费用的分配是通过编制制造费用分配表进行的,编制方法如表 7-4 所示。

表 7-4

制造费用分配表

2023 年 12 月 31 日　　　　　　　　　　　　　　　金额单位：元

产品名称	分配标准(工资)	分 配 率	分配金额
A 产品	6 000	0.572	3 432
B 产品	8 000	0.572	4 576
合　　计	14 000	—	8 008

制造费用分配后，一方面使有关产品成本增加，应记入"生产成本"账户的借方；另一方面应结转分配的制造费用，应记入"制造费用"账户的贷方。该项经济业务应编制会计分录如下：

借：生产成本——A 产品　　　　　　　　　　　　　　　　　3 432
　　　　　　——B 产品　　　　　　　　　　　　　　　　　4 576
　　贷：制造费用　　　　　　　　　　　　　　　　　　　　8 008

（四）完工产品生产成本的计算及结转

产品生产成本又称产品制造成本，是指制造企业为生产一定种类、一定数量的产品所支出的各种生产费用总和。产品生产成本的计算是指将生产过程中发生的、应计入产品成本的生产费用，按照产品品种或类别进行归集和分配计算出各种产品的总成本和单位成本。

产品生产成本计算的一般程序如下。

1. 确定成本计算对象

成本计算对象就是归集和分配生产费用的对象，是成本计算所要解决的主要问题。在计算产品成本时，只有确定成本计算对象后，才能把发生的各项生产费用归集、分配到一定产品上去。成本计算对象的确定要适应企业生产特点和管理要求，通常有以下几种成本计算对象：① 以产品品种为成本计算对象。② 以生产步骤为成本计算对象。③ 以产品批次为成本计算对象。成本计算对象确定后，按每个成本计算对象开设生产成本明细账，归集生产费用，计算产品成本。

2. 确定产品成本项目

成本项目是指生产费用按经济用途分类的项目。按照制造成本法的要求，产品成本项目包括直接材料费、直接人工费和制造费用。

（1）直接材料费是指直接用于产品生产的各种材料费用，包括构成产品实体的原料、主要材料与外购半成品，有助于产品形成的辅助材料、包装物以及便于生产进行的燃料和动力等。

（2）直接人工费是指直接参加产品制造过程的生产工人薪酬，包括工资、福利费、社会保险费、住房公积金、工会经费和职工教育经费等。

（3）制造费用是指企业内部各个生产单位（分厂、车间）为组织和管理生产所发生的各项费用，包括生产单位管理人员薪酬、生产单位房屋、建筑物及机器设备等的折旧费、租赁费（不含融资租赁费）、机物料消耗、低值易耗品摊销、取暖费、水电费、办公费、劳动保护费、季节性或修理期间的停工损失及其他制造费用等。

3. 正确归集和分配生产费用

成本计算对象确定以后，应根据成本计算的要求，对本期发生的各项费用在各成本计算对象之间进行归集和分配。在生产经营过程中，所发生的计入成本的各项生产费用，如果只为某一种产品所消耗，应直接计入该产品成本，不存在在各种产品之间进行分配的问题，但如果是为几种产品所消耗，应按一定标准分配后计入产品成本。

4. 费用在完工产品和月末在产品之间的分配

月末计算产品成本时，如果某种产品都已完工，这种产品的各项费用之和，就是这种产品的完工产品成本，如果某种产品都未完工，这种产品的各项生产费用之和，就是这种产品的期末在产品成本；如果某种产品一部分已经完工，另一部分尚未完工，这种产品的各项费用，还应采用适当的分配方法在完工产品与期末在产品之间进行分配，分别计算完工产品成本和期末在产品成本。其计算公式如下：

期初在产品成本＋本期生产费用＝本期完工产品成本＋期末在产品成本
本期完工产品成本＝期初在产品成本＋本期生产费用－期末在产品成本
期末在产品成本＝期初在产品成本＋本期生产费用－本期完工产品成本

5. 编制成本计算单

在成本计算过程中，为系统地归集、分配各种应计入成本计算对象的费用，必须按成本计算对象及规定的成本项目分别设置和登记有关费用、成本明细分类账，然后根据这些费用、成本明细分类账中有关成本资料，按规定的成本项目编制成本计算单，借以计算确定各种成本计算对象的总成本和单位成本，全面、系统地反映各种成本指标的经济构成和形成情况。

根据前述[例7-18]至[例7-22]资料，登记A、B两种产品生产成本明细分类账，如表7-5和表7-6所示。

表 7-5

生产成本明细分类账

产品品种或类别：A 产品　　　　　　　　　　　　　　　　　　　　　　单位：元

2023年		凭证号	摘　要	借方(成本项目)				贷方	余额
月	日			直接材料	直接人工	制造费用	合计		
12	1		期初余额	850	2 400	1 080	4 330		4 330
	(略)	(略)	生产耗用材料	2 550			2 550		6 880
			生产工人人工费		6 600		6 600		13 480
			分配制造费用			3 432	3 432		16 912
			结转完工产品成本					16 912	0
12	31		本月合计	2 550	6 600	3 432	12 582	16 912	0

表 7-6

生产成本明细分类账

产品品种或类别：B 产品　　　　　　　　　　　　　　　　　　　　　　单位：元

2023年		凭证号	摘　要	借方(成本项目)				贷方	余额
月	日			直接材料	直接人工	制造费用	合计		
12	1		期初余额	600	3 020	1 142	4 762		4 762
	(略)	(略)	生产耗用材料	1 250			1 250		6 012
			生产工人人工费		8 800		8 800		14 812
			分配制造费用			4 576	4 576		19 388
			结转完工产品成本					16 308	3 080
12	31		本月合计	1 250	8 800	4 576	14 626	16 308	3 080

【例 7-23】 山峰企业 2023 年 12 月 A、B 产品投产数量和完工数量如表 7-7 所示，B 产品月末在产品的资料如表 7-8 所示。

表 7-7

产品产量资料

2023 年 12 月　　　　　　　　　　　　　　　　　　　　　　　　　　　单位：件

产品名称	投产数量	本月完工数量	月末在产品数量
A 产品	40	40	—
B 产品	60	50	10

表 7-8

B 产品月末在产品定额成本资料

2023 年 12 月　　　　　　　　　　　　　　　　　　　单位：元

产品名称	直接材料	直接人工	制造费用	合　计
B 产品	30	168	110	308

根据以上资料计算 A、B 产品成本并填制 A、B 产品成本计算单,如表 7-9 和表 7-10 所示。

表 7-9

产品成本计算单

完工产量：40 件

产品：A　　　　　　　　2023 年 12 月　　　　　　　　单位：元

成本项目	直接材料	直接人工	制造费用	合　计
月初在产品成本	850.00	2 400.00	1 080.00	4 330.00
本月生产费用	2 550.00	6 600.00	3 432.00	12 822.00
合　计	3 400.00	9 000.00	4 512.00	16 912.00
完工产品成本	3 400.00	9 000.00	4 512.00	16 912.00
单位成本	85.00	225.00	112.80	422.80

表 7-10

产品成本计算单

完工产量：50 件

月末在产品数量：10 件

产品：B　　　　　　　　2023 年 12 月　　　　　　　　单位：元

成本项目	直接材料	直接人工	制造费用	合　计
月初在产品成本	600.00	3 020.00	1 142.00	4 762.00
本月生产费用	1 250.00	8 800.00	4 576.00	14 626.00
合　计	1 850.00	11 820.00	5 718.00	19 388.00
月末在产品成本	300.00	1 680.00	1 100.00	3 080.00
完工产品成本	1 550.00	10 140.00	4 618.00	16 308.00
单位成本	31.00	202.80	92.36	326.16

本月完工的 A、B 两种产品已经验收入库,结转本月完工产品成本。

随着本月完工产品的入库,一方面,库存商品增加 33 220 元,记入"库存商品"账户的借方;另一方面,生产成本减少 33 220 元,记入"生产成本"账户的贷方。该项经济业务编制会计分录如下:

借:库存商品——A 产品   16 912
           ——B 产品   16 308
   贷:生产成本——A 产品   16 912
             ——B 产品   16 308

以上业务的总分类核算如图 7-5 所示。

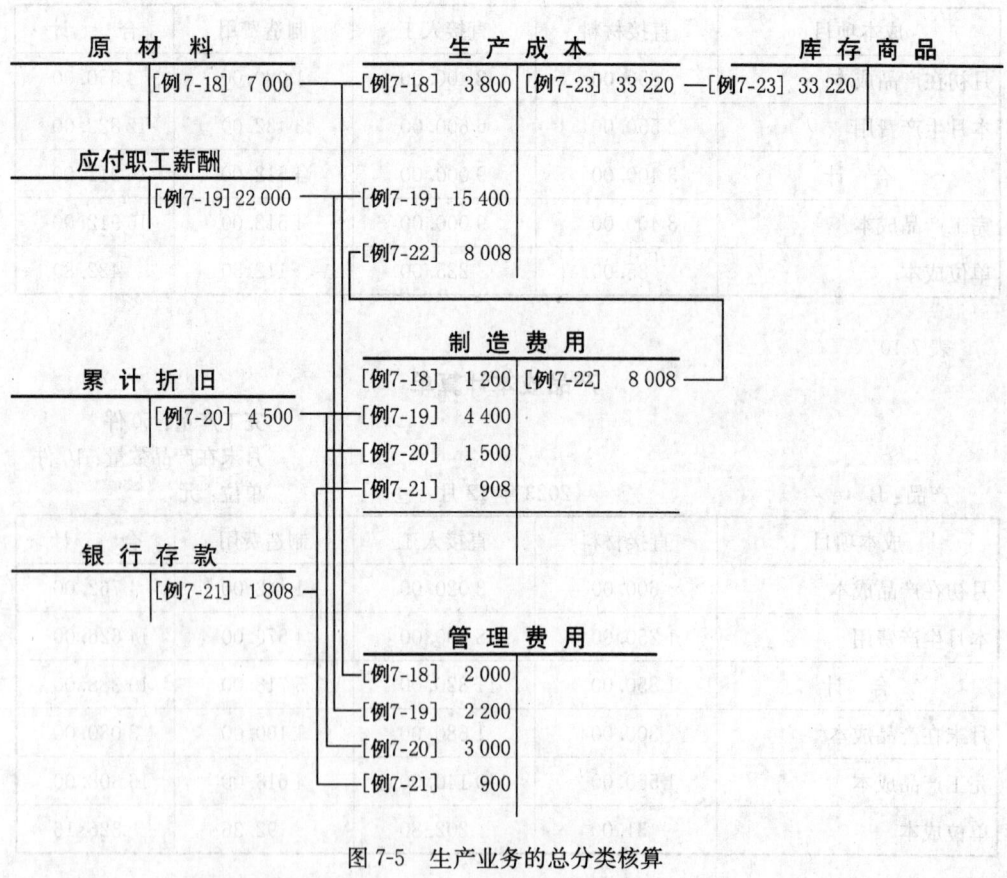

图 7-5 生产业务的总分类核算

第五节 销售业务的核算

一、销售业务核算的主要内容

制造企业的销售过程,是生产经营活动的最后阶段,也是产品价值的实现过程。在这一过程中,一方面,制造企业将生产出来的符合标准的产品,按照合同规定的条件发送给定货单位,以满足社会消费的需要;另一方面,按照销售价格和结算制度的规定,向购货方办理结算手续,及时收取货款或形成债权,这种货款或债权通常称为商品销售收入。在商品销售过程中,企业为取得一定数量的销售收入,必须付出相应数量的产品,为制造这些销售产品而耗费的生产成本,称为商品销售成本。为了将产品销售出去,企业还会发生各种费用,如广告费、包装费、装卸费和运输费等,这些费用称为销售费用。企业在取得销售收入时,应按照国家税法规定计算缴纳企业生产经营活动应负担的税金,这些税金称为商品销售税金及附加。

综上所述,销售业务核算的主要内容包括销售产品、办理价款结算,并确认所取得的主营业务收入;同时确认并结转主营业务成本、销售费用、税金及附加等。

二、主营业务收入的确认

制造企业的主营业务收入主要是销售产品而实现的收入。主营业务收入的确认主要解决入账时间和入账金额的问题,这比较复杂,需到后续课程"中级财务会计"中深入学习和理解。

(一)入账时间

财政部于 2017 年 7 月修订发布的《企业会计准则第 14 号——收入》规定,当企业与客户之间的合同同时满足下列条件时,企业应当在客户取得相关商品控制权时确认收入:

(1)合同各方已批准该合同并承诺将履行各自义务。

(2)该合同明确了合同各方与所转让商品或提供劳务相关的权利和义务。

(3)该合同有明确的与所转让商品相关的支付条款。

(4)该合同具有商业实质,即履行该合同将改变企业未来现金流量的风险、时间分布或金额。

(5)企业因向客户转让商品而有权取得的对价很可能收回。

合同开始日即合同生效日,企业应当对合同进行评估,识别该合同所包含的各单项履约义务,并确定各单项履约义务是在某一时段内履行,还是在某一时点履行,然后,在履行了各单项履约义务时分别确认收入。

对于在某一时段内履行的履约义务,企业应当在该段时间内按照履约进度确认收入,但是,履约进度不能合理确定的除外。

对于在某一时点履行的履约义务,企业应当在客户取得相关商品控制权时点确认收入。

履约义务是指合同中企业向客户转让可明确区分商品的承诺。履约义务既包括合同中明确的承诺,也包括由于企业已公开宣布的政策、特定声明或以往的习惯做法等导致合同订立时客户合理预期企业将履行的承诺。

取得相关商品控制权是指能够主导该商品的使用并从中获得几乎全部的经济利益。

(二)入账金额

财政部于2017年7月修订发布的《企业会计准则第14号——收入》规定,企业应当按照分摊至各单项履约义务的交易价格计量收入。交易价格是指企业因向客户转让商品而预期有权收取的对价金额。企业代第三方收取的款项以及企业预期将退还给客户的款项,应当作为负债进行会计处理,不计入交易价格。企业应当根据合同条款,并结合其以往的习惯做法确定交易价格。

由于结算上的原因,企业销售产品的货款结算可能会出现三种情况:销售产品时直接收到货款;销售产品时未收到货款,待以后再收取;先收取货款后提供产品。

三、销售业务核算应设置的账户

为了正确反映企业销售产品实现的收入、发生的销售成本、销售税金、销售费用及往来结算情况,在会计核算中应设置"主营业务收入""主营业务成本""销售费用""税金及附加""应收账款""预收账款"等账户。

(一)"主营业务收入"账户

"主营业务收入"账户是用来核算企业在销售商品、提供服务等日常活动中所产生的收入的账户。该账户属于损益类账户,其贷方登记企业销售商品(包括产成品、自制半成品等)所实现的收入;借方登记发生的销售退回和期末转入"本年利润"账户的收入;期末将该账户的余额结转后,该账户应无余额。"主营业务收入"账户应按营业的种类设置明细账,进行明细分类核算。

(二)"主营业务成本"账户

"主营业务成本"账户是用来核算企业因销售产成品、提供服务等日常活动而发生的实际成本的账户。该账户属于损益类账户,其借方登记结转已售商品、提供的各种服务等的实际成本;贷方登记当月发生销售退回的商品成本(未直接从本月销售成本中扣减的销售退回的成本)和期末转入"本年利润"账户的当期销售产品成本;期末结转后,该账户应无余额。该账户应按照营业的种类设置明细账,进行明细分类核算。

(三)"销售费用"账户

"销售费用"账户是用来核算企业在销售商品过程中发生各项费用的账户。企业在销售商品过程中发生的各项费用包括运输费、装卸费、包装费、保险费、展览费和广告费,以及为销售本企业商品而专设的销售机构(含销售网点、售后服务网点等)的职工薪酬费用、业务费等。该账户属于损益类账户,其借方登记发生的各种销售费用;贷方登记转入"本年利润"账户的销售费用;期末结转后,该账户应无余额。该账户应按照费用项目设置明细账,进行明细分类核算。

(四)"税金及附加"账户

"税金及附加"账户是用来核算企业日常活动应负担的税金及附加的账户。企业日常活动应负担的税金及附加包括消费税、城市维护建设税、资源税、房产税、城镇土地使用税、车船税、印花税和教育费附加等。该账户属于损益类账户,其借方登记按照规定计算的应由企业负担的税金及附加;贷方登记企业收到的先征后返的消费税等原记入该账户的各种税金,以及期末转入"本年利润"账户中的税金及附加;期末结转后,该账户应无余额。

(五)"应收账款"账户

"应收账款"账户是用来核算企业因销售商品、提供服务等,应向购货单位或接受服务单位收取的款项的账户。不单独设置"预收账款"账户的企业,预收的账款也在本账户核算。该账户属于资产类账户,其借方登记经营收入发生的应收款项;贷方登记实际收到的应收款项和转作坏账损失的应收账款。月末余额在借方,表示应收但尚未收回的款项;期末如为贷方余额,反映企业预收的账款。该账户应按照购货单位或接受劳务单位设置明细账,进行明细分类核算。

(六)"预收账款"账户

"预收账款"账户是用来核算企业按照合同规定向购货单位预收的款项的账户。该账户属于负债类账户,其贷方登记预收购货单位的款项和购货单位补付的款项;借方登记向购货单位发出商品销售实现的货款和退回多付的款项;该账户期末余额一般在贷方,表示预收购货单位的款项。该账户应按照购货单位设置明细账,进行明细分类核算。预收账款不多的企业,也可以将预收的款项直接记入"应收账款"账户的贷方,不设本账户。

四、销售业务核算的会计处理

1. 销售收入的核算

【例 7-24】 山峰企业销售 A 产品 30 件,单价为 1 500 元,货款为 45 000 元,增值税为 5 850 元,款项已存入银行。

该项经济业务的发生,一方面使企业银行存款增加 50 850 元,记入"银行存款"账户的借方;另一方面使企业主营业务收入增加 45 000 元,记入"主营业务收入"账户的贷方;企业向购货方收取的增值税销项税额增加 5 850 元,应记入"应交税费——应交增值税(销项税额)"账户的贷方。该项经济业务编制会计分录如下:

```
借：银行存款                                               50 850
    贷：主营业务收入——A产品                              45 000
        应交税费——应交增值税(销项税额)                    5 850
```

【例 7-25】 山峰企业销售 B 产品 30 件，单价为 2 000 元，货款为 60 000 元，增值税为 7 800 元，商品已发出，款项尚未收到。

该项经济业务的发生，一方面使企业应收账款增加 67 800 元，记入"应收账款"账户的借方；另一方面使企业主营业务收入增加 60 000 元，记入"主营业务收入"账户的贷方；企业向购货方应收取的增值税销项税额增加 7 800 元，应记入"应交税费——应交增值税(销项税额)"账户的贷方。该项经济业务编制会计分录如下：

```
借：应收账款                                               67 800
    贷：主营业务收入——B产品                              60 000
        应交税费——应交增值税(销项税额)                    7 800
```

【例 7-26】 根据合同规定，山峰企业预收购货单位购买 B 产品价款 45 200 元，存入银行。

该项经济业务的发生，一方面使企业预收账款增加 45 200 元，记入"预收账款"账户的贷方；另一方面使银行存款增加 45 200 元，记入"银行存款"账户的借方。该项经济业务编制会计分录如下：

```
借：银行存款                                               45 200
    贷：预收账款                                           45 200
```

【例 7-27】 承[例 7-26]，山峰企业向上述预付货款的购买单位发出 B 商品 20 件，单价为 2 000 元，价款为 40 000 元，增值税为 5 200 元。

该项经济业务的发生，一方面使企业预收账款减少 45 200 元，应记入"预收账款"账户的借方；另一方面使企业主营业务收入增加 40 000 元，记入"主营业务收入"账户的贷方；企业向购货方收取的增值税销项税额增加 5 200 元，应记入"应交税费——应交增值税(销项税额)"账户的贷方。该项经济业务编制会计分录如下：

```
借：预收账款                                               45 200
    贷：主营业务收入——B产品                              40 000
        应交税费——应交增值税(销项税额)                    5 200
```

【例 7-28】 承[例 7-25]，山峰企业接到银行通知，收到前述销售 B 产品的销货款 67 800 元。

第七章　制造企业主要经济业务的核算

该项经济业务的发生,一方面使企业银行存款增加 67 800 元,应记入"银行存款"账户的借方;另一方面使企业应收账款减少 67 800 元,记入"应收账款"账户的贷方。该项经济业务编制会计分录如下:

　　借:银行存款　　　　　　　　　　　　　　　　　　　　　　　　67 800
　　　　贷:应收账款　　　　　　　　　　　　　　　　　　　　　　　　67 800

2. 销售费用的核算

【例 7-29】　山峰企业以银行存款支付销售产品的广告费 1 500 元和增值税 90 元。

该项经济业务的发生,一方面使得企业销售费用增加 1 500 元,应记入"销售费用"账户的借方,增值税进项税额增加 90 元,应记入"应交税费——应交增值税(进项税额)"账户的借方;另一方面使企业银行存款减少 1 590 元,应记入"银行存款"账户的贷方。该项经济业务编制会计分录如下:

　　借:销售费用　　　　　　　　　　　　　　　　　　　　　　　　1 500
　　　　应交税费——应交增值税(进项税额)　　　　　　　　　　　　　90
　　　　贷:银行存款　　　　　　　　　　　　　　　　　　　　　　　　1 590

3. 税金及附加的核算

【例 7-30】　山峰企业按规定计算 A、B 两种产品本期应缴纳的消费税为 8 200 元。

企业因销售商品应缴纳消费税,一方面消费税增加 8 200 元,应记入"税金及附加"账户的借方;另一方面消费税款尚未实际支付,形成企业的一项负债,使得应交税费增加 8 200 元,记入"应交税费"账户的贷方。该项经济业务编制会计分录如下:

　　借:税金及附加　　　　　　　　　　　　　　　　　　　　　　　　8 200
　　　　贷:应交税费——应交消费税　　　　　　　　　　　　　　　　　8 200

4. 主营业务成本的结转

【例 7-31】　月末,山峰企业计算并结转已售商品的销售成本,其中 A 产品的销售成本为 12 000 元,B 产品的销售成本为 15 000 元。

该项经济业务说明,结转 A、B 产品的销售成本,一方面主营业务成本增加 27 000 元,记入"主营业务成本"账户的借方;另一方面库存产成品减少 27 000 元,记入"库存商品"账户的贷方。该项经济业务编制会计分录如下:

　　借:主营业务成本——A 产品　　　　　　　　　　　　　　　　　12 000
　　　　　　　　　　——B 产品　　　　　　　　　　　　　　　　　15 000
　　　　贷:库存商品——A 产品　　　　　　　　　　　　　　　　　　12 000
　　　　　　　　　　——B 产品　　　　　　　　　　　　　　　　　　15 000

以上业务的总分类核算如图 7-6 所示。

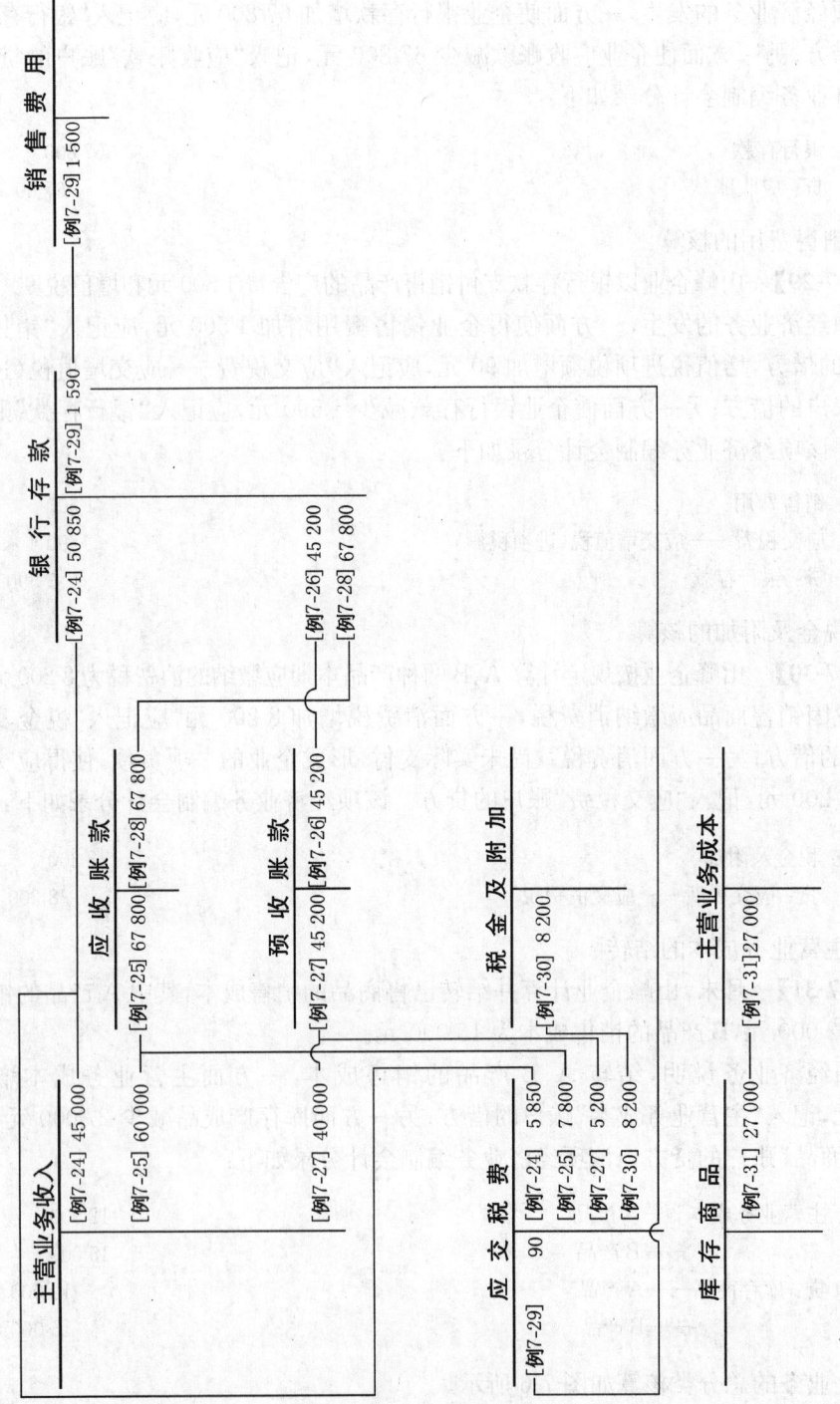

图7-6 销售过程主营业务的总分类核算

第六节 利润形成及分配业务的核算

一、利润形成的核算

(一) 净利润的构成

利润是指企业在一定会计期间的经营成果。利润包括收入减去费用后的净额、直接计入当期利润的利得和损失等。其中,收入减去费用后的净额是企业日常活动的结果,直接计入当期利润的利得和损失是企业非日常活动的结果。在这里,"直接计入当期的利得和损失"是指应当计入当期损益、会导致所有者权益发生增减变动的、与所有者投入资本或者向所有者分配利润无关的利得或者损失,如捐赠利得、非常损失等。

在利润表上利润列示分为营业利润、利润总额和净利润三个层次,具体计算如下:

1. 营业利润

营业利润是指企业在一定会计期间通过日常活动获得的利润,即企业在某一会计期间的营业收入和为实现这些营业收入所发生的耗费比较的结果,是企业利润最重要的来源。营业利润的具体构成可用公式计算如下:

$$\text{营业利润} = \text{营业收入} - \text{营业成本} - \text{税金及附加} - \text{销售费用} - \text{管理费用} - \text{研发费用} - \text{财务费用} + \text{其他收益} \pm \text{投资收益} \pm \text{净敞口套期收益} + \text{公允价值变动收益} - \text{信用减值损失} - \text{资产减值损失} + \text{资产处置收益}$$

营业收入是指企业日常经营业务所确定的收入总额,包括主营业务收入和其他业务收入。其他业务收入是指企业确认的除主营业务活动以外的其他经营活动实现的收入,如制造企业销售材料、出租设备、出租包装物等实现的收入。

营业成本是指企业日常经营业务所发生的实际成本总额,包括主营业务成本和其他业务成本。其他业务成本是指企业确认除主营业务活动以外的其他经营活动所发生的支出,如制造企业销售材料成本、出租设备的折旧额和出租包装物的摊销额等。

研发费用是指企业进行研究与开发过程中发生的费用化支出。

其他收益是指计入其他收益的政府补助等。

投资收益是指企业以各种方式对外投资所取得的收益(或损失)。

净敞口套期收益是指净敞口套期下被套期项目累计公允价值变动转入当期损益

的金额或现金流量套期储备转入当期损益的金额(或损失)。

公允价值变动收益是指企业交易性金融资产等公允价值变动形成的应计入当期损益的利得(或损失)。

信用减值损失是指企业计提的各项金融资产减值准备所形成的预期信用损失。

资产减值损失是指企业计提各项资产减值准备所形成的损失。

资产处置收益是指企业出售、转让固定资产、无形资产而产生的处置利得或损失。

研发费用、其他收益、投资收益、净敞口套期收益、公允价值变动收益、信用减值损失、资产减值损失、资产处置收益等项目的会计处理较为复杂,需到后续课程"中级财务会计"和"高级财务会计"中深入学习理解。

2. 利润总额

利润总额也称税前利润,是指企业在一定会计期间全部活动(包括日常活动和非日常活动)获得的利润。利润总额构成的计算公式如下:

$$利润总额=营业利润+营业外收入-营业外支出$$

营业外收入是指企业发生的与日常活动无直接关系的计入当期利润的各项利得,主要包括无法支付的应付款项、政府补助、盘盈利得、捐赠利得和罚款收入等。

营业外支出是指企业发生的与日常活动无直接关系的计入当期利润的各项损失,主要包括固定资产和无形资产的毁损报废损失、公益性捐赠支出、非常损失、盘亏损失和罚款支出等。

3. 净利润

净利润也称税后利润,是企业在一定会计期间的利润总额减去所得税费用后的净额。净利润构成的计算公式如下:

$$净利润=利润总额-所得税费用$$

所得税费用是指企业确认的应从当期利润总额中扣除的所得税费用,由当期所得税费用和递延所得税费用两部分构成。

(二) 所得税的核算

1. 所得税的计算

所得税是企业依照国家税法的规定,对企业的所得,按照规定的税率计算并缴纳的税款。企业所得税的计征实行按年计算,按月或按季预缴,年度终了汇算清缴,多退少补的方法。企业应缴纳的所得税计算公式如下:

$$应纳所得税额=应纳税所得额\times 所得税税率$$

应当指出的是,企业应纳所得税额是根据应纳税所得额乘以所得税税率计算而得,而不是利润总额乘以所得税税率计算而得。一般而言,应纳税所得额和利润总额是两个不同的概念。应纳税所得额是根据税法的规定计算确认的利润数,即税法所得额,而利润总额是根据会计准则的有关规定计算确认的利润数,即会计所得额。由于税法与会计准则在收入、费用的内涵上可能存在不一致,以致利润总额和应纳税所得额会发生差异,此时应按税法规定进行调整,将利润总额调整为应纳税所得额,并以调整后的所得额计算应缴纳所得税款。

2. 设置"所得税费用"账户

"所得税费用"账户是用来核算企业按规定从本期损益中减去的所得税的账户。该账户属于损益类账户,其借方登记企业应计入本期损益的所得税额;贷方登记企业期末转入"本年利润"账户的所得税额;结转后,该账户应无余额。

3. 所得税的会计处理

【例 7-32】 期末,山峰企业按照 25% 的所得税税率计算本期应交所得税。根据[例 7-2]至[例 7-31],计算山峰企业本期利润总额:

利润总额 = 营业收入 − 营业成本 − 税金及附加 − 销售费用 − 管理费用 − 财务费用

= 145 000 − 27 000 − 8 200 − 1 500 − 8 100 − 200

= 100 000(元)

假设该企业不存在需要调整纳税的所得,按实现的利润总额计算应纳所得税款如下:

应纳所得税额 = 100 000 × 25% = 25 000(元)

计算出的企业应纳所得税,一方面反映企业所得税费用增加 25 000 元,记入"所得税费用"账户的借方;另一方面所得税在未实际发生支付前形成企业的一项负债,使得企业应交税费增加 25 000 元,记入"应交税费"账户的贷方。该项经济业务编制会计分录如下:

借:所得税费用　　　　　　　　　　　　　　　　25 000
　　贷:应交税费——应交所得税　　　　　　　　　　　25 000

【例 7-33】 山峰企业以银行存款向税务部门缴纳所得税 25 000 元。

该项经济业务发生,一方面使企业应交税费减少了 25 000 元,应记入"应交税费"账户的借方;另一方面使银行存款减少 25 000 元,记入"银行存款"账户的贷方。该项经济业务编制会计分录如下:

借:应交税费——应交所得税　　　　　　　　　　　25 000
　　贷:银行存款　　　　　　　　　　　　　　　　　　25 000

(三) 净利润形成的核算

1. 设置"本年利润"账户

"本年利润"账户是用来核算企业实现的净利润(或发生的净亏损)情况的账户。该账户属于所有者权益类账户,其贷方登记期末从"主营业务收入""其他业务收入"等账户的转入数;借方登记期末从"主营业务成本""税金及附加""销售费用""管理费用""财务费用""所得税费用"等账户的转入数。将本期转入的收入和费用账户的发生额进行对比,若为贷方余额表示实现的净利润;若为借方余额表示发生的亏损。在年度中间,该账户的余额保留在本账户,不予结转,表示截至本期本年累计实现的净利润(或亏损)。年度终了,应将"本年利润"账户的余额转入"利润分配"账户,结转后该账户应无余额。

2. 净利润形成的会计处理

企业为了核算一定期间的财务成果,会计期末应进行本期损益的结转。企业结转本期损益,应于期末将各项收入、费用、计入当期利润的利得和损失等账户结转到"本年利润"账户,其中将收入和利得类账户的余额转入"本年利润"账户的贷方,将费用和损失类账户的余额转入"本年利润"账户的借方。

【例 7-34】 期末,山峰企业将各项收入账户余额从借方转入"本年利润"账户的贷方。根据前述,"主营业务收入"账户贷方余额 145 000 元,编制结转会计分录如下:

借:主营业务收入　　　　　　　　　　　　　　　　145 000
　　贷:本年利润　　　　　　　　　　　　　　　　　　　145 000

【例 7-35】 期末,山峰企业将各项费用、损失账户余额从贷方转入"本年利润"账户的借方。根据前述,"主营业务成本"账户借方余额 27 000 元,"税金及附加"账户借方余额 8 200 元,"销售费用"账户借方余额 1 500 元,"管理费用"账户借方余额 8 100 元,"财务费用"账户借方余额 200 元,"所得税费用"账户借方余额 25 000 元。编制结转会计分录如下:

借:本年利润　　　　　　　　　　　　　　　　　　70 000
　　贷:主营业务成本　　　　　　　　　　　　　　　　27 000
　　　　税金及附加　　　　　　　　　　　　　　　　　8 200
　　　　销售费用　　　　　　　　　　　　　　　　　　1 500
　　　　管理费用　　　　　　　　　　　　　　　　　　8 100
　　　　财务费用　　　　　　　　　　　　　　　　　　　200
　　　　所得税费用　　　　　　　　　　　　　　　　25 000

以上业务的总分类核算如图 7-7 所示。

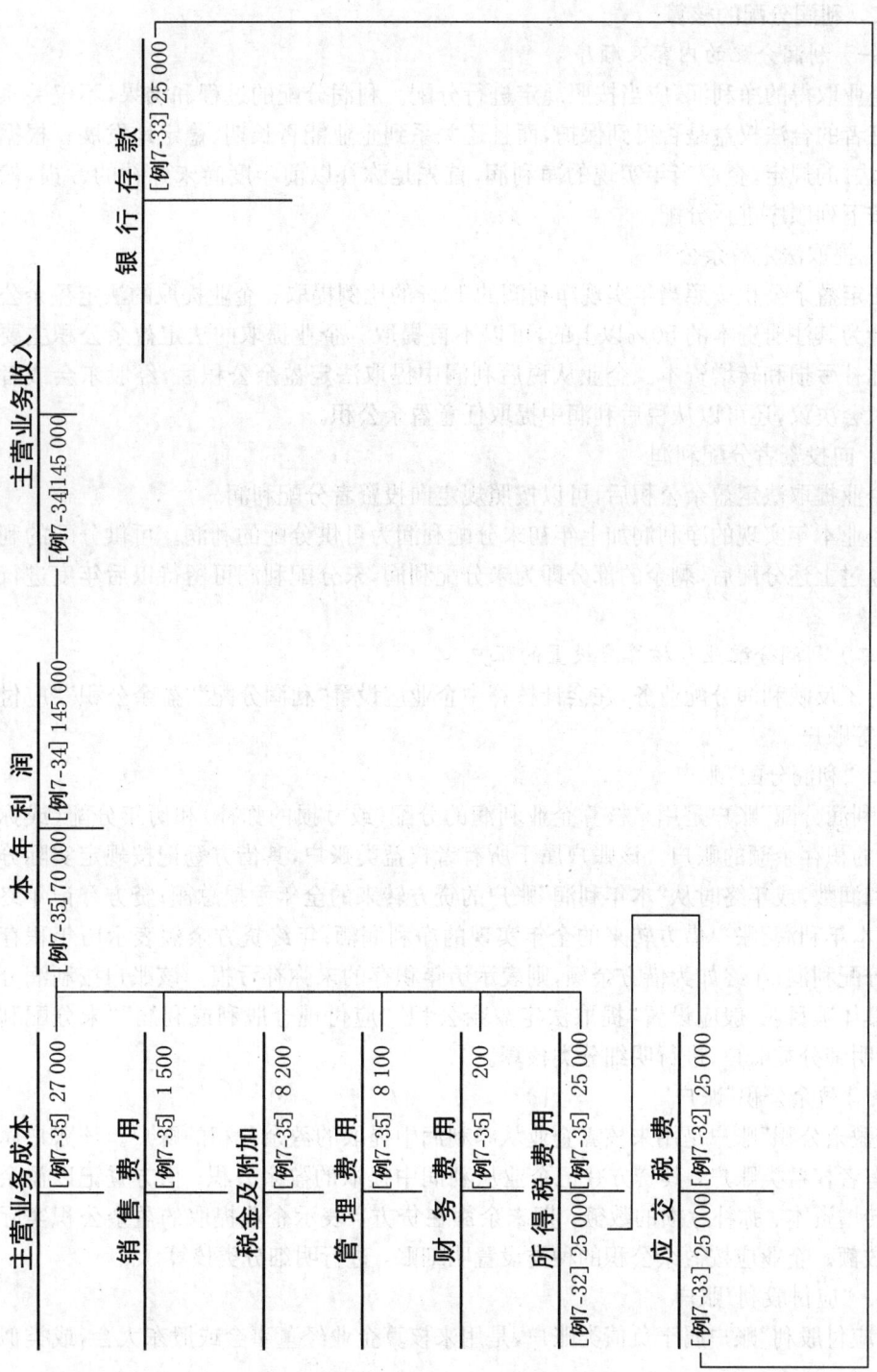

图7-7 利润形成的总分类核算

二、利润分配的核算

(一) 利润分配的内容及顺序

企业取得的净利润,应当按照规定进行分配。利润分配的过程和结果,不仅关系到所有者的合法权益是否得到保护,而且还关系到企业能否长期、稳定地发展。根据《公司法》的规定,企业当年实现的净利润,首先是弥补以前年度尚未弥补的亏损,然后应按下列顺序进行分配。

1. 提取法定盈余公积

法定盈余公积按照当年实现净利润的10%的比例提取。企业提取的法定盈余公积累计为其注册资本的50%以上的,可以不再提取。企业提取的法定盈余公积主要用于弥补亏损和转增资本。企业从税后利润中提取法定盈余公积后,经股东会或者股东大会决议,还可以从税后利润中提取任意盈余公积。

2. 向投资者分配利润

企业提取法定盈余公积后,可以按照规定向投资者分配利润。

企业本年实现的净利润加上年初未分配利润为可供分配的利润。可供分配的利润在经过上述分配后,剩余的部分即为未分配利润,未分配利润可留待以后年度进行分配。

(二) 利润分配业务核算应设置的账户

为了反映利润分配业务,在会计核算中企业应设置"利润分配""盈余公积""应付股利"等账户。

1. "利润分配"账户

"利润分配"账户是用来核算企业利润的分配(或亏损的弥补)和历年分配(或弥补)后的积存余额的账户。该账户属于所有者权益类账户,其借方登记按规定实际分配的利润数,或年终时从"本年利润"账户的贷方转来的全年亏损总额;贷方登记年终时从"本年利润"账户借方转来的全年实现的净利润额;年终贷方余额表示历年积存的未分配利润;年终如为借方余额,则表示历年积存的未弥补亏损。该账户按利润分配的具体项目,一般应设置"提取法定盈余公积""应付现金股利或利润""未分配利润"等明细分类账户,进行明细分类核算。

2. "盈余公积"账户

"盈余公积"账户是用来核算企业从净利润中提取的盈余公积的账户。该账户属于所有者权益类账户,其贷方登记企业从利润中提取的盈余公积;借方登记以盈余公积转增资本、弥补亏损的数额;期末余额在贷方,表示企业提取的盈余公积实际结存数额。企业应按盈余公积的种类设置明细账,进行明细分类核算。

3. "应付股利"账户

"应付股利"账户属于负债类账户,是用来核算企业经董事会或股东大会,或类似机构决议确定分配的现金股利或利润的账户。该账户的贷方登记根据通过的股利或利润分配方案，应支付的现金股利或利润；借方登记实际支付数；期末余额在贷方，表示企业尚未支付的现金股利或利润。

（三）利润分配业务核算的会计处理

【例7-36】 山峰企业根据规定按净利润的10%提取法定盈余公积（山峰企业2023年1~11月实现净利润759 000元）。

$$应提取的法定盈余公积 = (759\,000 + 100\,000 - 25\,000) \times 10\% = 83\,400(元)$$

该项经济业务说明，企业计提盈余公积，属于利润分配的增加，一方面利润分配增加83 400元，记入"利润分配"账户的借方；另一方面盈余公积增加83 400元，记入"盈余公积"账户的贷方。编制会计分录如下：

借：利润分配——提取法定盈余公积　　　　　　　　　　　　　　83 400
　　贷：盈余公积——法定盈余公积　　　　　　　　　　　　　　　　83 400

【例7-37】 山峰企业根据批准的利润分配方案，宣告向投资者分配现金股利150 000元。

该项经济业务说明，企业向投资者分配现金股利，表示利润分配的增加，一方面利润分配增加150 000元，记入"利润分配"账户的借方；另一方面向投资者分配现金股利在没有实际支付之前，形成了企业的一项负债，记入"应付股利"账户的贷方。编制会计分录如下：

借：利润分配——应付股利　　　　　　　　　　　　　　　　　　150 000
　　贷：应付股利　　　　　　　　　　　　　　　　　　　　　　　　150 000

【例7-38】 年终决算时，山峰企业结转全年实现的净利润834 000元。

年终决算时，企业应将全年实现的净利润自"本年利润"账户转入"利润分配——未分配利润"账户，结平"本年利润"账户。编制结转会计分录如下：

借：本年利润　　　　　　　　　　　　　　　　　　　　　　　　834 000
　　贷：利润分配——未分配利润　　　　　　　　　　　　　　　　834 000

【例7-39】 年终决算时，山峰企业将"利润分配"账户所属的各明细分类账户的借方合计数233 400元结转到"利润分配——未分配利润"明细分类账户的借方。编制结转会计分录如下：

借：利润分配——未分配利润　　　　　　　　　　　　　　　　　233 400
　　贷：利润分配——提取法定盈余公积　　　　　　　　　　　　　　83 400
　　　　　　　　——应付股利　　　　　　　　　　　　　　　　　150 000

以上业务的总分类核算和明细分类账如图7-8所示。

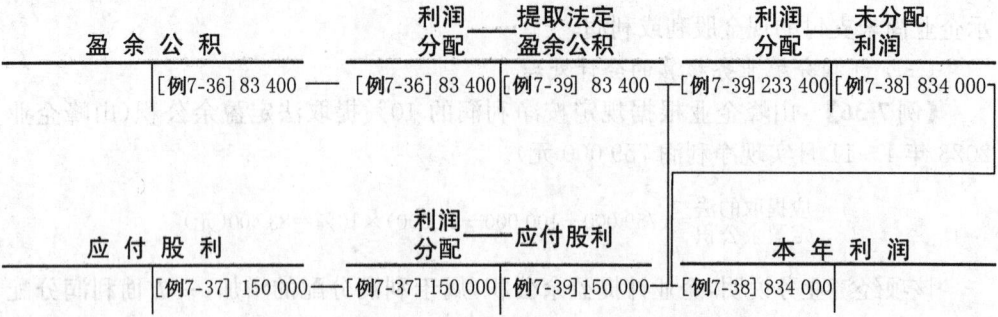

图7-8 利润分配业务的总分类及明细分类核算

 **课程思政**

郭道扬教授对会计作用的论述

　　著名会计史学家、中南财经政法大学终身教授郭道扬说:"失会计者,失财政,而失财政者则失天下;企业如丧失管理的基础,便会在市场经济中丧失立足之地,而如果企业失去财务与会计控制便有如失去耳目,在市场经济中也寸步难行。"[1]

　　要求:谈谈你对会计人员在做好本职工作同时,在参与管理、提高企业市场竞争力方面发挥作用的看法。

 **复习思考题**

1. 材料采购业务核算应设置哪些主要总分类账户?各总分类账户之间的对应关系如何?
2. 怎样确定外购材料的采购成本?
3. 制造企业产品成本项目包括哪些?
4. 产品生产成本计算一般应遵循什么程序?
5. 企业净利润是如何确定的?
6. 企业实现的净利润应按什么顺序分配?

---

[1] 赵家新. 中南财经政法大学教授郭道扬:改变"只有西式簿记才是科学的"结论[EB/OL]. (2021-05-23)[2024-01-10]. http://www.app.dawuhanapp.com/wuhan/p/416276.html.

一、单项选择题

1. 企业收到投资人直接投入的资本时,应贷记( )账户。
   A. "银行存款"   B. "实收资本"   C. "固定资产"   D. "原材料"

2. 企业外购材料的运杂费应计入( )。
   A. 销售费用   B. 管理费用   C. 材料采购成本   D. 制造费用

3. 购买需要安装的固定资产,要将其安装成本先记入( )账户,再转入"固定资产"账户。
   A. "在途物资"   B. "在建工程"   C. "生产成本"   D. "制造费用"

4. "管理费用"账户期末应( )。
   A. 有借方余额   B. 有贷方余额
   C. 有借方余额或贷方余额   D. 无余额

5. 企业获取的捐赠利得应计入( )。
   A. 主营业务收入   B. 其他业务收入   C. 营业外收入   D. 投资收益

6. 企业购入不需要安装的设备一台,所支付的买价为 29 250 元,另支付运杂费 500 元,包装费 100 元,该设备取得的实际成本为( )元。
   A. 29 750   B. 29 350   C. 29 250   D. 29 850

7. 期末计提固定资产折旧时,应贷记( )账户。
   A. "管理费用"   B. "制造费用"   C. "生产成本"   D. "累计折旧"

8. 期末按规定税率计算本期销售商品应交消费税时,应借记( )账户。
   A. "主营业务成本"   B. "税金及附加"
   C. "所得税费用"   D. "应交税费"

9. 年终结转后,"利润分配"账户的贷方余额表示( )。
   A. 实现的利润   B. 发生的亏损   C. 未分配利润   D. 未弥补亏损

10. 期末,企业结转已售产品销售成本时,应借记( )账户。
    A. "原材料"   B. "生产成本"   C. "主营业务成本"   D. "库存商品"

11. 预付款项业务不多的企业,可以不设置"预付账款"账户,而将发生的预付款项记入( )核算。
    A. "应付账款"账户的借方   B. "应付账款"账户的贷方
    C. "预收账款"账户的借方   D. "应收账款"账户的贷方

12. 远洋公司 2023 年年初"利润分配"账户的贷方余额为 200 万元,2023 年度实现的净利润为 100 万元,公司按 10% 提取法定盈余公积,并向投资者分配现金股利 5 万元。假定不考虑其他因素,则远洋公司 2023 年年末"利润分配——未分配利润"账户的余额应为( )万元。
    A. 300   B. 295   C. 290   D. 285

二、多项选择题

1. 制造企业的主要经济业务包括（　　）业务。
   A. 资金筹集　　　　　　　　　　　　B. 购进
   C. 生产和销售　　　　　　　　　　　D. 利润形成及分配
2. 材料采购业务核算应设置的账户一般有（　　）。
   A. "银行存款"　　B. "预收账款"　　C. "应付账款"　　D. "原材料"
3. "生产成本"账户的借方登记（　　）。
   A. 直接材料费　　　　　　　　　　　B. 直接人工费
   C. 折旧费用　　　　　　　　　　　　D. 分配计入的制造费用
4. 下列各项中，应计入产品成本的有（　　）。
   A. 管理部门固定资产修理费　　　　　B. 车间管理人员工资
   C. 生产用设备折旧费　　　　　　　　D. 公司办公费
5. 与"主营业务收入"账户贷方发生对应关系的账户一般有（　　）。
   A. "银行存款"　　B. "应付账款"　　C. "应收账款"　　D. "预收账款"
6. 期末转入"本年利润"账户借方的发生额有（　　）账户。
   A. "营业外收入"　　B. "主营业务成本"　　C. "所得税费用"　　D. "制造费用"
7. 下列项目中，属于制造企业其他业务收入的有（　　）。
   A. 出租设备收入　　B. 销售材料收入　　C. 销售产品收入　　D. 罚款收入
8. 制造企业应计入产品成本的项目有（　　）。
   A. 直接材料费　　B. 直接人工费　　C. 制造费用　　D. 管理费用
9. 下列各项中，可通过"财务费用"账户核算的有（　　）。
   A. 借款利息支出　　B. 存款利息收入　　C. 银行手续费　　D. 国债利息收入
10. 制造企业利润分配的主要内容包括（　　）。
    A. 提取职工福利费　　　　　　　　　B. 提取盈余公积
    C. 向投资者分配现金股利或利润　　　D. 上缴所得税
11. 下列税金中，应记入"税金及附加"账户的有（　　）。
    A. 车船税　　B. 消费税　　C. 城市维护建设税　　D. 资源税
12. 下列项目中，应通过"应付职工薪酬"账户核算的有（　　）。
    A. 工资　　B. 住房公积金　　C. 工会经费　　D. 社会保险费

三、判断题

1. 外购材料的成本就是由材料的买价构成的。　　　　　　　　　　　　　　（　　）
2. 企业为销售产品而专设的销售机构发生业务费应计入销售费用。　　　　（　　）
3. "生产成本"账户的借方余额，表示期末结存产成品的数额。　　　　　　（　　）
4. "短期借款"账户既核算借款的本金又核算尚未归还的利息债务。　　　　（　　）
5. "主营业务收入"账户期末一般无余额。　　　　　　　　　　　　　　　（　　）

6. "制造费用"账户的借方发生额应于期末转入"本年利润"账户,结转后该账户无余额。 (   )
7. 利润总额是营业利润减去期间费用加上营业外收入后确定的。 (   )
8. 企业提取的法定盈余公积主要用于弥补亏损和转增资本。 (   )
9. "所得税费用"账户属于负债类账户。 (   )
10. 5 月 31 日,"本年利润"账户有贷方余额 250 000 元,表示 5 月份实现的净利润。 (   )
11. "股本"账户期末贷方余额表示公司发行在外的股票面值。 (   )
12. 企业外购固定资产都应直接记入"固定资产"账户。 (   )

四、计算及会计处理题

习 题 一

【目的】 练习资金筹集业务的核算。
【资料】 保洁公司 2023 年 6 月发生下列筹资业务:
(1) 收到昌盛公司投入款项一笔 40 000 元,已存入本公司存款账户。
(2) 收到发明人杨光投入专利权一项,确认价值 30 000 元。
(3) 收到方圆公司投入新设备一台,价值 28 000 元,增值税为 3 640 元,设备已交付使用。
(4) 收到昌盛公司投入原材料一批,价值 5 000 元,增值税为 650 元,材料已验收入库。
(5) 向银行取得 6 个月的周转借款 8 000 元,利率为 3‰,已转入本公司存款户。
(6) 本月归还到期的临时周转借款本金 2 000 元,支付利息 50 元(利息以前均未预提)。
【要求】 编制上述经济业务的会计分录。

习 题 二

【目的】 练习固定资产购进业务的核算。
【资料】 保洁公司 2023 年 8 月发生下列固定资产购进业务:
(1) 从华联公司购入复印机一台,价值 28 900 元,增值税为 3 757 元;运费为 100 元,增值税为 9 元。款项已用转账支票支付,复印机已交付使用。
(2) 购入需要安装的生产用设备一台,价值 100 600 元,增值税为 13 078 元;包装费为 500 元;运费为 300 元,增值税为 27 元。全部款项已用银行存款支付,设备已运达公司。
(3) 安装上述生产用设备耗用材料 200 元,发生安装人员工资 150 元。
(4) 上述生产用设备安装完毕,经验收合格交付使用。
【要求】 编制上述经济业务的会计分录。

习 题 三

【目的】 练习材料采购业务的核算(采用实际成本法)。
【资料】 常青机械公司 2023 年 7 月发生下列材料采购业务:
(1) 常青机械公司向达成公司购入 A 材料 8 000 千克,单价为 12 元。收到达成公司开来的增值税专用发票,价款为 96 000 元,增值税为 12 480 元;运费为 2 000 元,增值税为 180 元。货款、增值税、运费均以银行存款支付,A 材料已验收入库。

(2) 常青机械公司向创新公司购入 B 材料 4 000 千克,单价为 5 元;C 材料 1 000 千克,单价为 15 元。收到创新公司开来的增值税专用发票,货款为 35 000 元,增值税为 4 550 元,货款及增值税均未支付,B、C 两种材料均未到达。

(3) 常青机械公司以银行存款支付上述 B、C 两种材料的运费 300 元和增值税 27 元,B、C 材料已验收入库。

(4) 常青机械公司以银行存款偿还前欠新兴公司货款 31 080 元。

(5) 常青机械公司根据合同规定企业预付龙强公司购买 D 材料款 31 320 元。

(6) 常青机械公司收到龙强公司发来预付款购买的 D 材料 3 000 千克,单价为 9 元,增值税为 3 510 元,材料已验收入库。

【要求】 编制上述经济业务的会计分录。

习 题 四

【目的】 练习产品生产业务的核算。

【资料】 常青机械公司生产甲、乙两种产品,2023 年 7 月初在产品成本如表 7-11 所示。

表 7-11

月初在产品成本资料表

单位:元

名 称	直接材料	直接人工	制造费用	合 计
甲产品	7 417	3 090	2 420	12 927
乙产品	4 726	1 610	1 288	7 624
合 计	12 143	4 700	3 708	20 551

该公司 2023 年 7 月发生下列生产业务:

(1) 生产甲产品领用 A 材料 500 千克,单价为 12.25 元;领用 B 材料 300 千克,单价为 5.06 元,仓库已发料。

(2) 用银行存款支付生产车间办公费 500 元。

(3) 用银行存款 800 元支付本月生产车间房租。

(4) 生产车间领用 D 材料 200 千克,单价为 9 元,用于生产甲、乙产品一般消耗,仓库已发料。

(5) 开出转账支票支付本月生产车间水费 900 元和增值税 81 元。

(6) 生产乙产品领用 C 材料 600 千克,单价为 15.06 元,仓库已发料。

(7) 月末,计算本月应付职工工资 16 800 元,其中:甲产品生产工人工资 8 000 元,乙产品生产工人工资 6 000 元,车间管理人员工资 1 800 元,公司管理人员工资 1 000 元。并依据职工工资总额的 2% 计提工会经费。

(8) 月末,计提本月车间固定资产折旧 1 164 元。

(9) 月末,将 16 800 元转入职工工资存折。

(10) 月末,将本月发生的制造费用按生产工人的工资比例分配转入生产成本。

(11) 月末,甲产品 120 件,乙产品 100 件全部完工验收入库,均无期末在产品,计算并结转完工产品的实际生产成本。

【要求】 编制上述经济业务的会计分录。

习 题 五

【目的】 练习销售业务的核算。

【资料】 常青机械公司 2023 年 7 月发生下列销售业务:

(1) 销售给五羊公司甲产品 40 件,单价为 450 元;乙产品 10 件,单价为 390 元;增值税合计为 2 847 元,货款及增值税已存入银行。

(2) 以银行存款支付销售甲、乙两种产品运费 500 元和增值税 45 元。

(3) 销售给铁一公司乙产品 20 件,单价为 390 元,增值税为 1 014 元;用银行存款代垫运费 200 元和增值税 18 元。货款、增值税及运费均未收到。

(4) 预收二建公司购买甲产品款 8 700 元存入银行。

(5) 计算本月应交已售产品消费税 1 600 元。

(6) 以银行存款支付产品广告费 600 元和增值税 36 元。

(7) 结转本月已售甲、乙两种产品的成本,甲产品单位成本为 280.75 元,乙产品单位成本为 265 元。

【要求】 编制上述经济业务的会计分录。

习 题 六

【目的】 练习利润形成及分配业务的核算。

【资料】 常青机械公司 2023 年 12 月发生下列有关利润业务:

(1) 将本期实现的主营业务收入 36 700 元、发生的主营业务成本 21 430 元、税金及附加 1 600 元、销售费用 1 100 元、管理费用 3 340 元、财务费用 230 元转入"本年利润"账户。

(2) 按 25% 的所得税税率计算并结转本期应交所得税(假设本期无纳税调整项目)。

(3) "本年利润"账户有贷方期初余额 154 670 元,按税后利润的 10% 提取法定盈余公积。

(4) 决定向投资者分配现金股利 40 000 元。

【要求】 编制上述经济业务的会计分录。

习 题 七

【目的】 综合练习制造企业主要经营过程的核算。

【资料】 利达公司 2023 年 11 月 30 日各总分类账账户余额及有关账户明细资料如表 7-12 所示。

表 7-12

各总分类账账户余额及有关账户明细资料表

单位:元

账户名称	借方余额	账户名称	贷方余额
库存现金	1 300	短期借款	42 900

续 表

账户名称	借方余额	账户名称	贷方余额
银行存款	139 200	应付账款	1 000
应收账款	3 000	其他应付款	800
原材料	125 000	应交税费	1 000
库存商品	150 000	实收资本	1 000 000
预付账款	14 000	盈余公积	14 000
固定资产	882 000	本年利润	427 000
利润分配	326 800	累计折旧	154 600
合　　计	1 641 300	合　　计	1 641 300

"库存商品"账户余额150 000元,其中:

　　　库存商品——A　　4 000件　　@20元　　计80 000元
　　　库存商品——B　　7 000件　　@10元　　计70 000元

"应收账款"账户余额3 000元系达成公司欠款。
"应付账款"账户余额1 000元系欠创新公司货款。
2023年12月,利达公司发生下列经济业务:

(1) 仓库发出材料42 000元,用于生产A产品21 900元,B产品18 100元,车间辅助用料2 000元。

(2) 向慧明公司购入甲材料15 000元,增值税为1 950元;慧明公司垫付运费为1 000元,增值税90元。货款及运费以银行存款支付,材料已验收入库。

(3) 向创新公司购入乙材料40 000元,增值税5 200元,货款及增值税暂欠,材料未到。

(4) 以现金支付上述购入乙材料的搬运费300元,增值税为27元。材料已验收入库,按其实际采购成本转账。

(5) 收到达成公司还来欠款3 000元存入银行。

(6) 以银行存款支付上月应交税费1 000元。

(7) 以银行存款预付购买材料款1 200元。

(8) 本月的职工工资分配如下:

A产品生产工人工资	10 000元
B产品生产工人工资	10 000元
车间职工工资	3 000元
管理部门职工工资	1 000元
合　　计	24 000元

(9) 按职工工资总额的 10% 计提企业负担的职工住房公积金。
(10) 从银行存款中提取现金 24 000 元,备发工资。
(11) 以现金支付职工工资 24 000 元。
(12) 计提本月固定资产折旧 3 320 元,其中车间使用固定资产折旧 2 500 元,管理部门用固定资产折旧 820 元。
(13) 以银行存款支付生产车间办公费 1 400 元。
(14) 将制造费用按生产工人工资比例摊配到 A、B 两种产品成本中。
(15) A 产品已全部完成,共 2 000 件,按其实际生产成本转账。
(16) 出售产成品给达成公司,计 A 产品 1 800 件,单价为 28 元;B 产品 4 400 件,单价为 14 元。货款共计 112 000 元,增值税为 14 560 元,货款及增值税均未收到。
(17) 结转上述出售产成品生产成本,计 A 产品每件 20 元,B 产品每件 10 元,共计 80 000 元。
(18) 用现金支付销售产品运费 1 100 元,增值税 99 元。
(19) 以银行存款支付临时借款利息 5 000 元。
(20) 以银行存款支付公司总部水费 1 200 元和增值税 108 元。
(21) 按售价计算应交已售产品的消费税 5 680 元。
(22) 将本月各损益类账户余额转至"本年利润"账户。
(23) 按本月利润总额的 25% 计算应交所得税,并将"所得税费用"账户余额转入"本年利润"账户。
(24) 按本年税后利润 10% 提取法定盈余公积。
(25) 决定向投资者分配现金股利 120 000 元。
(26) 年末,将"本年利润"账户余额转入"利润分配——未分配利润"账户。
(27) 年末,结转"利润分配"账户下除"未分配利润"明细分类账户以外的其他明细分类账户。

【要求】 编制上述经济业务的会计分录。

第八章 财产清查

学习要求

本章主要阐述财产清查的意义、种类,财产物资的盘存制度及清查结果的处理。通过本章学习,学习者应理解财产清查的必要性,了解财产清查的种类,掌握各项财产物资的清查方法和财产清查结果的账务处理。目的是使学习者能够掌握财产清查的基本技能。

思维导图

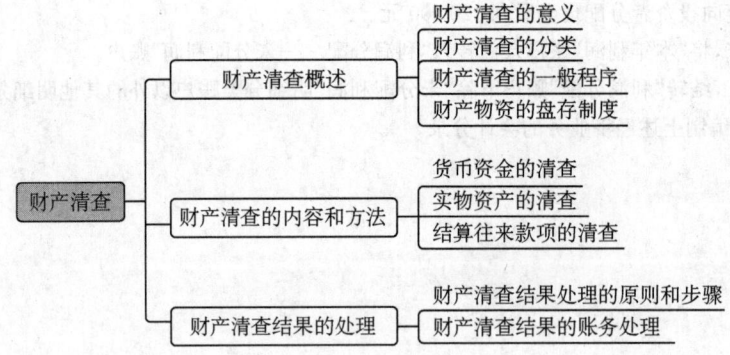

第一节 财产清查概述

一、财产清查的意义

财产清查是通过对企业的货币资金、实物资产和债权债务等的盘点和核对,确定其实存数,并查明各项财产的实存数与账存数是否相符的一种专门方法。

会计主体均需通过账簿来反映其各项经济业务发生引起的各项财产增减变动及

其结果。从理论上讲,账簿上所记录财产增减变动的结果应该与各项财产的实有数量相一致。但在实际工作中,由于账簿记录与实物收发、往来结算等多种原因,可能使各项财产的账面数与结存数发生差异,造成账实不符。具体表现在:在账簿记录中发生的重记、漏记和错记;财产物资在收发过程中由于计量或检验不准,发生品种或数量与原始记录不相一致的情况;财产物资在保管过程中发生的自然损耗;由于结算中未达账项和拒付等原因,造成结算双方账实不符;由于管理不善或制度不严,造成财产损坏、丢失、贪污和盗窃;因意外灾害造成的损失等。为了保证会计账簿记录的真实性和准确性,提高会计信息质量,企业必须采用行之有效的财产清查方法,对财产进行定期或不定期的清查,以便查明造成差异的原因和分清责任,做到账实相符。财产清查工作对于加强企业管理、充分发挥会计的监督职能具有重要的意义。

(一) 保证会计核算资料的真实性

通过财产清查,会计人员可以确定各项财产物资的实存数,并与其账存数进行核对,查明两者不同的原因,据不同情况及时调整账簿记录,做到账实相符,以保证账簿记录的真实、正确,为编制财务报表和进行管理提供可靠的信息。

(二) 健全财产物资管理制度,保护各项财产的安全完整

通过财产清查,会计人员可以查明账实是否相符,财产物资有无短缺毁损,发现问题及时采取相应措施,堵塞漏洞,建立健全财产物资保管的经济责任制等各项规章制度,以保护各项财产物资的安全完整。

(三) 挖掘财产物资的潜力,加速资金周转

通过财产清查,会计人员不仅要对财产物资进行账实核对,而且还要查明各项财产物资的储存和使用情况,根据实际情况,建立合理的储备定额制度,对于超储积压、闲置不用或不合理应用的财产物资及时处理,从而促进财产物资的有效使用,充分发挥财产物资的潜力,加速资金周转。

二、财产清查的分类

(一) 按财产清查的范围分类

按财产清查的范围分类,财产清查可分为全面清查和局部清查。

1. 全面清查

全面清查是对所有的财产物资、货币资金和各种债权债务进行全面盘点和核对的方法。全面清查的范围大、内容多、时间长、参与人员广。一般在下列情况下,才需要进行全面清查:

(1) 年终决算之前,要进行一次全面清查。

(2) 单位撤销、合并或改变隶属关系前,需要进行全面清查。

(3) 开展全面的资产评估、清产核资前,要进行全面清查。

(4) 中外合资、国内合资以及股份制改制前,要进行全面清查。

(5) 单位主要领导调离工作前,需要进行全面清查。

2. 局部清查

局部清查是根据需要,对部分财产物资、货币资金和债权债务进行盘点和核对的方法。其清查的对象主要是流动性较大的财产物资。局部清查范围小、内容少、时间短,参与人员少,但专业性强。实施局部清查时,对于现金应每日清点、核对;对于银行存款每月至少同银行核对一次;对于债权债务等至少每年核对一两次;对于各项存货应有计划、有重点地进行抽查,贵重物品应至少每月清查一次。

(二) 按财产清查的时间分类

按照财产清查的时间不同,财产清查可分为定期清查和不定期清查。

1. 定期清查

定期清查是指根据计划安排的时间对财产物资、债权债务进行的清查。它一般是在年末、季末、月末结账时进行。定期清查可以是局部清查,也可以是全面清查。

2. 不定期清查

不定期清查是指事先并无规定清查的时间,而根据实际需要对财产物资所进行的临时性清查。不定期清查可以是全面清查,也可以是局部清查。一般在下列情况下才需进行不定期清查:

(1) 更换财产物资和现金保管员、出纳员时,对有关保管人员所保管的财产物资和现金进行清查。

(2) 发生非常灾害和意外损失时,对受损的有关财产物资进行清查。

(3) 企业撤销、合并或改变隶属关系等需要进行清查。

(4) 有关部门进行临时性检查时,需要进行财产清查。

三、财产清查的一般程序

财产清查是一项既复杂又细致的工作,必须有计划有组织地进行。不同的财产清查,其程序也不尽相同。但就其一般程序而言,主要包括以下几个步骤。

1. 成立专门清查小组

财产清查涉及面广、人员多、工作量大,必须成立由会计部门牵头的,有会计、业务、保管等各职能部门人员参加的清查小组,具体负责财产清查的计划组织和管理。

2. 业务准备

业务准备是进行财产清查的关键。财产清查前,会计部门和有关业务部门必须做好以下各项准备工作。

(1) 会计部门应做好所有账簿的登记工作,将总分类账中的货币资金、财产物资和债权债务的有关账户与其所属的明细分类账和日记账核对准确,做到账账相符、账证相符,为账实核对提供正确的账簿资料。

(2) 财产物资保管部门要做好各种财产物资入账工作,并与会计部门的有关财产物资核对相符。同时,将各种财产物资排列整齐、挂上标签,标明品种、规格及结存数量,以便盘点核对。

(3) 财产清查人员在清查业务上,也要进行必要的准备,如准备计量器具、有关清查需用的各种表册等。

3. 实施财产清查

在各项准备工作就绪之后,清查人员应根据清查的对象、采用一定的方法,实施财产清查。清查人员在进行清查工作时,无论是盘点财产物资,还是盘点现金,当事人必须在场,由盘点人员据实做好盘查记录;盘点结束后,盘点人员应根据财产物资的盘点记录和不同的财产物资编制相应的表单,并据以分析清查结果,查找原因,并作出相应的处理。

四、财产物资的盘存制度

财产物资的盘存制度有永续盘存制和实地盘存制两种。

(一)永续盘存制

永续盘存制也称账面盘存制,是一种平时对各项财产物资的增加数和减少数都要根据会计凭证连续记入有关账簿,并随时结出账面结存数额的盘存制度。其计算公式如下:

期末结存数量＝期初结存数量＋本期购进或收入数量－本期销售或耗用数量
期末结存成本＝期初结存成本＋本期购进或收入成本－本期销售或耗用成本
本期销售或耗用成本＝本期销售或耗用数量×单位成本[①]

采用这种方法,财产物资明细账按品种规格设置,在明细账中,除平时登记收入、发出、结存数量外,通常还要登记成本金额。

【例 8-1】 海河公司 2023 年 9 月 1 日结存 D 商品 30 件,单位成本为 60 元,9 月份 D 商品交易情况如下(为简化计算,假定单位成本不变):

(1) 10 日,赊购 90 件,每件成本为 60 元。
(2) 12 日,赊销 80 件,每件售价为 100 元。
(3) 18 日,以银行存款购入 60 件,每件成本为 60 元。
(4) 21 日,销售 50 件,每件售价为 105 元,款已存入银行账户。
(5) 25 日,赊购 20 件,每件成本为 60 元。
(6) 29 日,赊销 30 件,每件售价为 120 元。

---

① 单位成本:在实务处理中可以采用先进先出法、加权平均法和个别认定法等计算确定,这些计算方法一般在《中级财务会计》教材中涉及存货的章节阐述。

海河公司采用永续盘存制登记 D 商品明细分类账,如表 8-1 所示。

表 8-1　　　　　　　　　　**库存商品明细分类账**

数量单位:件
金额单位:元

商品名称:D 商品

2023年		凭证号	摘　要	收　入			发　出			结　存		
月	日			数量	单价	金额	数量	单价	金额	数量	单价	金额
9	1		期初结存							30	60	1 800
	10	(略)	购入	90	60	5 400				120	60	7 200
	12		销售				80	60	4 800	40	60	2 400
	18		购入	60	60	3 600				100	60	6 000
	21		销售				50	60	3 000	50	60	3 000
	25		购入	20	60	1 200				70	60	4 200
	29		销售				30	60	1 800	40	60	2 400
9	30		合计	170		10 200	160		9 600	40	60	2 400

本期销售商品成本=80×60+50×60+30×60=9 600(元)

期末结存商品成本=1 800+10 200-9 600=2 400(元)

永续盘存制的优点是核算手续严密,可以随时通过账面反映和掌握各项财产物资的收入、发出和结存情况,为加强财产物资的计划、管理和控制提供及时准确的信息,保证财产物资的安全与完整。其缺点是财产物资的明细分类核算工作量大。财产物资品种复杂、繁多的企业若采用这种盘存制度,需要投入大量的人力、物力。但同实地盘存制相比,它在控制和保护财产物资安全完整方面具有明显的优越性,所以在实际工作中为多数企业所采用。

(二)实地盘存制

实地盘存制也称定期盘存制,是平时只根据会计凭证在账簿中登记财产物资的增加数,不登记减少数,到会计期末通过对全部财产物资进行实地盘点,以确定期末财产物资的实存数,来倒挤出本月减少数,再据以登记有关账簿的盘存制度。其计算公式如下:

　　　　本期销售或耗用成本=期初结存成本+本期购进或收入成本-期末结存成本

其中:　　期末结存成本=期末实地盘点数量×单位成本

【例 8-2】 承[例 8-1]资料,海河公司采用实地盘存制登记 D 商品明细分类账,如表 8-2 所示。

表 8-2 **库存商品明细分类账**

数量单位:件
商品名称:D商品
金额单位:元

2023年		凭证号	摘要	收入			发出			结存		
月	日			数量	单价	金额	数量	单价	金额	数量	单价	金额
9	1		期初结存							30	60	1 800
	10	(略)	购入	90	60	5 400						
	18		购入	60	60	3 600						
	25		购入	20	60	1 200						
9	30		合计	170		10 200	160	60	9 600	40	60	2 400

期末结存成本 = 40×60 = 2 400(元)
本期销售成本 = 1 800 + 10 200 − 2 400 = 9 600(元)

实地盘存制的优点是简化了日常核算工作,工作量小。其缺点是手续不严密,不能及时反映和监督各项财产物资的收入、发出和结存的情况;加大了期末的工作量;容易掩盖物资管理中的自然和人为的损失,不利于财产的管理。因此,实地盘存制是一种不完善的物资管理办法。这种方法只适用于自然损耗大、数量不稳定的鲜活商品等。

第二节 财产清查的内容和方法

财产清查是一项涉及面广、业务量较大的会计工作,为了提高清查效率,保证清查工作质量,必须有针对性地采取科学、合理的方法进行财产清查。依据货币资金、实物资产、债权债务等清查对象的不同,财产清查会采用不同的方法。

一、货币资金的清查

货币资金的清查包括对库存现金的清查、银行存款的清查等。

(一) 库存现金的清查

库存现金的清查采取实地盘点法。它是通过盘点库存现金的实存数并与现金日记账的账面余额相核对,查明账实是否相符及盈亏情况的货币资金清查方法。

库存现金清查既包括出纳人员每日清点核对,也包括清查小组进行定期、不定期的盘点和核对。专门清查人员在盘点现金时,出纳员必须在场。清查人员要认真审核收付凭证和账簿记录,检查经济业务的合理和合法性。特别要注意检查有无挪用,是否存在以借条、收据抵充现金的情况。对于现金的盘点结果,要填制"库存现金盘点报告表",由盘点人和出纳员共同签字盖章方能生效。"库存现金盘点报告表"是反映现金实有数的原始凭证,是查找原因和据以调整账簿记录的重要依据。"库存现金盘点报告表"的格式如表 8-3 所示。

表 8-3

库存现金盘点报告表

年 月 日　　　　　　　　　　　　　　　　　单位:元

实存金额	账存金额	对 比 结 果		备 注
		盘盈(长款)	盘亏(短款)	

清查小组负责人签章:　　　　　盘点人签章:　　　　　出纳员签章:

(二)银行存款的清查

银行存款的清查采用的是银行存款日记账与开户银行核对账目的方法。银行存款是企业存在银行的款项,由银行负责保管。企业在银行的存款实有数是通过银行对账单反映的。将本单位的银行存款日记账与开户银行转来的对账单进行逐笔的核对,如果两者金额相符,一般说明无错误;若两者金额不一致,原因主要有两个,一是双方或一方记账错误,对于这种情况应及时查明原因,及时予以更正,二是存在未达账项。

所谓未达账项,是指企业与开户银行之间,由于结算凭证传递上的时间不同而发生的一方已登记入账而另一方尚未入账的款项。未达账项具体可分为以下四种情况:

(1)企业已收款入账,银行尚未收款入账。如企业收到外单位的转账支票,送存银行,对账前银行尚未入账的款项。

(2)企业已付款入账,银行尚未付款入账。如企业开出转账支票后企业记银行存款减少,而持票人尚未到银行办理转账手续,银行尚未记减少的款项。

(3)银行已收款入账,企业尚未收款入账。如企业委托银行收到的货款,银行已登记入账,企业尚未收到银行通知,而未入账的款项。

(4)银行已付款入账,企业尚未付款入账。如银行代企业支付的电话费,银行已登记入账,企业尚未收到凭证而尚未记账的款项。

上述任何一种未达账项的发生,都会造成企业银行存款账面余额与银行转来的对账单余额不一致。在核对双方账目时,对于双方账目上都有的记录,应做好标记,核对后存在的未达账项通过编制"银行存款余额调节表"调整双方余额。"银行存款余额调节表"的编制方法是：在企业银行存款日记账余额和银行对账单余额的基础上，分别加减未达账项进行调节。即双方在原有账面余额的基础上，各自补记对方已入账，而本单位尚未入账的款项（包括增加款项和减少款项），然后，检查经过调节后的账面余额是否相等。其调节公式如下：

$$\begin{matrix}企业银行存款\\日记账余额\end{matrix} + \begin{matrix}银行已收企\\业未收款项\end{matrix} - \begin{matrix}银行已付企\\业未付款项\end{matrix} = \begin{matrix}银\ 行\ 对\\账单余额\end{matrix} + \begin{matrix}企业已收银\\行未收款项\end{matrix} - \begin{matrix}企业已付银\\行未付款项\end{matrix}$$

调节后，如没有记账错误，双方余额应是相等的，该余额就是企业银行存款的实有数。如果不等，表明记账有差错，应立即查明原因予以更正。

【例 8-3】 某企业 2023 年 8 月 31 日的银行存款日记账的账面余额为 192 000 元，收到银行转来的对账单的余额为 186 500 元，经逐笔核对，发现以下未达账项：

（1）企业将收到销售货款的转账支票 4 200 元送存银行，企业已记银行存款增加，但银行尚未记账。

（2）企业已开出转账支票 2 800 元。企业已记银行存款减少，但持票人尚未到银行办理转账，银行尚未入账。

（3）银行代企业收到购货款 5 700 元，银行已收妥入账，企业尚未收到收款通知，所以尚未记账。

（4）银行代企业支付的电费 9 800 元，银行已记账，企业尚未收到银行的付款通知，所以尚未记账。

根据上述资料，编制银行存款余额调节表。其格式如表 8-4 所示。

表 8-4

银行存款余额调节表

2023 年 8 月 31 日　　　　　　　　　　　　　　　　单位：元

项　目	金　额	项　目	金　额
企业银行存款日记账余额	192 000	银行对账单余额	186 500
加：银行已收，企业未收款项	5 700	加：企业已收，银行未收款项	4 200
减：银行已付，企业未付款项	9 800	减：企业已付，银行未付款项	2 800
调节后的存款余额	187 900	调节后的存款余额	187 900

需要指出的是，未达账项不是错账、漏账，编制银行存款余额调节表只是为了检查账簿记录的正确性，企业在银行存款余额调节表上调整的未达账项不是记账，更不能作为调整银行存款账面余额的原始凭证。企业应待以后收到有关原始凭证后，再作账务处理。但对长期悬置的未达账项，企业应查明原因，及时处理。

上述银行存款的清查方法也适用于其他货币资金、银行借款的清查。

二、实物资产的清查

实物资产是指具有实物形态的各种资产,包括原材料、半成品、在产品、产成品、固定资产等。实物资产的清查就是通过将其实存数(包括实存的数量和金额)与账存数(包括数量和金额)进行核对,据以查明实存数与其账存数是否相符的一种专门方法。

(一) 实物资产的清查方法

由于实物资产的形态、体积、重量、码放方式等不同,其采用的清查方法也不同。常用的财产清查方法主要包括以下几种。

1. 实地盘点法

实地盘点法是指在财产物资的存放现场对其逐一进行清点或用计量器具确定其实存数的一种方法。它一般适用于机器设备、原材料、产成品和库存商品等的清查。此方法数字准确可靠,但工作量大。

2. 技术推算法

技术推算法是指利用技术方法推算财产物资实存数量的一种方法。它一般适用于化肥、水泥、沙石等数量大、价值低廉等大宗物资的清查。此方法盘点数字不够准确,但工作量较小。

3. 抽样盘点法

抽样盘点法是对价值小、数量多、重量均匀的财产物资,采用从中抽取少量样品,以确定其数量的一种方法。抽样盘点法可分为随机抽样、机械抽样和分层抽样等方法。

4. 查询核实法

查询核实法是通过向对方单位发函调查等查询方式,并与本单位的账存数相核对的方法。它适用于委托加工、保管和出租、出借的物资清查。

(二) 清查结果的记录

为了明确经济责任,盘点时,实物保管人员必须在场并参加盘点工作,对各项实物资产盘点的结果,应逐一如实准确地编制"盘存单",并由盘点人员、财产物资的保管人员及有关责任人签字盖章。"盘存单"是记录实物盘点结果的书面证明,也是反映实物财产实有数的原始凭证。"盘存单"的一般格式如表 8-5 所示。

表 8-5

盘 存 单

财产类别: 　　　存放地点: 　　　盘点时间: 　　　编号:

序号	名称	规格	计量单位	盘点数量	单价	金额	备注

续表

序号	名称	规格	计量单位	盘点数量	单价	金额	备注

清查小组负责人签章：　　　　　盘点人签章：　　　　　保管人签章：

盘点完毕，发现某些实物资产账实不符时，应根据有关账簿记录资料和盘存单填制"实存账存报告表"（也称"盘盈盘亏报告表"），以确定实物资产盘盈或盘亏的数额，作为调整账面记录的原始凭证，它也是分析盈亏原因、明确经济责任的重要依据。"实存账存报告表"的一般格式如表8-6所示。

表 8-6

实存账存报告表

单位名称：　　　　　　　　　年　月　日　　　　　　　　编号：

序号	名称	规格型号	计量单位	单价	实存		账存		盘盈		盘亏		备注
					数量	金额	数量	金额	数量	金额	数量	金额	

单位负责人签章：　　　　　　　　　　　　　　　填表人签章：

三、结算往来款项的清查

各种往来款项（包括应收款、应付款、预收款、预付款、暂收暂付款等）的清查，应采用"查询核实法"，即同对方核对账目的方法。

在保证本单位应收应付款项账目正确完整的基础上，本单位需编制"往来结算款项函证单"，分送各有关经济往来单位进行核对。"往来结算款项函证单"一式两联，其中一联作为回单。

对方单位应对"往来结算款项函证单"如实进行核对，如核对相符，应在其回单上盖章后退回；如果发现不相符，应在回单上注明，或另抄对账单退回本单位，作为进一步核对的根据。"往来结算款项函证单"的一般格式如表8-7所示。

表 8-7

往来结算款项函证单

××单位：

  本公司与贵单位的业务往来款项有下列项目，为了清对账目，特函请查证，是否相同，请在回单联中注明后盖章寄回。

单位：_____ 地址：_____ 编号：_____

账　户	截止日期	经济事项概要	账面余额	备　注

  收到对方寄回的回单后，清查人员应根据清查中发现的问题和情况，及时编制"往来结算款项清查结果报告表"。对于本单位同对方单位或个人有争议的款项、收回希望较小和无法支付的款项，应当在报告中尽可能详细说明，以便有关部门及时采取措施，减少不必要的损失。"往来结算款项清查结果报告表"一般格式如表 8-8 所示。

表 8-8

往来结算款项清查结果报告表

单位名称：　　　　　　　　　年　月　日

总分类账户		明细账户		发生日期	对方结存额	对比结果及差异额	核对不符原因分析			备注
名称	金额	名称	金额				未达账项	有争议账项	其他	

清查人员：

第三节　财产清查结果的处理

一、财产清查结果处理的原则和步骤

  财产清查的过程，就是账存数与实存数相互核对的过程。财产清查结果可能出现下列情形：一是账存数与实存数一致，表明账实相符，不必进行账务处理；二是账存数和实存数不相一致，当实存数大于账存数时，即为盘盈，当实存数小于账存数时，即为盘亏;三是实存数虽与账存数一致,但实存的财产不能按正常财产物资使用的,即毁损。不论是盘盈、盘亏还是毁损,都要进行相应的账务处理。

对财产清查的结果,企业应当按照国家的有关财务制度的规定严肃认真地处理。财产清查中发生的盘盈、盘亏和毁损等问题的处理程序和步骤如下。

1. 核准数字、查明原因和性质、提出处理意见

对财产清查所确定的差异,企业要认真查明其性质和发生的原因,明确经济责任,据实提出相应处理意见,按规定程序呈报有关部门批准。

2. 调整账簿,做到账实相符

财产清查中发生的账实不符的账务处理分两步:

(1)报请批准前的账务处理。企业在财产清查中发现的盘盈、盘亏和毁损,在报请有关上级审批前,根据已查明属实的财产盘盈、盘亏和毁损的数字编制记账凭证,据以登记有关账簿,调整账簿记录,使各项财产的账存数和实存数一致。

(2)报请批准后的账务处理。经批准后,企业应根据差异发生的原因和审批后的处理意见,将处理结果编制记账凭证,分别登记入账,予以核销。

二、财产清查结果的账务处理

为了反映财产清查过程中已查明的各种财产盘盈、盘亏和毁损及其报请批准后的转销数额,企业需设置"待处理财产损溢"账户。该账户借方登记各项财产的盘亏或毁损金额和各项财产盘盈报经批准后的转销数;贷方登记各项财产的盘盈金额和各项财产盘亏或毁损报经批准后的转销数;处理前的借方余额,反映企业尚未处理的各种财产的净损失;处理前的贷方余额,反映企业尚未处理的各种财产的净溢余。按规定,企业的财产损溢应查明原因,在期末结账前处理完毕,处理后该账户应无余额。该账户可按盘盈、盘亏的资产种类和项目进行明细核算。"待处理财产损溢"账户的结构如图 8-1 所示。

借方	**待处理财产损溢**	贷方
各项财产物资的盘亏或毁损金额		各项财产物资的盘盈金额
盘盈报经批准后的转销数		盘亏或毁损报经批准后的转销数

图 8-1 "待处理财产损溢"账户

财产清查的对象不同,清查结果的账务处理也不相同。

(一)库存现金清查结果的账务处理

库存现金在清查中,如发现账款不符,应及时查明原因,并根据"库存现金盘点报告表"和批准意见分别进行不同的会计处理。

如为现金短缺,会计人员应按实际短缺金额,借记"待处理财产损溢"账户,贷记"库存现金"账户;如为现金溢余,按实际溢余的金额,借记"库存现金"账户,贷记"待处理财产损溢"账户。待查明原因后,会计人员应据不同情况,分别进行处理:属于记账错误的,应按账务处理规定及时予以更正;如为现金短缺,属于应由责任人赔偿或保险公司赔偿的部分,转入"其他应收款——应收现金短缺(××个人或单位)"账户;属于无法查明原因的部分,根据管理权限,经批准后转入"管理费用——现金短缺"账户;如为现金溢余,属于应支付给有关人员或单位的,转入"其他应付款——应付现金溢余(××个人或单位)"账户,属于无法查明原因的现金溢余,经批准后,转入"营业外收入——现金溢余"账户。

【例 8-4】 某企业在现金清查中,发现库存现金较账面余额短缺 350 元。应编制会计分录如下:

　　借:待处理财产损溢　　　　　　　　　　　　　　350
　　　　贷:库存现金　　　　　　　　　　　　　　　　　350

【例 8-5】 承[例 8-4],经查,上述现金短缺,其中 100 元是属于出纳员刘毅的责任,应由其负责赔偿,另外 250 元无法查明原因,经批准后转作为管理费用处理。应编制会计分录如下:

　　借:其他应收款——应收现金短缺(刘毅)　　　　100
　　　　管理费用——现金短缺　　　　　　　　　　　250
　　　　贷:待处理财产损溢　　　　　　　　　　　　　　350

【例 8-6】 某企业在现金清查中,发现库存现金较账面余额长款 80 元。应编制会计分录如下:

　　借:库存现金　　　　　　　　　　　　　　　　　80
　　　　贷:待处理财产损溢　　　　　　　　　　　　　　80

【例 8-7】 承[例 8-6],经反复核查,上述现金长款原因不明,经批准转作营业外收入处理。应编制会计分录如下:

　　借:待处理财产损溢　　　　　　　　　　　　　　80
　　　　贷:营业外收入——现金溢余　　　　　　　　　　80

(二)存货清查结果的账务处理

造成存货账实不符的原因很多,应根据"实存账存报告表"的记录和实际情况分别进行不同的账务处理。

1. 存货盘盈的账务处理

企业发生存货盘盈时,在报经批准前,应借记"原材料""生产成本""库存商品"等存货账户,贷记"待处理财产损溢"账户。在报经批准后,借记"待处理财产损溢"账户,贷记"管理费用"账户。

【例8-8】 某企业在财产清查中盘盈材料一批,价值为4 000元,经查明是由于收发计量错误所致。应编制会计分录如下:

批准处理前:

借:原材料——材料　　　　　　　　　　　　　　　　　　　　　　4 000
　　贷:待处理财产损溢　　　　　　　　　　　　　　　　　　　　　4 000

批准处理后:

借:待处理财产损溢　　　　　　　　　　　　　　　　　　　　　　4 000
　　贷:管理费用　　　　　　　　　　　　　　　　　　　　　　　　4 000

2. 存货盘亏及毁损的账务处理

企业发生存货盘亏及毁损时,在报经批准前,应借记"待处理财产损溢"账户,贷记有关存货账户。在报经批准后,再根据不同的原因,分别不同情况进行账务处理:对于自然损耗产生的定额内损耗,计入管理费用;对于计量收发错误和管理不善等原因造成的存货短缺,应在扣除残料价值、可以收回的保险公司赔款和过失人的赔偿后,将净损失计入管理费用;对于自然灾害或意外事故造成的存货毁损,在扣除残料价值和保险公司赔偿后,计入营业外支出。

【例8-9】 某企业在财产清查中,盘亏甲材料1 700元,经查明,是属于定额内损耗。应编制会计分录如下:

批准处理前:

借:待处理财产损溢　　　　　　　　　　　　　　　　　　　　　　1 700
　　贷:原材料——甲材料　　　　　　　　　　　　　　　　　　　　1 700

批准处理后:

借:管理费用　　　　　　　　　　　　　　　　　　　　　　　　　1 700
　　贷:待处理财产损溢　　　　　　　　　　　　　　　　　　　　　1 700

【例8-10】 某企业因自然灾害等非常损失造成库存商品毁损,价值为80 000元,保险公司同意赔偿72 000元,残料已办理入库手续,价值为400元。应编制会计分录如下:

批准处理前:

借:待处理财产损溢　　　　　　　　　　　　　　　　　　　　　　80 000
　　贷:库存商品　　　　　　　　　　　　　　　　　　　　　　　　80 000

批准处理后:

```
借：其他应收款——××保险公司                    72 000
    原材料                                        400
    营业外支出——非常损失                        7 600
    贷：待处理财产损溢                                    80 000
```

【例 8-11】 某企业经清查财产后发现，盘亏甲材料一批，价值为 1 000 元，盘亏的原因已查明：管理员王虹过失造成的材料毁损价值为 700 元，残料作价为 80 元，且残料已入库。应编制会计分录如下：

批准处理前：

```
借：待处理财产损溢                              1 000
    贷：原材料——甲材料                                  1 000
```

批准处理后：

```
借：其他应收款——王虹                             700
    原材料                                         80
    管理费用                                      220
    贷：待处理财产损溢                                   1 000
```

（三）固定资产清查结果的账务处理

为了保证固定资产核算的真实性，充分挖掘企业现有固定资产的潜力，企业应定期对固定资产进行盘点清查。在固定资产清查中，如果发现盘盈、盘亏的固定资产，应填制固定资产盘盈、盘亏报告表，查明原因，并写出书面报告，根据企业的管理权限，报经企业上级或董事会等类似机构批准后，在期末结账前处理完毕。

1. 固定资产盘盈的账务处理

我国《企业会计准则》规定，企业如有盘盈固定资产的，应作为前期差错记入"以前年度损益调整"账户（这部分内容需到后续课程中再进行深入学习和理解）。

2. 固定资产盘亏的账务处理

对于盘亏的固定资产，应按盘亏固定资产的账面价值，借记"待处理财产损溢"账户，按已提折旧，借记"累计折旧"账户（已提固定资产减值准备的，还应按已提的减值准备，借记"固定资产减值准备"账户），按固定资产的原价，贷记"固定资产"账户。盘亏的固定资产，应根据造成盘亏的原因和情况，分别加以处理。盘亏的固定资产报经批准处理后，按过失人和保险公司赔偿的金额，借记"其他应收款"账户，按盘亏固定资产价值扣除过失人及保险公司赔偿金额后的差额（即净值），借记"营业外支出"账户；同时，按其账面价值，贷记"待处理财产损溢"账户。

【例 8-12】 某企业在进行财产清查时，发现盘亏机床一台，其账面原价为 250 000 元，累计折旧为 120 000 元（假定该企业未计提减值准备）。上述盘亏的机床

第八章 财产清查

应由保险公司赔偿 100 000 元。

盘亏固定资产时,应编制会计分录如下:

　　借:待处理财产损溢　　　　　　　　　　　　　　130 000
　　　　累计折旧　　　　　　　　　　　　　　　　　120 000
　　　贷:固定资产　　　　　　　　　　　　　　　　　　　　250 000

盘亏固定资产批准转销时,编制会计分录如下:

　　借:其他应收款——××保险公司　　　　　　　　100 000
　　　　营业外支出——固定资产盘亏　　　　　　　　30 000
　　　贷:待处理财产损溢　　　　　　　　　　　　　　　　130 000

(四)往来结算款项清查结果的账务处理

企业应当定期或者至少于每年年度终了,对应收应付款项进行全面检查,对于长期无法收回和长期无法支付的款项要及时进行处理。在财产清查中查明确实无法收回的应收款项和无法支付的应付款项,不通过"待处理财产损溢"账户核算,而是在原来账面记录的基础上,按规定程序报经批准后,直接转账冲销。对于无法支付的应付账款,应根据《企业会计准则》的规定,记入"营业外收入"账户;对于可能收不回来的应收账款应提取坏账准备;对于确实收不回来的应收账款应冲销"坏账准备"账户。坏账准备的内容需到后续课程"中级财务会计"中再进行深入学习和理解。

【例 8-13】 企业在财产清查中发现一笔长期无法支付的应付货款 8 000 元,据查该债权单位已撤销。企业报经批准后,予以转销。企业编制会计分录如下:

　　借:应付账款　　　　　　　　　　　　　　　　　8 000
　　　贷:营业外收入　　　　　　　　　　　　　　　　　　8 000

【例 8-14】 企业采用备抵法核销坏账。在财产清查中,确认有 3 700 元的应收账款确实无法收回,经批准确认为坏账。企业编制会计分录如下:

　　借:坏账准备　　　　　　　　　　　　　　　　　3 700
　　　贷:应收账款　　　　　　　　　　　　　　　　　　　3 700

课程思政

孔子的会计说[①]

孔子名丘,字仲尼,公元前五五一年生于鲁国,卒于公元前四七九年,是我国儒家

[①] 郭道扬.中国会计史稿(上册)[M].北京:中国财政经济出版社,1982:129-130.

学派的创始人,为历代封建统治者奉为"圣人"。孔子不仅在政治、文化、教育等方面对后世有着深刻的影响,而且他的经济思想对后世也有着深刻影响。孔子"尝为季氏史",孔子的少年时代,因为门第衰落,家事贫贱,曾经作过鲁国季氏的家臣,是季氏手下管理仓库财物出入及家畜放牧的一个小官。可见,他的政治生涯一开始,便与经济事务活动有着密切的关系。后来孔子为官也一直与管理国家财政经济有关,直到他官至"司空"仍然执掌一部分经济实权。

据《孟子·万章下》记载:"孔子尝为委吏矣,曰:会计当而已矣。"孔子根据他主管仓库会计的实际体会,把会计工作的要害归结于"当"字之上。"当"的含义是多方面的,但是,孔子这里所讲的"当",其含义主要有三点:

一是讲在会计工作中对于经济收支事项要遵循财制,处理得当。在孔子的学说中,一个重要方面是维护宗周传下来的那一套礼制,他要人作到"非礼勿视,非礼勿听,非礼勿言,非礼勿动",一切要以礼制作为标准。当会计的也必须按照财制的要求行事,当收则收,既不可少收,也不可超越规定的标准多收。当用则用,即不能以少用违礼,也不得违反财制要求滥用。总之,要作到俭不违礼,用不伤义,一切应力求适中、适当,适可而行,适可而止。

二是讲对会计事项的计算、记录要正确。《吕氏春秋·赏篇》有:"岂非用赏罚当邪"的说法,注云:当,正也。不适其所,合宜也。文中的"当"意思是讲赏罚要正确,这与孔子所讲的"当"的基本含义相似。孔子是讲会计的计算记录一定要正确无误,不仅会计籍书中记录的数字要正确无误,而且所记数字与财产物资的实际数目要相符合。会计籍书上还结存有多少粮食,仓库中就相应要有多少实物。从厩苑中支付出多少匹马牛,会计籍书上就相应减少多少匹马牛。要做到这一点,会计人员就得注重信义,忠实地为统治者效劳,保护统治者的财产不受侵犯;还要谨慎细心,做好会计籍书的登记工作,防止粗枝大叶,马马虎虎,把事情办坏,造成不良后果。

三是讲统治者要善于选择合格的、适当的会计人才。

总之,孔子的这句话,是经验之谈,从当时的角度来看,这句话的含义是比较深刻的和比较科学的,对今天的会计工作讲也是有借鉴意义的。

要求:谈谈你对孔子的"会计当而已矣"的认识,并说明在会计工作中如何做到廉洁自律。

复习思考题

1. 在什么情况下要进行全面清查?
2. 永续盘存制和实地盘存制各有何特点?

3. 未达账项是如何产生的？怎样调整未达账项？
4. 对实物资产清查结果的处理步骤如何？
5. 常用的实物资产清查方法有哪些？
6. 如何对存货盘亏及毁损进行账务处理？

练习题

练习题
参考答案

一、单项选择题

1. 清查现金时，在盘点结束后，应根据盘点结果填制（　　）。
   A. 盘存单　　　　　　　　　　　　B. 账存实存报告表
   C. 库存现金盘点报告表　　　　　　D. 对账单

2. 银行存款的清查，就是将（　　）进行核对。
   A. 银行存款日记账和银行存款总分类账
   B. 银行存款日记账和银行存款收款、付款凭证
   C. 银行存款日记账和开户银行对账单
   D. 银行存款总分类账与银行存款收款、付款凭证

3. 在记账无误的情况下，银行对账单与银行存款日记账账面余额不一致的原因是（　　）。
   A. 应付账款　　　　　　　　　　　B. 应收账款
   C. 外埠存款　　　　　　　　　　　D. 未达账项

4. 在盘点财产物资时，将各项财产物资的盘点结果应登记在（　　）。
   A. 盘存单　　　　　　　　　　　　B. 账存实存对比表
   C. 银行对账单　　　　　　　　　　D. 现金盘点报告表

5. "账存实存报告表"是调整账面记录的（　　）。
   A. 累计凭证　　　　　　　　　　　B. 汇总凭证
   C. 记账凭证　　　　　　　　　　　D. 原始凭证

6. 企业因自然灾害所造成的生产用材料毁损，报经批准后，应将扣除保险公司等单位的赔款和残料价值后的净损失记入（　　）账户。
   A. "管理费用"　　　　　　　　　　B. "其他业务成本"
   C. "营业外支出"　　　　　　　　　D. "制造费用"

7. 对应收账款进行清查应采用的方法是（　　）。
   A. 实地盘点法　　　　　　　　　　B. 技术推算法
   C. 抽样盘点法　　　　　　　　　　D. 查询核实法

8. 采用实地盘存制，平时对财产物资的记录是（　　）。
   A. 增加数和减少数都登记
   B. 只登记增加数，不登记减少数
   C. 只登记减少数，不登记增加数

D. 先登记减少数,后登记增加数

9. 下列各种情况中,需要进行局部清查的有( )。
A. 公司总经理调离工作时　　　　　　B. 更换仓库保管人员时
C. 年终决算时　　　　　　　　　　　　D. 企业改变隶属关系时

10. 对确实无法支付的应付款项,在报经批准后将其转为( )处理。
A. 营业外收入　　B. 营业外支出　　C. 盈余公积　　D. 资本公积

11. 下列说法中,错误的是( )。
A. 未达账项不是错账、漏账
B. 未达账项只应在银行存款余额调节表中进行调节
C. 未达账项不能据以进行任何的账务处理
D. 对未达账项调节后,银行存款日记账账面余额和银行存款对账单余额一定会一致

12. 企业收到并已入账的销货款,但银行尚未入账,由此形成的未达账项,企业会计人员在编制银行存款余额调节表时,应将( )。
A. 银行对账单余额方调增
B. 银行对账单余额方调减
C. 企业银行存款日记账余额方调增
D. 企业银行存款日记账余额方调减

二、多项选择题

1. 财产清查,按清查的时间可分为( )。
A. 全面清查　　B. 局部清查　　C. 定期清查　　D. 不定期清查

2. 下列资产中,可采用实地盘点法进行清查的有( )。
A. 固定资产　　B. 库存商品　　C. 库存现金　　D. 银行存款

3. 企业进行全面清查的情况一般是在( )时。
A. 年终决算　　　　　　　　　　　B. 开展清产核资
C. 月末　　　　　　　　　　　　　D. 单位撤销、改变隶属关系

4. 不定期清查适用于( )。
A. 更换现金保管员　　　　　　　　B. 季末结账
C. 发生自然灾害损失　　　　　　　D. 单位撤销、合并

5. 导致企业银行存款日记账账面余额小于银行对账单余额的未达账项有( )。
A. 企业已收款入账,银行尚未收款入账
B. 企业已付款入账,银行尚未付款入账
C. 银行已收款入账,企业尚未收款入账
D. 银行已付款入账,企业尚未付款入账

6. 财产物资的盘存制度有( )。
A. 权责发生制　　　　　　　　　　B. 收付实现制
C. 永续盘存制　　　　　　　　　　D. 实地盘存制

7. 下列项目中，属于不定期全面清查的情况有（ ）。
   A. 年终决算前进行的清查
   B. 每日对库存现金的盘点
   C. 单位撤销、合并或改变隶属关系进行的清查
   D. 单位主要领导调离工作前进行的清查
8. 在财产清查过程中，可以作为调整账面记录原始依据的有（ ）。
   A. 应收应付款项对账单   B. 库存现金盘点报告表
   C. 银行存款余额调节表   D. 实存账报告表
9. 造成账实不符的原因主要有（ ）。
   A. 在账簿记录中发生重记、漏记或错记   B. 财产物资在收发过程中计量或检验不准
   C. 财产物资在保管过程中发生自然损耗   D. 因意外灾害造成的损失
10. 对财产清查中发生的盘盈、盘亏和毁损等问题，其处理的步骤包括（ ）。
    A. 核准数字，查明原因
    B. 调整账簿，做到账实相符
    C. 调整凭证，更正错账
    D. 报经批准，进行相应的转账处理
11. 下列说法中，正确的有（ ）。
    A. 固定资产盘亏净损失应计入营业外支出
    B. 无法查明原因的库存现金溢余应计入营业外收入
    C. 无法支付的应付款项应计入营业外收入
    D. 存货盘亏净损失中由于管理不善导致的部分应计入管理费用
12. 财产清查的结果可能出现的情形有（ ）。
    A. 账存数与实存数一致   B. 账存数大于实存数
    C. 账存数小于实存数   D. 毁损

三、判断题

1. 进行财产清查时，如发现账存数小于实存数，即为盘亏。（ ）
2. "银行存款余额调节表"只是为了核对账目，并不能作为调节银行存款余额的原始凭证。
（ ）
3. 采用永续盘存制，平时对各项财产物资的增加数和减少数都要根据会计凭证连续计入有关账簿，并随时结出账面结存数额。（ ）
4. 更换财产物资保管员时，应进行不定期的全面清查。（ ）
5. 企业已付款入账、银行尚未付款入账的未达账项会造成企业银行存款日记账余额高于银行对账单余额。（ ）
6. 在财产清查中查明确实无法收回的应收款项也应通过"待处理财产损溢"账户核算。
（ ）
7. 对于盘盈的存货，在报经批准后，一般应贷记"管理费用"账户。（ ）

8. 报经批准后,按盘亏固定资产价值扣除过失人及保险公司赔偿金额后的差额(即净值),借记"营业外支出"账户。(　　)
9. 已批准处理财产物资盘盈转销数应登记在"待处理财产损溢"账户的借方。(　　)
10. 未达账项是指银行已入账,企业未入账的款项。(　　)
11. 库存现金盘点报告表由盘点人签章后即可生效。(　　)
12. 我国《企业会计准则》规定,盘盈固定资产时,应按盘盈固定资产的账面价值,贷记"待处理财产损溢"账户。(　　)

四、计算及会计处理题

习题一

【目的】 练习银行存款余额调节表的编制。

【资料】 云星公司2023年6月20日至月末所记的经济业务如下:
(1) 20日,开出转账支票♯045476,支付购入甲材料的货款2 000元。
(2) 21日,存入销货款转账支票5 000元。
(3) 25日,开出转账支票♯045477,支付购买甲材料运费500元。
(4) 27日,开出转账支票♯045478,购买办公用品1 200元。
(5) 28日,收到销货转账支票6 800元。
(6) 29日,开出转账支票♯045479,预付下半年报刊费600元。
(7) 30日,银行存款日记账余额为30 636元。

云星公司开户银行转来的对账单所列20日至月末经济业务如下:
(1) 20日,代收外地企业汇来的货款2 800元。
(2) 22日,收到公司开出的转账支票♯045476,金额为2 000元。
(3) 23日,收到销货款转账支票5 000元。
(4) 25日,银行为企业代付水电费540元。
(5) 28日,收到公司开出的转账支票♯045477,金额为500元。
(6) 30日,结算银行存款利息282元。
(7) 30日,银行对账单余额为28 178元。

【要求】 根据上述资料进行银行存款的核对,找出未达账项,编制"银行存款余额调节表"。

习题二

【目的】 练习银行存款余额调节表的编制。

【资料】 创业公司2023年8月31日银行存款日记账余额是37 685元,银行送来的对账单余额为47 570元。经逐笔核对,发现两者有下列不符之处:
(1) 8月29日,本公司开出转账支票一张向汇宇公司购买办公用品,价值为1 045元,汇宇公司尚未去银行办理转账手续。
(2) 8月30日,本公司委托银行代收一笔货款17 008元,款项银行已收妥入账,公司尚未收到收账通知。
(3) 8月30日,本公司收到特佳公司交来转账支票4 700元,已送交银行办理,但银行尚未入账。

(4) 8月31日,银行代付水电费 3 468 元,公司尚未收到付款通知。

【要求】 根据上述资料编制"银行存款余额调节表"。

习 题 三

【目的】 练习财产物资清查结果的会计处理。

【资料】 常青公司 2023 年 12 月末对其财产进行全面清查,结果如下:

(1) 库存现金盘点短缺 100 元。

(2) 原材料甲盘点溢余 20 千克,每千克价格为 46 元。经查明,原材料甲溢余属自然升溢引起。

(3) 原材料乙盘点短缺 40 千克,每千克价格为 120 元。经查明,属于定额内损耗 5 千克;属于过失人造成的应由责任人赔偿的 10 千克;属于自然灾害造成的损失 25 千克,已由保险公司赔偿 1 800 元。

(4) 账列 B 机器发现盘亏,B 机器账面原始价值 40 000 元,已提折旧 16 000 元。

(5) 上述溢缺分别原因,已批准处理。其中短缺的库存现金责成出纳员赔偿。

【要求】 根据上列资料进行报批前和报批后的会计处理。

习 题 四

【目的】 练习应收、应付款清查结果的会计处理。

【资料】 常青公司 2023 年 12 月在清查往来账项时发现以下业务长期挂在账上:

(1) 应付沧海公司的购货款 528 元,由于对方单位撤销无法支付,经批准转作营业外收入处理。

(2) 由于对方单位破产,应收而无法收回的销货款 850 元,经批准作为坏账处理(公司采用备抵法核算坏账)。

【要求】 根据上述资料进行相应的会计处理。

第九章 财务会计报告

学习要求

本章主要阐述编制财务会计报告的目的、基本要求,以及主要会计报表的结构、原理和内容。通过本章学习,学习者应明确编制财务会计报告的作用及编制要求,掌握资产负债表、利润表和现金流量表的结构及基本内容,了解资产负债表、利润表的基本编制方法,初步认识会计报表的分析方法。目的是使学习者能够熟悉财务会计报告的有关基础知识。

思维导图

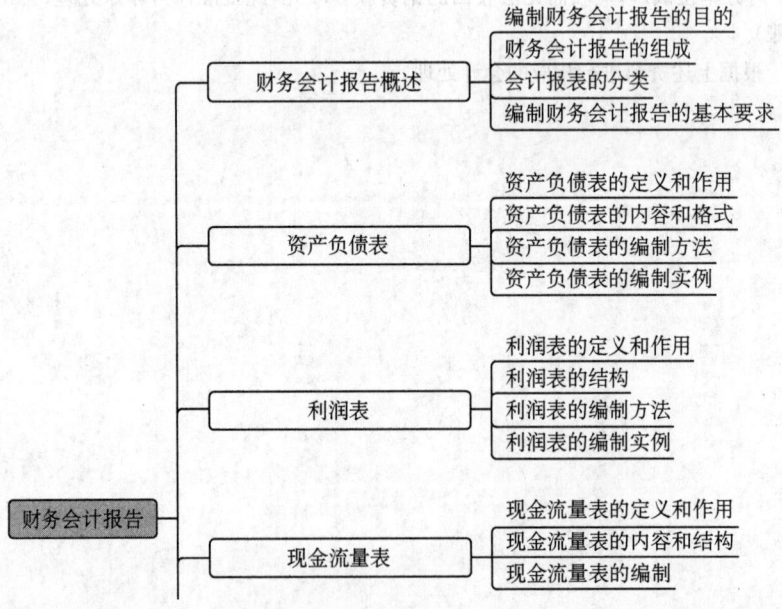

第九章 财务会计报告

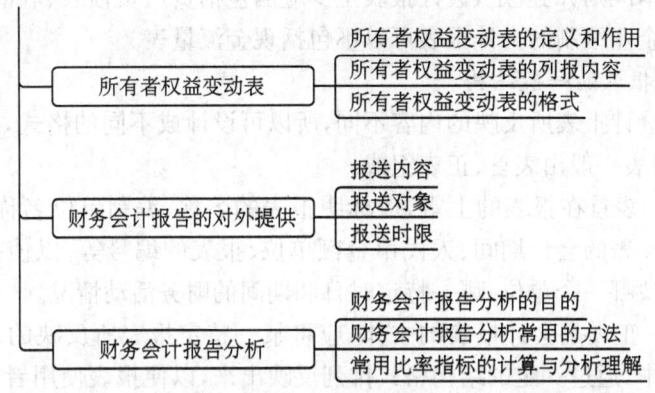

第一节 财务会计报告概述

一、编制财务会计报告的目的

编制财务会计报告是会计核算工作的重要内容,是实现会计目标的最终载体。会计的日常工作包括设置会计账户、运用复式记账方法、填制和审核会计凭证、登记会计账簿等,虽然已将企业的经济活动以及由这些经济活动所引起的财务状况变动情况,费用、成本的发生情况,收入、成果的计算和分配情况等进行了连续、完整和分类别的反映,但是这些会计数据和资料仍然分散在各种会计账簿中,只是分别从不同角度说明经济业务中各个会计要素发生变化及其结果的具体情况,不能将分散的会计信息集中而有机地联系起来,总括地提供各会计主体的会计数据和资料,难以满足有关会计信息使用者的需求。因此,有必要在日常会计核算的基础上,根据会计信息使用者的需要,定期地对日常会计核算资料进行归集、加工、整理,编制成财务会计报告,将企业的财务状况和经营成果概括而全面地反映出来,以便及时、准确、清晰地为会计信息使用者提供能使他们作出合理投资、贷款、经营管理及其他经营决策有用的会计信息资料。由此可知,编制财务会计报告的目的就在于实现会计目标。

二、财务会计报告的组成

财务会计报告是指企业对外提供的反映企业某一特定日期财务状况和某一会计期间经营成果、现金流量等会计信息的文件。财务会计报告包括会计报表及其附注和其他应当在财务会计报告中披露的相关信息和资料。会计报表是财务会计报告的主体和核心。

（一）会计报表的构成体系

会计报表是对企业财务状况、经营成果和现金流量的结构性表述。根据《企业会计准则——基本准则》的规定,会计报表至少应当包括资产负债表、利润表、现金流量表等报表。小企业编制的会计报表可以不包括现金流量表。

（二）会计报表的一般结构

因每一张会计报表所反映的内容不同,所以可设计成不同的格式,但就其基本结构来说,会计报表一般由表首、正表组成。

(1) 表首。表首在报表的上端,应标明报表的名称、编制单位名称、资产负债表日或会计报表涵盖的会计期间、人民币金额单位、报表的编号等,以使报表的使用者明确该报表反映哪一个单位、哪一特定时日和期间的财务活动情况。

(2) 正表。正表是会计报表的主体,应将某一特定报表所反映的基本内容归纳到适当的类目中,通过一定的结构格式排列反映出来,以便报表使用者从中找出分析其所需要的信息参数,满足使用者的要求。

（三）附注

根据《企业会计准则——基本准则》的规定,附注是指对会计报表中列示项目所作的进一步说明,以及对未能在这些报表中列示项目的说明等。根据《企业会计准则第30号——财务报表列报》的规定,附注一般应当按照下列顺序至少披露:

(1) 企业的基本情况。

(2) 财务报表[①]的编制基础。

(3) 遵循企业会计准则的声明。

(4) 重要会计政策和会计估计。

(5) 会计政策和会计估计变更以及差错更正的说明。

(6) 报表重要项目的说明。

(7) 或有和承诺事项、资产负债表日后非调整事项、关联方关系及其交易等需要说明的事项。

(8) 有助于财务报表使用者评价企业管理资本的目标、政策及程序的信息。

三、会计报表的分类

会计报表可以根据需要,按照不同的标准进行分类。

（一）按反映的内容分类,会计报表可以分为静态会计报表和动态会计报表

1. 静态会计报表

静态会计报表是指综合反映企业在某一特定时点资产、负债和所有者权益的会计报表,如资产负债表。

---

① 根据《企业会计准则第30号——财务报表列报》的规定,财务报表是对企业财务状况、经营成果和现金流量的结构性描述。财务报表至少应当包括资产负债表、利润表、现金流量表、所有者权益（或股东权益）变动表、附注等内容。

2. 动态会计报表

动态会计报表是指综合反映企业一定时期内经营成果或现金流量的报表,如利润表、现金流量表、所有者权益变动表。

(二) 按编报时间分类,会计报表可以分为中期报表和年度报表

1. 中期报表

中期报表是指以中期为基础编制的会计报表。中期是指短于一个完整的会计年度的报告期间,包括月度、季度和半年度。

(1) 月度报表。月度报表简称月报,每月末编制一次,用来反映企业在本月内的经营成果和财务状况。它一般只包括几种最主要的会计报表,如资产负债表和利润表。

(2) 季度报表。季度报表简称季报,在每季度末编制,用来反映企业在季度内的经营成果和季末的财务状况。季度报表至少包括资产负债表和利润表。

(3) 半年度报表。半年度报表简称半年报,在每个会计年度的前6个月结束后对外提供。它至少包括资产负债表、利润表、现金流量表和附注。

2. 年度报表

年度报表简称年报,又称年终决算报表,在年末编制,用来全面反映企业的财务状况、经营成果和现金流量等的情况。它包括规定对外报送的全部会计报表和会计报表附注。

(三) 按编报的主体分类,会计报表可以分为个别会计报表、合并会计报表

1. 个别会计报表

个别会计报表是指由企业在自身会计核算基础上,对账簿记录进行加工后而编制的会计报表。它主要用来反映企业自身的财务状况、经营成果及现金流量的情况。

2. 合并会计报表

合并会计报表是以母公司和子公司组成的企业集团为报告主体,根据母、子公司的个别会计报表,由母公司编制的综合反映企业集团财务状况、经营成果和现金流量的情况的会计报表。

四、编制财务会计报告的基本要求

为了保证财务会计报告质量,充分发挥财务会计报告作用,在编制财务会计报告时,应做到内容完整、数字真实、计算准确、指标可比、编报及时。

(一) 内容完整

企业在编制财务会计报告时,必须按照会计制度统一规定的报表种类、格式和内容来填写。凡属财务会计报告中规定应填列的指标,不论是表内项目,还是附注,都要填列齐全,不得漏编、漏报或者任意取舍。如果有的项目无数字填列时,应在金额

栏内用一横线划去,表示此项目无数字填报。对财务会计报告中某些需要说明的项目,可以在相关项目后用括号注明,或利用附注及其他形式加以说明,以便财务会计报告使用者理解和利用。

(二) 数字真实

企业财务会计报告所列的数字必须是客观、有根据的,如实反映企业经济活动的实际情况,不得带有任何个人偏见和主观色彩,不受外界影响。为了确保财务会计报告反映真实、准确,提供的信息可靠而有用,在编制财务会计报告时,会计人员应依据调整、核实无误的账簿记录,不允许以各种方式弄虚作假,隐瞒谎报、篡改数字、人为夸大或缩小经营成果。

财务会计报告项目的数字主要来源于账簿记录,为了保证财务会计报告数据真实可靠,我国2000年颁布的《企业财务会计报告条例》规定,企业在编制财务会计报告前,除应当全面清查资产、核实债务外,还应当完成下列工作:

(1) 核对各会计账簿记录与会计凭证的内容、金额等是否一致,记账方向是否相符。

(2) 按照规定的结账日进行结账,结出有关账簿的余额和发生额,并核对各会计账簿之间的余额。

(3) 检查相关的会计核算是否按照国家统一会计制度的规定进行。

(4) 对于国家统一会计制度没有规定统一核算方法的交易或事项,检查其是否按照会计核算一般原则进行确认计量和相关账务处理是否合理。

(5) 检查是否存在因会计差错、会计政策变更等原因需要调整前期或者本期相关项目。

财务会计报告编好后,还应当认真进行复核。进一步核对账表数字是否一致,不同报表中同一指标的数字是否一致等,做到账表相符,表表衔接,以确保财务会计报告数字的真实可靠。

(三) 计算准确

财务会计报告各项目的金额数字主要来自日常的账簿记录,但这并不意味着报表上的数字完全是账簿记录的简单转抄。财务会计报告中有些项目的金额需要将有关账户的期末余额进行分析、计算后才能填列,而且报表项目之间也存在着一定的数量钩稽关系。因此,编制财务会计报告时,对有关项目的金额,必须采用正确的计算方法来加以确定,从而保证财务会计报告数字的准确性。

(四) 指标可比

财务会计报告提供的信息必须满足企业内部和外部不同使用者的相关需要,为使用者提供有用的信息资料,并且便于报表使用者在不同企业之间进行比较。这些信息资料可以帮助使用者评价企业的过去,判断企业的现在,预测企业的未来,有助于使用者进行经济决策。因此,编制财务会计报告时,企业不同时期的指标和同类型企业之间的报表指标在计算和填列方法上,应当尽可能口径一致,不得随意变动,如固定资产折旧的计提方法,材料的计价方法,成本、费用的归集和分配方法等。如果由于客观情况变化而必须变动的,应当在附注中加以说明,既要说明变动的原因,也要说明变动后对指标的影响,以便将变动的信息传递给使用者。

（五）编报及时

财务会计报告提供的资料,具有很强的时效性。企业只有及时编制和及时报送财务会计报告,才能为使用者提供决策所需的信息资料。所以,财务会计报告必须按规定的期限和程序,及时编制,及时报送,以便财务会计报告使用者及时了解编报单位的财务状况和经营成果,也便于有关部门和地方财政部门及时进行汇总。要保证财务会计报告编报及时,企业必须加强日常的核算工作,认真做好记账、算账、对账和财产清查,调整账面工作；同时加强会计人员的配合协作,使财务会计报告编报及时。

第二节 资产负债表

一、资产负债表的定义和作用

资产负债表是指反映企业在某一特定日期的财务状况的会计报表。它是企业对外提供的基本财务报表之一,每一会计主体都必须按期编制资产负债表。

资产负债表是以"资产＝负债＋所有者权益"这一会计恒等式为基础设计的。它是根据资产、负债和所有者权益之间的相互关系,按照一定的分类标准和一定的顺序,把企业某一特定日期的资产、负债和所有者权益各项目予以适当排列,并对日常工作中形成的大量数据进行高度浓缩整理后编制而成的,是反映企业静态财务状况的一种基本报表。

资产负债表所提供的信息,对会计信息使用者来说,其作用主要有以下几个方面：

（1）通过资产负债表列示的资产项目,可以了解企业某一日期所拥有或控制的资源总量及各种资源的构成和其分布情况,分析企业资源的配置是否合理。

（2）通过资产负债表列示的负债项目,可以了解企业某一日期的负债总额和结构,即了解企业负担的长期债务和短期债务数额及偿还时间,企业未来需要用多少资产或劳务清偿债务；再联系有关的资产项目进行对比分析,可以了解企业的偿债能力和支付能力。

（3）通过资产负债表列示的所有者权益项目,可以了解投资者在企业资产中所占的份额,所有者权益的构成情况;再将所有者权益与负债进行对比,可以分析企业财务结构的优劣和负债经营的合理程度,企业所面临的财务风险。

(4) 通过对前后期资产负债表的对比分析,可以了解企业资金结构的变化情况,预测企业未来的财务发展趋势。

二、资产负债表的内容和格式

(一) 资产负债表的内容

作为一张反映企业在特定日期财务状况的会计报表,资产负债表的基本内容必须包括企业在特定日期所拥有或控制的所有资产、所承担的所有负债以及所有者权益。为了便于使用者理解和使用,还必须要对资产、负债和所有者权益按一定的标准进行进一步的分类。

1. 资产类项目

在资产负债表中,资产类项目一般按照资产流动性的大小或按资产变现能力的强弱,分为流动资产和非流动资产两大类,并分项列示。

流动资产项目包括货币资金、交易性金融资产、应收票据、应收账款、预付款项、其他应收款、存货、一年内到期的非流动资产等项目。

非流动资产项目包括债权投资、其他债权投资、其他权益工具投资、长期股权投资、投资性房地产、固定资产、生产性生物资产、无形资产、递延所得税资产等项目。

2. 负债类项目

在资产负债表中,负债类项目按照其承担经济义务期限的长短,分为流动负债和非流动负债两大类,并分项列示。

流动负债项目包括短期借款、应付票据、应付账款、预收款项、其他应付款、应付职工薪酬、应交税费、一年内到期的非流动负债等项目。

非流动负债项目包括长期借款、应付债券、长期应付款、预计负债、递延所得税负债和其他非流动负债等项目。

3. 所有者权益(或股东权益)类项目

与资产和负债有所不同的是,所有者权益没有流动性或变现性的问题,也没有期限的限制。在资产负债表中,所有者权益项目按照其持久性的不同分为实收资本(或股本)、资本公积、盈余公积、未分配利润等项目。

(二) 资产负债表的格式

资产负债表的格式是指资产负债表的主体格式,即资产、负债和所有者权益的分类和排列形式。目前,国际上通用的资产负债表格式主要有两种:账户式和报告式。

1. 账户式资产负债表

账户式资产负债表也称横式资产负债表,直接根据"资产＝负债＋所有者权益"的会计等式,采用左右对称排列的结构来列示财务信息,即将资产类项目排列在表的左方,负债类和所有者权益类项目排列在表的右方,且左方的资产总额与右方的负债和所有者权益总额必须相等。其简化格式如表9-1所示。

表 9-1

资 产 负 债 表

编制单位：　　　　　　　　　　年　月　日　　　　　　　编　号：
　　　　　　　　　　　　　　　　　　　　　　　　　　　　　货币单位：

资　　　　产	负债和所有者权益
流动资产： 　⋮ 流动资产合计 非流动资产： 　⋮ 非流动资产合计	流动负债： 　⋮ 流动负债合计 非流动负债： 　⋮ 非流动负债合计 　负债合计 所有者权益： 　⋮ 所有者权益合计
资　产　总　计	负债和所有者权益总计

2. 报告式资产负债表

报告式资产负债表也称垂直式资产负债表,将资产、负债和所有者权益项目采用垂直分列的形式排列于表格的上下两段。其排列方式有两种：

（1）按"资产＝负债＋所有者权益"的等式纵向顺序排列,其简化格式如表9-2所示。

（2）按"资产－负债＝所有者权益"这一变形的等式纵向顺序排列,其简化格式如表9-3所示。

表 9-2

资产负债表

编制单位： ＿＿＿年＿月＿日　　　　　　　　　　编　号：
　　　　　　　　　　　　　　　　　　　　　　　　　货币单位：

项　　　目	金　　　额
资产：	
……	
资产总计	×××
负债：	
……	
负债合计	×××
所有者权益：	
……	
所有者权益合计	×××
负债和所有者权益总计	×××

表 9-3

资产负债表

编制单位： ＿＿＿年＿月＿日　　　　　　　　　　编　号：
　　　　　　　　　　　　　　　　　　　　　　　　　货币单位：

项　　　目	金　　　额
资产：	
……	
资产合计	×××
负债：	
……	
负债合计	×××
资产减负债	×××
所有者权益：	
……	
所有者权益合计	×××

　　账户式资产负债表和报告式资产负债表在国外都被广泛应用，根据我国《企业会计准则——应用指南》的规定，我国企业的资产负债表按账户式反映，具体格式如表 9-5 所示。

三、资产负债表的编制方法

根据我国《企业会计准则第 30 号——财务报表列报》的要求,企业需要提供比较资产负债表,以便报表使用者通过比较不同时点资产负债表的数据,掌握企业财务状况的变动情况及发展趋势。所以,资产负债表还就各项目再分为"期末余额"和"上年年末余额"两栏分别填列。

(一)资产负债表"期末余额"栏的填列方法

资产负债表是一张静态的财务报表,它反映企业特定日期的财务状况,编表的主要资料来源于反映特定日期财务状况的账户余额。所以资产负债表中的项目是以资产、负债和所有者权益等账户的期末余额填列的。一般来说,资产类项目应根据资产类账户的期末借方余额填列,负债和所有者权益类项目应根据负债类、所有者权益类账户的贷方期末余额填列。但这并不意味着账簿信息全部可以直接进入报表,因为报表项目和账簿记录并不完全是一一对应关系,有相当一部分数据必须经过合并、分拆等整理才能进入资产负债表。具体而言,进入资产负债表的期末栏数据可通过以下几种方式取得。

1. 根据总账账户的期末余额直接填列

资产负债表中的大多数项目是根据总账账户期末余额直接填列的。其具体项目主要有"其他权益工具投资""短期借款""应付票据""预计负债""递延所得税负债""实收资本""资本公积""盈余公积"等项目。

2. 根据总账账户期末余额计算填列

资产负债表中有些项目需要根据若干个总账账户期末余额的合计数填列。其具体项目主要有资产类的"货币资金"项目,负债类的"其他应付款"项目,所有者权益类的"未分配利润"项目。

(1)"货币资金"项目,应根据"库存现金""银行存款""其他货币资金"总账账户期末余额合计数填列。

(2)"其他应付款"项目,应根据"应付利息""应付股利""其他应付款"总账账户的期末余额合计数填列。

(3)"未分配利润"项目,应根据"本年利润"和"利润分配"总账账户期末余额合计数填列。

3. 根据明细账余额计算填列

资产负债表中有些项目需要根据明细账账户期末余额分析填列。其具体项目主要有"应收账款""预付款项""应付账款""预收款项"等项目。

(1)"应收账款"项目,应根据"应收账款""预收账款"账户所属明细账户借方余额之和填列。

(2)"预收款项"项目,应根据"应收账款"和"预收账款"账户所属明细账户贷方余额之和填列。

(3)"应付账款"项目,应根据"应付账款""预付账款"账户所属明细账户贷方余额之和填列。

(4)"预付款项"项目,应根据"应付账款""预付账款"账户所属明细账户借方余额之和填列。

4. 根据总账账户和明细账账户期末余额分析计算填列

资产负债表中某些项目不能根据有关总账账户的期末余额直接或计算填列,也不能根据有关账户所属的明细账户的期末余额计算填列,而需要根据总账账户和明细账账户余额分析填列。其具体项目主要有"长期待摊费用""长期借款""应付债券"等项目。例如,"长期借款"项目,应根据"长期借款"总账账户余额扣除"长期借款"总账账户所属明细账户中将在资产负债表日起1年内到期部分金额后填列。

5. 根据账户余额减去其备抵项目后的净额填列

其具体项目主要有"长期股权投资""固定资产""在建工程""无形资产"等项目。例如,"固定资产"项目,应根据"固定资产"账户余额,减去"累计折旧"账户和"固定资产减值准备"账户余额后的金额填列。

6. 综合运用上述填列方法分析填列

这些项目主要有"其他应收款""存货"等项目。

(1)"其他应收款"项目,应根据"应收利息""应收股利""其他应收款"总账账户余额合计数,减去"坏账准备"账户中相关坏账准备期末余额后的金额填列。

(2)"存货"项目,应根据"在途物资""原材料""库存商品""生产成本"等总账账户余额合计数,减去"存货跌价准备"账户余额后的金额填列。

7. 根据资产负债表中相关项目金额计算填列

具体项目有"流动资产合计""非流动资产合计""资产总计""流动负债合计""非流动负债合计""负债合计""所有者权益(或股东权益)合计""负债和所有者权益(或股东权益)总计"等项目。

(二)资产负债表"上年年末余额"栏的填列方法

资产负债表中的"上年年末余额"栏各项数字,通常根据上年年末资产负债表"期末余额"栏内所列数字填列。如果企业发生了会计政策变更、前期差错更正,应当对"上年年末余额"栏中的有关项目进行调整。如果上年度资产负债表规定的项目名称和内容同本年度不一致,应对上年年末资产负债表中各项目的名称和数字按本年度的规定进行调整,填入"上年年末余额"项目内。

四、资产负债表的编制实例

【例 9-1】 旺景公司2023年12月31日有关账户的余额如表9-4所示。

根据表9-4所示资料编制2023年12月31日旺景公司的资产负债表("上年年末余额"栏的数字略),如表9-5所示。

表9-4

旺景公司账户余额表

2023年12月31日　　　　　　　　　　　　　　　　　　　　　　　　　　　　　　　单位：元

总账	明细账	借方余额	贷方余额	总账	明细账	借方余额	贷方余额
库存现金		5 700		短期借款			109 000
银行存款		490 000		应付票据			36 000
交易性金融资产		74 000		应付账款			95 000
应收票据		26 000			D公司	16 000	
应收账款		105 000			E公司		111 000
	A公司	60 000		应交税费			89 000
	B公司	55 000		应付职工薪酬			116 700
	C公司		10 000	预收账款			45 000
其他应收款		1 250			W公司		32 000
预付账款		35 000			N商场		28 000
	甲单位	55 000		其他应付款			58 350
	乙单位		20 000	长期借款			420 000
原材料		397 000		实收资本			1 023 000
库存商品		142 000		盈余公积			276 500
长期股权投资		170 000		利润分配			210 400
固定资产		1 185 000			未分配利润		210 400
累计折旧			536 000				
在建工程		361 000					
无形资产		23 000					

表 9-5

资产负债表

会企 01 表

编制单位：旺景公司　　　　　　2023年12月31日　　　　　　单位：元

资产	期末余额	上年年末余额	负债和所有者权益（或股东权益）	期末余额	上年年末余额
流动资产：			流动负债：		
货币资金	495 700	（略）	短期借款	109 000	（略）
交易性金融资产	74 000		交易性金融负债	—	
衍生金融资产	—		衍生金融负债	—	
应收票据	26 000		应付票据	36 000	
应收账款	130 000		应付账款	131 000	
应收款项融资	—		预收款项	70 000	
预付款项	71 000		合同负债	—	
其他应收款	1 250		应付职工薪酬	116 700	
存货	539 000		应交税费	89 000	
合同资产	—		其他应付款	58 350	
持有待售资产			持有待售负债		
一年内到期的非流动资产	—		一年内到期的非流动负债		
其他流动资产			其他流动负债		
流动资产合计	1 336 950		流动负债合计	610 050	
非流动资产：			非流动负债：		
债权投资	—		长期借款	420 000	
其他债权投资	—		应付债券		
长期应收款			其中：优先股		
长期股权投资	170 000		永续债		
其他权益工具投资	—		租赁负债		

续 表

资产	期末余额	上年年末余额	负债和所有者权益（或股东权益）	期末余额	上年年末余额
其他非流动金融资产	—		长期应付款	—	
投资性房地产			预计负债	—	
固定资产	649 000		递延收益	—	
在建工程	361 000		递延所得税负债	—	
生产性生物资产			其他非流动负债	—	
油气资产			非流动负债合计	420 000	
使用权资产	—		负债合计	1 030 050	
无形资产	23 000		所有者权（或股东权益）		
开发支出	—		实收资本（或股本）	1 023 000	
商誉	—		其他权益工具	—	
长期待摊费用	—		其中：优先股	—	
递延所得税资产	—		永续债	—	
其他非流动资产	—		资本公积	—	
非流动资产合计	1 203 000		减：库存股	—	
			其他综合收益		
			专项储备	—	
			盈余公积	276 500	
			未分配利润	210 400	
			所有者权（或股东权益）合计	1 509 900	
资产总计	2 539 950		负债和所有者权益（或股东权益）总计	2 539 950	

法定代表人：赵旺　　　主管会计工作负责人：胡景　　　会计机构负责人：沈杰

第三节 利 润 表

一、利润表的定义和作用

利润表是指反映企业在一定会计期间的经营成果的会计报表。这里的经营成果是指企业最终的财务成果，即利润或亏损。利润（或亏损）是一个综合性质量指标，它不仅能反映企业经济活动的结果，而且能在一定程度上表现出企业的经营管理水平，又是利润分配的主要依据，因此利润表是企业会计报表中的主要会计报表之一，每个企业都必须按期编制。

利润的多少及其发展趋势，是企业生存和发展的关键，也是投资者和债权人关注的焦点。因此，利润表的编制和披露对信息使用者是至关重要的。具体来说，利润表的作用在于：

（1）通过利润表可以从总体上了解企业的收入、费用及净利润（或亏损）的实现及构成情况，据以分析企业的盈利能力和亏损原因。

（2）通过利润表提供的不同时期的比较数字（本期金额、本年累计金额、上期金额），可以分析企业的获利能力及利润的未来发展趋势，了解投资者投入资本的保值、增值情况，为投资决策提供依据。

（3）通过对不同时期的利润及构成项目进行分析，找出影响利润增减变动的原因，还可以据此评价企业管理者的工作业绩。

二、利润表的结构

利润表通过一定的表格来反映企业的经营成果。由于不同的国家和地区对财务报表的信息要求不完全相同，利润表的结构也不完全相同。目前比较普遍的利润表的结构主要有单步式利润表和多步式利润表两种。

（一）单步式利润表

单步式利润表是将所有收入和所有费用分别相加，再将两个加总数相减得出净利润的利润表。在单步式利润表下，首先列示当期的所有收入项目；其次列示所有费用项目，两者相减，得出净利润。其格式如表9-6所示。

单步式利润表的优点是比较直观、简单、易于编制。其不足则在于没能反映出各类收入与费用之间的配比关系，无法揭示出各构成要素之间的内在联系，不便于财务报表使用者进行分析，也不利于同行业之间的报表比较。

（二）多步式利润表

多步式利润表是将利润表上的收入、费用项目加以分类，再从营业收入到净利润的计算过程中，经过营业毛利润、营业利润、利润总额和净利润等几次中间性计算的利润表。其计算步骤一般为：

表 9-6

利 润 表(单步式)

编制单位：　　　　　　　　　　　　　　　　　　年　　月　　　　　　　　　　　　　　编号：
单位：元

项　　　目	本 期 金 额	上 期 金 额
一、收入		
营业收入		
投资收益		
收入合计		
二、费用		
营业成本		
税金及附加		
销售费用		
管理费用		
财务费用		
资产减值损失		
所得税费用		
费用合计		
三、净利润		

(1) 从营业收入出发，减去营业成本、税金及附加，得出营业毛利润。

(2) 营业毛利润减去销售费用、管理费用和财务费用，得出营业利润。

(3) 营业利润加上投资收益、加上计入利润的利得、减去计入利润的损失等项目，得出利润总额。

(4) 利润总额减去所得税费用得出净利润。

多步式利润表通过分步骤计算净利润，准确地揭示了净利润各构成要素之间的内在联系，提供了比单步式利润表更为丰富的信息，便于报表使用者进行盈利分析，因而被普遍采用。我国《企业会计准则——应用指南》规定，企业的利润表采用多步式结构反映。根据财政部 2019 年 4 月 30 日印发的《一般企业财务报表格式》(适用于已执行新金融准则、新收入准则和新租赁准则的企业)，利润表的计算步骤为：

第一步，计算营业利润。计算公式如下：

营业利润＝营业收入－营业成本－税金及附加－销售费用－管理费用－研发费用－财务费用
　　　　＋其他收益＋投资收益(－损失)＋净敞口套期收益(－损失)＋公允价值变动收益(－损失)
　　　　－信用减值损失－资产减值损失＋资产处置收益(－损失)

第二步,计算利润总额。计算公式如下:

$$利润总额=营业利润+营业外收入-营业外支出$$

第三步,计算净利润(或净亏损)。计算公式如下:

$$净利润(或净亏损)=利润总额-所得税费用$$

第四步,计算综合收益总额。计算公式如下:

$$综合收益总额=净利润+其他综合收益的税后净额$$

普通股或潜在普通股已公开交易的企业,以及处于公开发行普通股或潜在普通股过程中的企业,还应当在利润表中列示每股收益信息。每股收益是指普通股股东每持有一股所能享有的企业利润或需承担的企业亏损。每股收益项目下可分别以基本每股收益和稀释每股收益两项列示。

我国多步式利润表格式如表9-8所示。

三、利润表的编制方法

利润表是一张动态的会计报表,主要反映企业在某一会计期间(年度、半年度、季度和月度)内的盈利或亏损情况,因而各项目的数据主要来源于各损益类账户的本期发生额。一般而言,各收入类项目应根据相应的收入类账户的本期贷方发生额填列,各费用类项目则应根据相应的费用类账户的借方发生额填列。

我国《企业会计准则第30号——财务报表列报》规定,企业需要提供比较利润表。所以,利润表还就各项目再分为"本期金额"和"上期金额"两栏分别填列。

(一)利润表中"本期金额"栏的编制方法

利润表中"本期金额"栏反映的是各项目本期实际发生数,其数据来源如下。

1. 根据有关账户的本期发生额直接填列

主要项目有"税金及附加""销售费用""管理费用""财务费用""其他收益""投资收益""净敞口套期收益""公允价值变动收益""信用减值损失""资产减值损失""资产处置收益""营业外收入""营业外支出""所得税费用"等项目。

2. 根据有关账户的本期发生额在表外计算后填列

主要项目有"营业收入""营业成本""其他综合收益的税后净额"等项目。其中:
"营业收入"项目,应当根据"主营业务收入""其他业务收入"账户发生额计算填列。
"营业成本"项目,应根据"主营业务成本""其他业务成本"账户发生额计算填列。
"其他综合收益的税后净额"项目,反映企业根据《企业会计准则》的规定未在损益中确认的各项利得和损失扣除所得税影响后的净额,应根据"其他综合收益"账户及其所属明细账户的本期发生额分析填列。

3. 根据利润表中的资料计算后填列

主要项目有"营业利润""利润总额""净利润""综合收益总额"等项目。其中:

"营业利润"项目,根据营业收入减去营业成本、税金及附加、销售费用、管理费用、研发费用、财务费用,加上其他收益、投资收益、净敞口套期收益、公允价值变动损益、信用减值损失、资产减值损失、资产处置收益进行计算填列;若为亏损,则应当以"—"号填列。

"利润总额"项目,根据营业利润加上营业外收入,减去营业外支出进行计算后填列;若为亏损,则应当以"—"号填列。

"净利润"项目,根据利润总额减去所得税费用进行计算后填列;若为亏损,则应当以"—"号填列。

"综合收益总额"项目,根据净利润加上其他综合收益的税后净额进行计算后填列。

(二)利润表中"上期金额"栏的编制方法

利润表中"上期金额"栏各项数字,应根据上年该期利润表该项目的"本期金额"栏内所列数字填列。如果上年该期利润表规定的各个项目的名称和内容同本期不相一致,应对上年该期利润表各项目的名称和数字按本期的规定进行调整,填入利润表"上期金额"栏内。

四、利润表的编制实例

【例 9-2】 旺景公司 2023 年 12 月各损益类账户发生额及 1~11 月累计资料如表 9-7 所示。

表 9-7

旺景公司 2023 年损益类账户发生额表

单位:元

账户名称	12月发生额		1~11月累计发生额	
	借方	贷方	借方	贷方
主营业务收入		599 800		2 569 500
主营业务成本	350 200		782 600	
税金及附加	17 600		127 200	
销售费用	30 400		254 600	
管理费用	46 600		495 400	
财务费用	28 500		92 500	
投资收益		17 500		38 800
所得税费用	36 000		214 000	

根据表 9-7 编制该公司 2023 年度利润表,如表 9-8 所示。

表 9-8

利 润 表

编制单位：旺景公司　　　　　2023 年　　　　　　　　会企 02 表
单位：元

项　　目	本期金额	上期金额
一、营业收入	3 169 300	（略）
减：营业成本	1 132 800	
税金及附加	144 800	
销售费用	285 000	
管理费用	542 000	
研发费用	—	
财务费用	121 000	
其中：利息费用	—	
利息收入	—	
加：其他收益	—	
投资收益（损失以"－"号填列）	56 300	
其中：对联营企业和合营企业的投资收益	—	
以摊余成本计量的金融资产终止确认收益（损失以"－"号填列）	—	
净敞口套期收益（损失以"－"号填列）	—	
公允价值变动收益（损失以"－"号填列）	—	
信用减值损失（损失以"－"号填列）	—	
资产减值损失（损失以"－"号填列）	—	
资产处置收益（损失以"－"号填列）	—	
二、营业利润（亏损以"－"号填列）	1 000 000	
加：营业外收入	—	
减：营业外支出	—	
三、利润总额（亏损总额以"－"号填列）	1 000 000	
减：所得税费用	250 000	
四、净利润（净亏损以"－"号填列）	750 000	
（一）持续经营净利润（净亏损以"－"号填列）	—	
（二）终止经营净利润（净亏损以"－"号填列）	—	
五、其他综合收益的税后净额		
（一）不能重分类进损益的其他综合收益		
1. 重新计量设定受益计划变动额	—	

续　表

项　　　　目	本期金额	上期金额
2. 权益法下不能转损益的其他综合收益	—	（略）
3. 其他权益工具投资公允价值变动	—	
4. 企业自身信用风险公允价值变动	—	
……	—	
（二）将重分类进损益的其他综合收益		
1. 权益法下可转损益的其他综合收益		
2. 其他债权投资公允价值变动		
3. 金融资产重分类计入其他综合收益的金额		
4. 其他债权投资信用减值准备		
5. 现金流量套期储备		
6. 外币财务报表折算差额		
……		
六、综合收益总额	750 000	
七、每股收益：		
（一）基本每股收益		
（二）稀释每股收益	—	

法定代表人：赵旺　　　　主管会计工作负责人：胡景　　　　会计机构负责人：沈杰

第四节　现金流量表

一、现金流量表的定义和作用

现金流量表是指反映企业一定会计期间的现金和现金等价物（以下简称"现金"）的流入和流出的会计报表。

现金流量表从现金流入和流出两方面反映企业在一定期间内的经营活动、投资活动和筹资活动的动态情况，反映企业现金流动的全貌。现金流量表能够说明企业一定期间内现金流入和流出的原因，弥补资产负债表和利润表提供信息的不足。报表使用者通过现金流量表能够了解影响企业现金流量的因素，评价企业的偿债能力和支付能力，预测企业未来获取现金流量的能力，获得决策的有力依据。

二、现金流量表的内容和结构

现金流量表是以现金和现金等价物为基础编制的会计报表。这里的"现金"是广义的现金，包括库存现金以及可以随时用于支付的银行存款和其他货币资金；"现金等价物"是指企业持有的期限短、流动性强、易于转换为已知金额的现金、价值变动风险很小的投资。其中,期限短一般是指从购买日起3个月内到期。例如,从购买日起3个月内到期的可以在市场流通的短期债券投资等。凡不能随时支取的定期存款和长期性投资均不能作为现金,但提前通知银行或其他金融机构便可支取的定期存款,则包括在现金流量表的现金概念中。

现金流量是指企业某一时期内现金流入、流出的数量。

我国《企业会计准则第31号——现金流量表》规定,现金流量表应当分别经营活动、投资活动和筹资活动列报现金流量。

1. 经营活动产生的现金流量

经营活动是指企业投资活动和筹资活动以外的所有交易或者事项,主要包括销售商品或提供劳务、经营性租赁、购买货物、接受劳务、支付工资、广告宣传、推销产品、缴纳税款等。在现金流量表上,经营活动的现金流量应当按照其经营活动的现金流入和流出的性质分项列示。

2. 投资活动产生的现金流量

投资活动是指企业长期资产的购建和不包括在现金等价物范围内的投资及其处置活动,主要包括取得和收回投资、购建和处置固定资产、无形资产和其他长期资产等。在现金流量表上,投资活动的现金流量应当按照其投资活动的现金流入和流出的性质分项列示。

3. 筹资活动产生的现金流量

筹资活动是指导致企业资本及债务规模和构成发生变化的活动,主要包括吸收投资、发行股票、分配利润和借入款项等。在现金流量表上,筹资活动的现金流量应当按照其筹资活动的现金流入和流出的性质分项列示。

现金流量表的格式如表9-9所示。

表9-9

现 金 流 量 表

会企03表

编制单位: _____年度 单位:元

项　　　　目	本期金额	上期金额
一、经营活动产生的现金流量:		
销售商品、提供劳务收到的现金		
收到的税费返还		
收到其他与经营活动有关的现金		
经营活动现金流入小计		
购买商品、接受劳务支付的现金		

续 表

项　　目	本期金额	上期金额
支付给职工以及为职工支付的现金		
支付的各项税费		
支付其他与经营活动有关的现金		
经营活动现金流出小计		
经营活动产生的现金流量净额		
二、投资活动产生的现金流量：		
收回投资收到的现金		
取得投资收益收到的现金		
处置固定资产、无形资产和其他长期资产收回的现金净额		
处置子公司及其他营业单位收到的现金净额		
收到其他与投资活动有关的现金		
投资活动现金流入小计		
购建固定资产、无形资产和其他长期资产支付的现金		
投资支付的现金		
取得子公司及其他营业单位支付的现金净额		
支付其他与投资活动有关的现金		
投资活动现金流出小计		
投资活动产生的现金流量净额		
三、筹资活动产生的现金流量：		
吸收投资收到的现金		
取得借款收到的现金		
收到其他与筹资活动有关的现金		
筹资活动现金流入小计		
偿还债务支付的现金		
分配股利、利润或偿付利息支付的现金		
支付其他与筹资活动有关的现金		
筹资活动现金流出小计		
筹资活动产生的现金流量净额		
四、汇率变动对现金及现金等价物的影响		
五、现金及现金等价物净增加额		
加：期初现金及现金等价物余额		
六、期末现金及现金等价物余额		

三、现金流量表的编制

现金流量表的编制方法有直接法和间接法两种。直接法是通过现金流入、流出的主要类别,反映来自企业经营活动的现金流量;间接法是根据利润表中的净利润,调整为经营活动现金流量,即从净利润中加上未支付现金的支出,如折旧、摊销等,再减去未收到现金的销货应收款等项目,求出实际的现金流量。2006年2月,财政部发布的《企业会计准则第31号——现金流量表》规定,企业应当采用直接法列示经营活动产生的现金流量,同时采用间接法在现金流量表附注中披露将净利润调节为经营活动现金流量的信息。具体操作时通常是先编制工作底稿,然后根据工作底稿来编制现金流量表。关于现金流量表各项目的具体填列将在"中级财务会计"课程中详细阐述,在此不赘述。

第五节 所有者权益变动表

一、所有者权益变动表的定义和作用

所有者权益变动表是指反映构成所有者权益各组成部分当期增减变动情况的报表。所有者权益变动表全面反映了企业一定时期所有者权益变动的情况,不仅包括所有者权益总量的增减变动,还包括所有者权益增减变动的重要结构性信息。所有者权益变动表体现了企业的综合收益,便于报表使用者准确理解所有者权益增减变动的根源,进而对企业的资本保值增值情况作出正确判断,进行决策。

二、所有者权益变动表的列报内容

按照《企业会计准则30号——财务报表列报》规定,所有者权益变动表至少应当单独列示反映下列信息的项目:

(1) 综合收益总额。
(2) 会计政策变更和前期差错更正的累积影响金额。
(3) 所有者投入资本和向所有者分配利润等。
(4) 按照规定提取的盈余公积。
(5) 所有者权益各组成部分的期初和期末余额及其调节情况。

三、所有者权益变动表的格式

为了清楚地表明构成所有者权益的各组成部分当期的增减变动情况,所有者权益变动表应当以矩阵的形式列示:一方面,列示导致所有者权益变动的交易或事项;另一方面,按照所有者权益各组成部分(包括实收资本、资本公积、盈余公积、未分配利润和库存股)及其总额列示交易或事项对所有者权益的影响。我国财政部2019年4月印发的《一般企业财务报表格式》(适用于已执行新金融准则、新收入准则和新租赁准则的企业)规定,所有者权益变动表的具体格式如表9-10所示。

所有者权益变动表

表 9-10

编制单位：　　　　　　　　　　年度　　　　　　　　　　　　　　　　　　　　　　　　　　　会企 04 表　单位:元

项目	本年金额									上年金额								
	实收资本(或股本)	其他权益工具			资本公积	减:库存股	其他综合收益	专项储备	盈余公积	未分配利润	所有者权益合计	实收资本(或股本)	其他权益工具			资本公积	减:库存股	其他综合收益	专项储备	盈余公积	未分配利润	所有者权益合计
		优先股	永续债	其他									优先股	永续债	其他							
一、上年末余额																						
加:会计政策变更																						
前期差错更正																						
其他																						
二、本年初余额																						
三、本年增减变动金额(减少以"-"号填列)																						
(一)综合收益总额																						
(二)所有者投入和减少资本																						
1.所有者投入的普通股																						
2.其他权益工具持有者投入资本																						
3.股份支付计入所有者权益的金额																						

续表

项目	本年金额									上年金额								
	实收资本（或股本）	其他权益工具			资本公积	减:库存股	其他综合收益	专项储备	盈余公积	未分配利润	所有者权益合计	实收资本（或股本）	其他权益工具			资本公积	减:库存股	其他综合收益	专项储备	盈余公积	未分配利润	所有者权益合计
		优先股	永续债	其他									优先股	永续债	其他							
4. 其他																						
(三) 利润分配																						
1. 提取盈余公积																						
2. 对所有者（或股东）的分配																						
3. 其他																						
(四) 所有者权益内部结转																						
1. 资本公积转增资（或股本）																						
2. 盈余公积转增资本（或股本）																						
3. 盈余公积弥补亏损																						
4. 设定受益计划变动额结转留存收益																						
5. 其他综合收益结转留存收益																						
6. 其他																						
四、本年年末余额																						

第六节 财务会计报告的对外提供

一、报送内容

为了充分发挥财务会计报告的作用,各个企业应当依照法律、行政法规和国家统一会计制度有关财务会计报告规定的期限和程序,及时对外提供财务会计报告。企业对外提供的年度财务会计报告包括会计报表、附注等;季度、月度中期财务会计报告通常仅指会计报表,国家统一的会计制度另有规定的除外。企业对外提供的财务会计报告应当依次编定页数,加具封面,装订成册,加盖公章。封面上应注明企业名称、企业统一代码、组织形式、地址、报表所属年度或月份、报出日期等,并由企业负责人和主管会计工作的负责人、会计机构负责人(会计主管人员)签名并盖章;设置总会计师的单位,还须由总会计师签名并盖章。单位领导人对财务会计报告的合法性、真实性负法律责任。有关法律、行政法规规定会计报表应当由注册会计师审计的企业,该企业在提供财务会计报告时,应将注册会计师及其所在的会计师事务所出具的审计报告,随同财务会计报告一并对外提供。

二、报送对象

各个报送单位应向哪些组织或个人报送财务会计报告,这同各单位的隶属关系、经济管理和经济监督的需要有关。一般来说,国有企业要向上级主管部门、开户银行、财政、税收和审计机关报送财务会计报告;同时,还应向投资者、债权人和其他与企业有关的报告使用者提供财务会计报告。若是公开发行股票的股份有限公司,还应当向证券交易机构和证监会等提供财务会计报告。《企业财务会计报告条例》规定,企业应当依据章程的规定,向投资者提供财务会计报告。国务院派出监事会的国有重点大型企业、国有重点金融机构和省、自治区、直辖市人民政府派出监事会的国有企业,应当依法定期向监事会提供财务会计报告。国有企业、国有控股的或者占主导地位的企业,应当至少每年一次向本企业的职工代表大会公布财务会计报告。有关部门或者机构依照法律、行政法规或者国务院规定,要求企业提供部分或者全部财务会计报告及其有关数据的,应当向企业出示依据,并不得要求企业改变财务会计报告有关数据的会计口径。非依照法律、行政法规或者国务院规定,任何组织或者个人不得要求企业提供部分或者全部财务会计报告及其有关数据。接受企业财务会计报告的组织或者个人,在企业财务会计报告未正式对外披露前,应当对其内容保密。企业依照规定向有关各方提供的财务会计报告,其编制基础、编制依据、编制原则和方法应当一致,不得提供编制基础、编制依据、编制原则和方法不同的财务会计报告。

三、报送时限

企业报送财务会计报告,一方面应考虑需要财务会计报告的有关使用者对报的需要程度;另一方面又要考虑编报单位的机构、组织形式、编报单位所在地的交通条件等因素,以正确规定财务会计报告的报送期限。这样有利于各编报单位如期报送财务会计报告,便于及时汇总和利用财务会计报告,以发挥其应有的作用。企业应当依照法律、行政法规和国家统一的会计制度有关财务会计报告提供期限的规定,及时对外提供财务会计报告。月度财务会计报告应当于月度终了后 6 天内对外提供,季度财务会计报告应于季度终了后 15 天内对外提供,半年度财务会计报告应于半年度结束后 60 天内(相当于两个连续的月份)对外提供,年度财务会计报告应于年度终了后 4 个月内对外提供。

第七节 财务会计报告分析

一、财务会计报告分析的目的

所谓财务会计报告分析,就是运用一定的技术分析方法,对财务会计报告提供的资料进行计算分析、评价判断的行为过程。

前已指出,企业编制财务会计报告的目的,在于提供有关企业财务状况、经营成果及现金流量方面的信息,以便信息使用者对企业作出正确的判断和决策。然而,财务会计报告作为一种历史性的文件,只是概括地反映了一个企业的财务状况、经营成果及现金流量情况。在财务会计报告中,只有极少数的绝对数字本身具有比较明确的意义。在许多情况下,如果孤立地去看会计报表上所列示的各类项目的金额,可能对财务会计报告使用者的判断和决策没有多大的意义。对于财务会计报告使用者的决策来说,比较重要的、有意义的资料是数字与数字之间的关系,以及这些数字从过去到现在的变动趋势与金额。财务会计报告分析的目的就在于揭示财务会计报告数字与数字之间的关系,指出它们的变动趋势与金额,从而提高会计报告信息的决策相关性。例如,资产负债表虽然提供了某一时点上企业的资产和负债规模,但这些资料本身并不能说明企业对债权人的保障程度。而通过资产负债表分析,我们则可以计算出各类资产同负债的比例关系,构成资产负债率、流动比率、速动比率等财务指标,据此可从不同角度揭示和评价企业偿债能力。

二、财务会计报告分析常用的方法

为了强调所提供的数据应该具有可比性和相关性,以及评价企业的状况,财务会计报告分析运用了各种各样的方法。这里只介绍经常应用的比率分析法和比较分析法。

(一)比率分析法

比率分析法是指在同一会计报表的不同项目之间,或在不同会计报表的有关项目之间进行对比,从而计算出各种不同经济含义的比率,据以进行评价、判断的一种方法。企业采用这种方法,要把分析对比的数值变成相对数,根据分析的不同内容和要求,可以计算出不同的比率。比率分析法包括相关比率法、构成比率法和趋势比率法三种。

1. 相关比率法

相关比率法是指将两个经济性质不同但又相关的指标对比,计算出另一经济含义的指标的分析方法。分析时应确定不同指标之间客观上所存在的相互关系,如将企业流动资产与流动负债进行对比,计算出流动比率。

2. 构成比率法

构成比率法是指通过个体指标与总体指标的对比,计算出个体指标占总体指标的比重,分析构成项目的变化,掌握经济活动的特点及变化趋势的分析方法。例如,将资产负债表上的各项资产与资产总额进行对比,可计算出各项资产占总资产的比例。

3. 趋势比率法

趋势比率法是指先将连续几期会计报表上的同一项目加以对比,计算出比率,然后再进行各种形式的比较,以便考察该财务指标的发展变化趋势和增减速度,从中发现企业在经营方面所取得的成绩或存在不足的分析方法。

(二) 比较分析法

比较分析法是将企业某一时期的财务指标与一个基准数相比较,计算出财务指标数量差异的一种分析方法。比较分析主要是为了说明财务信息之间的数量关系与数量差异,为进一步分析指明方向。在比较分析法中,最关键的是选定一个合适的基准数,不同的分析目的之下会有不同的选择标准,如计划数、前期实际数等。在会计报表分析中,常采用以下几种形式的比较:

(1) 本期实际报表数据与预计报表数据进行比较,如以年终资产负债表与预计资产负债表相比较。这种比较的目的在于揭示报表有关项目的实际数与预计数的差异,给进一步分析指明方向。

(2) 本期实际报表数据与以前实际报表数据进行比较,如本期与上期比,本期与上年比,本期与历史最高水平比等。这种比较可以观察企业财务状况的变化趋势,了解企业经营管理工作的改善情况。

(3) 本企业实际报表数据与同行业同类企业报表数据进行比较,了解本企业与先进水平的差距,推动本企业改善经营管理。

会计报表指标的比较可以是绝对数,也可以是相对数。其计算公式可列为:

A. 绝对数比较的计算公式如下:

$$差异额 = 实际数 - 基准数$$

式中的基准数,即指分析者选定作为衡量效益基准水平的数据,如计划数、前期实际数、同行业先进实际数等。

　　B. 相对数比较的计算公式如下：

$$实际数为基准数的百分比 = \frac{实际数}{基准数} \times 100\%$$

$$差异率 = \frac{实际数 - 基准数}{基准数} \times 100\%$$

　　应用比较分析法进行分析时，我们应注意指标的相关性，分析的指标在性质上是同类的，能够说明经济业务的内在联系；还应注意各项指标的可比性，比较双方的指标内容、计算方法、采用的计价标准和时间单位等应当相一致。

三、常用比率指标的计算与分析理解

　　一个比率可以通过任何一对数字计算出来。财务会计报告中包括大量的数据，我们可以据此计算出很多有意义的比率，这些比率涉及企业经营管理的各个方面。标准的比率计算方法并不存在，不同的信息使用者在进行财务分析时，会应用不同的比率。此处介绍几个最为经常应用和讨论的比率。根据比率的性质和其在会计报表分析与评价中的作用，我们一般将常用的财务比率指标分为偿债能力比率、营运能力比率和盈利能力比率三大类。

（一）偿债能力比率

　　偿债能力是指企业偿还到期债务的能力，主要用于评价企业偿还到期债务能力强弱。常用的指标有流动比率和速动比率。

1. 流动比率

　　流动比率是指企业流动资产与流动负债的比率。它用来衡量企业用现有的流动资产偿还到期流动负债的能力。其计算公式如下：

$$流动比率 = \frac{流动资产}{流动负债}$$

　　【例 9-3】 根据表 9-5 计算旺景公司的流动比率如下：

$$流动比率 = \frac{1\,336\,950}{610\,050} = 2.19$$

　　对流动比率的分析理解：① 流动比率可衡量企业资金流动性的大小，充分考虑流动资产规模与流动负债规模之间的关系，判断企业短期债务在到期前可以转化为现金的用于偿还流动负债的能力。② 从债权人角度来看，流动比率指标越高，表明企业资产流动性越大，短期偿债能力越强，债权就越有保障。但是，对于企业经营者来说，流动比率并不是越高越好。从理财的角度看，流动性越高的资产，其相应的盈利能力也就较低，过高的流动比率意味着企业资金过多的滞留在持有的流动资产上，从

而影响这部分占用资金的利用效率,丧失良好的获利机会。从企业的角度来看,该指标应控制在一个合理的范围内,既要保证偿债能力,同时又要保证资产的获利能力。一般认为,流动比率保持在200%或2∶1较为合适,这是因为处在流动资产中变现能力最差的存货金额,约占流动资产总额的一半,剩下的流动性较大的资产至少要等于流动性负债,企业的短期偿债能力才会有保证。③ 在实际运用中,评价流动比率时,还应结合同行业的平均或先进水平、历史资料和行业特点、企业本身的经营策略等情况进行分析判断。

2. 速动比率

速动比率是指企业速动资产与流动负债的比率。它用来衡量企业运用随时可变现的流动资产来偿付到期流动负债的能力。其计算公式如下:

$$速动比率 = \frac{速动资产}{流动负债}$$

$$速动资产 = 流动资产 - 存货$$

【例9-4】 根据表9-5计算旺景公司速动比率如下:

$$速动比率 = \frac{1\ 336\ 950 - 539\ 000}{610\ 050} = 1.31$$

对速动比率的分析理解如下:① 计算速动比率时之所以要从流动资产中剔除存货,是因为存货是流动资产中变现速度最慢的资产,而且存货在销售时由于受到市场价格的影响,其变现价值带有很大的不确定性,在市场萧条或产品不对路的情况下可能成为滞销货而无法转换为现金,部分存货还可能作为特定债权人的抵押品。当企业流动比率较高时,如果流动资产中存货占较大比重,则其可立即用来支付债务的资产减少,其偿债能力也是较差的;反之,即使流动比率较低,但流动资产中的大部分都可以在较短的时间内转化为现金,其偿债能力也很强。因此,以速动资产来评价企业的短期偿债能力,消除了变现能力最差的存货的影响,可以部分地弥补流动比率指标存在的缺陷,用其来评价的短期偿债能力可能更准确一些。② 与流动比率相似,对该指标进行分析时要从不同的角度来分析。从债权人角度来看,速动比率越高,表明企业偿还流动负债的能力越强。从企业经营者角度来看,由于既要考虑速动资产的偿债能力,又要考虑速动资产的获利能力,因此他们并不愿意维持一个过高的速动比率。一般认为,速动比率保持在100%或1∶1的水平较好,这表明企业既有良好的偿债能力,又有合理的流动资产结构。③ 在实际运用中,评价速动比率时,还应结合同行业的平均或先进水平、历史资料和经营策略等情况进行分析判断。

(二)营运能力比率

营运能力比率主要是用于评价企业资产管理效率的。常用的指标有应收账款周转率和存货周转率。

1. 应收账款周转率

应收账款周转率也称收款比率、应收账款周转次数,是指销售净额与应收账款平均余额的比率。它表明年内应收账款转为现金的平均速度,用来反映企业应收账款回收的速度和管理效率。其计算公式如下:

$$应收账款周转率=\frac{赊销净额}{平均应收账款余额}$$

$$平均应收账款余额=\frac{期初应收账款余额+期末应收账款余额}{2}$$

$$赊销净额=销售收入-现销收入-销售折扣与折让$$

以上公式中,若无法确认赊销净额时,也可以销售净额代替,即销售收入扣除销售折扣与折让。

应收账款的周转速度可以用周转一次的天数代替每年周转次数,它表示企业从取得应收账款的权利到收回款项、转换为现金所需要的时间。其计算公式如下:

$$应收账款周转天数=\frac{365}{应收账款周转率(次)}$$

【例 9-5】 假设旺景公司应收账款 2023 年年末数与年初数相等,2023 年度现销收入 925 300 元,根据表 9-5 和表 9-8 计算应收账款周转率。

$$应收账款周转率=\frac{3\ 169\ 300-925\ 300}{130\ 000}=17.26(次)$$

对应收账款周转率的分析理解如下:① 一般而言,应收账款周转率越高,表明平均收款期越短,应收账款的管理效率越高,短期偿债能力越强。因为,该比率越高,说明企业的应收账款回收得越快,可减少坏账损失的发生;而且企业资产流动性强,企业短期偿债能力也强,在一定程度上可以弥补流动比率和速动比率在分析短期偿债能力方面的不足。但是,如果应收账款周转率(次数)过高,可能说明企业在赊销政策方面存在问题,或为及早收回款项而给予顾客过高的现金折扣,从而降低企业的盈利水平;也可能由于企业奉行严格的信用政策,付款条件过于苛刻,从而虽然降低了应收账款数额,但同时也会限制了企业销售量的扩大,最终影响企业的盈利水平。② 某些特殊情况会影响该指标计算的正确性,如企业生产经营的季节性、企业年末大量销售或年末销售大幅度下降等都会对该指标计算的结果产生较大的影响。因此,在分析运用时,可以将计算出的指标与该企业前期指标,与行业平均水平或其他类似企业的指标相比较,判断该指标的高低。

2. 存货周转率

存货周转率又称存货周转次数,是指企业在某一期间的销货成本同存货平均余额的比率。它反映企业在特定期间存货的周转速度,用来衡量企业销售商品的能力、经营绩效和偿债能力。其计算公式如下：

$$存货周转率=\frac{销货成本}{平均存货余额}$$

$$平均存货余额=\frac{期初存货余额+期末存货余额}{2}$$

$$存货周转天数=\frac{365}{存货周转率}$$

【例9-6】 假设旺景公司存货2023年年末数与年初数相等,根据表9-5和表9-8计算存货周转率。

$$存货周转率=\frac{1\ 132\ 800}{539\ 000}=2.1(次)$$

对存货周转率的分析理解如下：① 一般而言,存货周转率越高越好。该比率越高,表明存货周转速度越快,存货的占用水平越低,存货变现能力越强,存货积压的风险相对降低,资产使用效率也越高。但存货周转率过高,也可能说明企业在存货管理方面存在其他一些问题,如存货水平太低,甚至经常缺货,或者采购次数过于频繁,批量太小等。因此,合理的存货周转率视产业特征、市场行情及企业自身特点而定。② 由于企业对发出存货的计价处理存在着不同的会计处理方法,如先进先出法、个别计价法、加权平均法等,与其他企业进行比较时,应考虑到会计处理方法不同而产生的影响。

(三) 盈利能力比率

盈利能力又称获利能力,是指企业赚取利润的能力,主要用于评价企业获利能力的大小。常用的指标有销售净利率、净资产报酬率和总资产报酬率。

1. 销售净利率

销售净利率是指净利润与销售收入额的比率。其计算公式如下：

$$销售净利率=\frac{净利润}{销售收入额}\times 100\%$$

【例9-7】 根据表9-8计算旺景公司销售净利率如下：

$$销售净利率=\frac{750\ 000}{3\ 169\ 300}\times 100\%=23.66\%$$

对销售净利率的分析理解如下：① 销售净利率反映每1元销售收入带来的净利润的多少,表示销售收入的收益水平。② 从销售净利率的指标关系看,净利润与销售净利率成正比关系,而销售收入额与销售净利率成反比关系。企业在增加销售收入额的同时，必须相应地获得更多的利润，才能使销售净利率保持不变或有所提高。通过分析销售净利率的升降变动，可以促使企业在扩大销售的同时，注意改进经营管理，提高盈利水平。③ 处于不同行业的企业，由于经营特点、资产结构的差异，其销售净利率的水平也不同。因此，在计算和分析企业的销售净利率时，应结合企业的特点，依据以前年度的指标以及行业平均水平进行分析，才能对企业的生产经营效益作出客观、公正的评价。

2. 净资产报酬率

净资产报酬率也称所有者权益报酬率，是指净利润与净资产的比率，它是反映企业获利能力的一个重要指标。其计算公式如下：

$$净资产报酬率 = \frac{净利润}{净资产平均余额} \times 100\%$$

$$净资产平均余额 = \frac{期初净资产余额 + 期末净资产余额}{2}$$

【例9-8】 假设旺景公司期末净资产与期初净资产相等，根据表9-6和表9-8计算净资产报酬率如下：

$$净资产报酬率 = \frac{750\,000}{1\,509\,900} \times 100\% = 49.67\%$$

对净资产报酬率的分析理解如下：① 净资产报酬率指标充分体现了投资者投入企业的自有资本获取净收益的能力，突出反映了股东投资与报酬的关系。一般认为，该比率越高，表明企业所有者所享有的净利润越多，投资盈利水平越高，企业获利能力相应也越强，对企业投资人的保障程度越高；反之，则相反。② 对该指标的高低进行评价时，一般要通过与同行业其他企业的水平进行比较，而且在比较时还需要考虑企业的战略选择才能得出比较有实际意义的结论。

3. 总资产报酬率

总资产报酬率是指净利润与平均资产总额的比率，用来反映企业运用全部资产的获利能力。其计算公式如下：

$$总资产报酬率 = \frac{净利润}{平均资产总额} \times 100\%$$

$$平均资产总额 = \frac{期初资产总额 + 期末资产总额}{2}$$

【例9-9】 假设旺景公司期末总资产与期初总资产相等，根据表9-5和表9-8计算总资产报酬率如下：

$$总资产报酬率 = \frac{750\,000}{2\,539\,950} \times 100\% = 29.53\%$$

对总资产报酬率的分析理解如下：① 总资产报酬率表示企业全部资产获取收益的水平，全面反映了企业的获利能力和投入产出状况。该比率越高，表明企业投入产出的水平越好，企业的资产运营效果越有效。② 一般情况下，企业可据此比率与市场利率进行比较，如果该比率大于市场利率，则表明企业具有有效的财务杠杆效应，可进行适度的负债经营，以获取债务避税和股东收益的增加。③ 评价总资产报酬率时，仅用一期的比率是不够的，需要与前期的比率、与同行业其他企业这一比率进行比较，方能得出合理的评价判断。

课程思政

会计信息披露与会计诚信建设

1. 同济堂违法事实

2022年4月1日，中国证券监督管理委员会（以下简称"中国证监会"）对新疆同济堂健康产业股份有限公司（以下简称"同济堂"）发布《行政处罚决定书》（〔2022〕17号）①，依据《中华人民共和国证券法》（以下简称《证券法》）的有关规定，中国证监会对同济堂信息披露违法违规行为进行了立案调查、审理。经查明，同济堂存在以下违法事实：

(1) 同济堂《2016年年度报告》《2017年年度报告》《2018年年度报告》中存在虚假记载，虚增营业收入、营业成本、销售及管理费用，导致2016年至2018年虚增的利润总额分别为6.8亿元、9.2亿元、8.3亿元。

(2) 同济堂《2019年年度报告》存在虚假记载，虚增其他业务收入3.86亿元，虚增利润总额3.86亿元。

(3) 同济堂未及时披露及未在2016年至2019年年度报告中披露控股股东及其关联方非经营性占用资金的关联交易。

(4) 同济堂未如实披露公司募集资金存放及实际使用情况。

(5) 同济堂未及时披露且未在《2018年年度报告》《2019年年度报告》中按规定披露为控股股东及其关联方提供担保及重大诉讼的有关事项。

2. 中国证监会处罚决定

根据当事人违法行为的事实、性质、情节与社会危害程度，依据《证券法》第一百九十七条第二款的规定，中国证监会决定：

---

① 中国证监会.中国证监会行政处罚决定书(同济堂、张美华、李青、魏军桥)[EB/OL]. (2022-04-01) [2024-01-10]. http://www.csrc.gov.cn/csrc/c101928/c2343861/content.shtml.

(1) 对同济堂责令改正,给予警告,并处以300万元罚款。

(2) 对时任董事长张某以及时任副董事长、总经理李某夫妇给予警告,并合并处以500万元罚款,其中作为直接负责的主管人员罚款300万元,作为实际控制人罚款200万元。

(3) 对时任董事、副总经理、财务总监魏某给予警告,并处以100万元罚款。

3. 会计诚信建设

从同济堂案例我们看到,涉及的相关责任人都受到了警告和严重的罚款处罚。该案例再一次警示我们:"诚信为企业会计之本,可信而相关的财务报告,关系到企业的生命!"①提升会计职业道德,持续推进会计诚信建设是非常必要的。

2021年11月24日,财政部发布了《会计改革与发展"十四五"规划纲要》(财会〔2021〕27号)②,该纲要提出"深入开展会计诚信教育,将会计职业道德作为会计人才培养、评价、继续教育的重要内容,推动财会类专业教育加强职业道德课程建设,不断提升会计人员诚信素养。加强会计诚信机制建设,依托会计管理信息平台,实现跨层级、跨部门、跨系统数据互联互通。加强会计诚信体系建设,全面建立会计行业信用记录,继续完善守信联合激励和失信联合惩戒机制。根据国家有关规定,加强对于诚实守信、忠于职守、坚持原则、作出显著成绩的会计人员的表彰奖励工作。加大会计诚信宣传力度,加强会计诚信文化建设,把法律规范和道德规范结合起来,以道德滋养法治精神,加强德治与法治的衔接与贯通,营造全行业守法、合规、诚信的向善向上氛围"。

要求:认真阅读《会计改革与发展"十四五"规划纲要》对会计诚信建设提出的要求,为提高会计信息披露质量建言献策。

复习思考题

1. 编制财务会计报告有何意义?
2. 财务会计报告体系由哪几部分构成?
3. 所有者权益变动表至少应当单独列示反映哪些信息?
4. 资产负债表各项目的数据资料有哪些填列方法?
5. 编制资产负债表有何作用?
6. 我国设计的多步式利润表分为哪些步骤?
7. 反映企业偿债能力的指标有哪些?怎样理解其含义?

---

① 葛家澍. 会计·信息·文化[J]. 会计研究,2012(8):7.
② 中华人民共和国财政部会计司. 关于印发《会计改革与发展"十四五"规划纲要》的通知[EB/OL]. (2021-11-29)[2024-01-10]. http://kjs.mof.gov.cn/gongzuodongtai/202111/t20211126_3769461.htm.

8. 怎样理解总资产报酬率？
9. 请列举出几项评价企业营运能力的指标，并对其进行解释。
10. 怎样理解净资产报酬率？

练习题

练习题
参考答案

一、单项选择题

1. 反映企业在一定时期内经营成果的报表是( )。
   A. 资产负债表　　　　　　　　　B. 利润表
   C. 所有者权益变动表　　　　　　D. 现金流量表
2. 资产负债表中的"期末余额"栏大多数项目填列的依据是( )。
   A. 有关总账账户期末余额　　　　B. 有关总账账户本期发生额
   C. 有关明细账期末余额　　　　　D. 有关明细账本期发生额
3. 资产负债表中的资产项目是按其( )排列的。
   A. 流动性　　　B. 重要性　　　C. 有用性　　　D. 随意性
4. 下列项目中，不包括在利润表中的是( )。
   A. "销售费用"　B. "管理费用"　C. "制造费用"　D. "财务费用"
5. 下列项目中，不影响利润表中"营业利润"计算的是( )。
   A. "税金及附加"　B. "财务费用"　C. "营业外收入"　D. "投资收益"
6. "预付账款"明细账中若有贷方余额，应将其记入资产负债表中的( )项目。
   A. "预付款项"　B. "应付账款"　C. "应收账款"　D. "预收款项"
7. 不能通过资产负债表了解的会计信息是( )。
   A. 企业所拥有或控制的资源构成及分布情况
   B. 企业的偿债能力
   C. 所有者权益的构成情况
   D. 现金的流动情况
8. 资产负债表的下列项目中，需要根据几个总账账户的期末余额计算填列的是( )。
   A. "短期借款"　B. "应付债券"　C. "货币资金"　D. "资本公积"
9. 下列资产负债表项目中，应根据相应总账账户期末余额直接填列的是( )。
   A. "应收账款"　B. "固定资产"　C. "长期借款"　D. "实收资本"
10. 考察企业盈利能力的比率指标是( )。
    A. 流动比率　　　　　　　　　　B. 销售净利率
    C. 应收账款周转率　　　　　　　D. 速动比率
11. 月末，"本年利润"总账借方余额为 150 000 元，"利润分配"总账贷方余额为 180 000 元，则月度资产负债表"未分配利润"项目期末余额应填列( )元。
    A. －30 000　　B. 30 000　　C. －150 000　　D. 330 000

12. 下列各项中,不属于资产负债表项目的是(   )。
A. "货币资金"　　　　　B. "应付职工薪酬"　C. "管理费用"　　　　D. "盈余公积"

二、多项选择题

1. 根据《企业会计准则》的规定,企业应编制和对外报送的会计报表包括(   )。
A. 资产负债表　　　　　　　　　　　　B. 利润表
C. 现金流量表　　　　　　　　　　　　D. 利润分配表
2. 下列各项中,属于财务会计报告编制基本要求的有(   )。
A. 内容完整　　　　B. 数字真实　　　　C. 指标可比　　　　D. 编报及时
3. 财务报表附注应当披露的内容有(   )。
A. 财务报表的编制基础　　　　　　　　B. 遵循企业会计准则的声明
C. 重要会计政策的说明　　　　　　　　D. 重要会计估计的说明
4. 下列各项中,应在资产负债表"应收账款"项目列示的有(   )。
A. "预付账款"账户所属明细账户的借方余额
B. "应收账款"账户所属明细账户的借方余额
C. "应收账款"账户所属明细账户的贷方余额
D. "预收账款"账户所属明细账户的借方余额
5. 通过资产负债表可以了解的信息有(   )。
A. 企业某一日期所拥有或控制的各种资源的构成及其分布情况
B. 可以了解企业负担的长期债务和短期债务数额
C. 了解所有者权益的构成情况
D. 可以分析企业所面临的财务风险
6. 资产负债表的"期末余额"栏项目数据可根据(   )填列。
A. 总账账户的期末余额直接
B. 总账账户期末余额计算
C. 若干明细账余额计算
D. 账户余额减去其备抵项目后的净额
7. 企业的利润表采用多步式结构反映,在计算营业利润步骤时,应考虑的项目有(   )。
A. "营业收入"　　　B. "管理费用"　　　C. "财务费用"　　　D. "投资收益"
8. 在编制利润表时,需要计算填列的项目有(   )。
A. "营业收入"　　　B. "利润总额"　　　C. "营业利润"　　　D. "净利润"
9. 现金等价物应具备的特点有(   )。
A. 期限短　　　　　　　　　　　　　　B. 流动性强
C. 价值变动风险小　　　　　　　　　　D. 易于转换为已知金额
10. 下列指标中,用来考察企业偿债能力的有(   )。
A. 流动比率　　　　B. 速动比率　　　　C. 资产报酬率　　　D. 销售净利率
11. 资产负债表中的"货币资金"项目,应根据(   )账户的期末余额合计填列。

A. "库存现金" B. "银行存款"
C. "其他应收款" D. "其他货币资金"

12. 下列账户中,与资产负债表"存货"项目填列相关的有(　　)。
A. "原材料" B. "累计折旧" C. "库存商品" D. "生产成本"

三、判断题

1. 资产负债表是反映企业在一定时期内财务状况的会计报表。（　　）
2. 通过所有者权益变动表,能够了解企业所有者权益各组成部分当期增减变动情况。（　　）
3. 资产负债表结构设计的理论依据是"资产＝负债＋所有者权益"会计等式。（　　）
4. 利润表中的"营业成本"项目,应根据"主营业务成本"账户的本期发生额直接填列。（　　）
5. 资产负债表的"期末余额"栏各项目主要是根据有关总账的本期发生额填列的。（　　）
6. 利润表各项目的数据主要来源于各损益类账户的本期发生额。（　　）
7. 一般认为,流动比率保持在100%或1∶1的水平较好,这表明企业既有良好的偿债能力,又有合理的流动资产结构。（　　）
8. 资产负债表中的"应付账款"项目应根据"应付账款"账户的期末余额直接填列。（　　）
9. 流动比率越高,表明企业短期偿债能力越强,债权就越有保障。（　　）
10. 存货周转率主要是评价企业盈利能力的指标。（　　）
11. 现金流量表从现金流入和现金流出两方面反映企业在一定期间内的经营活动、投资活动和筹资活动的动态情况,反映企业现金流动的全貌。（　　）
12. 利润总额是指企业营业利润加上营业外收入,减去营业外支出后的金额。（　　）

四、计算及会计处理题

习 题 一

【目的】 练习资产负债表的填列。

【资料】 冰峰公司2023年6月30日有关账户的期末余额如表9-13所示。

表9-11

冰峰公司有关账户的期末余额

2023年6月30日　　　　　　　　　　　　　　　　　　　单位：元

总账账户	明细账户	借方余额	贷方余额	总账账户	明细账户	借方余额	贷方余额
应收账款		73 000		短期借款			38 000
	A公司	48 000		应付账款			72 500
	B公司	66 000			甲公司		42 000

续 表

总账账户	明细账户	借方余额	贷方余额	总账账户	明细账户	借方余额	贷方余额
	C公司		41 000		乙公司		53 000
预付账款		35 000			丙公司	29 000	
	D公司	52 000			丁公司		6 500
	E公司		17 000	预收账款			7 000
原材料		22 000			F公司		6 000
生产成本		13 600			G公司		3 000
库存商品		19 000			H公司	2 000	
固定资产		286 000		本年利润			48 000
累计折旧			34 000	利润分配	未分配利润		21 000

【要求】 根据上述资料计算资产负债表中下列项目的填列金额：

(1) 应收账款=　　　　　　　(2) 预付款项=

(3) 存货=　　　　　　　　　(4) 固定资产=

(5) 短期借款=　　　　　　　(6) 应付账款=

(7) 预收款项=　　　　　　　(8) 未分配利润=

习 题 二

【目的】 练习利润表的编制。

【资料】 长生公司2023年12月结账前有关账户资料摘要如表9-12所示。

表9-12

长生公司结账前有关账户资料摘要

2023年12月31日　　　　　　　　　　　　　　　　　　　单位：元

账 户 名 称	1~11月累计数	12月结账前余额
主营业务收入	1 704 000	151 600
主营业务成本	1 161 000	
税金及附加	15 000	750
销售费用	9 000	2 000
管理费用	24 000	4 200

续表

账户名称	1~11月累计数	12月结账前余额
财务费用	12 000	
所得税费用	159 390	
本年利润	323 610	
利润分配——未分配利润①		121 000

注：① 为年初数。

长生公司2023年12月31日发生以下调整及结转业务：
(1) 计提本月行政管理部门使用固定资产折旧500元。
(2) 结算本月行政管理人员工资3 000元。
(3) 预提本月短期借款利息150元。
(4) 结转本月产品销售成本86 600元。
(5) 计算并结转本月损益。
(6) 按25%税率计算并结转本月所得税。
(7) 按本年税后利润的10%提取法定盈余公积。
(8) 向投资者分配利润98 000元。
(9) 结转"本年利润"账户。
(10) 结转利润分配明细账。

【要求】
(1) 根据上述资料编制有关会计分录。
(2) 根据上述资料编制长生公司2023年12月的利润表。

习 题 三

【目的】 练习财务指标的计算。

【资料】 宏大公司2023年资产负债表(简表)和利润表(简表)如表9-13和表9-14所示。

表9-13

资 产 负 债 表(简表)

编制单位：宏大公司　　　　　　2023年12月31日　　　　　　　　单位：元

资　产	期末余额	上年年末余额	负债和所有者权益	期末余额	上年年末余额
流动资产：			流动负债：		
货币资金	330 000	200 000	短期借款	370 000	420 000
应收票据	160 000	20 000	应付账款	440 000	210 000

续 表

资　　产	期末余额	上年年末余额	负债和所有者权益	期末余额	上年年末余额
应收账款	440 000	380 000	流动负债合计	810 000	630 000
存货	650 000	450 000	非流动负债：		
流动资产合计	1 580 000	1 050 000	长期借款	570 000	582 000
非流动资产：			非流动负债合计	570 000	582 000
固定资产	2 070 000	1 620 000	负债合计	1 380 000	1 212 000
无形资产	150 000	22 000	所有者权益：		
非流动资产合计	2 220 000	1 642 000	实收资本	1 640 000	900 000
			盈余公积	470 000	250 000
			未分配利润	310 000	330 000
			所有者权益合计	2 420 000	1 480 000
资产总计	3 800 000	2 692 000	负债和所有者权益总计	3 800 000	2 692 000

表 9-14

利　润　表(简表)

编制单位：宏大公司　　　　　　　2023 年度　　　　　　　单位：元

项　　　　目	本期金额	上期金额
一、营业收入	6 500 000	5 000 000
减：营业成本	4 400 000	3 200 000
税金及附加	40 000	
销售费用	980 000	605 000
管理费用	260 000	220 000
研发费用	—	—
财务费用	120 000	300 000
加：其他收益	—	—
投资收益(损失以"—"号填列)	—	—
净敞口套期收益(损失以"—"号填列)	—	—
公允价值变动收益(损失以"—"号填列)	—	—

续 表

项　　　　目	本期金额	上期金额
信用减值损失(损失以"－"号填列)	—	—
资产减值损失(损失以"－"号填列)	—	—
资产处置收益(损失以"－"号填列)	—	—
二、营业利润(亏损以"－"号填列)	700 000	675 000
加:营业外收入	—	—
减:营业外支出	—	—
三、利润总额(亏损总额以"－"号填列)	700 000	675 000
减:所得税费用	175 000	168 750
四、净利润(净亏损以"－"号填列)	525 000	506 250
五、其他综合收益的税后净额	—	—
六、综合收益总额	525 000	506 250
七、每股收益:	—	—
(一)基本每股收益	—	—
(二)稀释每股收益	—	—

【要求】 根据上述资料计算下列指标:
(1) 流动比率。
(2) 速动比率。
(3) 应收账款周转率。
(4) 存货周转率。
(5) 净资产报酬率。
(6) 总资产报酬率。

第十章　会计核算组织程序

学习要求

本章主要阐述会计凭证、会计账簿、会计报表的结合使用方式,即会计核算组织程序。通过本章学习,学习者应明确合理设计会计核算组织程序的意义和原则,掌握各种会计核算组织程序的特点、核算流程、优缺点和适用范围,把握实际工作中多种多样做法的基本原理。

思维导图

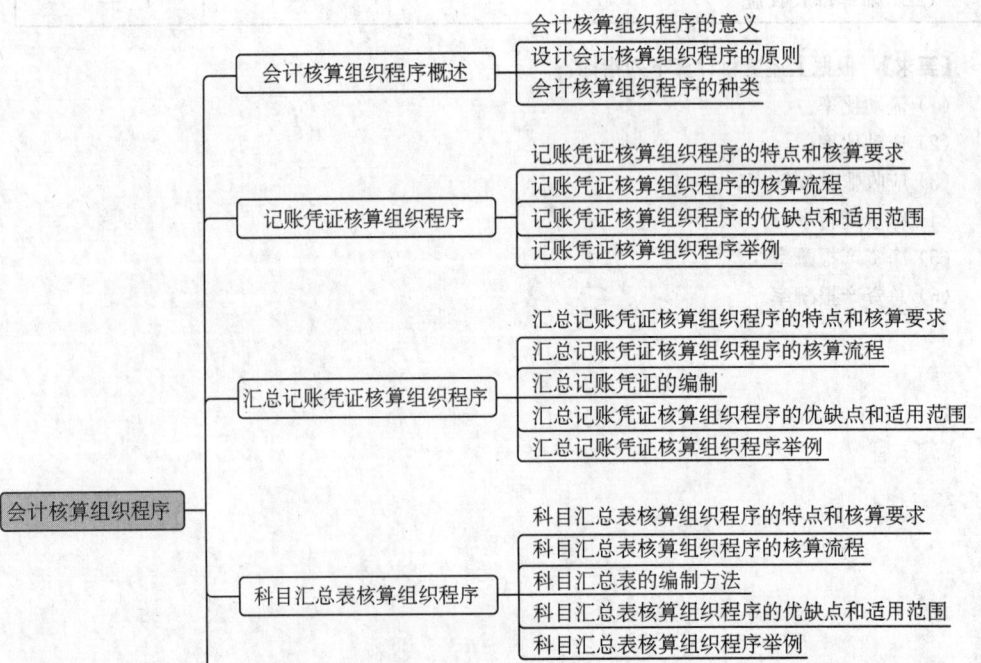

第十章 会计核算组织程序

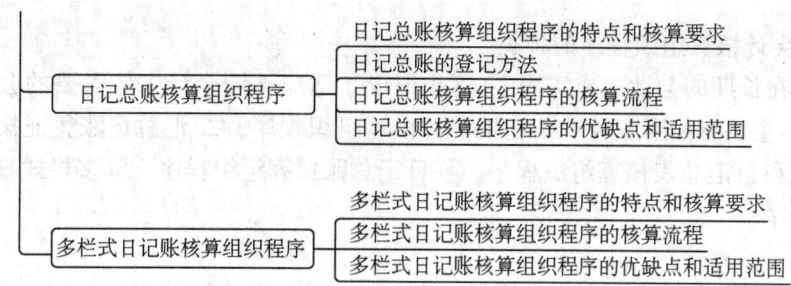

第一节 会计核算组织程序概述

一、会计核算组织程序的意义

会计核算组织程序又称账务处理程序,是指会计凭证、会计账簿与会计报表相结合的方式。它包括会计凭证和账簿的种类、格式和登记方法,凭证之间、账簿之间和各种报表之间,各种凭证与账簿之间、各种账簿与报表之间的相互联系以及编制的程序和方法等。

由于不同企业的会计凭证、账簿、报表之间结合方式不同,其所选用的会计核算组织程序也有所不同。不同会计核算组织程序又具有不同的方法、特点和适用范围。选用适当的会计核算组织程序,对于有效地组织本单位的会计核算工作具有重要意义。

(1)有利于会计工作程序的规范化,减少不必要的会计核算环节和手续,提高会计核算工作效率。

(2)通过凭证、账簿、报表之间合理的联系方式和牵制作用有利于保证会计记录的正确性和完整性。

(3)可以迅速形成会计信息,提高会计信息的质量,充分发挥会计在经营管理中应有的作用。

二、设计会计核算组织程序的原则

企业选用会计核算组织程序时,应遵循如下原则:

(1)结合本企业经营活动的特点、规模的大小、业务的繁简等具体情况,选用会计核算组织程序。

(2)在保证正确、及时、全面、系统地提供本企业和有关方面对会计核算资料要求的前提下,选用会计核算组织程序。

(3)根据提高经济效益的需要,简化会计核算环节和手续,选择适当的会计核算组织程序。

三、会计核算组织程序的种类

我国在长期的会计工作实践中，逐步形成了适应不同会计主体需要的会计核算组织程序，主要有如下五种：① 记账凭证核算组织程序。② 汇总记账凭证核算组织程序。③ 科目汇总表核算组织程序。④ 日记总账核算组织程序。⑤ 多栏式日记账核算组织程序。

第二节 记账凭证核算组织程序

一、记账凭证核算组织程序的特点和核算要求

记账凭证核算组织程序的特点是直接根据记账凭证逐笔登记总分类账。它是会计核算组织程序中最基本的一种，从一定意义上说，其他会计核算组织程序均是在此基础上发展和演变而来的。

采用记账凭证核算组织程序时，记账凭证可以采用通用格式的记账凭证，也可采用收款凭证、付款凭证和转账凭证三种专用记账凭证格式。账簿一般需要设置现金日记账、银行存款日记账、总分类账、明细分类账。其中，现金日记账、银行存款日记账和总分类账一般采用三栏式，明细分类账根据需要一般可采用三栏式、多栏式和数量金额式的账簿格式。对于有外币业务的企业，其外币现金日记账、外币银行存款日记账以及外币往来账一般采用复币式格式。采用记账凭证核算组织程序的企业除设置资产负债表、利润表、现金流量表和所有者权益变动表等基本会计报表外，还可根据企业实际需要设置管理费用明细表、生产成本明细表等内部报表。

二、记账凭证核算组织程序的核算流程

（1）根据原始凭证编制汇总原始凭证。

（2）根据原始凭证或汇总原始凭证编制记账凭证。

（3）根据审核无误的收款凭证、付款凭证及有关原始凭证逐笔登记现金日记账和银行存款日记账。

（4）根据原始凭证、汇总原始凭证和记账凭证，逐笔登记各明细分类账。

（5）根据记账凭证逐笔登记总分类账。

（6）期末，现金日记账、银行存款日记账和各明细分类账的余额同有关总分类账的余额核对相符。

（7）期末，根据总分类账和明细分类账的记录，编制会计报表。

记账凭证核算组织程序的核算流程如图 10-1 所示。

第十章 会计核算组织程序

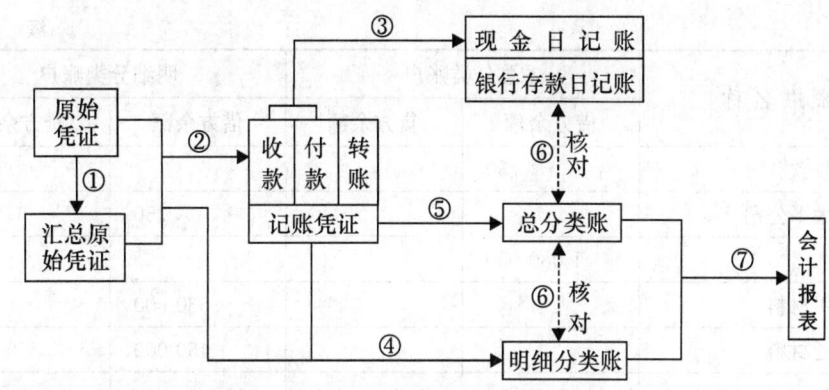

图 10-1 记账凭证核算组织程序流程图

三、记账凭证核算组织程序优缺点和适用范围

企业采用记账凭证核算组织程序,由于不设汇总记账凭证,根据记账凭证直接登记总分类账,总分类账能够较详细地反映经济业务的发生情况,直观、简化、容易理解且便于掌握。账户之间的对应关系比较清楚,便于账目的核对和审查。但当经济业务量较大时,逐笔登记总分类账,会增加登记总账的工作量。因而这种核算组织程序一般适用于规模较小、业务量较少、记账凭证不多的单位。

四、记账凭证核算组织程序举例

(一)资料

【例 10-1】 聚盛实业有限公司是一家生产钢铁的中型制造企业,属于增值税一般纳税人。2023 年 8 月 1 日,该公司的总分类账户和有关明细分类账户的余额如表 10-1 所示。

表 10-1

聚盛实业有限公司总分类账户及有关明细分类账户的余额

2023 年 8 月 1 日　　　　　　　　　　　　　　　　　　　　单位:元

账户名称	总分类账户		明细分类账户	
	借方余额	贷方余额	借方余额	贷方余额
库存现金	3 200			
银行存款	4 500 000			
应收账款	70 000			
——风光公司			45 000	
——方达公司			25 000	

续 表

账 户 名 称	总分类账户		明细分类账户	
	借方余额	贷方余额	借方余额	贷方余额
其他应收款	750			
——太平公司			750	
原材料	1 080 000			
——甲材料			630 000	
——乙材料			450 000	
预付账款	6 500			
——西河公司			6 500	
库存商品	2 670 000			
——A产品			2 650 000	
——B产品			20 000	
生产成本	290 000			
——A产品			280 000	
——B产品			10 000	
固定资产	10 600 000			
累计折旧		3 800 000		
短期借款		800 000		
应付账款		404 000		
——新华公司				404 000
应交税费		300 000		
其他应付款		29 600		
——远东公司				29 600
利润分配				
——未分配利润		300 000		300 000
实收资本		13 000 000		
盈余公积		300 850		
本年利润		286 000		
合 计	19 220 450	19 220 450		

聚盛实业有限公司2023年8月发生下列经济业务：
(1) 2日，从光大银行取得为期3个月的短期贷款4 000 000元。
(2) 3日，从大亚公司购入下列材料：

   甲材料   4 000千克   单价420元

   乙材料   6 000千克   单价450元

增值税额为569 400，货款已由银行转账支付，材料已验收入库。
(3) 4日，采购员金明因公出差，借差旅费2 200元，已通过现金支付。
(4) 6日，销售给风光公司A产品1 500件，单价为660元，价款为990 000元，应交增值税为128 700元，货款未收。
(5) 9日，用现金500元购买管理用办公用品。
(6) 10日，根据"发料凭证汇总表"的记录，各部门领用的材料如表10-2所示。

表10-2

发出材料汇总表

2023年8月10日   金额单位：元

                             数量单位：千克

用 途	甲 材 料		乙 材 料		合 计
	数量	金 额	数量	金 额	
制造产品耗用	2 500	1 050 000	3 200	1 440 000	2 490 000
——A产品耗用	1 500	630 000	1 800	810 000	1 440 000
——B产品耗用	1 000	420 000	1 400	630 000	1 050 000
车间一般耗用	400	168 000	540	243 000	411 000
公司管理部门消耗	600	252 000	280	126 000	378 000
合 计	3 500	1 470 000	4 020	1 809 000	3 279 000

(7) 17日，金明出差归来，报销差旅费2 100元，余款退回。
(8) 20日，收到风光公司前欠的购货款1 118 700元。已存入银行。
(9) 21日，提取现金185 600元，备发工资。
(10) 21日，根据"工资结算汇总表"实发工资185 600元。
(11) 23日，以银行存款购入一台不需要安装的设备，支付价款450 000元，增值税58 500元。购入后交付使用。
(12) 28日，销售给方达公司A产品4 000件，单价为660元；销售B产品2 500件，单价为440元。货款为3 740 000元，增值税额为486 200元，共收到款项4 226 200元，已存入银行。

（13）31 日，根据 8 月的"固定资产折旧计算表"由生产车间及厂部管理部门应分配的折旧额为：生产制造车间 8 880 元，行政管理部门 3 500 元。

（14）31 日，根据"人工费用分配表"结算本月应付职工工资，其中：生产 A 产品的职工工资为 91 200 元，生产 B 产品的职工工资为 60 800 元，车间管理人员的工资为 15 000 元，企业行政管理人员的工资为 18 600 元。

（15）31 日，按职工工资总额的 10%，提取职工住房公积金。

（16）31 日，将 8 月的制造费用转入生产成本。8 月的制造费用为 436 380 元，按生产工人工资比例分配计入成本，其中：A 产品应负担 261 828 元，B 产品负担 174 552 元。

（17）31 日，结转 8 月的完工产品成本。其中：A 产品完工 3 500 件，单位成本为 550 元；B 产品 2 900 件，单位成本为 380 元，总成本为 3 027 000 元。

（18）31 日，结转 8 月的已销产品成本。其中：A 产品 6 000 件，单位成本为 550 元；B 产品 2 500 件，单位成本为 380 元，成本合计为 4 250 000 元。

（19）31 日，结转 8 月的销售收入 4 730 000 元。

（20）31 日，计算应交城市维护建设税 47 300 元。

（21）31 日，将 8 月的营业成本 4 250 000 元、税金及附加 47 300 元、管理费用 404 560 元，转入本月利润。

（22）31 日，公司计算的税前会计利润为 28 140 元。8 月的应交所得税（税率为 25%）为 7 035 元。

（23）31 日，缴纳应交所得税 7 035 元。

（24）31 日，将 8 月的所得税费用转入本年利润。

（二）根据有关资料编制记账凭证

根据以上资料的原始凭证，填制收款凭证、付款凭证和转账凭证，如表 10-3 至表 10-27 所示。

表 10-3

收 款 凭 证

借方科目：银行存款　　　　2023 年 8 月 2 日　　　　银收字第 1 号

摘　　要	贷方科目		金　　额	附单据1张
	总账科目	明细科目		
向光大银行借款	短期借款		4 000 000	
合　　计			4 000 000	

表 10-4

付 款 凭 证

贷方科目：银行存款　　　　　2023 年 8 月 3 日　　　　　银付字第 1 号

摘　要	借方科目		金　额	
	总账科目	明细科目		附单据3张
购入甲、乙材料	原材料	甲材料	1 680 000	
	原材料	乙材料	2 700 000	
	应交税费	应交增值税（进项税额）	569 400	
合　计			4 949 400	

表 10-5

付 款 凭 证

贷方科目：库存现金　　　　　2023 年 8 月 4 日　　　　　现付字第 1 号

摘　要	借方科目		金　额	
	总账科目	明细科目		附单据1张
预借差旅费	其他应收款	金明	2 200	
合　计			2 200	

表 10-6

转 账 凭 证

2023 年 8 月 6 日　　　　　转字第 1 号

摘　要	总账科目	明细科目	借方金额	贷方金额	
销售 A 产品 1 500 件，款未收回	应收账款	风光公司	1 118 700		附单据1张
	主营业务收入			990 000	
	应交税费	应交增值税（销项税额）		128 700	
合　计			1 118 700	1 118 700	

表 10-7

付 款 凭 证

贷方科目：库存现金　　　　　2023 年 8 月 9 日　　　　　现付字第 2 号

摘　要	借方科目		金　额	
	总账科目	明细科目		附单据1张
购买办公用品	管理费用	办公用品	500	
合　计			500	

表 10-8

转 账 凭 证

2023 年 8 月 10 日　　　　　　　　　　　　　　转字第 2 号

摘　　要	总账科目	明细科目	借方金额	贷方金额	
结转各部门耗料	生产成本	A产品	1 440 000		附单据4张
	生产成本	B产品	1 050 000		
	制造费用		411 000		
	管理费用		378 000		
	原材料	甲材料		1 470 000	
	原材料	乙材料		1 809 000	
合　　计			3 279 000	3 279 000	

表 10-9

转 账 凭 证

2023 年 8 月 17 日　　　　　　　　　　　　　　转字第 3 号

摘　　要	总账科目	明细科目	借方金额	贷方金额	
报销差旅费	管理费用		2 100		附单据3张
	其他应收款	金明		2 100	
合　　计			2 100	2 100	

表 10-10

收 款 凭 证

借方科目：库存现金　　　　2023 年 8 月 17 日　　　　　　现收字第 1 号

摘　　要	贷方科目		金　　额	
	总账科目	明细科目		附单据1张
金明退回余款	其他应收款	金明	100	
合　　计			100	

表 10-11

收 款 凭 证

借方科目：银行存款　　　　　　2023 年 8 月 20 日　　　　　　银收字第 2 号

摘　要	贷方科目		金　额	附单据1张
	总账科目	明细科目		
风光公司偿还货款	应收账款	风光公司	1 118 700	
合　计			1 118 700	

表 10-12

付 款 凭 证

贷方科目：银行存款　　　　　　2023 年 8 月 21 日　　　　　　银付字第 2 号

摘　要	借方科目		金　额	附单据1张
	总账科目	明细科目		
提取现金备发工资	库存现金		185 600	
合　计			185 600	

表 10-13

付 款 凭 证

贷方科目：库存现金　　　　　　2023 年 8 月 21 日　　　　　　现付字第 3 号

摘　要	借方科目		金　额	附单据1张
	总账科目	明细科目		
发放工资	应付职工薪酬		185 600	
合　计			185 600	

表 10-14

付 款 凭 证

贷方科目：银行存款　　　　　　2023 年 8 月 23 日　　　　　　银付字第 3 号

摘　要	借方科目		金　额	附单据2张
	总账科目	明细科目		
购入一台设备	固定资产	设备	450 000	
	应交税费	应交增值税(进项税额)	58 500	
合　计			508 500	

表 10-15

收 款 凭 证

借方科目：银行存款　　　　　　2023 年 8 月 28 日　　　　　　银收字第 3 号

摘　要	贷方科目		金　额
	总账科目	明细科目	
销售 A、B 产品	主营业务收入		3 740 000
	应交税费	应交增值税（销项税额）	486 200
合　计			4 226 200

附单据 2 张

表 10-16

转 账 凭 证

2023 年 8 月 31 日　　　　　　转字第 4 号

摘　要	总账科目	明细科目	借方金额	贷方金额
提取折旧	制造费用		8 880	
	管理费用		3 500	
	累计折旧			12 380
合　计			12 380	12 380

附单据 1 张

表 10-17

转 账 凭 证

2023 年 8 月 31 日　　　　　　转字第 5 号

摘　要	总账科目	明细科目	借方金额	贷方金额
分配本月工资费用	生产成本	A 产品	91 200	
	生产成本	B 产品	60 800	
	制造费用		15 000	
	管理费用		18 600	
	应付职工薪酬			185 600
合　计			185 600	185 600

附单据 1 张

表 10-18

转 账 凭 证

2023 年 8 月 31 日　　　　　　　　　　　转字第 6 号

摘　要	总账科目	明细科目	借方金额	贷方金额
提取职工住房公积金	生产成本	A产品	9 120	
	生产成本	B产品	6 080	
	制造费用		1 500	
	管理费用		1 860	
	应付职工薪酬			18 560
合　　计			18 560	18 560

附单据 1 张

表 10-19

转 账 凭 证

2023 年 8 月 31 日　　　　　　　　　　　转字第 7 号

摘　要	总账科目	明细科目	借方金额	贷方金额
分配本月制造费用	生产成本	A产品	261 828	
	生产成本	B产品	174 552	
	制造费用			436 380
合　　计			436 380	436 380

附单据 1 张

表 10-20

转 账 凭 证

2023 年 8 月 31 日　　　　　　　　　　　转字第 8 号

摘　要	总账科目	明细科目	借方金额	贷方金额
结转本月完工产品成本	库存商品	A产品	1 925 000	
		B产品	1 102 000	
	生产成本	A产品		1 925 000
		B产品		1 102 000
合　　计			3 027 000	3 027 000

附单据 1 张

表 10-21

转 账 凭 证

2023 年 8 月 31 日　　　　　　　　　　转字第 9 号

摘　要	总账科目	明细科目	借方金额	贷方金额	
结转产品销售成本	主营业务成本		4 250 000		附单据1张
	库存商品	A产品		3 300 000	
		B产品		950 000	
合　　计			4 250 000	4 250 000	

表 10-22

转 账 凭 证

2023 年 8 月 31 日　　　　　　　　　　转字第 10 号

摘　要	总账科目	明细科目	借方金额	贷方金额	
结转本月营业收入	主营业务收入		4 730 000		附单据1张
	本年利润			4 730 000	
合　　计			4 730 000	4 730 000	

表 10-23

转 账 凭 证

2023 年 8 月 31 日　　　　　　　　　　转字第 11 号

摘　要	总账科目	明细科目	借方金额	贷方金额	
计算应交城市维护建设税	税金及附加		47 300		附单据1张
	应交税费	应交城市维护建设税		47 300	
合　　计			47 300	47 300	

表 10-24

转 账 凭 证

2023 年 8 月 31 日　　　　　　　　　　转字第 12 号

摘　要	总账科目	明细科目	借方金额	贷方金额	
结转成本、费用等	本年利润		4 701 860		附单据1张
	主营业务成本			4 250 000	
	税金及附加			47 300	
	管理费用			404 560	
合　　计			4 701 860	4 701 860	

表 10-25

转 账 凭 证

2023 年 8 月 31 日　　　　　　　　　　　转字第 13 号

摘　　要	总账科目	明细科目	借方金额	贷方金额	附单据1张
计算本月应交所得税	所得税费用		7 035		
	应交税费	应交所得税		7 035	
合　　计			7 035	7 035	

表 10-26

转 账 凭 证

2023 年 8 月 31 日　　　　　　　　　　　转字第 14 号

摘　　要	总账科目	明细科目	借方金额	贷方金额	附单据1张
结转本月所得税费用	本年利润		7 035		
	所得税费用			7 035	
合　　计			7 035	7 035	

表 10-27

付 款 凭 证

贷方：银行存款　　　　　　2023 年 8 月 31 日　　　　　　银付字第 4 号

摘　　要	贷方科目		金　　额	附单据1张
	总账科目	明细科目		
用银行存款上缴所得税	应交税费	应交所得税	7 035	
合　　计			7 035	

（三）登记日记账

根据有关现金收款、付款业务凭证逐日逐笔登记现金日记账；根据有关银行存款收款、付款业务凭证逐日逐笔登记银行存款日记账。现金日记账和银行存款日记账的格式内容如表 10-28 和表 10-29 所示。

表 10-28

现 金 日 记 账

2023 年		凭证号	摘　　要	对方科目	借方	贷方	余额
月	日						
8	1		期初余额				3 200

续表

2023年		凭证号	摘 要	对方科目	借方	贷方	余额
月	日						
	4	现付1	金明借差旅费	其他应收款		2 200	1 000
	9	现付2	购买办公用品	管理费用		500	500
	17	现收1	金明退回现金	其他应收款	100		600
	21	银付2	提现备发工资	银行存款	185 600		186 200
	21	现付3	发放工资	应付职工薪酬		185 600	600
8	31		本期发生额及余额		185 700	188 300	600

表10-29

银行存款日记账

2023年		凭证号	摘 要	对方科目	借方	贷方	余额
月	日						
8	1		期初余额				4 500 000
	2	银收1	向光大银行借3个月款	短期借款	4 000 000		8 500 000
	3	银付1	购入甲、乙材料	原材料		4 380 000	
				应交税费		569 400	3 550 600
	20	银收2	风光公司偿还货款	应收账款	1 118 700		4 669 300
	21	银付2	提现备发工资	库存现金		185 600	4 483 700
	23	银付3	购入设备一台	固定资产		450 000	
				应交税费		58 500	3 975 200
	28	银收3	销售A、B产品	主营业务收入	3 740 000		
				应交税费	486 200		8 201 400
	30	银付4	本月上缴所得税	应交税费		7 035	8 194 365
8	31		本月发生额及余额		9 344 900	5 650 535	8 194 365

（四）登记明细分类账

根据原始凭证或汇总原始凭证和记账凭证，逐笔登记各明细分类账。本节分别以应收账款、原材料、生产成本明细分类账为例说明各明细账的登记方法。原材料明细分类账、生产成本明细分类账和应收账款明细分类账的格式及内容如表10-30至表10-35所示。

第十章 会计核算组织程序

表 10-30

原材料明细分类账

材料名称：甲材料　　　　金额单位：元　数量单位：千克

2023年		凭证号	摘要	收入			发出			结存		
月	日			数量	单价	金额	数量	单价	金额	数量	单价	金额
8	1		期初余额							1 500	420.00	630 000.00
	3	银付1	购入材料	4 000	420.00	1 680 000.00				5 500	420.00	2 310 000.00
	11	转2	发出材料				3 500	420.00	1 470 000.00	2 000	420.00	840 000.00
8	31		本期发生额及期末余额	4 000		1 680 000.00	3 500		1 470 000.00	2 000		840 000.00

表 10-31

原材料明细分类账

材料名称：乙材料　　　　金额单位：元　数量单位：千克

2023年		凭证号	摘要	收入			发出			结存		
月	日			数量	单价	金额	数量	单价	金额	数量	单价	金额
8	1		期初余额							1 000	450.00	450 000.00
	3	银付1	购入材料	6 000	450.00	2 700 000.00				7 000	450.00	3 150 000.00
	11	转2	发出材料				4 020	450.00	1 809 000.00	2 980	450.00	1 341 000.00
8	31		本期发生额及期末余额	6 000		2 700 000.00	4 020		1 809 000.00	2 980		1 341 000.00

表 10-32

生产成本明细分类账

产品名称及类别：A产品　　　　　　　　　　　　　　　　　　　单位：元

2023年		凭证号	摘要	借方（成本项目）			贷方	合计	借或贷	余额
月	日			直接材料	直接人工	制造费用				
8	1		期初在产品成本						借	280 000
	11	转2	本期耗用材料	1 440 000				1 440 000	借	1 720 000
	31	转7	工资费用		91 200			91 200	借	1 811 200
	31	转8	职工住房公积金		9 120			9 120	借	1 820 320
	31	转9	本月制造费用			261 828		261 828	借	2 028 148
	31	转10	结转本月完工成本				1 925 000	1 925 000	借	157 148
8	31		本月生产费用合计	1 440 000	100 320	261 828	1 925 000	1 802 148	借	157 148

表 10-33

生产成本明细分类账

产品名称及类别：B产品　　　　　　　　　　　　　　　　　　　单位：元

2023年		凭证号	摘要	借方（成本项目）			贷方	合计	借或贷	余额
月	日			直接材料	直接人工	制造费用				
8	1		期初在产品成本						借	10 000
	11	转2	本期耗用材料	1 050 000				1 050 000	借	1 060 000
	31	转7	工资费用		60 800			60 800	借	1 120 800
	31	转8	职工住房公积金		6 080			6 080	借	1 126 880
	31	转9	分配制造费用			174 552		174 552	借	1 301 432
	31	转10	结转本月完工成本				1 102 000	1 102 000	借	199 432
8	31		本月生产费用合计	1 050 000	66 880	174 552	1 102 000	1 291 432	借	199 432

表 10-34

应收账款明细分类账

单位：风光公司

2023年		凭证号	摘　　要	借　方	贷　方	借或贷	余　额
月	日						
8	1		期初余额			借	45 000
	10	转1	销售A产品货款未收回	1 118 700		借	1 163 700
	20	银收2	收到A产品销售货款		1 118 700	借	45 000
8	31		本期发生额及期末余额	1 118 700	1 118 700	借	45 000

表 10-35

应收账款明细分类账

单位：方达公司

2023年		凭证号	摘　　要	借　方	贷　方	借或贷	余　额
月	日						
8	1		期初余额			借	25 000
8	31		本期发生额及期末余额			借	25 000

（五）登记总分类账

根据收款凭证、付款凭证和转账凭证登记总分类账。总分类账的格式及内容如表 10-36 至表 10-60 所示。

表 10-36

总　分　类　账

会计科目：库存现金

2023年		凭证号	摘　　要	借　方	贷　方	借或贷	余　额
月	日						
8	1		期初余额			借	3 200
	4	现付1	借差旅费		2 200	借	1 000
	9	现付2	购办公用品		500	借	500
	17	现收1	退回现金	100		借	600
	21	银付2	提现备发工资	185 600		借	186 200
	21	现付3	发放工资		185 600	借	600
8	31		本期发生额及余额	185 700	188 300	借	600

表 10-37

总 分 类 账

会计科目：银行存款

2023年		凭证号	摘 要	借 方	贷 方	借或贷	余 额
月	日						
8	1		期初余额			借	4 500 000
	2	银收1	取得3个月借款	4 000 000		借	8 500 000
	3	银付1	购入材料		4 949 400	借	3 550 600
	20	银收2	收回风光公司货款	1 118 700		借	4 669 300
	21	银付2	提现备发工资		185 600	借	4 483 700
	23	银付3	购入设备一台		508 500	借	3 975 200
	28	银收3	销售A、B产品	4 226 200		借	8 201 400
	31	银付4	本月上缴所得税		7 035	借	8 194 365
8	31		本月发生额及余额	9 344 900	5 650 535	借	8 194 365

表 10-38

总 分 类 账

会计科目：应收账款

2023年		凭证号	摘 要	借 方	贷 方	借或贷	余 额
月	日						
8	1		期初余额			借	70 000
	6	转1	销售A产品1 500件	1 118 700		借	1 188 700
	20	银收2	收到风光公司的货款		1 118 700	借	70 000
8	31		本期发生额及余额	1 118 700	1 118 700	借	70 000

表 10-39

总 分 类 账

会计科目：原材料

2023年		凭证号	摘 要	借 方	贷 方	借或贷	余 额
月	日						
8	1		期初余额			借	1 080 000
	3	银付1	购入材料	4 380 000		借	5 460 000
	11	转2	发出材料		3 279 000	借	2 181 000
8	31		本期发生额及余额	4 380 000	3 279 000	借	2 181 000

表 10-40

总 分 类 账

会计科目：预付账款

2023年		凭证号	摘　　要	借　方	贷　方	借或贷	余　额
月	日						
8	1		期初余额			借	6 500
8	31		本期发生额及余额			借	6 500

表 10-41

总 分 类 账

会计科目：库存商品

2023年		凭证号	摘　　要	借　方	贷　方	借或贷	余　额
月	日						
8	1		期初余额			借	2 670 000
	31	转 8	结转本月完工产品成本	3 027 000		借	5 697 000
	31	转 9	结转产品销售成本		4 250 000	借	1 447 000
8	31		本期发生额及余额	3 027 000	4 250 000	借	1 447 000

表 10-42

总 分 类 账

会计科目：短期借款

2023年		凭证号	摘　　要	借　方	贷　方	借或贷	余　额
月	日						
8	1		期初余额			贷	800 000
	2	银收 1	取得银行短期借款		4 000 000	贷	4 800 000
8	31		本期发生额及余额		4 000 000	贷	4 800 000

表 10-43

总 分 类 账

会计科目：**应交税费**

2023年		凭证号	摘 要	借 方	贷 方	借或贷	余 额
月	日						
8	1		期初余额			贷	300 000
	2	银付1	增值税进项税额	569 400		借	269 400
	4	转1	增值税销项税额		128 700	借	140 700
	23	银付3	增值税进项税额	58 500		借	199 200
	28	银收3	增值税销项税额		486 200	贷	287 000
	31	转11	城市维护建设税		47 300	贷	334 300
	31	转13	计算应交所得税		7 035	贷	341 335
	31	银付4	本月上缴所得税	7 035		贷	334 300
8	31		本月发生额及余额	634 935	669 235	贷	334 300

表 10-44

总 分 类 账

会计科目：**其他应收款**

2023年		凭证号	摘 要	借 方	贷 方	借或贷	余 额
月	日						
8	1		期初余额			借	750
	4	现付1	出差借差旅费	2 200		借	2 950
	17	转3	报销差旅费		2 100	借	850
	17	现收1	退回余款		100	借	750
8	31		本期发生额及余额	2 200	2 200	借	750

表 10-45

总 分 类 账

会计科目：**生产成本**

2023年		凭证号	摘 要	借 方	贷 方	借或贷	余 额
月	日						
8	1		期初余额			借	290 000
	11	转2	本月耗用材料	2 490 000		借	2 780 000
	31	转5	分配工资费用	152 000		借	2 932 000
	31	转6	提取职工住房公积金	15 200		借	2 947 200
	31	转7	分配制造费用	436 380		借	3 383 580
	31	转8	结转完工产品成本		3 027 000	借	356 580
8	31		本期发生额及余额	3 093 580	3 027 000	借	356 580

表 10-46

总 分 类 账

会计科目：累计折旧

2023年		凭证号	摘　　　要	借　方	贷　方	借或贷	余　额
月	日						
8	1		期初余额			贷	3 800 000
	31	转 4	提取折旧		12 380	贷	3 812 380
8	31		本期发生额及余额		12 380	贷	3 812 380

表 10-47

总 分 类 账

会计科目：其他应付款

2023年		凭证号	摘　　　要	借　方	贷　方	借或贷	余　额
月	日						
8	1		期初余额			贷	29 600
8	31		本期发生额及余额			贷	29 600

表 10-48

总 分 类 账

会计科目：主营业务成本

2023年		凭证号	摘　　　要	借　方	贷　方	借或贷	余　额
月	日						
8	31	转 9	结转产品销售成本	4 250 000		借	4 250 000
	31	转 12	转入本年利润		4 250 000	平	0
8	31		本期发生额及余额	4 250 000	4 250 000	平	0

表 10-49

总 分 类 账

会计科目：税金及附加

2023年		凭证号	摘　　　要	借　方	贷　方	借或贷	余　额
月	日						
8	31	转 11	应交城市维护建设税	47 300		借	47 300
	31	转 12	转入"本年利润"账户		47 300	平	0
8	31		本期发生额及余额	47 300	47 300	平	0

表 10-50

总 分 类 账

会计科目：应付账款

2023年		凭证号	摘　　　要	借　方	贷　方	借或贷	余　额
月	日						
8	1		期初余额			贷	404 000
8	31		本期发生额及余额			贷	404 000

表 10-51

总 分 类 账

会计科目：主营业务收入

2023年		凭证号	摘　　　要	借　方	贷　方	借或贷	余　额
月	日						
8	6	转1	销售A产品		990 000	贷	990 000
	28	银收3	销售A、B产品		3 740 000	贷	4 730 000
	31	转10	结转主营业务收入	4 730 000		平	0
8	31		本期发生额及余额	4 730 000	4 730 000	平	0

表 10-52

总 分 类 账

会计科目：管理费用

2023年		凭证号	摘　　　要	借　方	贷　方	借或贷	余　额
月	日						
8	9	现付2	购办公用品	500		借	500
	11	转2	本月耗用材料	378 000		借	378 500
	17	转3	报销差旅费	2 100		借	380 600
	31	转4	提取折旧	3 500		借	384 100
	31	转5	分配工资费用	18 600		借	402 700
	31	转6	提取职工住房公积金	1 860		借	404 560
	31	转12	结转本月管理费用		404 560	平	0
8	31		本期发生额及余额	404 560	404 560	平	0

表 10-53

总 分 类 账

会计科目：制造费用

2023年		凭证号	摘要	借方	贷方	借或贷	余额
月	日						
8	11	转2	本月耗用材料	411 000		借	411 000
	31	转4	计提折旧费	8 880		借	419 880
	31	转5	分配工资费用	15 000		借	434 880
	31	转6	提取职工住房公积金	1 500		借	436 380
	31	转7	结转本月制造费用		436 380	平	0
8	31		本期发生额及余额	436 380	436 380	平	0

表 10-54

总 分 类 账

会计科目：应付职工薪酬

2023年		凭证号	摘要	借方	贷方	借或贷	余额
月	日						
8	1		期初余额			平	0
	21	现付3	发放工资	185 600		借	185 600
	31	转5	分配工资费用		185 600	平	0
	31	转6	提取职工住房公积金		18 560	贷	18 560
8	31		本期发生额及余额	185 600	204 160	贷	18 560

表 10-55

总 分 类 账

会计科目：固定资产

2023年		凭证号	摘要	借方	贷方	借或贷	余额
月	日						
8	1		期初余额			借	10 600 000
	23	银付3	购入设备	450 000		借	11 050 000
8	31		本期发生额及余额	450 000		借	11 050 000

表 10-56

总 分 类 账

会计科目：本年利润

2023年		凭证号	摘 要	借 方	贷 方	借或贷	余 额
月	日						
8	1		期初余额			贷	286 000
	31	转 10	结转各项收入		4 730 000	贷	5 016 000
	31	转 12	结转主营业务成本等	4 701 860		贷	314 140
	31	转 14	结转所得税费用	7 035		贷	307 105
	31		本期发生额及期末余额	4 708 895	4 730 000	贷	307 105

表 10-57

总 分 类 账

会计科目：所得税费用

2023年		凭证号	摘 要	借 方	贷 方	借或贷	余 额
月	日						
8	31	转 13	应交所得税	7 035		借	7 035
	31	转 14	结转本月所得税费用		7 035	平	0
8	31		本期发生额及余额	7 035	7 035	平	0

表 10-58

总 分 类 账

会计科目：实收资本

2023年		凭证号	摘 要	借 方	贷 方	借或贷	余 额
月	日						
8	1		期初余额			贷	13 000 000
8	31		本期发生额及余额			贷	13 000 000

表 10-59

总 分 类 账

会计科目：盈余公积

2023年		凭证号	摘 要	借 方	贷 方	借或贷	余 额
月	日						
8	1		期初余额			贷	300 850
8	31		本期发生额及余额			贷	300 850

表 10-60

总 分 类 账

会计科目：利润分配

2023年		凭证号	摘　　要	借　方	贷　方	借或贷	余　额
月	日						
8	1		期初余额			借	300 000
8	31		本期发生额及余额			借	300 000

（六）对账

将总分类账有关账户的余额分别和现金日记账、银行存款日记账及明细分类账余额合计数进行核对，通常是通过编制"总分类账与所属明细分类账、日记账核对表"进行的。现金日记账、银行存款日记账、原材料明细分类账、应收账款明细分类账和生产成本明细分类账与总分类账核对的格式和内容，如表10-61所示。

表 10-61

总分类账与明细分类账、日记账核对表

金额单位：元

总分类账	期末余额	对应所属明细分类账、日记账	期末余额
库存现金总分类账	600	现金日记账	600
银行存款总分类账	8 194 365	银行存款日记账	8 194 365
应收账款总分类账	70 000	应收账款明细分类账合计	70 000
		其中：风光公司	45 000
		方达公司	25 000
原材料总分类账	2 181 000	原材料明细分类账合计	2 181 000
		其中：甲材料	840 000
		乙材料	1 341 000
生产成本总分类账	356 580	生产成本明细分类账合计	356 580
		其中：A产品	157 148
		B产品	199 432

（七）根据总分类账和明细分类账的资料编制财务报表

月终，根据核对后的总分类账的记录，编制"总分类账户发生额及余额试算平衡表"，对于期末需要调整的账项，还要进行必要的账项调整。试算平衡后，编制"资产负债表""利润表"等会计报表。"总分类账户发生额及余额试算平衡表""资产负债表""利润表"的格式如表10-62至表10-64所示。

表 10-62　　　　**总分类账户发生额及余额试算平衡表**

会计账户	期初余额		本期发生额		期末余额	
	借方	贷方	借方	贷方	借方	贷方
库存现金	3 200		185 700	188 300	600	
银行存款	4 500 000		9 344 900	5 650 535	8 194 365	
应收账款	70 000		1 118 700	1 118 700	70 000	
预付账款	6 500				6 500	
其他应收款	750		2 200	2 200	750	
原材料	1 080 000		4 380 000	3 279 000	2 181 000	
库存商品	2 670 000		3 027 000	4 250 000	1 447 000	
生产成本	290 000		3 093 580	3 027 000	356 580	
制造费用			436 380	436 380		
固定资产	10 600 000		450 000		11 050 000	
累计折旧		3 800 000		12 380		3 812 380
短期借款		800 000		4 000 000		4 800 000
应付账款		404 000				404 000
应交税费		300 000	634 935	669 235		334 300
应付职工薪酬			185 600	204 160		18 560
其他应付款		29 600				29 600
实收资本		13 000 000				13 000 000
盈余公积		300 850				300 850
利润分配		300 000				300 000
本年利润		286 000	4 708 895	4 730 000		307 105
主营业务收入			4 730 000	4 730 000		
主营业务成本			4 250 000	4 250 000		
税金及附加			47 300	47 300		
管理费用			404 560	404 560		
所得税费用			7 035	7 035		
合计	19 220 450	19 220 450	37 006 785	37 006 785	23 306 795	23 306 795

表 10-63

资产负债表(简表)

会企 01 表

编制单位:聚盛实业有限公司　　2023 年 8 月 31 日　　单位:元

资产	期末余额	上年年末余额	负债和所有者权益	期末余额	上年年末余额
流动资产:			流动负债:		
货币资金	8 194 965	4 503 200	短期借款	4 800 000	800 000
应收账款	70 000	70 000	应付账款	404 000	404 000
预付款项	6 500	6 500	应付职工薪酬	18 560	0
存货	3 984 580	4 040 000	应交税费	334 300	300 000
流动资产合计	12 256 795	8 620 450	其他应付款	29 600	29 600
非流动资产:			流动负债合计	5 586 460	1 533 600
固定资产	7 237 620	6 800 000	非流动负债:		
非流动资产合计	7 237 620	6 800 000	长期借款	—	—
			非流动负债合计	—	—
			负债合计	5 586 460	1 533 600
			所有者权益:		
			实收资本	13 000 000	13 000 000
			盈余公积	300 850	300 850
			未分配利润	607 105	586 000
			所有者权益合计	13 907 955	13 886 850
资产总计	19 494 415	15 420 450	负债和所有者权益总计	19 494 415	15 420 450

表 10-64

利润表(简表)

会企 02 表

编制单位:聚盛实业有限公司　　2023 年 8 月　　单位:元

项目	本期金额	上期金额
一、营业收入	4 730 000	(略)
减:营业成本	4 250 000	
税金及附加	47 300	
销售费用	—	
管理费用	404 560	

续表

项　　目	本期金额	上期金额
财务费用	—	（略）
加：投资收益（损失以"—"号填列）	—	
二、营业利润（亏损以"—"号填列）	28 140	
加：营业外收入		
减：营业外支出		
三、利润总额（亏损总额以"—"号填列）	28 140	
减：所得税费用	7 035	
四、净利润（净亏损以"—"号填列）	21 105	
五、其他综合收益的税后净额	—	
六、综合收益总额	21 105	
七、每股收益：	—	
（一）基本每股收益		
（二）稀释每股收益		

第三节　汇总记账凭证核算组织程序

一、汇总记账凭证核算组织程序的特点和核算要求

汇总记账凭证核算组织程序的特点是定期将所有记账凭证分类编制汇总收款凭证、汇总付款凭证和汇总转账凭证，然后再根据汇总记账凭证登记总分类账。

在汇总记账凭证核算组织程序中，除设置收款凭证、付款凭证和转账凭证外，还应分别设置汇总收款凭证、汇总付款凭证和汇总转账凭证。而日记账、总分类账和明细分类账的设置及格式与记账凭证核算组织程序基本相同，但总分类账的账页格式必须增设"对方科目"栏。

二、汇总记账凭证核算组织程序的核算流程

(1) 根据原始凭证编制汇总原始凭证。
(2) 根据原始凭证或汇总原始凭证编制各种记账凭证。
(3) 根据收款凭证、付款凭证逐笔登记现金日记账和银行存款日记账。
(4) 根据原始凭证、汇总原始凭证和记账凭证登记有关明细分类账。
(5) 根据各种记账凭证汇总编制有关汇总记账凭证。

(6) 根据各种汇总记账凭证登记总分类账。

(7) 期末,现金日记账、银行存款日记账和各明细分类账余额同有关总分类账的余额核对相符。

(8) 期末,根据总分类账和明细分类账的记录,编制会计报表。

汇总记账凭证核算组织程序如图 10-2 所示。

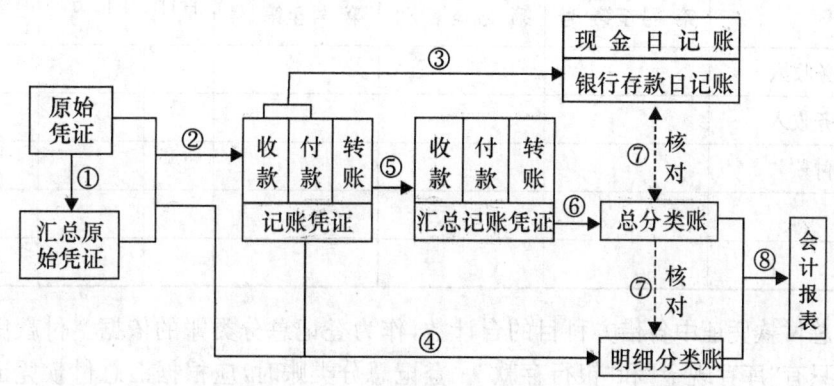

图 10-2　汇总记账凭证核算组织程序流程图

三、汇总记账凭证的编制

各汇总记账凭证的编制是汇总记账凭证核算组织程序的核心。汇总记账凭证可分为汇总收款凭证、汇总付款凭证和汇总转账凭证三种,其编制的方法如下。

（一）汇总收款凭证的编制方法

汇总收款凭证是根据一定时期全部收款凭证,按月汇总编制而成的。收款凭证是按借方科目设置的,编制时汇总收款凭证也是将"库存现金""银行存款"按借方科目设置的,按对应的贷方科目归类,定期(5 日、10 日或半月)汇总,按月编制。月终时,结算出汇总收款凭证中各贷方科目的合计数,作为登记总分类账的依据。收款凭证的借方科目只有"库存现金"和"银行存款",登记总分类账时,根据汇总收款凭证上的合计数记入"库存现金""银行存款"总分类账户的借方,根据汇总收款凭证中各贷方科目的合计数分别记入相应总分类账户的贷方。这样,按月只需编制一张现金汇总收款凭证和一张银行存款汇总收款凭证就可以了。库存现金汇总收款凭证的格式如表 10-65 所示。

（二）汇总付款凭证的编制方法

汇总付款凭证是根据一定时期的全部付款凭证按月汇总编制而成的。付款凭证是按贷方科目设置的,编制时汇总付款凭证也是将现金或银行存款按贷方科目设置的,按相对应的借方科目归类、定期(5 日、10 日或半月)汇总,按月编制。月终时,结

表 10-65

汇总收款凭证

借方科目：库存现金　　　　　　　年　　月　　　　　　　　汇收第　　号

贷方科目	金　　额				总账页数	
	1～10日 第　号至第　号	11～20日 第　号至第　号	21～31日 第　号至第　号	合计	借方	贷方
主营业务收入						
其他业务收入						
其他应付款						
……						
合　　计						

算出汇总付款凭证中各借方科目的合计数，作为登记总分类账的依据。付款凭证贷方科目只有"库存现金"和"银行存款"。登记总分类账时，应根据汇总付款凭证上的合计数记入"库存现金""银行存款"总分类账户的贷方；根据汇总付款凭证中各借方科目的合计数分别记入相应总分类账户的借方。这样，按月只需编制一张现金汇总付款凭证和一张银行存款汇总付款凭证就可以了。银行存款汇总付款凭证的格式如表 10-66 所示。

表 10-66

汇总付款凭证

贷方科目：银行存款　　　　　　　年　　月　　　　　　　　汇付第　　号

借方科目	金　　额				总账页数	
	1～10日 第　号至第　号	11～20日 第　号至第　号	21～31日 第　号至第　号	合计	借方	贷方
原材料						
固定资产						
管理费用						
财务费用						
应付账款						
……						
合　　计						

（三）汇总转账凭证的编制方法

汇总转账凭证是根据一定时期的全部转账凭证，按月汇总编制而成的。汇总转账凭证通常是按照转账凭证贷方科目分别设置的。按与该贷方科目相对应的借方科目归类，定期（5日、10日或半月）汇总，按月编制。月终时，结算出各汇总转账凭证中各借方科目的合计数，作为登记总分类账的依据。登账时，根据汇总转账凭证的合计数，记入有关总分类账的借方和所设账户的贷方。原材料汇总转账凭证的格式如表10-67所示。

表10-67

汇总转账凭证

贷方科目：原材料　　　　　　　　　　年　　月　　　　　　　　汇转第　　号

借方科目	金额			合计	总账页数	
	1～10日 第　号至第　号	11～20日 第　号至第　号	21～31日 第　号至第　号		借方	贷方
生产成本						
管理费用						
制造费用						
……						
合　　计						

四、汇总记账凭证核算组织程序的优缺点和适用范围

采用汇总记账凭证核算组织程序，由于将日常发生的大量记账凭证定期分类汇总、月终一次登入总分类账，登记总分类账的工作量大大地减轻了。按账户对应关系汇总编制会计凭证，便于清晰地反映账户之间的来龙去脉。但是，汇总记账凭证按每一贷方科目归类汇总，不考虑经济业务的性质，不利于会计核算的日常分工，而且当转账凭证较多时，编制汇总转账凭证的工作量较大。因而，这种核算程序一般适用于规模较大、业务量较多的单位。

五、汇总记账凭证核算组织程序举例

在汇总记账凭证核算组织程序下，由于根据原始凭证编制记账凭证、根据收付款凭证登记现金日记账、银行存款日记账、明细分类账、总分类账以及编制会计报表的步骤和方法与记账凭证核算组织程序相同，在此不再重复。

【例10-2】 承［例10-1］中聚盛实业有限公司的会计资料，说明各种汇总记账凭证的编制方法和据此登记总分类账。

（一）根据各种记账凭证编制有关汇总记账凭证

编制的汇总收款凭证、汇总付款凭证、汇总转账凭证示例如表10-68至表10-70所示。

表 10-68

汇总收款凭证

借方科目：银行存款　　　　2023 年 8 月　　　　汇收第 2 号

贷方科目	金　额				总账页数	
	1～10 日 第 1 号至第 1 号	11～20 日 第 2 号至第 2 号	21～31 日 第 3 号至第 3 号	合计	借方	贷方
短期借款	4 000 000			4 000 000		
应收账款		1 118 700		1 118 700		
主营业务收入			3 740 000	3 740 000		
应交税费			486 200	486 200		
合　计	4 000 000	1 118 700	4 226 200	9 344 900		

表 10-69

汇总付款凭证

贷方科目：银行存款　　　　2023 年 8 月　　　　汇付第 2 号

借方科目	金　额				总账页数	
	1～10 日 第 1 号至第 1 号	11～20 日 第 2 号至第 2 号	21～31 日 第 3 号至第 3 号	合计	借方	贷方
原材料	4 380 000			4 380 000		
应交税费	569 400		65 535	634 935		
库存现金			185 600	185 600		
固定资产			450 000	450 000		
合　计	4 949 400		701 135	5 650 535		

表 10-70

汇总转账凭证

汇转第 3 号　　单位：元

贷方科目：应交税费　　　　2023 年 8 月

借方科目	金　额				总账页数	
	1～10 日 第 1 号至第 1 号	11～20 日 第　号至第　号	21～31 日 第 12 号至第 13 号	合计	借方	贷方
应收账款	128 700			128 700		
税金及附加			47 300	47 300		
所得税费用			7 035	7 035		
合计	128 700		54 335	183 035		

(二) 根据汇总收、付款凭证及汇总转账凭证登记部分总分类账

登记的部分总分类账如表 10-71 和表 10-72 所示。

表 10-71

总 分 类 账

会计科目：银行存款

2023年		凭证号	摘 要	对方科目	借 方	贷 方	借或贷	余 额
月	日							
8	1		期初余额				借	4 500 000
	31	汇收2	1～31日发生额	短期借款	4 000 000			
				应收账款	1 118 700			
				主营业务收入	3 740 000			
				应交税费	486 200		借	13 844 900
	31	汇付2	1～31日发生额	原材料		4 380 000		
				应交税费		634 935		
				库存现金		185 600		
				固定资产		450 000	借	8 194 365
8	31		本期发生额及余额		9 344 900	5 650 535	借	8 194 365

表 10-72

总 分 类 账

会计科目：应收账款　　　　　　　　　　　　　　　　　　　　　　　　单位：元

2023年		凭证号	摘 要	对方科目	借 方	贷 方	借或贷	余 额
月	日							
8	1		期初余额				借	70 000
	31	汇转2	1～31日发生额	主营业务收入	990 000		借	1 060 000
	31	汇转3	1～31日发生额	应交税费	128 700		借	1 188 700
	31	汇收2	1～31日发生额	银行存款		1 118 700	借	70 000
8	31		本期发生额及余额		1 118 700	1 118 700	借	70 000

第四节 科目汇总表核算组织程序

一、科目汇总表核算组织程序的特点和核算要求

科目汇总表核算组织程序也称记账凭证汇总表核算组织程序，它的特点是将所有记账凭证定期编制科目汇总表，再根据科目汇总表登记总分类账。

采用科目汇总表核算组织程序时，其记账凭证、账簿的种类和格式与记账凭证核算组织程序基本相同，但要设置科目汇总表。

二、科目汇总表核算组织程序的核算流程

(1) 根据原始凭证编制汇总原始凭证。
(2) 根据原始凭证或汇总原始凭证编制记账凭证。
(3) 根据收款凭证、付款凭证逐笔登记现金日记账和银行存款日记账。
(4) 根据原始凭证、汇总原始凭证和各种记账凭证，登记各明细分类账。
(5) 根据各种记账凭证定期汇总编制科目汇总表。
(6) 根据科目汇总表定期登记总分类账。
(7) 期末，现金日记账、银行存款日记账和明细分类账的余额同有关总分类账的余额核对相符。
(8) 期末，根据总分类账和明细分类账的记录编制会计报表。

科目汇总表核算组织程序如图 10-3 所示。

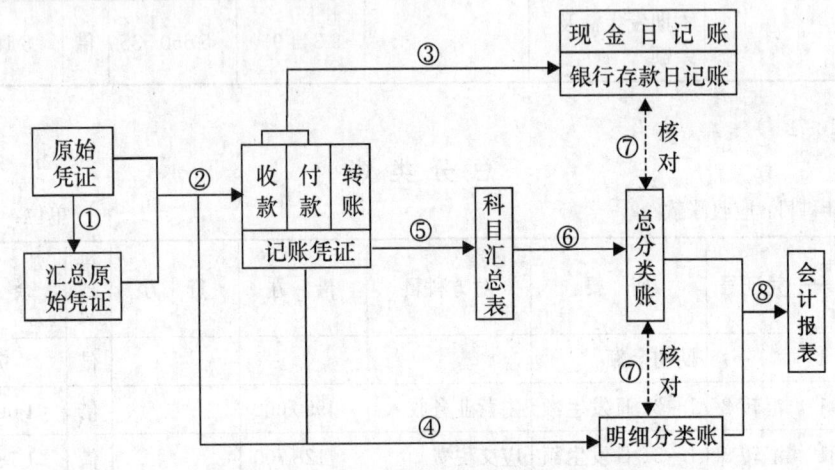

图 10-3 科目汇总表核算组织程序流程图

三、科目汇总表的编制方法

科目汇总表的编制方法是科目汇总表核算组织程序的核心。其编制的方法是：

将一定时期内全部记账凭证,按照相同会计科目的借方和贷方归类,定期汇总每一账户的借方本期发生额和贷方本期发生额,填写到科目汇总表的相关栏目内,这样可以反映全部账户的借方本期发生额和贷方本期发生额。科目汇总表的编制时间应根据企业经济业务量的大小来确定,可在每1天、3天、5天、10天编制汇总一次。登记总分类账时,只要将科目汇总表中各科目的借方发生额和贷方发生额分次或一次记入相应总分类账户的借方或贷方。科目汇总表的格式如表10-73所示。

表10-73

科 目 汇 总 表

年 月 日至 月 日　　　　　　　　科汇第 号

会计科目	总账页数	本 期 发 生 额		记账凭证起讫号数
		借 方	贷 方	
合　　计				

四、科目汇总表核算组织程序的优缺点和适用范围

采用科目汇总表核算组织程序,根据科目汇总表登记总分类账,便于及时发现差错,从而保证会计工作质量。但是,按相同科目归类编制的科目汇总表不能清楚地反映各个账户的对应关系,不便于分析、检查经济活动情况,不利于查对账目。因而这种核算组织程序一般适用于业务量大、记账凭证较多的单位。

五、科目汇总表核算组织程序举例

由于根据原始凭证编制记账凭证、根据记账凭证登记各有关明细分类账以及财务报表的编制方法与记账凭证核算组织程序相同,在此不再重复。

【例10-3】 承[例10-1]中聚盛实业有限公司的资料,分别说明科目汇总表的编制方法及根据科目汇总表登记总分类账。

(一)根据记账凭证按月分旬编制科目汇总表

编制的科目汇总表如表10-74所示。

(二)根据科目汇总表登记部分总分类账

登记的总分类账如表10-75和表10-76所示。

表10-74

科目汇总表

2023年8月1~31日

科汇第1号

会计科目	1~10日 借方	1~10日 贷方	11~20日 借方	11~20日 贷方	21~31日 借方	21~31日 贷方	本月合计 借方	本月合计 贷方
库存现金		2 700	100		185 600	185 600	185 700	188 300
银行存款	4 000 000	4 949 400	1 118 700		4 226 200	701 135	9 344 900	5 650 535
应收账款	1 118 700			1 118 700			1 118 700	1 118 700
其他应收款	2 200			2 200			2 200	2 200
原材料	4 380 000			3 279 000			4 380 000	3 279 000
库存商品					3 027 000	4 250 000	3 027 000	4 250 000
生产成本			2 490 000		603 580	3 027 000	3 093 580	3 027 000
固定资产					450 000		450 000	
累计折旧						12 380		12 380
应交税费	569 400	128 700			65 535	540 535	634 935	669 235
短期借款		4 000 000						4 000 000
本年利润					4 708 895	4 730 000	4 708 895	4 730 000
主营业务成本					4 250 000	4 250 000	4 250 000	4 250 000
主营业务收入					4 730 000	3 740 000	4 730 000	4 730 000
税金及附加					47 300	47 300	47 300	47 300
管理费用			380 100		23 960	404 560	404 560	404 560
制造费用			411 000		25 380	436 380	436 380	436 380
应付职工薪酬	500				185 600	204 160	185 600	204 160
所得税费用					7 035	7 035	7 035	7 035
合计	10 070 800	10 070 800	4 399 900	4 399 900	22 536 085	22 536 085	37 006 785	37 006 785

表 10-75

总 分 类 账

会计科目：银行存款

2023年		凭证号	摘　　要	借　方	贷　方	借或贷	余　额
月	日						
8	1		期初余额			借	4 500 000
	10	科汇1	1~10日发生额	4 000 000	4 949 400	借	3 550 600
	20	科汇1	11~20日发生额	1 118 700		借	4 669 300
	31	科汇1	21~31日发生额	4 226 200	701 135	借	8 194 365
8	31		本月发生额及余额	9 344 900	5 650 535	借	8 194 365

表 10-76

总 分 类 账

会计科目：应收账款　　　　　　　　　　　　　　　　　　　　　单位：元

2023年		凭证号	摘　　要	借　方	贷　方	借或贷	余　额
月	日						
8	1		期初余额			借	70 000
	10	科汇1	1~10日发生额	1 118 700		借	1 188 700
	20	科汇1	11~20日发生额		1 118 700	借	70 000
8	31		本期发生额及余额	1 118 700	1 118 700	借	70 000

第五节　日记总账核算组织程序

一、日记总账核算组织程序的特点和核算要求

日记总账核算组织程序的特点是：设置日记总账，并根据记账凭证直接逐笔登记日记总账。

在日记总账核算组织程序中，记账凭证的设置可采用通用格式或采用收款凭证、付款凭证和转账凭证，但不设汇总凭证。其设置的账簿与记账凭证核算组织程序不同的是，总账的账页格式要设为多栏式日记账，其他账簿的账页格式一般采用常用格式。报表的设置除按国家统一制度规定外，可根据企业内部的需要设置内部会计报表。

二、日记总账的登记方法

日记总账既要根据经济业务发生时间的先后顺序逐笔登记,又要将所有会计科目的总分类核算集中在一张账页上。这样,日记总账既起到了日记账又起到了分类账的作用。日记总账由两部分构成:一部分是用来进行序时核算,包括发生经济业务的日期栏、"凭证号"栏、"摘要"栏及发生栏;另一部分是用来进行总分类核算,这一部分将账户按行栏对称排列,每一账户分设"借方""贷方"两栏。日记总账的格式如表10-77所示。

表 10-77

日 记 总 账

年		凭证号	摘 要	库存现金		银行存款		原材料		固定资产		应收账款		应付职工薪酬		……	
月	日			借方	贷方	借方	贷方	借方	贷方	借方	贷方	借方	贷方	借方	贷方	借方	贷方
			本月合计														

日记总账的登记:对于收款业务、付款业务和转账业务,都分别根据收款凭证、付款凭证和转账凭证逐笔登记日记总账,对每一笔经济业务所涉及的各个会计科目的借方发生额和贷方发生额分别登记在同一行的有关科目的"借方"栏和"贷方"栏,并将借、贷方发生额合计数登记在"发生额"栏内。月终,分别结出各栏目的合计数,计算各账户的月末借方或贷方余额,最后要求进行账簿记录的核对工作。具体包括:日记总账"发生额"栏的本月合计数与全部科目的借、贷方发生额的合计数核对,全部科目的借方余额与全部科目的贷方余额合计数核对。

三、日记总账核算组织程序的核算流程

(1) 根据原始凭证编制汇总原始凭证。
(2) 根据原始凭证或汇总原始凭证编制记账凭证。
(3) 根据收款凭证、付款凭证登记现金日记账和银行存款日记账。
(4) 根据原始凭证、汇总原始凭证和各种记账凭证登记各种明细分类账。
(5) 根据各种记账凭证逐笔登记日记总账。
(6) 日记总账要定期试算平衡,并将现金日记账、银行存款日记账与各明细账的余额、日记总账有关账户的余额核对。

(7) 根据日记总账、各种明细分类账和其他会计资料编制会计报表。

日记总账核算组织程序如图 10-4 所示。

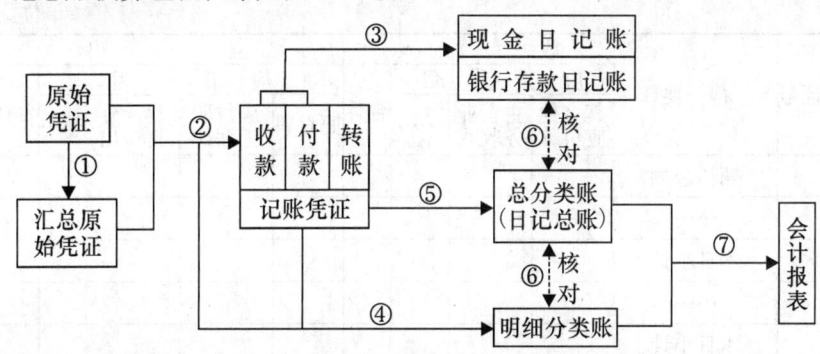

图 10-4　日记总账核算组织程序流程图

四、日记总账核算组织程序的优缺点和适用范围

采用日记总账核算组织程序,将日记账和分类账结合在一起,可以大大简化记账手续;同时,日记总账把全部会计科目分专栏列在一张账页上,可以清楚地反映每一项经济业务所记录账户的对应关系,也便于总账试算平衡。这种核算组织程序的缺点是:日记总账的账页较大、栏次过多,记账时容易发生串行、串栏,也不便于会计业务分工。因而,记账时这种核算组织程序一般只适用于规模较小、业务简单、使用会计科目也较少的单位。

第六节　多栏式日记账核算组织程序

一、多栏式日记账核算组织程序的特点和核算要求

多栏式日记账核算组织程序的特点是设置多栏式日记账并据以登记总分类账。

在多栏式日记账核算组织程序中,凭证的设置及格式与记账凭证核算组织程序基本相同。企业除设置多栏式现金日记账和银行存款日记账外,还可根据需要设置多栏式或其他格式材料采购日记账、制造成本日记账、销售日记账。月末,根据各多栏式日记账登记总分类账。

多栏式日记账可分成两部分:一部分进行序时核算,并登记经济业务发生或完成的日期、凭证字号、摘要等栏;另一部分进行分类核算,即将其收入和支出分别按照对应科目设专栏,登记全部收付业务。会计人员对于多栏式日记账,平时,需逐笔登记;月末,结出各多栏式日记账各科目的余额,并将其作为登记总分类账的依据。不包括在各多栏式日记账的转账凭证,可以根据转账凭证逐笔登记总分类账。

下面以多栏式现金日记账为例来说明多栏式日记账的格式如表 10-78 所示。

表 10-78

多栏式现金日记账

单位：元

年		凭证号	摘 要	收　　　入				支　　　出				结余
				应　贷　科　目			合计	应　借　科　目			合计	
月	日			其他应付款	主营业务收入	……		原材料	应付职工薪酬	营业外支出	……		
			期初余额										
			……										
			本日小计										
			……										
			本日小计										
			本月合计										

二、多栏式日记账核算组织程序的核算流程

（1）根据原始凭证编制汇总原始凭证。

（2）根据原始凭证或汇总原始凭证编制记账凭证。

（3）根据收款凭证、付款凭证登记多栏式现金日记账和多栏式银行存款日记账。

（4）根据原始凭证、汇总原始凭证和记账凭证登记多栏式明细分类账及其他明细分类账。

（5）根据多栏式现金日记账、多栏式银行存款日记账及有关转账凭证登记总分类账；总分类账根据各多栏式日记账中结出对应科目的余额于月末一次登记。

（6）定期将多栏式现金日记账、多栏式银行存款日记账、总分类账与明细分类账核对。

（7）根据总分类账和有关明细分类账的资料编制会计报表。

多栏式日记账核算组织程序如图 10-5 所示。

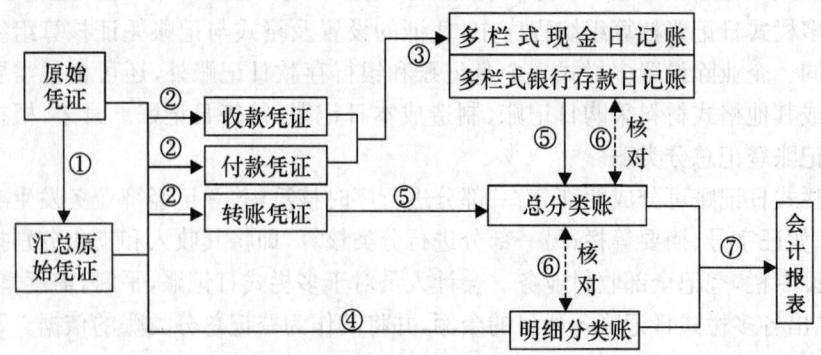

图 10-5　多栏式日记账核算组织程序流程图

三、多栏式日记账核算组织程序的优缺点和适用范围

多栏式日记账核算组织程序的特点是根据多栏式日记账直接登记总分类账。这种核算程序由于逐日逐笔登记,并在月末结出各科目余额,克服了记账凭证核算组织程序下总分类账核算工作量大的弊端;也便于核算工作的分工;多栏式日记账分别按对应科目设置,可以清晰地反映各类经济业务的来龙去脉。其缺点是业务量较多时,多栏式日记账的账页过大,因而,这种核算形式适用于规模小、业务量小、凭证不多的单位。

课程思政

提升素质,迎接挑战①

现阶段,既是我国面向"十四五"加快构建更加系统完备、更加成熟定型的高水平社会主义市场经济体制的关键期,也是我国经济进入高质量发展的起步期,会计作为宏观经济管理和市场资源配置的基础性工作,在我国全面深化改革和深度融入经济全球化的进程中,面临难得的发展机遇,同时也面临着诸多挑战。

从国际看,全球经贸往来频繁,跨境资本流动规模增加,跨境会计、审计合作及监管面临新的挑战。从国内看,一方面,我国已开启了向第二个百年奋进的新征程,经济增长已由高速增长阶段转向高质量发展阶段,制度优势和治理优势不断凸显,市场配置资源的决定性作用显著增强,公平的营商环境持续优化,宏观经济政策不断完善,宏观治理手段不断丰富。会计信息在经济发展、营商环境优化和宏观经济决策方面发挥着越来越重要的作用。另一方面,随着新一轮科技革命和产业变革的持续推进,互联网、大数据、人工智能等新兴技术逐渐嵌入经济系统,以信息和知识形式作用于生产和经营过程,通过智能化的社会生产方式改变着传统组织形态和商业模式,将深刻影响会计政策的发展与走向,会计工作在职能职责、组织方式、处理流程、工具手段等方面正发生着重大而深刻的变化。面对机遇与挑战,会计人员应充分认识时代所赋予的历史责任,不断学习,持续提升素质,勇于创新,助推会计工作融入新时代,助力国家治理体系和治理能力现代化。

要求:面对未来的诸多挑战,在大学期间,你将怎样努力提高会计专业技能?

复习思考题

1. 企业在选用适当的会计核算组织程序时,应遵循哪些原则?

---

① 中华人民共和国财政部会计司. 会计改革与发展"十四五"规划纲要[EB/OL]. (2021-11-29)[2023-12-28]. http://kjs.mof.gov.cn/gongzuodongtai/202111/t20211126_3769461.htm.

2. 我国可选用的会计核算组织程序有哪些？它们的根本区别是什么？
3. 简述记账凭证核算组织程序的特点、处理流程、优缺点及适用范围。
4. 图示说明科目汇总表核算组织程序的处理流程。
5. 简述汇总记账凭证核算组织程序的特点并对之进行评价。

练习题

练习题
参考答案

一、单项选择题

1. 记账凭证核算组织程序的特点是(　　)。
   A. 直接根据各种记账凭证逐笔登记总分类账
   B. 定期根据所有的记账凭证编制科目汇总表，然后再根据科目汇总表登记总分类账
   C. 根据记账凭证定期编制汇总记账凭证，然后再根据汇总记账凭证登记总分类账
   D. 设置日记总账，所有经济业务都要根据记账凭证直接登记日记总账
2. 在汇总记账凭证核算组织程序中，汇总转账凭证上的科目对应关系是(　　)。
   A. 一个贷方科目与一个借方科目对应
   B. 一个贷方科目与多个借方科目对应
   C. 一个借方科目与多个贷方科目对应
   D. 一个贷方科目与一个或几个借方科目相对应
3. 几种常见的会计核算组织程序中，最基本的核算组织程序是(　　)。
   A. 日记总账核算组织程序　　　　　　B. 记账凭证核算组织程序
   C. 汇总记账凭证核算组织程序　　　　D. 科目汇总表核算组织程序
4. 各种会计核算组织程序的根本区别在于(　　)的依据和方法不同。
   A. 编制会计凭证　　　　　　　　　　B. 登记现金日记账
   C. 登记各种明细账　　　　　　　　　D. 登记总账
5. 会计核算组织程序的核心是(　　)。
   A. 设置的凭证体系　　　　　　　　　B. 设置的账簿体系
   C. 记账程序　　　　　　　　　　　　D. 记账方法
6. 汇总付款凭证的贷方科目可能是(　　)。
   A. "应付账款"或"预付账款"　　　　B. "应收账款"或"预收账款"
   C. "库存现金"或"银行存款"　　　　D. "在途物资"或"原材料"
7. 科目汇总表汇总的是(　　)。
   A. 全部科目的贷方发生额　　　　　　B. 全部科目的借方发生额
   C. 全部科目的借贷方余额　　　　　　D. 全部科目的借贷方发生额
8. 汇总记账凭证核算组织程序的主要缺点是(　　)。
   A. 体现不了账户对应关系　　　　　　B. 增大了登记总账的工作量
   C. 不利于人员分工　　　　　　　　　D. 明细账与总账无法核对

第十章 会计核算组织程序

9. 规模较小、业务简单、使用会计科目较少的单位一般适用于( )。
   A. 记账凭证核算组织程序　　　　　　　B. 日记总账核算组织程序
   C. 科目汇总表核算组织程序　　　　　　D. 汇总记账凭证核算组织程序
10. 汇总付款凭证是根据( )汇总编制的。
    A. 收款凭证　　　　　　　　　　　　B. 付款凭证
    C. 转账凭证　　　　　　　　　　　　D. 付款收据

二、多项选择题

1. 在汇总记账凭证核算组织程序中，下列说法中，正确的有( )。
   A. 应设置收款凭证、付款凭证、转账凭证
   B. 设置汇总收款凭证、汇总付款凭证、汇总转账凭证
   C. 根据记账凭证定期编制汇总记账凭证，然后再根据汇总记账凭证登记总分类账
   D. 设置日记总账，所有经济业务都要根据记账凭证直接登记日记总账
2. 在各种会计核算组织程序中，能够减少总账工作量的核算组织程序的有( )。
   A. 记账凭证核算组织程序　　　　　　　B. 科目汇总表核算组织程序
   C. 汇总记账凭证核算组织程序　　　　　D. 多栏式日记账核算组织程序
3. 在各种会计核算组织程序下，可作为登记明细账依据的有( )。
   A. 原始凭证　　　　　　　　　　　　B. 汇总原始凭证
   C. 记账凭证　　　　　　　　　　　　D. 汇总记账凭证
4. 在各种会计核算组织程序中，其账务处理流程相同的有( )。
   A. 根据原始凭证或汇总原始凭证编制记账凭证
   B. 根据原始凭证、汇总原始凭证和记账凭证，逐笔登记各明细分类账
   C. 根据记账凭证逐笔登记总分类账
   D. 期末，根据总分类账和明细分类账的记录，编制财务报表
5. 采用记账凭证核算组织程序时，期末应将( )与总分类账进行核对。
   A. 现金日记账　　　　　　　　　　　B. 银行存款日记账
   C. 明细分类账　　　　　　　　　　　D. 汇总记账凭证
6. 汇总记账凭证核算组织程序的优点有( )。
   A. 大大减轻了登记总分类账的工作量
   B. 按账户对应关系汇总编制会计凭证，便于清晰反映账户之间的来龙去脉
   C. 有利于会计核算的日常分工
   D. 汇总记账凭证还可起着试算平衡的作用
7. 选用适当的会计核算组织程序( )。
   A. 能够提高会计核算工作效率
   B. 有利于保证会计记录的正确性和完整性
   C. 能够提高会计信息的质量
   D. 不需要登记总分类账

8. 在日记总账会计核算组织程序下,不能作为登记总账直接依据的有( )。
A. 原始凭证　　　　　　　　　　　　B. 记账凭证
C. 汇总记账凭证　　　　　　　　　　D. 科目汇总表
9. 记账凭证核算组织程序适用于( )的单位。
A. 规模较小　　　　　　　　　　　　B. 业务量较少
C. 凭证不多　　　　　　　　　　　　D. 使用会计科目较少
10. 在多栏式日记账核算组织程序下,登记总分类账的依据有( )。
A. 记账凭证　　　　　　　　　　　　B. 转账凭证
C. 多栏式现金日记账　　　　　　　　D. 多栏式银行存款日记账

三、判断题

1. 在记账凭证核算组织程序下,需设置收款凭证、付款凭证、转账凭证和汇总记账凭证。( )
2. 记账凭证核算组织程序的特点是直接根据各种记账凭证逐笔登记明细分类账。( )
3. 科目汇总表核算组织程序的突出优点是大大减少了登记总账的工作量。( )
4. 日记总账核算组织程序下,由于设置了日记总账,所以不需要设置现金日记账和银行存款日记账。( )
5. 无论在哪种会计核算组织程序下,原始凭证都不能直接用来登记总分类账和明细分类账。( )
6. 会计核算组织程序不同,现金日记账和银行存款日记账登记的依据也不同。( )
7. 编制科目汇总表的直接依据是汇总记账凭证。( )
8. 在汇总记账凭证核算组织程序下,应采用专用的收款凭证、付款凭证和转账凭证。( )
9. 汇总收款凭证是按贷方科目设置,按借方科目归类,定期汇总,按月编制。( )
10. 无论采用哪种会计核算组织程序,在编制财务报表前都应进行核对账目。( )

四、计算与会计处理题

习　题　一

【目的】 练习记账凭证核算组织程序。

【资料】 1. 益精公司 2023 年 12 月初各账户余额如表 10-79 所示。

表 10-79

账 户 余 额 表

单位:元

账　户　名　称	借方余额	账　户　名　称	贷方余额
库存现金	1 600	累计折旧	126 500
银行存款	62 400	短期借款	50 000

续　表

账　户　名　称	借方余额	账　户　名　称	贷方余额
应收账款	102 100	应付账款	30 000
原材料	153 760	应付职工薪酬	10 830
库存商品	126 800	应交税费	15 000
预付账款	3 600	应付利息	1 540
固定资产	361 680	实收资本	500 000
		盈余公积	3 670
		利润分配	27 600
		本年利润	46 800
合　　计	811 940	合　　计	811 940

表 10-79 中：

(1) "原材料"账户余额为 153 760 元,其中：

甲材料 600 千克,单价为 130 元,计 78 000 元；

乙材料 500 千克,单价为 100 元,计 50 000 元；

丙材料 350 千克,单价为 40 元,计 14 000 元；

丁材料 420 千克,单价为 28 元,计 11 760 元。

(2) "库存商品"账户余额为 126 800 元,其中：

A 产品 550 件,单件成本为 120 元,计 66 000 元；

B 产品 380 件,单件成本为 160 元,计 60 800 元。

(3) "应收账款"账户余额为 102 100 元,其中：

102 厂 36 000 元；

104 厂 60 000 元；

107 厂 6 100 元。

2. 益精公司 2023 年 12 月发生下列经济业务：

(1) 2 日,向 101 厂购入甲材料 200 千克,单价为 130 元,增值税额为 3 380 元,货款及增值税额共计 29 380 元,当即以银行存款支付,材料已验收入库。

(2) 3 日,以银行存款归还临时借款 30 000 元。

(3) 6 日,收到 102 厂还来货款 36 000 元,104 厂还来货款 60 000 元存入银行。

(4) 7 日,仓库发出乙材料 260 千克,单位成本为 100 元,其中 60 千克用来制造 A 产品,200 千克用来制造 B 产品。

(5) 9 日,向 102 厂销售 A 产品 350 件,每件售价为 240 元,计货款 84 000 元,增值税额为 10 920 元,均未收到。

(6) 11日,向104厂销售B产品80件,每件售价为430元,计货款34 400元,增值税额为4 472元,均未收到。

(7) 15日,仓库发出甲材料100千克,单位成本为130元,用于制造A产品。

(8) 15日,以库存现金支付销售A产品运费100元和增值税额9元。

(9) 16日,以银行存款支付车间设备修理费128元。

(10) 17日,向105厂购入丁材料200千克,单价为28元,计货款5 600元,增值税额为728元,均以转账支票付讫。丁材料已验收入库。

(11) 19日,仓库发出车间一般耗用丁材料30千克,单位成本为28元。

(12) 20日,向103厂购入乙材料200千克,单价为100元,计货款20 000元,增值税额为2 600元,货款、增值税额均未支付。材料已验收入库。

(13) 22日,仓库发出甲材料200千克,单位成本为130元,用于制造B产品。

(14) 25日,向106厂购入丙材料300千克,单价为40元,货款为12 000元,增值税额为1 560元,均通过银行转账付讫。

(15) 26日,开出现金支票从银行提取现金1 000元备用。

(16) 27日,以现金330元购买管理部门用办公用品。

(17) 27日,向108厂销售A产品200件,每件售价为240元,货款为48 000元,增值税额为6 240元,价款尚未收到。

(18) 27日,以库存现金支付销售A产品运费100元,增值税额为9元。

(19) 28日,收到102厂还来货款94 920元,104厂还来货款38 872元,均存入银行账户。

(20) 28日,向103厂购入乙材料280千克,单价为100元,发票上列明的增值税额为3 640元,货款、增值税额均通过银行转账付讫,材料已验收入库。

(21) 28日,向107厂销售B产品220件,每件售价为430元,共计货款94 600元,增值税额为12 298元,货款及增值税额均未收到。

(22) 28日,以库存现金支付销售B产品运费600元和增值税额54元。

(23) 29日,仓库发出丙材料200千克,单位成本为40元,其中80千克用来制造A产品,100千克用来制造B产品,20千克供生产车间一般耗用。

(24) 29日,以银行存款450元支付行政管理部门机器日常修理费。

(25) 30日,以银行存款购入不需安装生产用设备一台,价款为73 000元,增值税额为9 490元。

(26) 31日,以银行存款支付本月电费5 000元和增值税额为650元,其中车间用电3 664元,管理部门用电1 336元。

(27) 31日,以转账支票支付本月水费1 000元和增值税为90元,其中车间用水790元,管理部门用水210元。

(28) 31日,结算分配本月职工工资40 000元,其中生产A产品工人工资13 800元,生产B产品工人工资15 400元,车间技术、管理人员工资4 800元,行政管理部门人员工资6 000元。

(29) 31日,依据职工工资总额的10%提取住房公积金。

(30) 31日,计提本月固定资产折旧3 394元,其中车间用固定资产折旧2 642元,行政管理部门用固定资产折旧 752 元。

(31) 31 日,预提本月份应负担的短期借款利息 1 671 元。

(32) 31 日,结算本月应交产品消费税 10 700 元。

(33) 31 日,将本月发生的制造费用按生产工人工资比例分配计入 A、B 产品成本。

(34) 31 日,本月投入生产的 A 产品 300 件、B 产品 400 件全部完工,结转完工产品的实际生产成本。

(35) 31 日,结转本月已售产品的生产成本,其中,A 产品每件成本为 146.68 元,B 产品每件成本为 185.83 元。

(36) 31 日,结转本月各项损益账户。

(37) 31 日,按利润总额的 25% 计算本月应交所得税(假定没有纳税调整事项)。

(38) 31 日,将"所得税费用"账户余额转入"本年利润"账户。

(39) 31 日,按当年净利润的 10% 提取法定盈余公积。

(40) 31 日,经批准,宣告向投资者分配利润 10 000 元。

【要求】

(1) 根据资料 2 编制收、付、转记账凭证。

(2) 根据收、付款凭证逐日逐笔顺序登记现金日记账和银行存款日记账。

(3) 根据原始凭证、记账凭证登记原材料、生产成本明细账(其他明细账略)。

(4) 根据记账凭证登记总分类账。

(5) 结出各总分类账户的本期发生额及期末余额,并据以编制试算平衡表。

(6) 根据账簿记录编制资产负债表和利润表。

习 题 二

【目的】 练习汇总记账凭证的编制。

【资料】 同本章习题一。

【要求】 根据本章习题一所编制的记账凭证编制汇总记账凭证。

习 题 三

【目的】 练习科目汇总表的编制。

【资料】 同本章习题一。

【要求】 根据本章习题一所编制的记账凭证编制科目汇总表。

模拟试卷

模拟试卷一
参考答案

模拟试卷一

一、判断题(每小题 1 分,本题共计 15 分)

1. 会计核算和会计监督是会计的两项基本职能。( )
2. 收入的取得一定会引起资产和所有者权益的增加。( )
3. 资产类账户余额一定在借方。( )
4. 谨慎性要求企业在面临不确定因素的情况下做出判断时,保持应有的谨慎,不应高估资产或者收益,低估负债或者费用。( )
5. 复式记账法要求对每一项经济业务都以相等的金额在相互关联的两个账户中登记。( )
6. 在经济业务处理过程中所形成的账户之间的应借应贷关系,称为账户的对应关系。( )
7. 审核无误的原始凭证,是登记账簿的直接依据。( )
8. 各种明细分类账的登记依据,既可以是原始凭证、汇总原始凭证,也可以是记账凭证。( )
9. 各种会计核算组织程序的根本区别在于登记总账的依据和方法不同。( )
10. 经济业务的发生可以使一项负债增加的同时,使一项资产减少。( )
11. 计提固定资产折旧,应编制付款凭证。( )
12. "生产成本"账户期末若有余额,表示库存产品的成本。( )
13. 永续盘存制是指对企业各项财产物资的增减变动,平时只登记增加数,不登记减少数的一种盘存制度。( )
14. 在编制资产负债表时,"应收账款"项目应根据"应收账款"账户余额直接填列。( )
15. 应收账款周转率是评价企业营运能力的指标。( )

二、单项选择题(每小题 1 分,本题共计 15 分)

1. 企业资产以历史成本计价而不以现行成本或清算价格计价,依据的会计核算基本前提是( )。
   A. 会计主体 B. 持续经营
   C. 会计分期 D. 货币计量

2. 下列等式中,属于会计等式基本表达式的是( )。
   A. 资产=负债+所有者权益
   B. 资产=负债+所有者权益+(收入-费用)

C. 收入－费用＝利润
D. 资产＝负债＋所有者权益＋利润

3. 下列项目中,不在利润表中列示的是(　　)。
   A. "制造费用"　　　　　　　　　　B. "税金及附加"
   C. "营业外支出"　　　　　　　　　D. "财务费用"

4. S公司2023年1月1日资产总额为180万元,到2023年12月31日负债总额比年初减少了30万元,所有者权益比年初增加了80万元,则S公司2023年12月31日资产总额为(　　)万元。
   A. 150　　　　　B. 180　　　　　C. 210　　　　　D. 230

5. 在编制资产负债表时,将"原材料""库存商品""生产成本"账户期末余额合计数填入"存货"项目,所体现的会计信息质量要求是(　　)。
   A. 可靠性　　　　　　　　　　　　B. 实质重于形式
   C. 谨慎性　　　　　　　　　　　　D. 重要性

6. 下列各项中,不能作为会计原始凭证的是(　　)。
   A. 发货票　　　　　　　　　　　　B. 付款收据
   C. 产品质检单　　　　　　　　　　D. 动车票

7. 对于将现金存入银行的业务,按规定应编制(　　)凭证。
   A. 现金收款　　　　　　　　　　　B. 现金付款
   C. 银行存款收款　　　　　　　　　D. 银行存款付款

8. 应收账款明细账一般采用的账页格式是(　　)。
   A. 三栏式　　　　　　　　　　　　B. 数量金额式
   C. 多栏式　　　　　　　　　　　　D. 横线式

9. 会计人员结账前发现,在根据记账凭证登记入账时,误将800元写成8 000元,而记账凭证无误,应采用(　　)进行更正。
   A. 补充登记法　　　　　　　　　　B. 红字更正法
   C. 划线更正法　　　　　　　　　　D. 分录更正法

10. 企业资产总额为150万元,当发生下列两笔经济业务:①向银行借款10万元存入银行,②用银行存款偿还应付账款15万元后,其权益总计为(　　)万元。
    A. 125　　　　　B. 145　　　　　C. 155　　　　　D. 175

11. 记账凭证核算组织程序的最显著特点是直接根据记账凭证逐笔登记(　　)。
    A. 现金日记账　　　　　　　　　　B. 银行存款日记账
    C. 各种明细账　　　　　　　　　　D. 总分类账

12. 标明某项经济业务应借、应贷账户及其金额的记录称为(　　)。
    A. 过账　　　　　　　　　　　　　B. 记账方法
    C. 会计分录　　　　　　　　　　　D. 会计方法

13. 下列业务中,不需要通过"待处理财产损溢"账户核算的是(　　)。
    A. 固定资产盘亏　　　　　　　　　B. 无法收回的应收账款
    C. 材料盘亏　　　　　　　　　　　D. 现金溢余

14. 已知：某企业营业收入为210万元,营业成本为110万元,管理费用为20万元,财务费用为10万元,销售费用为5万元,营业外收入8万元,则填入该企业利润表中"营业利润"项目的金额是(　　)万元。
   A. 65　　　　　　　B. 70　　　　　　　C. 73　　　　　　　D. 78
15. 反映企业在一定时期内经营成果的报表是(　　)。
   A. 资产负债表　　　B. 利润表　　　　　C. 现金流量表　　　D. 成本计算表

三、多项选择题(每小题1分,本题共计10分)

1. 会计核算方法包括(　　)。
   A. 设置账户　　　　　　　　　　　　B. 复式记账
   C. 财产清查　　　　　　　　　　　　D. 编制财务报表
2. 按照权责发生制记账基础,应计入本期的收入和费用的有(　　)。
   A. 本期实现的收入,并已收款　　　　B. 本期实现的收入,尚未收款
   C. 属于本期的费用,尚未支付　　　　D. 属于以后各期的费用,但已支付
3. 下列各项中,属于反映企业财务状况的会计要素有(　　)。
   A. 资产　　　　　　B. 负债　　　　　　C. 所有者权益　　　D. 收入
4. 费用发生可能会引起企业(　　)。
   A. 资产增加　　　　B. 负债增加　　　　C. 资产减少　　　　D. 负债减少
5. 下列经济业务发生后,不会使会计等式两边总额发生变化的有(　　)。
   A. 给职工发放工资　　　　　　　　　B. 取得借款存入银行
   C. 从银行提取现金　　　　　　　　　D. 生产产品领用材料
6. 账户的基本结构一般应包括的内容有(　　)。
   A. 账户名称　　　　　　　　　　　　B. 凭证的字号
   C. 日期和摘要　　　　　　　　　　　D. 增加、减少金额和余额
7. 原始凭证的内容有(　　)。
   A. 凭证的名称、日期、编号　　　　　B. 经办人员的签名或盖章
   C. 会计分录　　　　　　　　　　　　D. 业务内容
8. 下列关于"待处理财产损溢"账户的说法中,正确的有(　　)。
   A. 借方登记待处理财产物资的盘亏净额
   B. 借方登记已批准处理财产物资盘盈转销数
   C. 借方登记已批准处理财产物资盘亏转销数
   D. 借方登记尚待处理财产物资盘盈净额
9. 登记会计账簿时,应该做到(　　)。
   A. 一律使用蓝黑墨水钢笔书写　　　　B. 不得使用铅笔或圆珠笔
   C. 特定条件下可使用铅笔　　　　　　D. 在规定范围内可以使用红色墨水笔
10. 下列项目中,应列为资产负债表中流动资产项目的有(　　)。
    A. "应收账款"　　B. "预收款项"　　C. "预付款项"　　D. "应收票据"

四、综合业务题(每小题2分,本题共计40分)

F公司为增值税一般纳税人,材料采用实际成本法核算。2023年10月,F公司发生下列经济业务:

1. 以银行存款归还短期借款本金40 000元,支付利息1 000元。
2. 收到L投资者追加投资200 000元,并将其存入银行,手续已办妥。
3. 从外地购进原材料,买价为60 000元 增值税额为7 800元,供货方垫付运费1 000元,增值税额90元。材料已验收入库,货款、运费及增值税均暂欠。
4. 以银行存款支付公司总部电费18 000元。
5. 以银行存款偿还所欠购材料款68 890元。
6. 企业本期销售给C公司甲产品1 000件,每件售价为85元,增值税额为11 050元,货款及增值税尚未收到。
7. 以银行存款支付销售甲产品运费5 000元和增值税额450元。
8. 以银行存款向平安保险公司预付财产保险费50 000元。
9. 以银行存款购入一台不需安装的设备,支付价款620 000元,增值税额80 600元,设备已交付使用。
10. 制造产品领用材料。其中:生产甲产品耗用14 000元,生产乙产品耗用17 600元,车间一般耗用2 420元。仓库已发料。
11. 结算分配本月应付职工工资总额240 000元,其中:甲产品生产工人工资120 000元,乙产品生产工人工资80 000元,车间管理人员工资30 000元,行政管理部门职工工资10 000元。
12. 根据上述职工工资总额的2%计提工会经费。
13. 期末计提本月固定资产折旧3 760元。其中:车间使用固定资产折旧2 980元,管理部门使用固定资产折旧780元。
14. 期末,将本期发生的制造费用总额36 000元按生产人员工资比例分配转入甲、乙两种产品。
15. 收银行通知,大良公司所欠货款80 000元已入账。
16. 期末结转本期完工产品生产成本48 000元。
17. 在现金清查中,发现库存现金较账面余额短缺2 000元,做报批前的处理。
18. 计算本期销售产品应负担的消费税1 200元。
19. 期末结转已售甲产品的实际成本47 000元。
20. 期末计算并结转本期应交所得税36 200元并转账。

要求:请为F公司编制相关业务的会计分录。

五、案例分析题(本题20分)

江雪和夏天是一对非常要好的朋友。2023年6月,他们大学毕业后决定自己创业。经过深入的市场调研后,两人决定搞甜品制作,送货上门,并给公司起了一个"江夏甜品屋"的名字。于是两人紧锣密鼓,筹备公司开办事宜。先要解决资金问题,江雪的父亲为公司投入20 000元,委托两人进行管理，江雪和夏天各出资40 000元。此外，两人又从银行借入3年期、利率为4%、到期还本付息的款项一笔20 000元，所有资金均存入公司开立的银行账户。款项到位后，他们首先租了一间30平方米的门市房，预付1年的租金24 000元；其次由江雪去购进1辆售价为35 000元的小型货运车，由夏天去苏宁公司赊购一台设备，价款为18 000元；最后从电商公司购入一批原材料，价款为21 000元。这样，经过紧张的准备后，2023年10月1日，公司开始正式挂牌营业了。公司开业后，经营状况非常好，截至10月31日，公司制作甜品耗用材料17 000元，支付水电费1 300元，所制作的甜品全部售出，价款为32 000元，其中收回19 200元并存入银行，其余12 800元客户暂欠。此时，公司还存有7 500元的客户订单，公司人手明显不足，江雪去人才市场招聘了一名员工，双方协议，月工资为3 000元，该员工11月初上班。

要求：

(1) 本案例中涉及的资产、负债和所有者权益项目各包括哪些？请逐一列出。

(2) 计算该公司2023年10月的利润。

(3) 计算10月31日该公司的资产总额、负债总额和所有者权益总额。

(4) 阐述你对招聘员工及接受订单业务的处理意见。

模拟试卷二

模拟试卷二
参考答案

一、判断题(每小题 1 分,本题共计 15 分)

1. 我国《企业会计准则》将财务会计报告目标设定为既要反映管理层的受托责任又要与信息使用者决策相关的双重目标。（　　）
2. 将租入的资产确定为企业的使用权资产处理,其遵循的是重要性的会计信息质量要求。（　　）
3. 持续经营假设解决并确定了会计核算的空间范围。（　　）
4. 会计信息使用者包括现实和潜在的使用者。（　　）
5. 利得和损失一定会影响企业当期损益。（　　）
6. 当负债总额不变时,企业净资产的变化是由盈利或亏损导致的。（　　）
7. 可变现净值是考虑货币时间价值的一种会计计量属性。（　　）
8. 记账凭证是财务主管根据审核无误的原始凭证填制的。（　　）
9. "原材料明细账"适用于数量金额式账页。（　　）
10. 结账就是结算、登记每个账户的期末余额工作。（　　）
11. 企业已收款入账、银行尚未收款入账的未达账项会导致企业银行存款日记账账面余额大于银行对账单余额。（　　）
12. 登记会计账簿时,在规定范围内可以使用红色墨水笔书写。（　　）
13. 会计核算组织程序不同,银行存款日记账登记的依据也不同。（　　）
14. 企业的流动比率越大,说明其短期偿债能力越强。（　　）
15. 资产负债表是反映企业在某一特定日期财务状况的报表。（　　）

二、单项选择题(每小题 1 分,本题共计 15 分)

1. 有了(　　)前提,才产生了权责发生制和收付实现制的记账基础。
A. 会计主体　　　　B. 持续经营　　　　C. 会计分期　　　　D. 货币计量
2. 下列错误中,(　　)可以通过试算平衡发现。
A. 借贷反向　　　　B. 借贷不等　　　　C. 借贷重记　　　　D. 借贷漏记
3. 下列项目中,属于资产负债表中流动负债项目的是(　　)。
A. "应付债券"　　　B. "其他应付款"　　C. "预付款项"　　　D. "预计负债"
4. H 公司 2023 年 5 月 31 日的资产总额为 768 000 元,负债总额为 290 000 元。2023 年 6 月,H 公司发生下列经济业务:①公司以银行存款返还 A 投资者投资 68 000 元。②收到 B 投资者以固定资产追加投资380 000元。③赊购材料一批,价款为12 000元。④以库存现金发放职工工资5 000元。则H公司2023年6月30日的净资产金额为( )元。

A. 1 087 000　　　B. 478 000　　　C. 319 000　　　D. 790 000

5. 下列账户中,期末余额一般在借方的是( )。

A. "短期借款"　　B. "累计折旧"　　C. "库存商品"　　D. "盈余公积"

6. 从外单位取得的原始凭证,必须盖有( )。

A. 单位负责人印章　　　　　　　　B. 单位出纳印章
D. 单位财务主管印章　　　　　　　D. 填制单位的公章

7. Q公司"原材料"账户2023年10月1日借方余额为10 000元,10月借方发生额为18 400元,10月31日借方余额为12 000元。则D公司"原材料"账户10月贷方发生额为( )元。

A. 20 400　　　　B. 12 000　　　　C. 16 400　　　　D. 3 600

8. 平行登记法是指同一项经济业务在( )之间登记的方法。

A. 汇总凭证与有关账户　　　　　　B. 各有关总分类账户
C. 各有关明细分类账户　　　　　　D. 总账及其所属明细账户

9. 年终结转后,"利润分配"账户的借方余额表示( )。

A. 未分配利润　　　　　　　　　　B. 未弥补亏损
C. 实现的净利润　　　　　　　　　D. 发生的净亏损

10. 按照我国《会计基础工作规范》的规定,下列情况中,编制记账凭证时可以不附原始凭证的是( )。

A. 赊购商品　　　　　　　　　　　B. 现金存入银行
C. 更正当期记账错误　　　　　　　D. 发放职工薪酬

11. 下列经济业务发生后,使资产和所有者权益同时增加的业务是( )。

A. 接受投资人投入专利权　　　　　B. 支付借款利息
C. 购买材料未付款　　　　　　　　D. 计提固定资产折旧

12. "盘点盈亏报告单"是调整账面记录的( )。

A. 原始凭证　　B. 记账凭证　　C. 汇总凭证　　D. 累计凭证

13. 下列各项中,可作为登记账簿直接依据的是( )。

A. 经济合同　　B. 原始凭证　　C. 银行对账单　　D. 记账凭证

14. 下列项目中,不影响利润表中"营业利润"计算的是( )。

A. 营业成本　　B. 营业外支出　　C. 财务费用　　D. 税金及附加

15. 下列指标中,用来评价企业盈利能力的是( )。

A. 速动比率　　B. 存货周转率　　C. 流动比率　　D. 销售净利率

三、多项选择题(每小题1分,本题共计10分)

1. 下列账户中,年末可能有余额的有( )。

A. "应收账款"　　B. "实收资本"　　C. "短期借款"　　D. "本年利润"

2. 明细分类账可以根据( )登记。

A. 原始凭证 B. 汇总原始凭证
C. 银行存款余额调节表 D. 记账凭证
3. 收入的取得可能会引起(　　)。
A. 负债的增加 B. 资产的增加 C. 负债的减少 D. 资产的减少
4. 下列各项中,属于会计信息质量要求的有(　　)。
A. 谨慎性 B. 可比性 C. 相关性 D. 重要性
5. 反映期间费用的账户有(　　)。
A. "管理费用" B. "销售费用" C. "财务费用" D. "制造费用"
6. 下列费用中,应计入产品成本的有(　　)。
A. 制造费用 B. 管理费用 C. 直接人工费 D. 直接材料费
7. 对账的内容包括(　　)。
A. 账证核对 B. 账账核对 C. 账实核对 D. 账簿格式核对
8. 记账凭证可以根据(　　)编制。
A. 每一张原始凭证
B. 若干张不同类别的所有原始凭证汇总
C. 原始凭证汇总表
D. 若干张同一类别的原始凭证汇总
9. 财产物资的盘存制度有(　　)。
A. 权责发生制 B. 收付实现制 C. 永续盘存制 D. 实地盘存制
10. 依据我国《企业会计准则》规定,财务报表至少应当包括(　　)。
A. 资产负债表 B. 利润表
C. 现金流量表 D. 所有者权益变动表及附注

四、分析计算题(每小题10分,本题共计20分。要求列出计算过程)

1. 海河公司2023年10月发生下列经济业务(不考虑增值税):

(1) 收到8月的销货款20 000元,并将其存入银行。

(2) 预收渤海公司购货款40 000元,并将其存入银行,11月交货。

(3) 销售A商品一批,价款为100 000元。其中:30 000元于销售当日收到,余款将于11月收回。

(4) 收到5月提供劳务款19 000元,并将其存入银行。

(5) 以银行存款支付第四季度房租9 000元。

(6) 支付借款利息3 000元,含已计提利息2 000元。

(7) 以银行存款支付当月行政管理部门电费4 000元。

要求:分别按权责发生制和收付实现制计算海河公司2023年10月的收入、费用金额。

2. 滨海公司2023年12月31日有关账户余额如下:

(1) "应收账款"总分类账户借方余额为73 000元,其所属明细账"A公司"为借方余额48 000元;"B公司"为借方余额66 000元;"C公司"为贷方余额41 000元。

(2)"应付账款"总分类账户贷方余额为 72 500 元,其所属明细账"甲公司"为贷方余额 42 000 元;"乙公司"为贷方余额 53 000 元;"丙公司"为借方余额 29 000 元;"丁公司"为贷方余额 6 500 元。

(3)"原材料"总分类账户借方余额为 90 800 元;"库存商品"总分类账户借方余额为 80 200 元;"生产成本"总分类账户借方余额为 38 770 元;"工程物资"总分类账户借方余额为 920 000 元。

(4)"长期借款"总分类账户贷方余额为 600 000 元,其中 1 年内到期应予以偿还的有 200 000 元。

要求:计算该公司 2023 年 12 月 31 日资产负债表中下列项目的填列金额:

(1)"应收账款"项目。
(2)"应付账款"项目。
(3)"存货"项目。
(4)"长期借款"项目。

五、综合业务题(每小题 2 分,本题共计 40 分)

T 公司为增值税一般纳税人,材料采用实际成本法核算。2023 年 12 月,T 公司发生下列经济业务:

1. 向中国工商银行取得 8 个月的周转借款 80 000 元,年利率为 3%,已转入本公司存款账户。

2. 从银行提取现金 4 000 元备用。

3. 出售给海河公司 01 号产品 720 件,单价为 150 元,共计 108 000 元,增值税销项税额为 14 040 元,款项尚未收到。

4. 向 K 公司购入材料,价款为 68 000 元,增值税额为 8 840 元,材料已验收入库,货款及税款已通过银行支付。

5. 以库存现金支付人力资源管理部门办公费 1 000 元。

6. 张经理出差预借差旅费 3 000 元,以库存现金支付。

7. 以银行存款 4 500 元支付产品展览费。

8. 按合同规定,预收子牙公司交来购买 02 号产品款 56 000 元,并将其存入银行,下个月发货。

9. 本月生产的 01 号产品领用原材料 120 000 元,仓库已发料。

10. 以银行存款支付公司水费 18 000 元,增值税额 1 620 元。

11. 以银行存款支付设备安装费 25 000 元,增值税额 3 250 元。

12. 报经批准,将公司盘亏设备予以转销,该设备净值为 14 000 元。

13. 分配本月应付职工工资。其中:产品生产人员工资 160 000 元;车间辅助人员工资 30 000 元;公司行政管理人员工资 20 000 元。

14. 计提本月固定资产折旧 10 000 元。其中:生产车间使用固定资产折旧额 8 000 元,公司行政管理部门用固定资产折旧额 2 000 元。

15. 计算本月应交城市维护建设税 1 800 元。

16. 预提本月的短期借款利息 5 200 元。

17. 以银行存款向税务机构缴纳本期所得税 46 000 元。

18. 将本期发生的管理费用 41 000 元、销售费用 4 500 元、财务费用 5 200 元转入"本年利润"

账户。

19. 按当年税后利润的 10% 提取法定盈余公积 280 000 元。
20. 经批准,向投资者宣告分配现金股利 500 000 元。

要求:请为 T 公司编制相关业务的会计分录。

附 录

附录 1

企业和其他组织会计档案保管期限表

序号	档案名称	保管期限	备注
一、	会计凭证		
1.	原始凭证	30年	
2.	记账凭证	30年	
二、	会计账簿		
1.	总账	30年	
2.	明细账	30年	
3.	日记账	30年	
4.	固定资产卡片		固定资产报废清理后保管5年
5.	其他辅助性账簿	30年	
三、	财务会计报告		
1.	月度、季度、半年度财务会计报告	10年	
2.	年度财务会计报告	永久	
四、	其他会计资料		
1.	银行存款余额调节表	10年	
2.	银行对账单	10年	
3.	纳税申报表	10年	
4.	会计档案移交清册	30年	
5.	会计档案保管清册	永久	
6.	会计档案销毁清册	永久	
7.	会计档案鉴定意见书	永久	

附录2

企业会计准则一览表

	准则名称		发布时间	实施时间	修订时间	修订实施时间
	基本准则		1992.11.30	1993.7.1	2006.2.15	2007.1.1
					2014.7.23	2014.7.23
具体准则	第1号	存货	2001.11.9	2002.1.1	2006.2.15	2007.1.1
	第2号	长期股权投资	1998.6.24	1999.1.1	2001.1.18	2001.1.1
					2006.2.15	2007.1.1
					2014.3.13	2014.7.1
	第3号	投资性房地产	2006.2.15	2007.1.1		
	第4号	固定资产	2001.11.9	2002.1.1	2006.2.15	2007.1.1
	第5号	生物资产	2006.2.15	2007.1.1		
	第6号	无形资产	2001.1.18	2001.1.1	2006.2.15	2007.1.1
	第7号	非货币性资产交换	2000.6.28	2000.1.1	2001.1.18	2001.1.1
					2006.2.15	2007.1.1
					2019.5.9	2019.6.10
	第8号	资产减值	2006.2.15	2007.1.1		
	第9号	职工薪酬	2006.2.15	2007.1.1	2014.1.27	2014.7.1
	第10号	企业年金基金	2006.2.15	2007.1.1		
	第11号	股份支付	2006.2.15	2007.1.1		
	第12号	债务重组	1998.6.12	1999.1.1	2006.2.15	2007.1.1
					2019.5.16	2019.6.17
	第13号	或有事项	2000.4.27	2000.7.1	2006.2.15	2007.1.1
	第14号	收入	1998.6.20	1999.1.1	2017.7.5	2018.1.1
	第15号	建造合同①	1998.6.25	1999.1.1	2006.2.15	
	第16号	政府补助	2006.2.15	2007.1.1	2017.5.10	2017.6.12
	第17号	借款费用	2001.1.18	2001.1.1	2006.2.15	
	第18号	所得税	2006.2.15	2007.1.1		
	第19号	外币折算	2006.2.15	2007.1.1		

---

① 自2018年1月1日起,此准则终止。

续 表

	准则名称		发布时间	实施时间	修订时间	修订实施时间
具体准则	第20号	企业合并	2006.2.15	2007.1.1		
	第21号	租赁	2001.1.18	2001.1.1	2006.2.15	2007.1.1
					2018.12.7	2019.1.1
	第22号	金融工具确认和计量	2006.2.15	2007.1.1	2017.3.31	2018.1.1
	第23号	金融资产转移	2006.2.15	2007.1.1	2017.3.31	2018.1.1
	第24号	套期保值①	2006.2.15	2007.1.1	2017.3.31	2018.1.1
	第25号	原保险合同②	2006.2.15	2007.1.1	2020.12.24	2023.1.1
	第26号	再保险合同③	2006.2.15	2007.1.1		
	第27号	石油天然气开采	2006.2.15	2007.1.1		
	第28号	会计政策、会计估计变更和差错更正	1998.6.25	1999.1.1	2001.1.18	2001.1.1
					2006.2.15	2007.1.1
	第29号	资产负债表日后事项	1998.5.12	1998.1.1	2006.2.15	2007.1.1
	第30号	财务报表列报	2006.2.15	2007.1.1	2014.1.26	2014.7.1
	第31号	现金流量表	1998.3.21	1998.1.1	2001.1.18	2001.1.1
					2006.2.15	2007.1.1
	第32号	中期财务报告	2001.11.9	2002.1.1	2006.2.15	2007.1.1
	第33号	合并财务报表	2006.2.15	2007.1.1	2014.2.17	2014.7.1
	第34号	每股收益	2006.2.15	2007.1.1		
	第35号	分部报告	2006.2.15	2007.1.1		
	第36号	关联方披露	1997.5.21	1997.1.1	2006.2.15	2007.1.1
	第37号	金融工具列报	2006.2.15	2007.1.1	2014.6.20	2014年度及以后期间
					2017.5.15	2018.1.1

① 2017年3月31日后,此准则名称改为"套期会计"。
② 2020年12月24日修订后,此准则名称改为"保险合同"。
③ 自2023年1月1日起,此准则终止。

续表

	准则名称		发布时间	实施时间	修订时间	修订实施时间
具体准则	第 38 号	首次执行企业会计准则	2006.2.15	2007.1.1		
	第 39 号	公允价值计量	2014.1.26	2014.7.1		
	第 40 号	合营安排	2014.2.17	2014.7.1		
	第 41 号	在其他主体中的权益披露	2014.3.14	2014.7.1		
	第 42 号	持有待售的非流动资产、处置组和终止经营	2017.4.28	2017.5.28		

附 表

教学课件索取单

敬爱的老师：

　　感谢您使用普通高等教育"十四五"规划教材（会计精品系列）。为了方便您的教学，本教材配有相关的教学课件。如果您需要，请您填写下面表格中的相关信息，并以电子邮件的形式发到我社，我们在核对您的信息后，会免费向您提供教学课件。

我们的联系方式为：
地址：上海市中山西路2230号立信会计出版社　　邮编：200235
电子邮件：victoria_tysx@126.com　　电话：(021) 64411223(O)

姓　　名		性　别		身份证号	
学　　校			学院、系		教研室
学校地址					邮　编
职　　务			职　称		办公电话
E-mail			手　机		宅　电
通信地址					邮　编
所选教材					
教材用量		册	委托订购单位		

　　您对本教材的意见和建议是：_____

_____

_____

_____

_____